石窟寺研究

STUDIES OF THE CAVE TEMPLES

中国古迹遗址保护协会石窟专业委员会 ◎ 龙门石窟研究院 编

第十辑　NO.10

科学出版社
北京

内 容 简 介

《石窟寺研究》是我国在石窟寺考古、寺院遗址考古、佛教艺术及石窟保护科技领域的第一本全国性专业刊物，由中国古迹遗址保护协会石窟专业委员会和龙门石窟研究院合办，以以书代刊的形式出版，每年发行一辑。我们本着"百花齐放、百家争鸣"方针，以刊发研究石窟寺领域的最新学术成果为己任，为全国石窟单位、相关科研院所和高等院校、国内外专家学者的全面沟通与交流搭建良好平台，以期推动石窟寺学术研究工作，促进全国石窟文物保护事业的繁荣和发展。

图书在版编目（CIP）数据

石窟寺研究. 第十辑 / 中国古迹遗址保护协会石窟专业委员会，龙门石窟研究院编. —北京：科学出版社，2020.6
 ISBN 978-7-03-065209-6

Ⅰ. ①石… Ⅱ. ①中… ②龙… Ⅲ. ①石窟–中国–文集 Ⅳ. ①K879.204-53

中国版本图书馆CIP数据核字（2020）第088219号

责任编辑：张亚娜　张睿洋 / 责任校对：王晓茜
责任印制：肖　兴 / 封面摄影：何小要

科学出版社 出版
北京东黄城根北街16号
邮政编码：100717
http://www.sciencep.com

中国科学院印刷厂 印刷
科学出版社发行　各地新华书店经销

*

2020年6月第　一　版　　开本：889×1194　1/16
2020年6月第一次印刷　　印张：18 1/4　插页：1
字数：508 000

定价：268.00元
（如有印装质量问题，我社负责调换）

《石窟寺研究》编辑委员会

主　　任：王旭东
执行主任：孙英民
副 主 任：（按姓氏笔画为序）
　　　　　苏伯民　李金乐　李崇峰　李裕群
　　　　　余江宁　杭　侃　罗　炤　黄克忠
委　　员：（按姓氏笔画为序）
　　　　　丁明夷　王邦维　王旭东　王金华
　　　　　方　云　朱小南　刘景龙　孙英民
　　　　　苏伯民　李天铭　李金乐　李崇峰
　　　　　李随森　李裕群　李静杰　杨　泓
　　　　　余江宁　汪万福　张　焊　杭　侃
　　　　　罗　炤　周明生　赵　莉　唐　飞
　　　　　黄克忠　温玉成　雷玉华　黎方银

石窟研究

甘肃镇原茹河流域几处石窟及单体造像调查报告
....王博文（1）

甘肃武威亥母寺遗址03窟发掘简报................
................................甘肃省文物考古研究所（12）

犍陀罗在中国
　　——云冈石窟窟顶西区北魏佛寺
....郭凤妍（44）

6世纪前《维摩诘经》变图像再探讨
　　——以泾渭河流域造像为例
....项一峰（58）

试论武周时期龙门石窟东山诸大型窟中的造像艺术
....姚　瑶（76）

潼南大佛妆金史料调查与研究.....徐　林　廖学琼（92）

北宋东京城寺院反映的佛教发展情况.....车星璇（106）

山东长清灵岩寺彩塑罗汉像身份问题初探
....黄恋茹（139）

再证杭州飞来峰"西游记图"浮雕的历史意义
　　——兼谈古代文献与美术史研究的关系
....常　青（153）

山西平顺金灯寺第5窟明代水陆浮雕辨识
....谷东方（177）

犍陀罗佛教考古190年.........................廖彩羽（234）

石窟保护

云冈石窟21～30窟及5窟附窟差异性风化因素初步研究.................卢继文　李　彬（244）

龙门石窟日常保养维护再议
....李心坚（256）

主　　编：孙英民

副主编：余江宁　周　立　陈建平

编　　辑：路　伟　高俊苹　高东亮
　　　　　马朝龙　贺志军　焦建辉
　　　　　朱　佩

执行编辑：高俊苹　张元红

英文编辑：高俊苹

龙门石窟香山寺蒋宋别墅修缮工艺研究
……………………………… 李建厚 赵 燕（263）
新疆惠远老城遗址病害特征及成因分析
………………………………………… 陆继财（271）

征稿启事 ……………………………………（281）

Studies of the Cave Temples

Survey Report on Several Caves and Single Statues of Ruhe Valley, Zhenyuan, Gansu Province … *Wang Bowen* (1)

The Excavation Report of Cave 3 in the Haimu Temple Site at Wuwei County, Gansu Province ….. *Gansu Provincial Institute of Cultural Relics and Archaeology* (12)

Gandhāra in China: The Buddhist Temple of the Northern Wei Dynasty in the Western Zone of the Top of Yungang Grottoes …………………………………… *Kuo Fengyen* (44)

A Further Study on the *Vimalakirti Sutra* Illustrations before the Sixth Century: Centering on the Statues of the Jingwei River Basin………………………*Xiang Yifeng* (58)

A Study about the Buddha Statues in the Center of Several Large Caves in the East-mountain of Longmen Grottoes of the Wuzhou Period in Luoyang ………… *Yao Yao* (76)

Investigation and Research on the Historical Materials of Tongnan Grand Buddha Makeup Gold
……………………………… *Xu Lin Liao Xueqiong* (92)

Analysis on the Culture of Temples of Northern Song Dynasty
………………………………………*Che Xingxuan* (106)

The Preliminary Study of Painted Arhat Statues of Lingyan Temple in Shandong Province ……… *Huang Lianru* (139)

Re-proving the Significance of the Images on "Journey to the West" at Feilaifeng of Hangzhou: With a Discussion on the Relationship between Historical Texts and Art History Study ……………………………………… *Chang Qing* (153)

MAIN CONTENTS

Identification of Water-and-land Reliefs Sculpture in Cave 5 of the Ming Dynasty in Jindeng Temple in Pingshun County, Shanxi Province .... *Gu Dongfang* (177)

190 Years of Buddhist Archaeology in Gandhāra
....*Leow Chaiyee* (234)

Protection on the Cave Temples

A Preliminary Study on the Differential Weathering Factors in Caves 21～30 and Affiliated Caves of Cave 5 in Yungang Grottoes............................ *Lu Jiwen   Li Bin* (244)

Reconsideration on Daily Maintenance of Longmen Grottoes
.... *Li Xinjian* (256)

Study on the Repairing Process of Jiang Song Villa in Xiangshansi Temple of Longmen Grottoes
.... *Li Jianhou   Zhao Yan* (263)

Damage Characteristics and Protection Measures of Huiyuan Site in Xinjiang................................. *Lu Jicai* (271)

Contributions Wanted..(281)

甘肃镇原茹河流域几处石窟及单体造像调查报告

王博文

内容摘要：在甘肃镇原境内的茹河流域分布有数处小型石窟，其开凿时代早至北魏，晚至明代，同时发现许多明代单体造像，就其窟龛形制、造像特点等极具地方特色，对于研究丝绸之路茹河流域一带佛教的传承与发展具有重要价值。

关键词：茹河流域　石窟　造像　简报

Survey Report on Several Caves and Single Statues of Ruhe Valley, Zhenyuan, Gansu Province

Wang Bowen

Abstract: There are several small-sized caves distributed in Ruhe Valley, Zhenyuan, Gansu Province, which were carved as early as Northern Wei Dynasty, as late as Ming Dynasty. At the same time, many single statues of Ming Dynasty were found, whose shape and structure, statue characteristic has distinct local feature. It has important value for studying Buddhist inheritance and development along Ruhe Valley in the Silk Road.

Key words: Ruhe Valley, caves, statues, brief report

镇原位于甘肃东部，庆阳市西南部，东与庆城县、西峰区接壤，西与宁夏固原市彭阳县毗连，南与平凉市泾川县、崆峒区为邻，北与环县相依。境内石窟主要分布在茹河流域（图1），镇原县文广局组织的全县茹河流域中小石窟调查组，对该县境内中小石窟和石刻造像的保存现状做了全面调查。2013年9月，对朱家川石窟、龙爪寺石窟、永乐寺石窟、万佛洞石窟进行了全面系统的调查。在调查过程中对新发现的兴福寺石造像、寺沟石造像、清凉寺石造像、恒元寺石造像等一并进行了仔细调查。现将调查情况简报如下，供各位专家学者参考研究。

作者：王博文，甘肃省庆阳市镇原县，744500，甘肃省镇原县博物馆文化广场东侧。

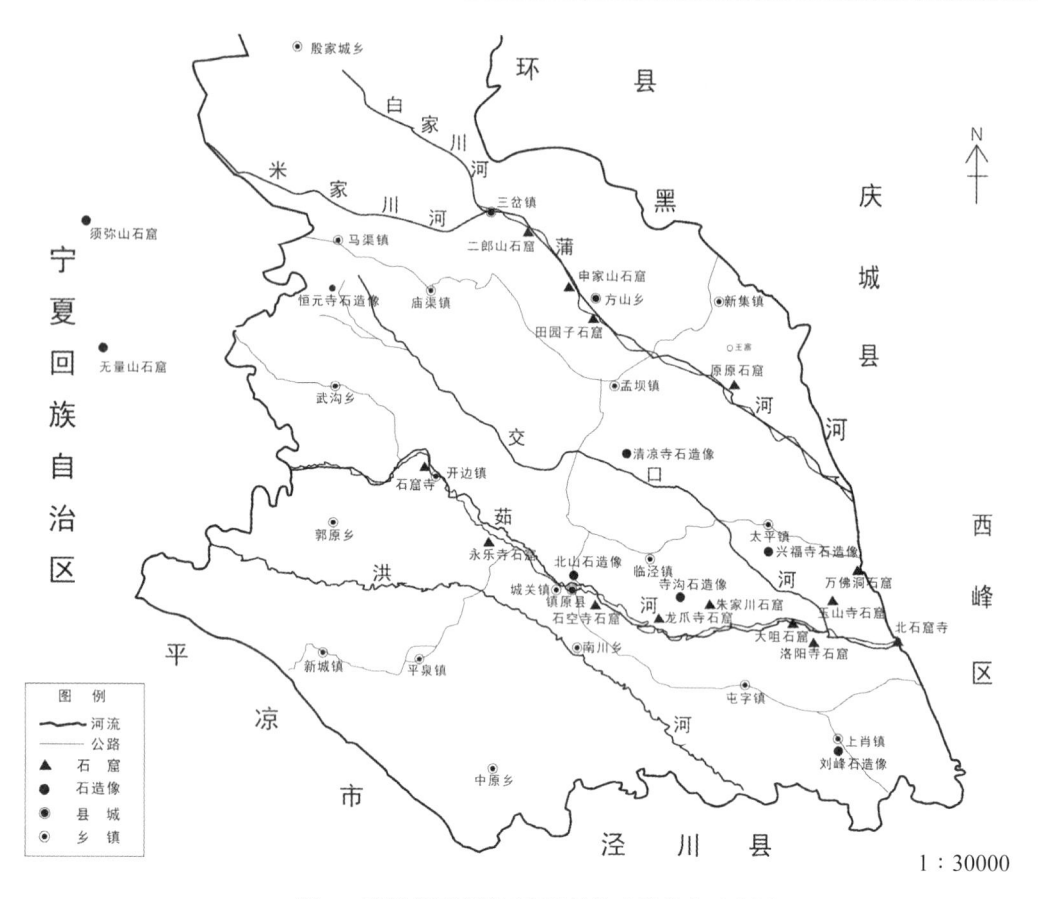

图 1　镇原茹河流域石窟及单体造像分布示意图

一、石窟造像

（一）朱家川石窟

朱家川石窟，位于镇原县城东 14 千米的屯字镇双河行政村朱家川自然村茹河北岸的砂岩上，东距大咀石窟 3 千米，县级文物保护单位。石窟距河床高 15 米，有上、中、下三层共 7 个窟龛，均坐北面南。由上自下、自东向西依次为：

上层：1 个窟。

第 1 窟：位于崖面最顶端。已塌毁，形制无法辨认。

中层：4 个窟。

第 2 窟：位于最东端。

形制：平面呈长方形，圆拱形顶。窟高 3.4 米，宽 3.5 米，进深 7 米。

造像：造像已毁。

第 3 窟：位于第 2 窟右侧，相距 6 米。

形制：平面呈方形，圆拱形顶。窟高 3.8 米，宽 4.8 米，进深 5.4 米。窟内有倒凹形低坛基。

高 0.7 米，宽 0.5 米。

造像：造像已毁。

第 4 窟：位于第 3 窟右侧，相距 10 米。

形制：平面呈方形，圆拱形顶。窟高 2.2 米，宽 1.76 米，进深 1.98 米。

造像：造像已毁。

第 5 窟：位于第 4 窟右侧，相距 12 米。

形制：平面呈方形，圆拱形顶。窟高 2.5 米，宽 1.46 米，进深 1.5 米。

造像：造像已毁。

下层：2 个窟。

第 6 窟：位于最东端。

形制：平面呈长方形，圆拱形顶。窟高 3.1 米，宽 2.7 米，进深 4.7 米。正壁有低坛基。高 0.8 米，宽 1 米。

造像：造像已毁。

第 7 窟：位于第 6 窟右侧，相距 3 米。

形制：平面呈长方形，平棋式顶。窟高 2.85 米，宽 3 米，进深 5 米。有坛基。

造像：造像已毁。

根据《重修三教殿碑》记载，此石窟始建于宋代，明崇祯十五年（1642年）毁于兵燹，虽经几次修葺又毁掉，现各个窟龛形制保存完整，均重新恢复了神像。

调查时据当地群众讲，以前石窟里均为石像，破坏以后又塑泥像，"文化大革命"时又被破坏，现在已重新恢复了部分塑像，并在第 1 窟底部半山腰重修了"三教殿"。

（二）龙爪寺石窟

龙爪寺石窟位于镇原县屯字镇双合村茹河北岸的红砂岩壁上。石窟距地面高 3 米，共有 5 个窟龛，均坐北面南。自西向东依次为：

第 1 窟：位于最西端。

形制：平面呈长方形，平顶窟。窟高 2.32 米，宽 2.3 米，进深 2.2 米。

造像：一佛二弟子二菩萨。保存完整，但在 1993 年修公路时掩埋在路基下面。

第 2 窟：位于第 1 窟左侧，相距 20 米。

形制：平面呈长方形，有中心柱的平顶大窟。窟残高 2.25 米，宽 6.1 米，进深 5.9 米，中心柱长宽均为 1.3 米。

造像：造像风化无存，窟内泥沙占了窟高的三分之一。

第 3 窟：位于第 2 窟左侧，相距 5 米。

形制：平面呈长方形，平顶。窟残高 2 米，宽 1.1 米。

造像：窟内填满淤土，造像壁画保存状况不明，窟外两侧各有一天王，其中西侧天王被人为破坏，东侧天王轮廓清楚，高1.46米。

第4窟：位于第3窟左侧，相距8米。

形制：平面呈长方形，平顶。窟残高1.18米，宽0.93米。

造像：窟内填满淤土，造像壁画保存状况不明，窟外两侧各有一天王，其中西侧天王头部残失，残高1.64米，东侧天王被人为破坏。

第5窟：位于第4窟左侧，相距6米。

形制：平面呈长方形，平顶。窟残高4.5米，宽4.12米。

造像：有明窗，窟内填满淤土，造像壁画保存状况不明。

根据窟龛形制和造型题材分析，此窟始建于北魏，后经隋、唐等都有续建。

调查当地群众说，石窟前面台地上原有一个大的寺院，石窟门外崖面上原有许多浮雕造像，栩栩如生，可以看出当时这里香火特别旺盛。尤其是1号窟造像保存特别完好，其他窟造像被埋在淤泥里。

（三）永乐寺石窟

永乐寺石窟，位于镇原县城西6千米的城关镇路坡行政村茹河南岸的石崖上，东距石空寺石窟10千米。现存一个大佛窟。

形制：平面呈长方形，平顶。窟高4米，宽5米，深4.6米。

造像：内雕一佛，残高2.8米，头残，佛结跏趺坐在石雕束腰须弥座上。因此处为红砂岩，人们长期在附近挖砂，致使石窟顶部塌毁，后期在原基础上增修了窟檐及门窗。2007年在残像上重新进行了彩绘，还新塑了佛头。

据现在《重修永乐寺碑记》记载，此窟始建于南朝明帝刘彧泰始年间。随后造像被毁，明代又重新雕刻了造像。

调查时当地群众说，当时有一块石条上刻"苦海无边，回头是岸"，字体浑厚，遒劲有力，修路时被压在地基下。

（四）万佛洞石窟

万佛洞石窟，又名万佛寺，位于镇原县城东北38千米的太平镇大岘行政村黑河川寺河滩西崖面上，坐西向东，面临黑河，背依寺崖山。因20世纪50年代修巴家咀水库，现已全部淹没于淤泥之中，作为水下遗址进行保护。

据清代《重修万佛寺碑记》记载，石窟创于明代，先称叶家寺，后称万佛洞。明代嘉靖年间（1522～1566年）建白衣殿、三官殿、圣母殿、龙王殿。万历（1573～1620年）初建阿弥陀佛殿、弥勒殿、观音殿。万历四十年（1612年）建万佛洞。有据慕少棠《重修镇原县志》卷三、十六文云："万佛寺，一名万佛洞，县东北七十里蒲河川，亦石为之者，金碧辉煌工费巨万。"末明始建时日。

调查时据20世纪30年代参与重修万佛寺石窟的贺哲壁的儿子回忆其父亲说，石窟及建筑由南向北依次为白骨塔、大山门、戏楼、小山门。进入寺院以后洞分上、下两层。上层依次为弥勒洞、十八罗汉洞、木构钟楼、药王洞、观音洞、玉皇洞、万佛洞及倒座韦驮殿等。下层依次为木构三宵殿、三官洞、千佛洞、地藏菩萨洞、木构白衣观等。各洞殿内均为泥塑像，无石雕像。万佛洞平面呈方形，窟高5米，宽10米，深10米，平顶，顶上浮雕一朵大莲花。窟内有四柱，小八角形，正壁（西壁）佛台上三身泥塑坐佛像，中佛像侧木制鼋柱上泥塑二龙戏珠。四壁皆分层泥塑模制小佛像，下层形大，上层渐小，号称万佛有余。

重修万佛洞碑记：

　　康熙三年（1664年）二月十九日，从来佛之功德，使名人亮其颖，不可殚述。所可述者，二谷之西，塚之东，平庆界有万佛洞。其祠枕昆仑，面泰岱，左控奇岚，右挟终南，德水呈祥，群山拱瑞，诚中土之福地，竺乾之胜概也。若夫时而鸟鸣朝霞，时而炊烟雨岫，时而香花莹如月，时而玉树映睾花。何者？非佛国慈悲之景色与庄严之法界及其历诸刹，宛转层折，拾级而上，见其石宝咸豁，四楹高耸，内设佛像万宗，金花闪烁，宝色迷离，非复人间世，令人仰瞻之而思敬。

　　故每春仲望后四日（二月十九日），四方远近布散联络而来，朝礼者如归市，若男、若女、若士庶绅衿、若商贾贸易，日以万计。是天下有三大道场，兼此而四矣。

　　此万佛洞之所以名也，余与住僧如静善因询厥终始。该谓大明嘉靖（1522～1566年）时。叶姓者祷佛获效，创建下层佛殿：白衣殿、三官殿、圣母殿、龙王殿各一座，故号叶家寺。形势湫溢，河每为患。延至万历（1573～1620年）初，住僧明鉴、明知与真怀、真玉于上层创建阿弥陀佛殿、弥勒佛殿、药王殿、观音殿四座，而万佛殿尚未之逮也。及万历四十载（1612年），真玉与知学如静竭诚善行，于爽□处创万佛洞一座、禅堂三所，又名万佛洞。崇祯之十载（1637年），洪制台、曹总裁、赵总戎、左总戎路径其处，随喜而捐金资，以襄圣果，共已告竣。

　　后四载（1641年）鱼煌金死，绿林且螺集二蜂飞，十村十虚，本寺失守，而各像亦为之受损。既而满汉兵戈旁午，寺功沦野火荒烟者十余载。

　　幸大清定鼎之五祀，真玉、如静归祠委曲兴复。幸遇总镇台南西平边陲，路径洞左，铜老夫人布施，修金柱宝像。迨定秦晋，南征楚蜀，颁熏后，复虔心布施，幕佐南客住，□鸠修，遂结前愿，其各殿视前更炳焕一新矣。要之，前后百五六十年来，明鉴、明知、如静之师也，创之于前，真玉，如静之师也，承之于后。如静则蒙大人力，克继其志，克终其美，茹几许艰辛，以成不拔之功。余于时不揣鄙劣，叙其颠末，而愿敢寿之于石。

二、单体造像

（一）兴福寺石造像

兴福寺石造像，又叫堡子洼石造像，位于镇原县城东北36千米的太平镇兰庙行政村堡子洼自然村，地处茹河支流交口河北岸堡子洼北麓坡地上。南距玉山寺18千米，县级文物保护单位（图2）。

形制：造像位于一孔土窑洞内，外面新修建寺院一座。

造像：石雕3尊造像，为横三世佛。

中间为释迦牟尼，通高2.47米，座高0.9米。佛高螺髻，面形方圆，双耳垂肩，着袒右肩袈裟，双手置于胸前，结跏趺坐于束腰仰覆莲台上；佛后为莲瓣形背光，边缘浮雕一周折枝菊花纹，其上浮雕一护法神，两边为共命鸟、金翅鸟及二龙护法。

左为药师佛，通高2.26米，座高0.76米。高螺髻，面形清秀，双耳下垂，着垂领式袈裟，右手拿一药丸，结跏趺坐于束腰仰覆莲台上；佛后有莲花形背光，其上浮雕火焰纹。

右边为阿弥陀佛，通高2.3米，座高0.8米，波浪纹肉髻，面容慈祥，双耳下垂，着垂领式袈裟，双手做禅定印，结跏趺坐于束腰仰覆莲台上，佛后有莲花形背光。

根据造像题材及现在《重修兴福寺碑记》综合分析，此造像原为宋代遗存，后期造像被毁，明代又重雕刻了造像。

据现场调查，造像原为石像，佛头20世纪70年代被盗，2009年在石像上又重新绘彩，复制了佛头。还残存部分明代和清代的造像残片（图3）。

图2　兴福寺石造像

图3　兴福寺残存石造像

（二）寺沟石造像

寺沟石造像，位于镇原县城东 20 千米的屯字镇双河行政村张沟自然村茹河北岸半山上。东南距龙爪寺、大咀石窟 10 千米（图 4）。

形制：造像位于一孔土窑洞内。

造像：石雕三佛二弟子造像。

造像 1 弟子，通体残高 1.33 米，无头部，身着双领下垂式外衣，袒胸，下着裙，褶纹跌宕有致，棱角分明，线条流畅，两手残，立于莲花座上，足穿圆头僧鞋。

造像 2 佛，通体残高 0.74 米，上身残缺，只剩腿部，结跏趺坐于束腰须弥莲花座上，座高 0.4 米，须弥座上沿长 0.78 米，厚 0.1 米，高浮雕龙和莲花图案。

造像 3 佛，通体残高 1.3 米，无头部，着双领下垂式通肩外衣，袒胸，下着裙，结跏趺坐于束腰须弥莲花座上，衣纹疏密有致，棱角分明，线条流畅，刀法洗练，裙摆覆盖莲花，褶纹十分漂亮。座高 0.4 米，须弥座上沿长 0.7 米，其上高浮雕缠枝莲花纹，束腰部两侧作对称莲花状。

造像 4 佛，通体残高 0.97 米，无上半身，着袒右肩外衣，两臂残，结跏趺坐于束腰须弥仰覆莲座上，裙带露于莲瓣上，座高 0.4 米，座上沿长 0.76 米，厚 0.1 米，其上两侧浮雕对称的缠枝莲纹。

造像 5 弟子，通体残高 0.88 米，无上半身，衣纹粗犷，大刀阔斧，立于莲花形方座上，足穿圆头僧鞋。

造像整体破坏严重，只留下半身，无法辨认其原貌。造像雕刻精细，衣纹线条流畅，栩栩如生，根据造像题材及风格综合分析，此造像为明代遗存。

据当地群众说，此像是从一个寺庙遗址搬到窑洞里的。

像 1

像 2 　　像 3 　　像 4 　　像 5

图 4　寺沟石造像

（三）清凉寺石造像

清凉寺石造像，位于镇原县城东北32千米的孟坝镇原口行政村寨子自然村的半山上，地处茹河支流交口河北岸上。南距石空寺34千米（图5）。

形制：造像位于一孔土窑洞内。

造像：石雕一佛二弟子二菩萨造像，为了保护，现已搬回县博物馆展出。

佛高0.9米，磨光肉髻，面型圆润，双耳下垂，着通肩袈裟，结跏趺坐于仰覆莲座上，右手做说法状，左手扶膝。

弟子迦叶高0.85米，着双领下垂式袈裟，双手拱于胸前，跣足立于方形台座上。

弟子阿难高0.8米，着双领下垂式袈裟，双手合十于胸前，跣足立于方形台座上。台座正面雕刻一龙图案，线条简练，形象生动。

文殊菩萨高0.75米，戴高宝冠，面相丰腴，胸前饰璎珞，着双领外衣，下着裙，手拿如意，结跏趺坐于仰覆莲座上。

普贤菩萨高0.7米，戴高

图5　清凉寺石造像

宝冠，着双领外衣，下着裙，手拿莲花，姿态自然，结跏趺坐于仰覆莲座上。

根据现在《重修清凉寺碑记》和造像风格综合分析，此像为典型明代遗存。

其他：据现场调查发现，此处原有寺院遗址，香火旺盛，出土了许多明清建筑构件。

（四）恒元寺石造像

恒元寺石造像，位于镇原县马渠乡赵渠行政村佛庄自然村的恒元寺遗址，地处茹河支流交口河北岸上（图6）。

形制：造像位于一孔土窑洞内。

造像：石雕三佛二弟子，现搬回新修的大雄宝殿内。

造像1佛，残高0.92米，无头部，着通肩外衣，下着裙，右手置于右腿上，左手平举胸前（残），结跏趺坐，底座已失。

造像2佛，残高0.95米，无头部，着通肩外衣，袒胸，下着裙，双手合十于胸前，结跏趺坐，失底座，衣纹雕刻粗犷。

造像3佛，残高0.93米，无头部，着袒右肩外衣，袒胸，下着裙，双手做禅定印，结跏趺坐，失底座。

造像4弟子，残高1.1米，无头部，着袒右肩外衣，双手举于胸前，立式。

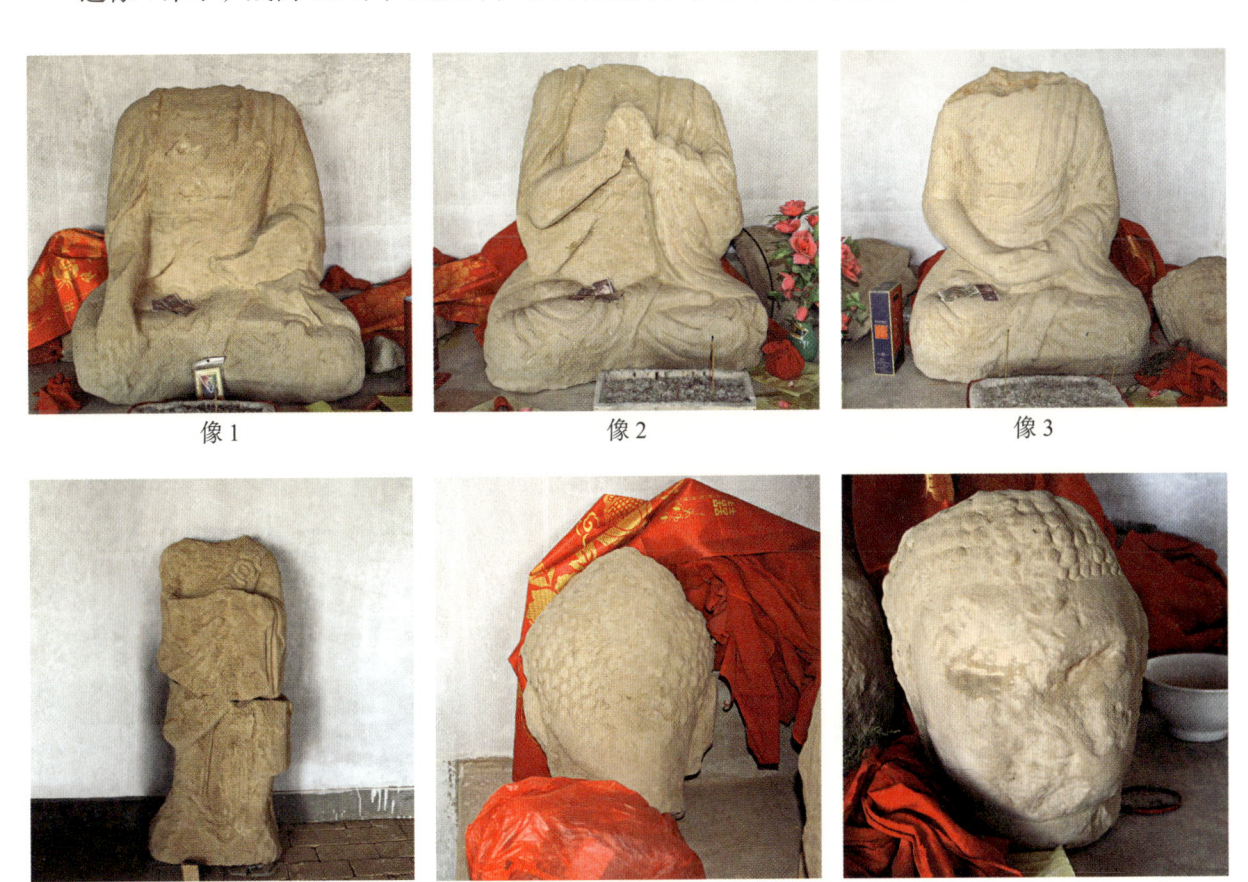

像1　　　　　　　　　像2　　　　　　　　　像3

像4　　　　　　残存佛头　　　　　残存佛头

图6　恒元寺石造像

造像 5 弟子，残高 1.05 米，已残破成几块，根据组合为立式弟子。

残剩两个佛头，均高 0.38 米，宽 0.25 米，均不完整，双耳下垂，面部残破不清，可能是原佛像头。

根据现在《重修恒元寺碑记》及造像风格综合分析，此造像为三佛二弟子造像，为明代遗存。

据现场调查发现，此处原有寺院遗址，出土许多明清建筑构件，2009 年当地群众在此遗址上新修了仿明代建筑大雄宝殿，重新塑了佛像。

三、结　　语

朱家川石窟虽然已成空窟，但窟龛形制大小都是平面方形、长方形平顶窟，形制比较单一简单，大部分为敞口窟。这些石窟多为宋金窟龛形制，后期损毁，又在明代进行了恢复。这些洞窟左右两壁大部分有低台基，其上塑像或放石刻单体造像，没有在壁面上直接开凿造像的痕迹。调查时发现，洞窟被后人几乎全用当地土坯砌成陇东窑洞式门窗的形制，比较遮风挡雨、保暖。龙爪寺石窟 2 号窟为一个典型的中心柱石窟，和北石窟寺楼底村 1 窟十分相似[1]，典型的北魏开窟形式，3、4 号窟外的力士与北石窟寺盛唐的 32 窟力士同出一辙[2]。永乐寺石窟是一个后续建的明代特大石窟，造像 2 米多高，在明代为数不多。以上石窟从现代重修现状来看，均按原来的模式塑像，有的也在窟前恢复了窟檐，均具有典型的明代风格，与这个时期石窟发展的时代、文化、经济背景相关，都是许多下层百姓或痴迷于宗教宣传，或寻求精神寄托，倾其家财，供奉佛事，所以陆续在茹河流域开凿了许多小型佛龛及石窟，或者在前代的基础上雕凿窟龛，以保佑平安一世。

万佛寺石窟里叫"殿"的特别多，没有发现木构佛殿建筑，除了石窟外有一些小的山门、戏楼、钟楼、僧舍建筑，别无大的建筑。而主要雕塑像都安置在石窟内，"殿"是对石窟的另一种称呼。明清以来将石窟称之为殿较为普遍，如将某石窟常称为石佛殿。另有所说三十六洞天、七十二福地的各类神像常常安置在石洞或窑洞内，亦称之为殿。再则，这里"殿""洞"并用，万佛洞就称为"洞"。这座万佛洞肯定是一个石窟，说明它是选择了崖岩间有利地形建造而成，而且是众"殿""洞"之魁。这种以万佛洞为主体的关系在明代万历四十年（1612 年）才形成，沿用至今。关于石窟的性质，最初是佛道仙混杂，而后转入以佛教为主，阿弥陀佛、弥勒佛、观音菩萨、万佛都是佛教雕塑中最常见的题材，如阿弥陀殿，自然是以西方极乐世界阿弥陀佛雕塑像为主尊，也可能配之内容相关的其他雕塑和壁画。另外，有些学者认为万佛洞某些洞窟的创建年代绝非明代，远则北朝，近则唐宋，明代不过是有较大规模的续建和重修而已。这种看法也不无道理，我国佛教艺术盛于南北朝隋唐，绝大多数石窟始建于当时，陇东地区北朝隋唐石窟就不在少数。可是碑文却没有那样记述，石窟经淹没于水下，无法再次考证。要想解开这个谜底只有留待考古清

---

[1] 甘肃文物工作队、庆阳北石窟寺文管所：《庆阳北石窟寺》，北京：文物出版社，1985 年，第 148 页。

[2] 甘肃文物工作队、庆阳北石窟寺文管所：《庆阳北石窟寺》，北京：文物出版社，1985 年，第 80 页。

理使石窟再现出来加以研究，即使是明代文物也存在着极大价值，若存北朝隋唐文物其价值就更大了。

从周边发现的兴福寺石造像、寺沟石造像、清凉寺石造像、恒元寺石造像均为典型的明清风格，做工较粗糙，更贴近世俗化、大众化，没有前代造像那么讲究，有特点。这些单体造像说明当时佛教一直比较兴盛，很多佛教信徒找不到更合适的开窟造像地方，只能造一些石像，搬到窑洞里供奉，证明镇原人民对佛教的信仰和崇拜。

总之，镇原是古代丝绸之路东段北道（萧关古道）的主要干线，毗邻中国佛教传播中心关中，又是西域通往关中的必经之路，人们常称"高平道、萧关道"即今天的茹河道。这些石窟及单体造像见证了当时佛教文化在这条古道上的繁荣与昌盛。

参加此次调查的人员还有：席治军、段玉元、陈娇红、苟浩亮、王少博、李宏斌
测绘：王博文、席治军、王少博
摄影：陈娇红、苟浩亮

甘肃武威亥母寺遗址 03 窟发掘简报

甘肃省文物考古研究所

内容摘要：甘肃省文物考古研究所于 2016～2019 年对武威亥母寺遗址进行了连续四个年度的考古发掘，在 03 窟清理窟室 5 处、护坡 1 段、窟外建筑基址 1 座，厘清了 03 窟的平面布局和空间结构。出土了一批清代中晚期的陶、瓷、铁器及建筑构建等物，对亥母寺遗址的历史沿革及 03 窟的性质、年代判断提供了重要依据。

关键词：亥母寺　03 窟　清代

The Excavation Report of Cave 3 in the Haimu Temple Site at Wuwei County, Gansu Province

Gansu Provincial Institute of Cultural Relics and Archaeology

Abstract: This is a report on the archaeological excavation that was excavated by Gansu Provincial Institute of Cultural Relics and Archaeology at Haimu Temple site of Wuwei County from 2016 to 2019. The Excavation of Cave 3 was accomplished, which consisted of 5 cave rooms, a man-made slope and a base of a building outside the cave. The layout and spacial structure of Cave 3 has been clarified. During the field work, there were a number of cultural relics discovered, including potteries, porcelains, iron tools and building elements in the middle and late Qing Dynasty. These provide significant evidences for the history of the Haimu Temple site and the judgment of the character and age of Cave 3.

Key words: Haimu Temple, Cave 3, Qing Dynasty

亥母寺遗址位于武威市凉州区新华乡缠山村七组西南侧的祁连山北麓余脉，洞窟开凿于南北走向的山梁东坡半山腰处。北邻杂木河斗渠，东距磨咀子墓群 2 千米，西距茂林山遗址 3 千米，西北距新华乡人民政府 3 千米。地理坐标东经 102°37′07″，北纬 37°47′44″，海拔 1821 米。遗址由 4 个洞窟及窟前建筑遗存组成，东西长 490 米，南北宽 200 米，面积 98000 平方米（图 1）。

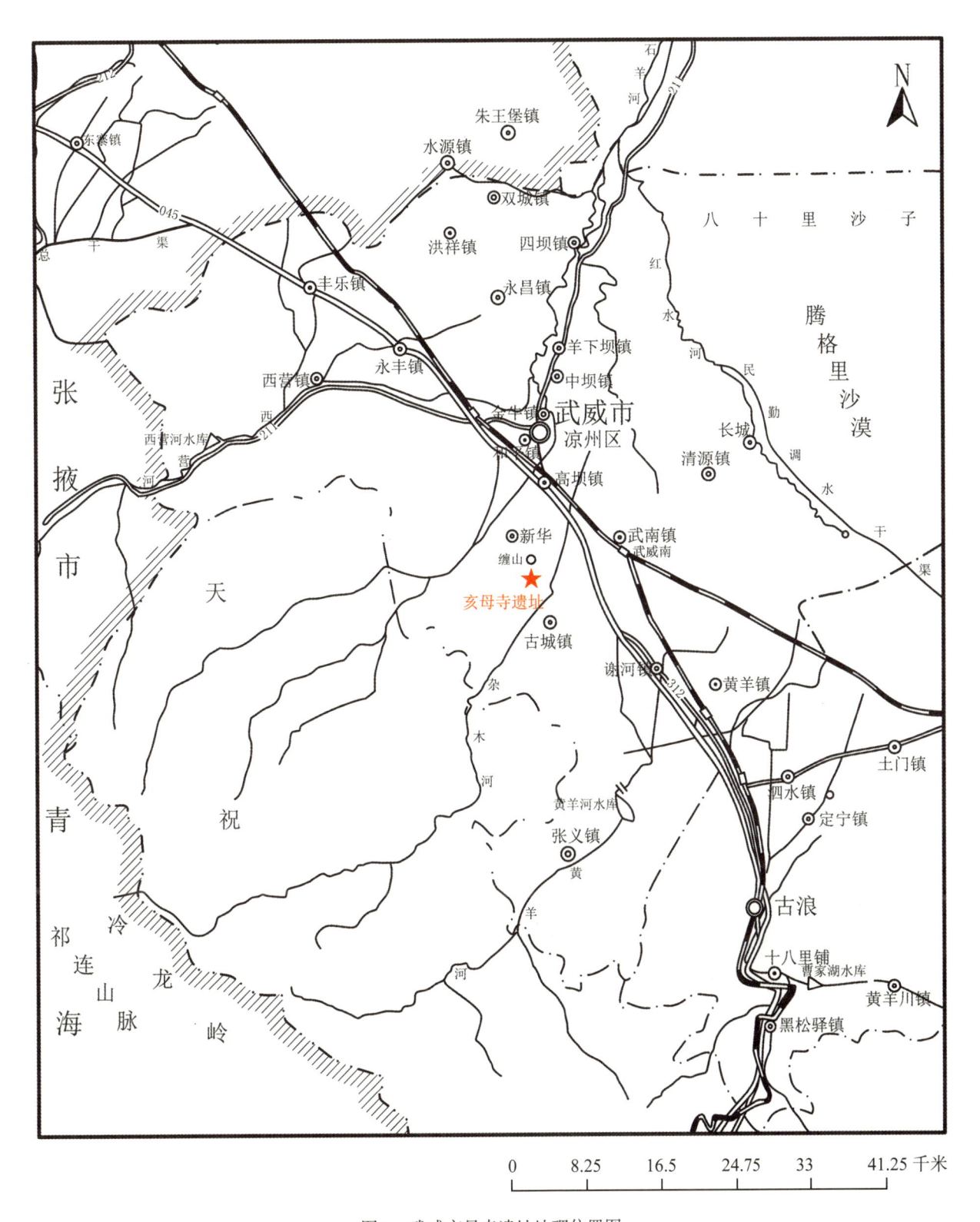

图 1　武威亥母寺遗址地理位置图

2016～2019年，甘肃省文物考古研究所在甘肃地质灾害防治工程勘查设计院的配合下，对亥母寺遗址进行了连续四个年度的考古发掘和支护加固。目前，已完成4座洞窟及窟前800平方米建筑遗存的考古发掘，现就03窟的发掘情况简报如下。

一、保存现状

亥母寺遗址4座洞窟均坐西向东，自北向南依次分布于山梁东坡的山腰底部平台，编号01、02、03和04号窟，相距8米。03窟位于02窟南部，处在山梁平台中部偏南的位置，距02窟约32米（图2）。

03窟窟口堆积大量塌落的岩块，但窟口未被封堵，可见向两侧斜向延展的洞口。南侧窟壁暴露人工开凿的窟室两处，内部有塌陷，但仍可见供奉所用的案几、土台等物。窟口上部岩体可见三组结构面，间隙约5厘米。结构面相互切割使岩体呈块状，稳定性较差。

图2　03窟保存现状

二、洞窟形制与结构

03窟由内外两部分构成，内部为洞窟主体，外部为依山体而建的护坡和建筑基址遗存（图3）。

（一）洞窟主体

洞窟主体由入窟通道、窟内通道及五个窟室组成。入窟通道自窟口东西向延伸，Ⅰ、Ⅱ室位于入窟通道的南侧，窟内通道为南北向，连接Ⅲ、Ⅳ、Ⅴ三个窟室。

1. 入窟通道

入窟通道位于03窟偏南位置，东西向偏北延伸，窟口向东，方向127°。由入窟门道、南北壁及地面组成，连接Ⅰ、Ⅱ、Ⅲ室，并与室内通道及窟内通道相接。入窟通道东侧较开阔，顶部因岩块塌落形成开阔区，西侧窟壁渐收，顶部尚存，最西端保存较好，平顶。进深11.08米，入口处南北窟壁间距3.6米，Ⅰ室外南北壁间距7.02米，Ⅱ室外通道保存较好，长2.4米，最西端宽1.02米，顶高1.8米。

入窟门道

入窟门道即2017WH03门道2，位于窟口北侧，紧邻北壁下方，平面长方形，东西向浅坑状。东西长1.6米，南北宽1.18米，与窟口地面落差0.53米。门道地面西高东低，西南角有一不规则椭圆形台阶，阶宽0.34米，高0.09米。东部有一木门槛，因火烧呈炭状，长1.13米，宽0.15米。门槛南端紧附一竖向立置的青砖，北端嵌入外部建筑基址F1的墙体。门道内堆积为灰褐色土，土质疏松，厚约0.73米，包含大量板瓦及少量条砖、筒瓦、木块等（图4）。

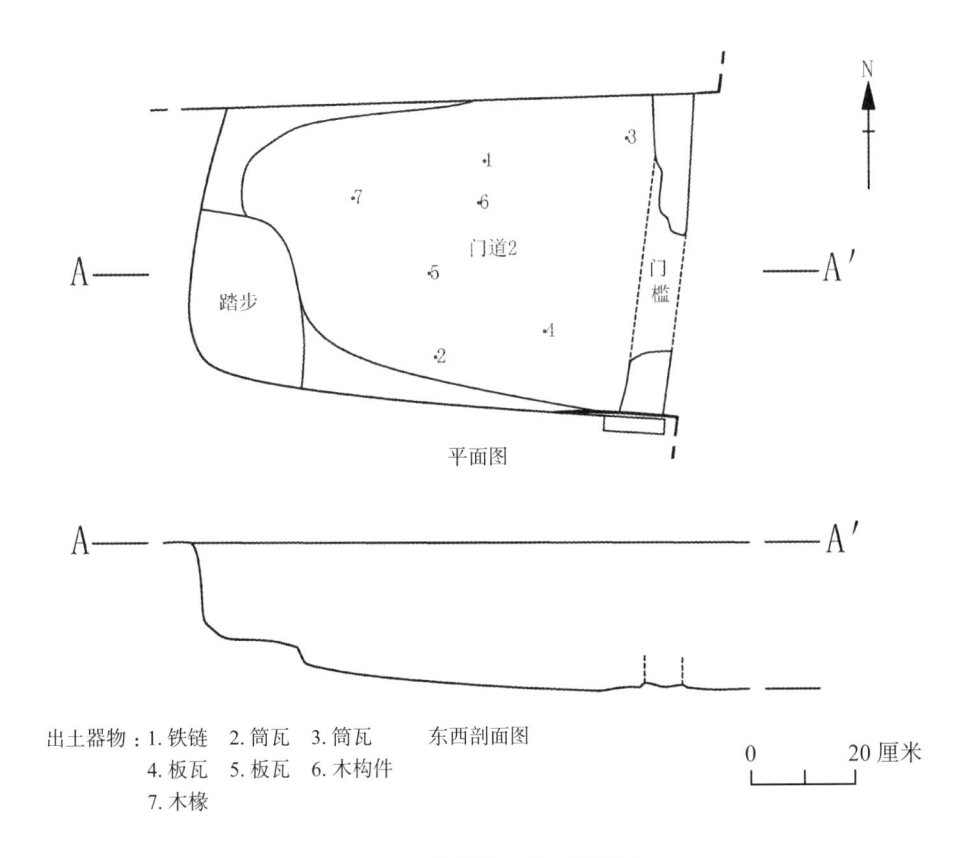

图4　03窟门道2平、剖面图

北壁

入窟通道北壁由窟口向内延伸，极不规整，壁面内凹呈弧形，有明显的垮塌痕迹，西侧保存相对较好，壁面残留工具痕一处，北壁直线长10.74米。

南壁

南壁东部保存较差，垮塌和风蚀严重，根部呈斜坡状，斜坡上方的窟壁呈凹槽状，凹槽以上窟壁虽坑凹不平，但因风水侵蚀相较光滑，该处窟壁整体斜向Ⅰ室，直线长5.5米。此外，Ⅰ、Ⅱ室之间的窟壁垮塌严重，近外侧的尤甚，其根部斜坡亦较长，直线长6.16米。Ⅱ、Ⅲ室之间的窟壁保存较好，壁面残留工具痕一处，长1.14米。

地面

入窟通道地面整体较平，入口处略低，Ⅱ室外局部有凹坑，地面有两条东西走向的裂隙，一条位于通道东部北侧窟壁下方，延至Ⅱ室南侧窟壁下方，并横穿Ⅲ室。另一条位于Ⅰ室外，延至Ⅱ室内。另发现方形柱洞两个，底部残存木片和木柱印痕。

2. 窟内通道

窟内通道位于03窟中部，南北走向，南端接Ⅲ室与入窟通道，北端接Ⅳ室，中部南侧接Ⅴ室。窟内通道平面不甚规整，整体为北宽南窄的条带状，其地面部分在与Ⅴ室南壁相同位置的地方形成高差，南高北低，落差0.7米，此处有踏道，但极不规整。通道顶部在此处变化明显，其南侧窟顶塌落严重，与Ⅲ室窟顶连为一体，顶部至下方地面4米，其北侧窟顶保存较好，近平顶。表层红砂土掉落后露出密密麻麻的碎石子，整个顶面有烟熏，南北长约3.4米，宽约3.6米，距下方地面2.5米。

西壁

Ⅲ室与Ⅳ室之间的窟壁为窟内通道的西壁，南接Ⅲ室北壁，略偏西，北接Ⅳ室南壁，略偏东。壁面弯曲不规整，有明显的垮塌痕迹，直线长约2.8米，垂直高约2.4米。

东壁

入窟通道与Ⅴ室之间、Ⅳ室与Ⅴ室之间的窟壁分别为窟内通道东壁的南段和北段。东壁南段南接入窟通道北壁，略偏西，北接Ⅴ室南壁，略偏东，下部内凹，上部垮塌较直，直线长3米，凹面高约1.5米，进深0.48～0.84米，凹面以上高约3米。北段为Ⅳ室和Ⅴ室之间的隔梁，厚约0.3米，垮塌严重，垂直高约2.2米。

3. 窟室

（1）Ⅰ室

Ⅰ室位于03窟东南角，入窟通道中部南侧，西邻Ⅱ室，洞口方向正北。Ⅰ室开凿于03窟所在山体东坡面靠近下部的位置，洞室口及室内顶部各有一条呈倒V字形的纵向裂隙。裂隙下端为洞室南北壁的边缘，其顶端与洞室口部的裂隙交汇于Ⅰ室的西壁上方。据此，推断Ⅰ室是利用这两条裂隙开凿而成，先沿洞室口部裂隙向内开凿，再沿室内裂隙向东开凿，最终形成一平面呈镰刀形的空间，洞室横截面呈尖塔形。Ⅰ室由甬道和洞室两部分组成（图5）。

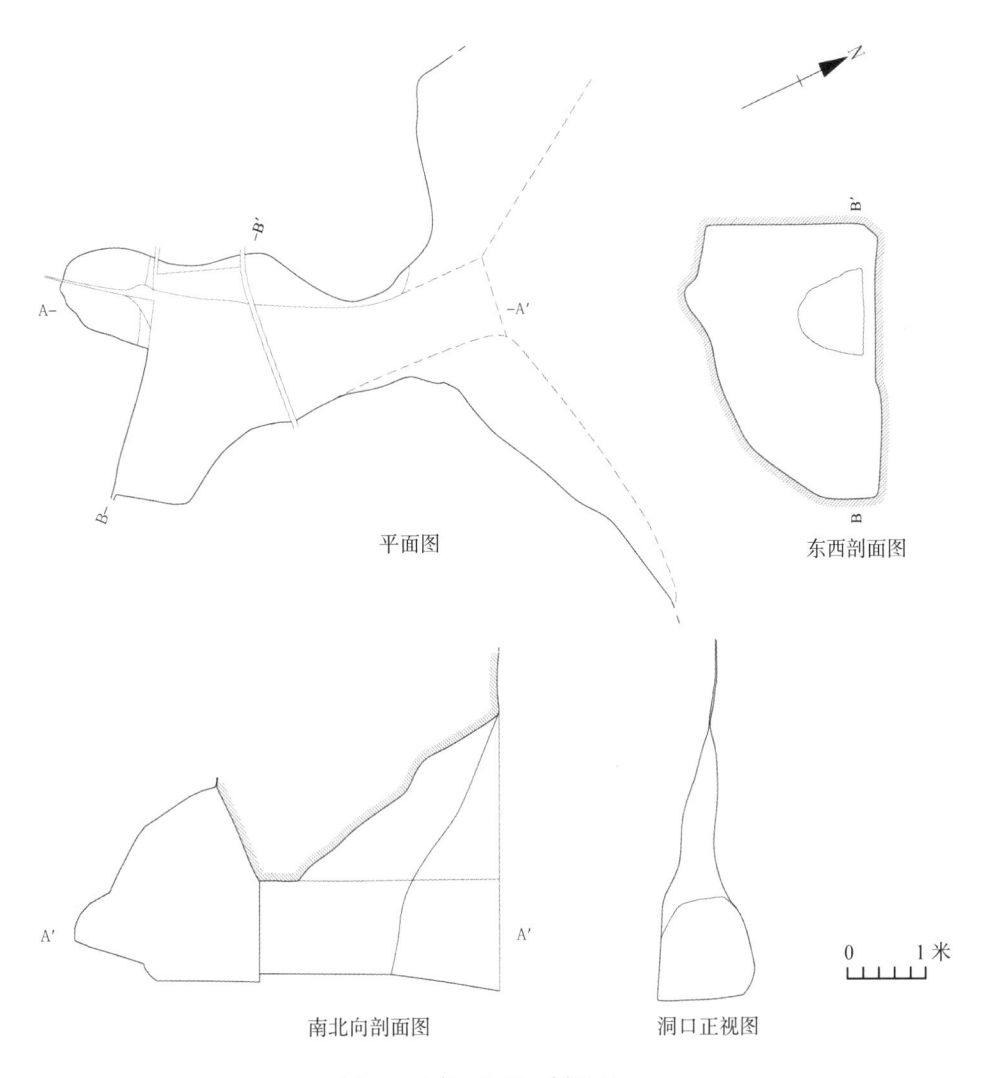

图 5　03 窟 I 室平、剖面图

甬道

甬道平面呈长方形，顶部现存南端少部分，其余皆垮塌，进深 0.5 米，最北端垮塌高度 3.3 米。南端洞口保存较好，呈弧拱形，低矮，顶端正对裂缝，底部较平。甬道长 2.8 米，复原宽度为 0.84 米，南端现存洞高 1.25 米，裂隙高 3.5 米。

洞室

洞室为西北—东南向，平面呈不规则长方形，洞室顶部由两块呈八字形的岩块搭成，洞室南壁最长，较直，长 2.8 米；东壁最短，较规整，长 0.95 米；西壁壁面开凿较直，长 1 米；北壁东部呈弧形，西部较直，北壁西部长 2 米。洞室底部平整，涂抹有草拌泥，残损严重。西壁与南壁拐角处有一较深的不规则凹面，凹面底部略高于洞室底部，呈内高外低的坡状，进深 1.2 米，口宽 1.1 米，口部高 2 米，内高 0.7 米，底内端与洞室底落差 0.5 米。

Ⅰ室内部保存较好，顶部未坍塌，窟壁因自然侵蚀形成了一些小的凹面，下部因居住活动壁面泛浅黑色，东部为砖铺地面。窟室中部有一现代石桌。

（2）Ⅱ室

Ⅱ室位于03窟南部，入窟通道西端南侧，东邻Ⅰ室，西邻Ⅲ室。洞口朝北，方向42°。Ⅱ室系利用该处山体的小型裂隙开凿而成，空间较小，外窄内宽，加工粗糙，地面高低不平。东西两侧壁垮塌严重，侧壁分别砌筑一道石块垒成的支护墙体，顶部及后壁保存相对较好。整个窟室由甬道、地面和土台组成（图6）。

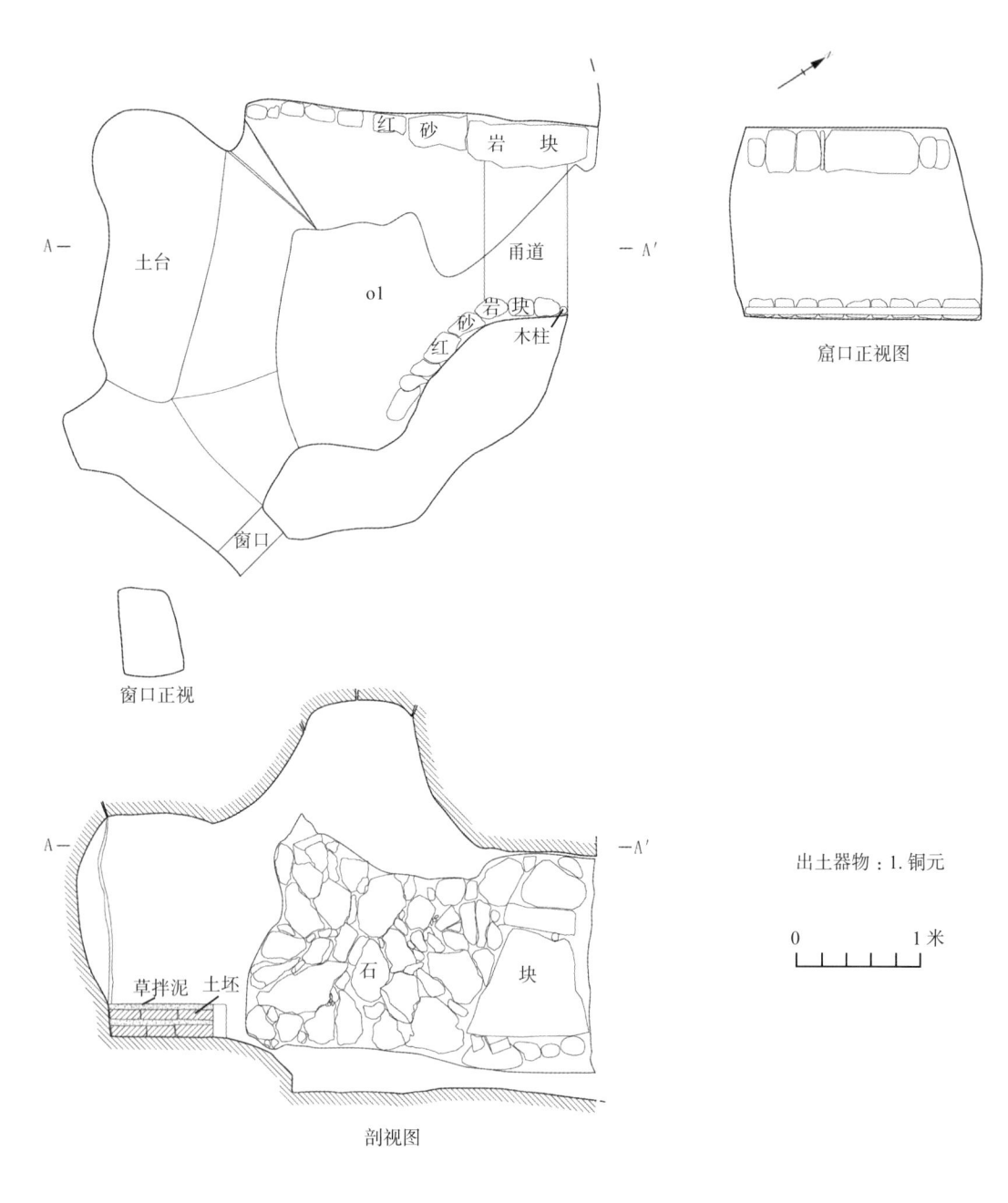

图6 03窟Ⅱ室平、剖面图

甬道

甬道位于窟室北端，偏向窟室西侧，西壁与窟室西壁齐平，平顶。地面呈凹坑状，边缘极不规整，地面上部窟顶呈几字形，顶部有两道东西向的裂隙。

土台

土台位于窟室南侧，紧贴窟室南壁和西壁，平面近长方形，长 2.17 米，宽 0.6～1.04 米，高 0.3 米，台面与地面落差 0.68 米。土台用土坯垒砌，由草拌泥粘结，表面抹光。窟室东南角有一处较大的凹面，底部较平，与窟室地面之间由一斜坡连接，凹面偏北处墙壁开一窗洞，窟室后部顶较平，略高于甬道顶。

窟顶

Ⅱ室窟顶呈大几字形，甬道顶距地面 1.93 米，与地面上部窟顶的最高点落差 1.22 米，与土台上部窟顶的落差 0.32 米，与入窟通道顶落差 0.43 米。地面上部窟顶高 3.08 米，土台上部窟顶距台面 1.5 米，距土台 1.75 米。

北壁与东壁

Ⅱ室北壁与东壁转折不明显，呈折弧形。北壁西北—东南走向，东壁东北—西南走向，北壁壁面用岩块垒筑一道支护墙，北半部为甬道的东壁，口部紧贴支护墙和甬道东壁立有一根直径 10 厘米的圆木柱。东壁的南端自东向外拐出，拐出部分为窗口的北壁。北壁直线长 1.92 米，甬道部分窟壁长 0.7 米，宽 1.02 米，与东壁折拐处距西壁 2.3 米，甬道高 1.9 米，支护墙高 2.8 米。东壁直线长 1 米，最凸出部分距西壁 2.54 米，拐出部分距西壁 3.16 米，拐出 0.32 米。

南壁

南壁分东西两部分，西部范围与土台的长度相同。东部为一较深的凹面。西部窟壁略向内凹，最深处凹进 0.2 米，长 2.1 米，高 1.72 米。东部凹面向东逐渐变浅，并与窗口南壁相接，口宽 1.62 米，内宽 0.47 米，最大进深 0.52 米，口部高 1.5 米，内高 1.19 米。

西壁

西壁分南北两部分，南部范围与土台西端的宽度相同，北部为直壁，砌有岩块支护墙，直通甬道口，两部分结合处折拐内凸。北部长 2.8 米，高 1.72 米。南部窟壁略内凹，直线长 0.8 米，高 1.75 米，内凹 0.1 米。

地面

Ⅱ室地面近坑状，但底部较平整，与入窟通道地面相平，周壁呈不规整的斜坡状，底部最大径 1.72 米，口部最大径 2.5 米，深 0.42 米。

（3）Ⅲ室

Ⅲ室位于 03 窟西南角，入窟通道西侧，窟内通道的南侧，东邻Ⅱ室，方向 17°。根据Ⅲ室地面现状判断，该窟室尚未开凿完工，其地面高低错落极不平整，落差 0.48 米。地面密布小凹坑，凹坑壁上存留工具印痕，工具痕最宽处 3.4 厘米，末端呈弧刃，宽 2.5 厘米。最高处与Ⅴ室最低处落差 1.59 米。

Ⅲ室由室内部分和与窟内通道相接的室外部分组成，顶部因坍塌形成较大的踏空区，侧壁因形成凹面，加之尚未完工，故平面形状极不规整。根据地面开凿的范围，推测原窟室呈曲尺状，其室内部分平面呈横长方形，室外部分呈不规则五边形，两部分连接处较宽大（图7）。

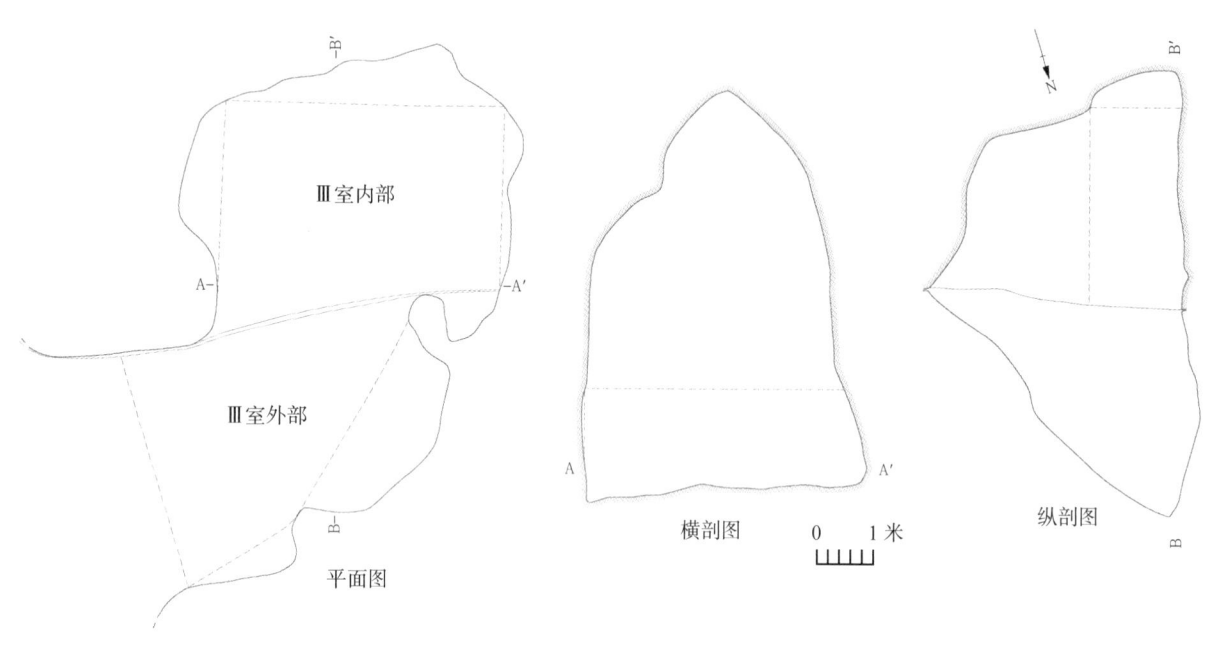

图 7　03窟Ⅲ室平、剖面图

窟顶

Ⅲ室与窟内通道连接处窟顶最高，向室内南侧和室外北侧逐渐下降变低，大体呈两面坡状。最高处距地面6.82米，室内部分的西侧保留一处未掉落的岩块，从其与山体的连接状态判断，应为最接近窟顶的原始部分，距下方地面高1.95米。室外部分的北部也有一块相同的岩块，距下方地面2.65米，两处岩块的顶部落差0.15米，地面落差0.45米。

南壁

Ⅲ室南壁东西两端保存较好，与东西壁连接处转折明显清晰，其根部中间内凹较深，原壁面因风化剥落严重，极不规整，内凹部分平面呈钝三角形。长4.96米，高3.35米，凹进部分口部高1.26米，进深1米，南壁最高点与凹进部分洞口最高点落差1.49米。

东壁

室内部分口部东壁南端至东壁与南壁拐角处之间为Ⅲ室东壁的范围，其口部连线与窟室口东壁处在同一条直线上，东壁根部整体内凹，进深0.74米，凹面口部高1.23米，其余壁面情况与南壁同，长3.16米，高4.2米。

西壁

西壁根部尚未与现地面凿平，高出现地面0.5米，以上部分整体内凹，极不规整。凹面与南壁凹面连为一体，两个凹面的口部连线接近垂直，进深0.2～0.35米，口部高1.05米，西壁长3.16米，高4米。

北壁

室内部分口部西壁南端至北壁与西壁拐角处之间为Ⅲ室北壁的范围，其开凿情况和保存状况与西壁相同。长1.6米，高1.4米，凹面进深0.82米，凹面口部高1.22米。

室外部分西接窟室内部，东与两个通道相连接，地面西高东低，坡状，落差0.62米。东端地面高于入窟通道地面0.46米，存南北两壁。北壁底部有两处凹面，东侧凹面小而浅，平面呈三角形，最大进深0.6米，口部长2.3米，高1.2米。西侧凹面宽大，较规整，进深1.42米，口部长3.8米，高1.9米，两凹面口部最高点落差1.1米。两凹面以上部分垮塌严重，形状极不规整，转折亦不明显，与顶部大体呈斜坡状连接。南壁因处在一条裂隙上，故壁面较为平齐，高4.56米，长3.58米。在南壁东端下部的壁面上存留一处开凿洞窟的工具痕，据此推断南壁东端为原始窟壁。

（4）Ⅳ室

Ⅳ室位于03窟最北端，东西向，东南部与Ⅴ室相邻，并与窟内通道的北端相接，方向116°。Ⅳ室平面呈长方形，地面和窟壁形状极不规整，地面整体西高东低，落差0.48米。地面密布小凹坑，窟壁满布大小不等的凹面，凹坑壁及窟壁上留有较多工具痕，工具痕最宽处3.5厘米，前端为弧刃。窟室顶部已严重塌落，中部塌落最高达6.2米，窟室中部近窟壁处有少部分窟顶残留（图8）。

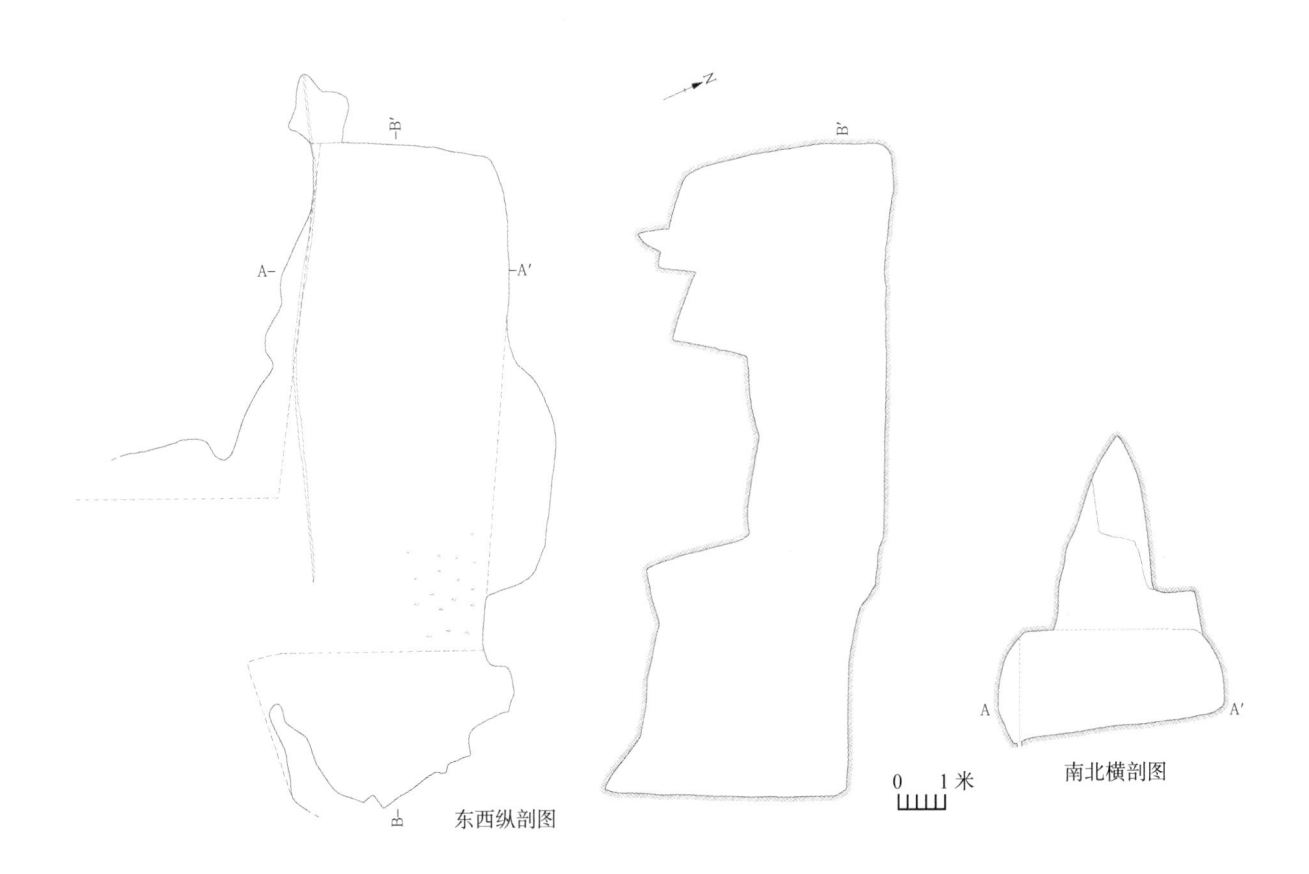

图8　03窟Ⅳ室平、剖面图

窟顶

Ⅳ室顶部塌落严重，尤以中部最甚，在窟室中部偏西处可见两处窟顶的边缘，从其变化趋势推测，原窟室顶为平顶略弧，形制与保存较好的窟内通道顶部基本相同。经测量二者顶部转折处的水平高度相同，窟室西端窟顶距下方地面1.6米，中部窟顶距下方地面6.2米，东端窟顶距下方地面2.1米。窟室顶部复原高度约2.6米，转折处宽2.6米，转折处距下方地面北高1.76米，南高2.2米。

北壁

北壁上部垮塌严重，与窟室顶部之间已无明显的分界，从局部残存窟顶的转折痕判断，北壁高约1.1～2.2米，长11.6米。底部有两处凹面，位于中部的凹面较大，东端的较小，其余部分根部较为端直，向上缓慢内收。两处凹面壁面均有工具凿痕，特别是中部大凹面上较密集，大凹面进深1.2米，口宽5.5米，高1.1～1.9米。小凹面进深0.7米，口宽1.5米，高0.9～1.2米。

南壁

南壁以Ⅳ室入口为界，分东西两段。西侧窟壁长且保存较好，呈西北—东南走向，东侧窟壁短且垮塌严重，东西走向。西侧窟壁整体内凹，极不规整，西低东高，从窟壁与窟顶的转折残留判断其高度为0.9～2.5米，直线长6.65米。东侧窟壁从底部开始斜收至顶，上部有烟熏痕，长2.54米，高2米。

东壁

东壁壁面垮塌较严重，极不规整，北端与北壁上的小凹面相接，南端与南壁相接，长2.93米，高约2米。

西壁

西壁南端向西延伸，底面残留工具痕，底面和内壁极不规整，进深0.96～1.4米，口宽0.68米，内宽1.08米，高1.9米。西壁中部和北端较规整，上部略收，长3.2米，高4.36米。

地面

Ⅳ室地面东部较平，西半部呈缓坡状，极不平整，表面留有较多工具痕。东壁下方的地面经过处理，地面光平，厚3～5厘米，夹杂少量碎草秸。面积60.08平方米。

（5）Ⅴ室

Ⅴ室位于03窟东部，东西向，北邻Ⅳ室，南邻入窟通道，西接窟内通道，东接窟前建筑基址F1，东端入口方向90°。Ⅴ室平面形状不规则，东西两侧较窄，中间宽大。北壁东西较直，东端略向南斜，下部形成凹面，上部连同窟顶垮塌严重，整体高度无法判断。南壁曲拐极甚，特别是中部向南形成较深的龛洞，西端上部垮塌严重，其根部形成较为宽大的斜坡面。室内过道东接Ⅴ室窟门，窟门被砖墙封堵，西接室内通道，洞室口过道两侧各有一个土坯台，南壁龛洞内有一石板火炕，炕的西侧紧贴窟壁做一土坯台。Ⅴ室内所有的遗迹都与窟前建筑F1相连，两者应为同一时期形成（图9）。

砖墙

室口砖墙位于Ⅴ室东端入口处，砌筑在两侧土坯墙之间，下部由砖块和石条混砌，形成一壁龛，上部全为砖块错缝平砌至窟室顶，砖块之间由黄泥粘合。砖墙内侧南端紧贴南侧土坯台处立一木柱，木柱的西侧和南侧土坯台之上也砌有单层砖墙，较粗糙，其底部用筒瓦和木构件残块作支撑。砖墙所用砖块和石条均系二次利用的建筑材料，其形成时间晚于室内遗迹和窟前建筑 F1。砖墙宽 1.3 米，高 3 米，厚 0.66～0.98 米。龛宽 0.5 米，高 0.69 米，进深 0.42 米。

土坯台

土坯台位于窟室口过道的两侧，紧贴窟壁，平面呈长方形。南侧土坯台与火炕紧靠，略低于炕面 4 厘米，表面涂抹草拌泥。北侧土坯台东西长 1.3 米，南北宽 0.4～0.66 米，高 0.6 米；南侧土坯台东西长 1.2 米，南北宽 0.6～1.4 米，高 0.6 米。

石板火炕

石板火炕位于南壁龛洞内，火炕由炕洞、炕门、炕面、炕围、炕墙和炕头桌台等部分组成，未发现烟囱的位置。火炕利用龛洞的窟壁做围墙，西端炕围用土坯砌筑，残破严重，炕面已坍塌。炕洞、炕门、炕围和炕墙用土坯垒砌，炕面由石板铺设，石板厚约 3～5 厘米，其外再用草拌泥涂抹。炕面呈不规则正方形，北缘和西缘较规整，南缘和东缘沿窟壁呈不规则的圆弧状，长约 2.1 米，最宽 1.9 米。整个炕面仅东南角部分保存完整，其余部分均因塌落的大岩块砸落而塌陷。西端炕围高出炕面 0.3 米。炕墙北面和西面为土坯砌筑，其余各面均以窟壁做墙，土坯墙保存较好，西北拐角处有少许残损，因地面东高西低，呈坡状，故东部炕墙矮于西部炕墙，高 0.6～0.72 米。炕门位于北面炕墙中部偏西，口部呈长方形，向内逐渐扩大。炕门内有两块土坯呈倒八字形横向垒砌，土坯内侧有火烧的黑色烟痕，顺着倒八字形口部两端各有一块土坯亦为横向垒砌，且垂直于北炕墙。两土坯间距为 0.28 米，土坯残长 25 米，宽 14 米，厚 10 厘米。炕门宽 0.28 米，高 0.14 米，进深 0.25 米。炕头桌台位于火炕西侧，紧贴窟壁，土坯垒成，表面涂抹草拌泥，土台面高于炕面 0.18 米，低于炕围上沿 0.12 米，长 0.67 米，宽 0.58 米，高 0.46～3.68 米。

（二）窟外建筑遗存

1. 护坡

03 窟外有护坡两段，分列于 03 窟窟口的南北两侧。护坡南北走向，依山体边坡由卵石垒砌而成，剖面自西向东呈斜坡状渐倾，为 20 世纪 80 年代阻挡山体滑坡而建。

2. 建筑基址 F1

F1 位于 03 窟窟前，沿山体边坡而建，为地面式排房建筑，土木结构，坐西向东，方向 105°。F1 平面形制长方形，由多间房屋构成，布局规整，现清理房屋 8 间，沿 03 窟南北向延伸，长 24.45 米，宽 4.19～4.98 米。8 间房屋以 03 窟窟口为界，正对 03 窟窟口的房间编号 F1 北 1，向北顺次编号 F1 北 2～北 5，向南顺次编号 F1 南 1～南 3。残存后背墙、隔墙与柱洞、外墙、门道、屋内及屋外设施等（图 10）。

（1）后背墙

后背墙由生坯条形砖错缝平砌而成，草拌泥粘合，墙面先用草拌泥涂抹，再用白灰粉刷。草拌泥厚 3.5 厘米，白灰面厚 0.7 厘米。后背墙与 03 窟山体边坡存有宽窄不一的间隙，间隙用河卵

图 9　03窟Ⅴ室及石板炕平、剖面图

石板坑

土坯台

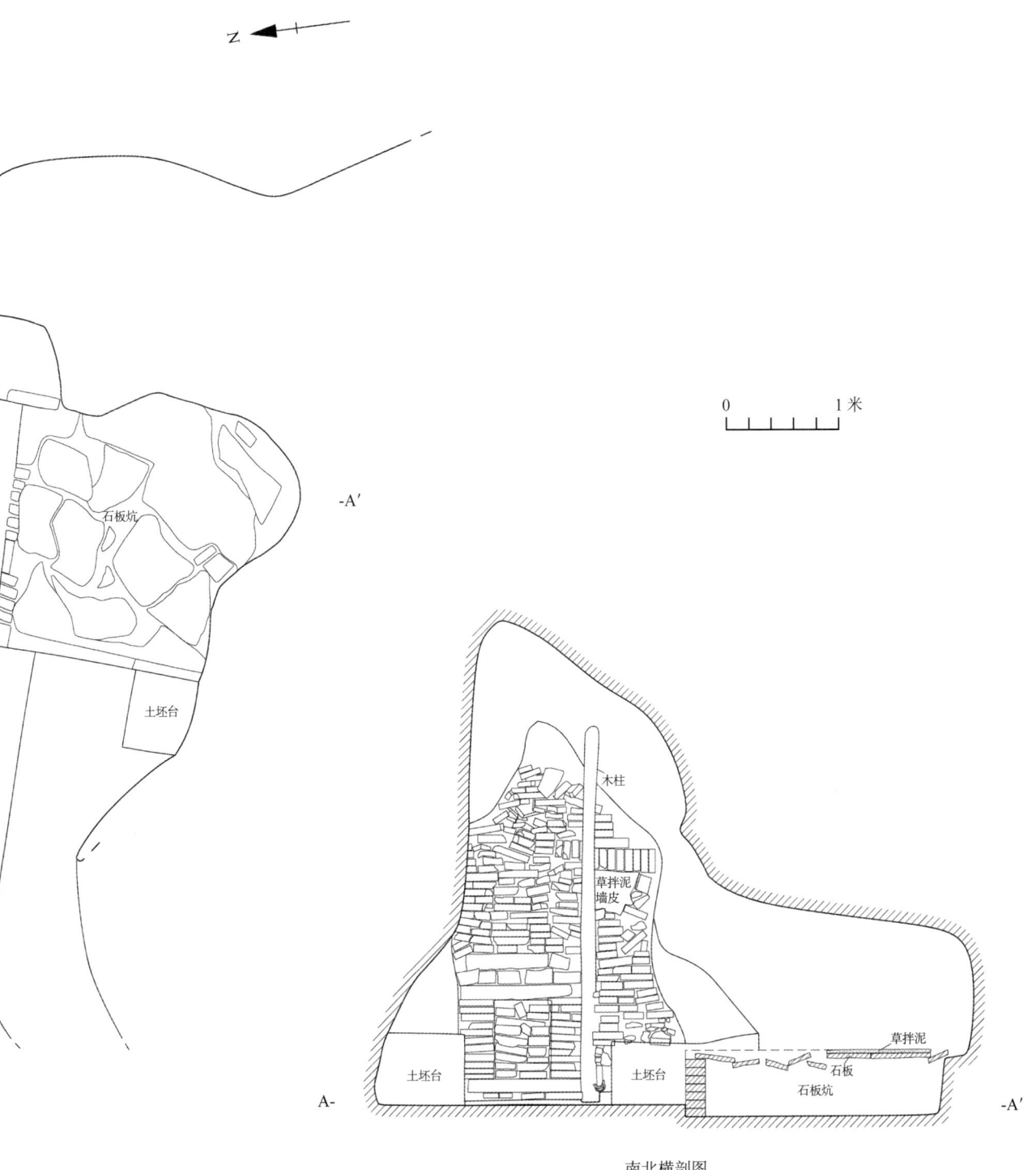

-A′

0　　　　1米

木柱

草拌泥墙皮

草拌泥

土坯台　　　土坯台　　石板
　　　　　　　　　　石板坑

A-　　　　　　　　　　　　　　　　　　　-A′

南北横剖图

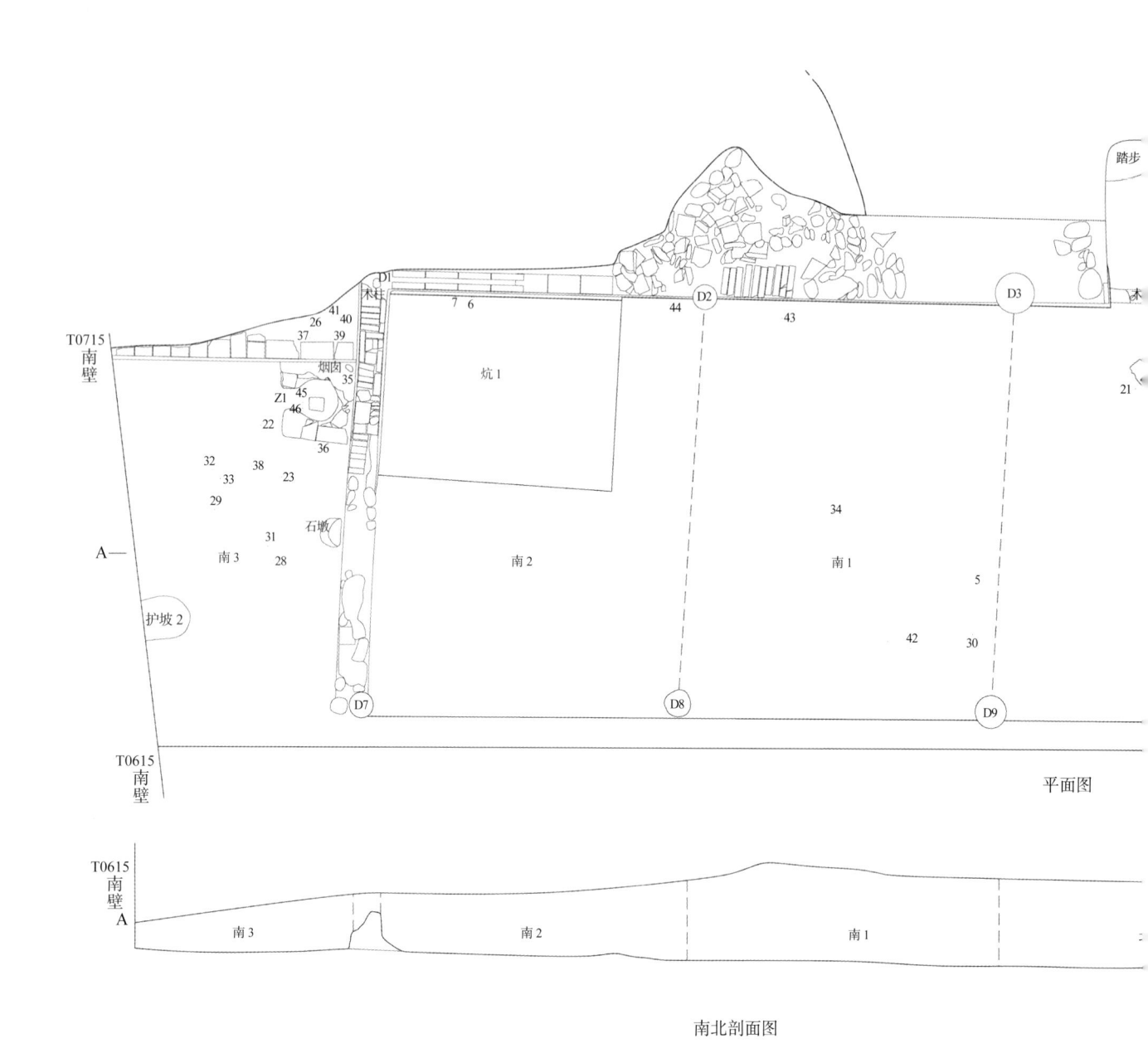

图 10　F1 平、剖面图

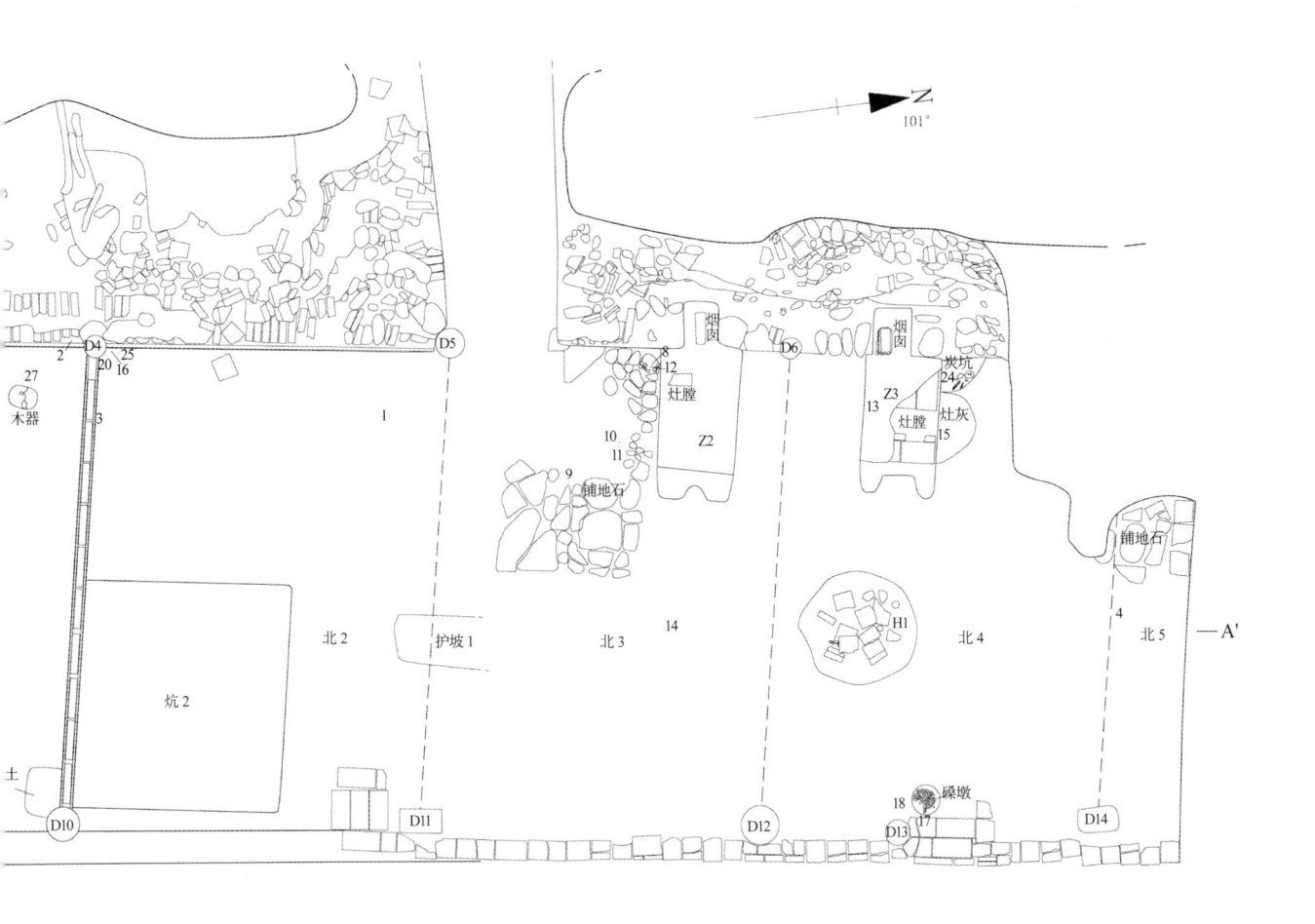

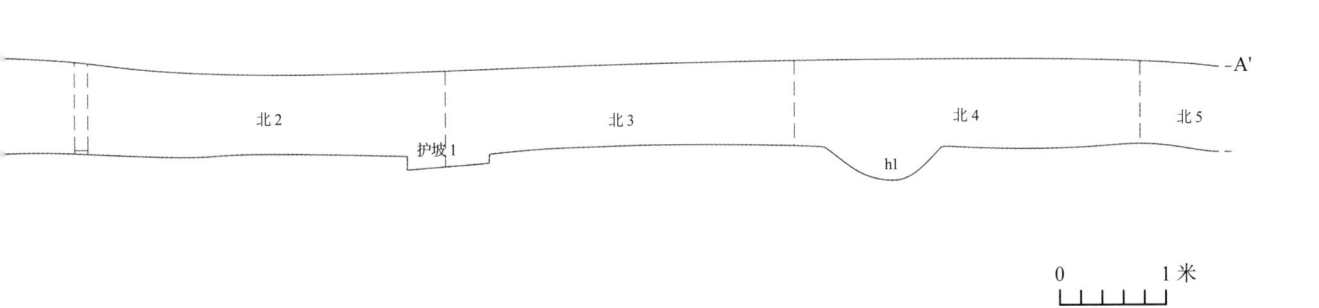

甘肃武威亥母寺遗址 03 窟发掘简报

出土器物：①：1 瓷片　　①：2 陶器
②：3 瓷碗口沿　②：4 瓷器口沿残片　①：5 铜钱　②：6 残砖块　②：7 陶片
②：8 瓷碗口沿　②：9 瓷盅　②：10 犍槌头　②：11 瓷碗　②：12 瓷缸口沿
②：13 瓷碗　①：14 滴水　②：15 瓷罐残片　②：16 铁钉　②：17 瓷器底
②：18 铜钱　②：19 瓷片　②：20 瓷片　②：21 铁器　②：22 瓷片
②：23 瓷片　②：24 铁器　②：25 瓷碗口沿　②：26 瓷碗　②：27 瓷器口沿
①：28 瓷器口沿　①：29 瓦当　②：30 瓦当　②：31 铁器　②：32 瓷碗残片
②：33 瓷碗　②：34 滴水　②：35 瓷碗　②：36 筒瓦　②：37 瓷瓮残片
②：38 瓷碗底　②：39 瓷碗　②：40 瓷碗　②：41 木笼残片　②：42 滴水
②：43 石器　②：44 卷轴残片　②：45 瓷碗残片　②：46 瓷碗残片

石和少量砖瓦残块混草拌泥填充，空隙顶部最窄处 0.5 米，最宽处 2.2 米。后背墙保存一般，其中 F1 北 1 后背墙因正对 03 窟窟口，受近现代活动破坏严重，仅存痕迹，其余地方均有墙体存留，残高 0.94～2.6 米。

（2）隔墙与柱洞

隔墙由生坯条形砖和河卵石混砌而成，墙面处理方法与后背墙同。8 间房屋的隔墙仅存南 2 与南 3 之间的一段，其余隔墙仅能从两端柱洞来判断，隔墙宽 0.36 米，残高 0.4～1.5 米。柱洞发现 14 个，有圆形和方形两种，部分残留木柱、柱础石及用小块鹅卵石铺成的磉墩。

（3）外墙

外墙保存极差，仅能从 F1 北 2 炕 2 与墙外地面之间的痕迹推断其宽度约 0.22 米。

（4）门道

各屋的房门及隔间门已无迹可寻，仅存两处通向 03 窟的门道遗迹。位于 F1 北 3 西南角的编号门道 1，位于 F1 北 1 中部的编号门道 2。门道 1 直通 03 窟 V 室，平面呈梯形，宽 1.08～1.28 米，长 2.52 米，侧墙残高 0.6～2 米。门道 1 先后两次使用，第一次与 F1 同期使用，系在红砂基岩上直接修凿，通道地面呈缓坡状。第二次是 F1 倒塌后经改建后使用，使用时先在距通道口 0.59 米的地方凿壁安装木门，然后将门道 1 通道内外填垫加高，修成坡状，长 5.37 米。现仅存木门槛、门转及门转下方的垫砖。门槛高 12 厘米，厚 3 厘米，长 114 厘米，门转长 28 厘米，宽 13 厘米。门道 1 废弃后用条砖和条石封堵，封墙外侧至木门槛内侧有用火痕迹，门槛内侧被烧坏，封墙底部有烟熏痕迹。

门道 2 直通 03 窟入窟通道，平面呈长方形竖坑，系在红砂基岩上直接开凿。坑底西高东低，东部与 F1 北 1 地面齐平，西南角存有踏步，木质门槛安装在竖坑最东端，因火烧残毁为木炭块。门道 2 长 1.84 米，宽 1.07 米，北侧墙残高 2.02 米，坑深 0.52 米，踏步高 0.1 米。门槛长 1.12 米，宽 0.14 米。

（5）屋内设施

屋内设施发现灶址 3 座，炕 2 座，坑 1 处。其中，Z1 和炕 1 为连炕灶。Z1 保存较好，位于南 3 西北角。单口灶，圆形火膛，方口火眼。火眼位于火膛底部正中，下方连通灶前的出灰口和右侧的送风口。烟囱位于后背墙外，火膛左后方为排烟口，出烟口在灶面墙角处。灶台用土坯砌筑，底部略内收，灶面平铺青砖，砖边缘略超出灶面形成灶沿，用草拌泥粘合涂抹，灶口附近堆放大量灶灰。通高 0.62 米，前部宽 0.8，侧面宽 0.76 米，灶面宽 0.86 米。火膛口宽 0.45 米，深 0.38 米，火眼直径 0.15 米，下深 0.24 米，出灰口高 0.12 米，宽 0.14 米，进风口直径 0.1 米。炕 1 保存极差，位于南 2 西南角。仅能从东侧墙壁上的粉刷痕迹和地面痕迹判断其范围，平面呈长方形。长 2.66 米，宽 2 米，高 0.5 米。

炕 2 位于北 2 东南角，在其隔墙外发现小范围红烧土，判断为连通炕 2 的火炉。另在炕 2 东北侧发现小范围砖铺地面，面积 0.55 米 ×0.58 米。炕 2 只残存痕迹，其平面呈长方形。长 2.02 米，宽 2.14 米。

Z2 与 Z3 仅一墙之隔，两者形制相同，均由灶台、烟囱、火眼、炭坑等构成。Z2 位于北 3 西北部，紧靠后背墙。灶台仅存根部，土坯砌筑，草拌泥抹面，前端中部内凹 0.2 米，平面呈长方形。长 1.39 米，宽 0.7～0.8 米，残高 0.24 米。烟囱位于灶后端向外凸出深入后背墙内居中的位置，在入口中部用条砖隔开，口宽 0.34 米，残高 0.36 米。火眼位于灶台后端偏南处，底部平，内部残存大量炭灰。残长 0.22 米，宽 0.12 米，残深 0.08 米。炭坑位于灶台南侧与房屋后背墙的夹角处，底部残留少许炭渣。宽 0.4 米，深 0.1 米。Z3 紧靠北 4 后背墙中部，长 1.32 米，0.74 米，残高 0.17～0.36 米。烟囱位于灶后端向外凸出深入后背墙内偏南的位置，入口南部置放一叠筒瓦，口宽 0.38 米，残高 0.24 米。火眼位于灶台前端偏北处，平面长方形，底部弧形下凹，内部残存大量炭灰，火眼长 0.4 米，宽 0.2 米，残深 0.09 米。炭坑位于灶台北侧与房屋后背墙的夹角处，底部出土铁铲和铁勺各 1 件。碳坑宽 0.3 米，深 0.07 米。

h1 与 Z3 同处一室，位于 Z3 东 0.76 米处，圆形，圜底，坑内堆放较多青砖残块，夹缝中发现有少量鸡蛋壳碎片。直径 1.06 米，深 0.3 米。

（6）屋外设施

F1 房址的东侧尚未发掘，只在房址的北部露出砖铺地面，长 8.1 米。

（7）堆积

F1 屋内堆积分两层，第一层为倒塌的后背墙及倒塌前后的滑坡体。第二层为 F1 失火及人为清理的堆积。

三、遗　　物

03 窟出土遗物有陶器、瓷器、铁器、铜器、骨器、竹木器、纸画、建筑构件及麻布用品。

（一）陶器

陶器多为残片，器类有盆、罐、钵、圆形陶片和穿孔陶片等。

盆 3 件。标本 2016WH03 Ⅳ①：11，轮制。泥质灰陶，器表陶色不匀，泛灰褐，胎色橙红。体大，大敞口，方厚唇，宽沿，沿面内外侧凸起，深腹，腹壁斜弧收，底残失。器身拍印细绳纹，腹外壁口沿下刻划"×"符号，腹内壁口部刻划一"十"字符号。通高 27 厘米，口径 53 厘米，底径 19.5 厘米（图 11-1）。标本 2016WH03 Ⅳ①：12，轮制。泥质灰陶，器表陶色不匀，上黑下灰。口大底小，敛口，窄沿外折，沿面外斜，内侧凸起，方唇，口沿下内凹一周，斜腹急收，平底，下腹壁留有旋削痕。通高 10 厘米，口径 21 厘米，底径 7.5 厘米（图 11-2）。标本 2016WH03 Ⅳ①：13，轮制。泥质夹砂灰陶，器表陶色灰黑。敞口，宽沿，沿面内呈凹槽状，方厚唇，斜腹，腹壁中部略内凹，腹壁留有竖向切削痕。内底心下凹，外底留有弧圈轮旋痕。素面。通高 20 厘米，口径 41.5 厘米，底径 14.5 厘米（图 11-3）。

双耳罐 2 件。标本 2016WH03C：15，手制轮修。残甚，口底残失，仅存部分腹片及桥形环耳。该器烧制变形严重，变形处粘附大量烧结的沙粒。泥质灰陶，胎壁较薄且均匀，厚约 0.5 厘米，鼓腹，两桥形环耳粘附在鼓腹处，耳纵向安装，耳面两侧凸起，中部内凹，鼓腹处饰有两周凹弦纹，分别穿过耳的上下根部，安装器耳处腹壁内凹较深。残高23厘米，腹径27厘米，耳宽2.5~3.9厘米，耳高7厘米（图11-4）。标本2016WH03C：16，手制轮修。残甚，仅存部分腹片、器底及一桥形环耳，整器无法复原。泥质灰陶，胎内夹杂少量细沙颗粒，火候较低，器表陶色黑灰，器内及器胎色呈土灰。腹外壁呈规则的条带状凹凸，呈现出明显的泥条盘筑痕，器耳手制后粘贴在器身之上。鼓腹斜收，纵向桥形耳，上宽下窄，耳面中部做成凹槽形，黏附在鼓腹处，安装器耳处腹壁内凹较深，平底，外底留有弧圈状轮旋痕。素面。残高27厘米，耳宽3.5~4.5厘米，耳高11厘米，底径16.2厘米（图11-5）。

无耳罐1件。标本2016WH03C：19，仅存口肩少量残片。泥质灰陶，器表陶色发黑，轮制。圆口，平沿，方厚唇，短束颈，肩部较平。肩部饰压印的倒斜状"√"纹（现存两周），纹样排列密集。复原口径27.6厘米，残高4.8厘米（图11-6）。

钵1件。标本2016WH03C：5，残，泥质灰褐陶，轮制。敞口，圆厚唇，浅腹，器壁胎厚，内壁斜直，外壁近底处内凹，平底，底胎较薄，底部留有弧圈形轮旋痕。器壁胎厚1~1.5厘米，底胎厚0.5~1厘米。口径26厘米，底径21厘米，通高6厘米（图11-7）。

陶罐残片1件。标本2016WH03C：17，仅存罐腹部少量残片。泥质灰陶，内壁无轮旋痕，外壁饰拍印的绳纹单元块，手制。腹壁斜弧，残高24.8厘米，壁厚0.8厘米（图11-8）。

圆形陶片1件。标本2016WH03Ⅳ①：14，泥质灰陶，手制，为瓦片磨制而成。近圆形，侧壁较齐整，背面可见瓦内面的布纹，正面光素。直径2.6~3厘米，厚1.2厘米（图11-9）。

穿孔陶片1件。标本2017WH03F1①：2，残砖加工而成，左侧面残留少量原砖块的弧形壁面，其余侧壁均为断面。平面呈五边形，中心对钻一圆孔，紧邻正面圆孔上方钻一圆窝，圆孔和圆窝的周围饰辐状条沟纹。背面光素，顶端钻一圆窝。通高9.5厘米，底径7.5厘米，厚3厘米（图11-10）。

（二）瓷器

瓷器亦多为残片，以青花为主，兼有少量白釉、绿釉、褐釉、黄褐釉等。器类有瓷碗、瓷碟、瓷盏和瓷盅等。

青花岁寒三友纹碗1件。标本2016WH03C：6，残。轮制。侈口，尖圆唇，深弧腹，平底，圈足。白胎，青白釉，釉面无开片，满釉。口底饰两周青花弦纹，内底饰青花兰石纹，碗底饰青花帆船倒影纹，腹壁饰梅、松、竹岁寒三友纹。底壁近圈足处刻一"馆"字。通高7.6厘米，口径14.3厘米，底径6.6厘米（图12）。

青花博古纹碗1件。标本2016WH03C：7，残。轮制。侈口，尖圆唇，深弧腹，平底，圈足。白胎，青白釉，釉面无开片，满釉。口底饰两周青花弦纹，内底饰药臼纹，碗底为"福"字款，腹壁饰博古纹，分别为花瓶3、琵琶1、阴阳板2等杂宝纹。口部有一处接补锔合痕，裂缝的两侧各一小孔，锔子已不存。通高7.4厘米，口径14.3厘米，底径6.6厘米（图13）。

青花菊花纹碗1件。标本2016WH03C：8，残。轮制。侈口，尖圆唇，深弧腹，平底，圈足。白胎，青白釉，釉面无开片，满釉。口底饰青花弦纹，内底及腹壁饰菊花纹。碗底刻一篆书"五"的上半部字符。器身有两处接补锔合痕，第一处位于碗的正中部，将碗分成两半，其上共有

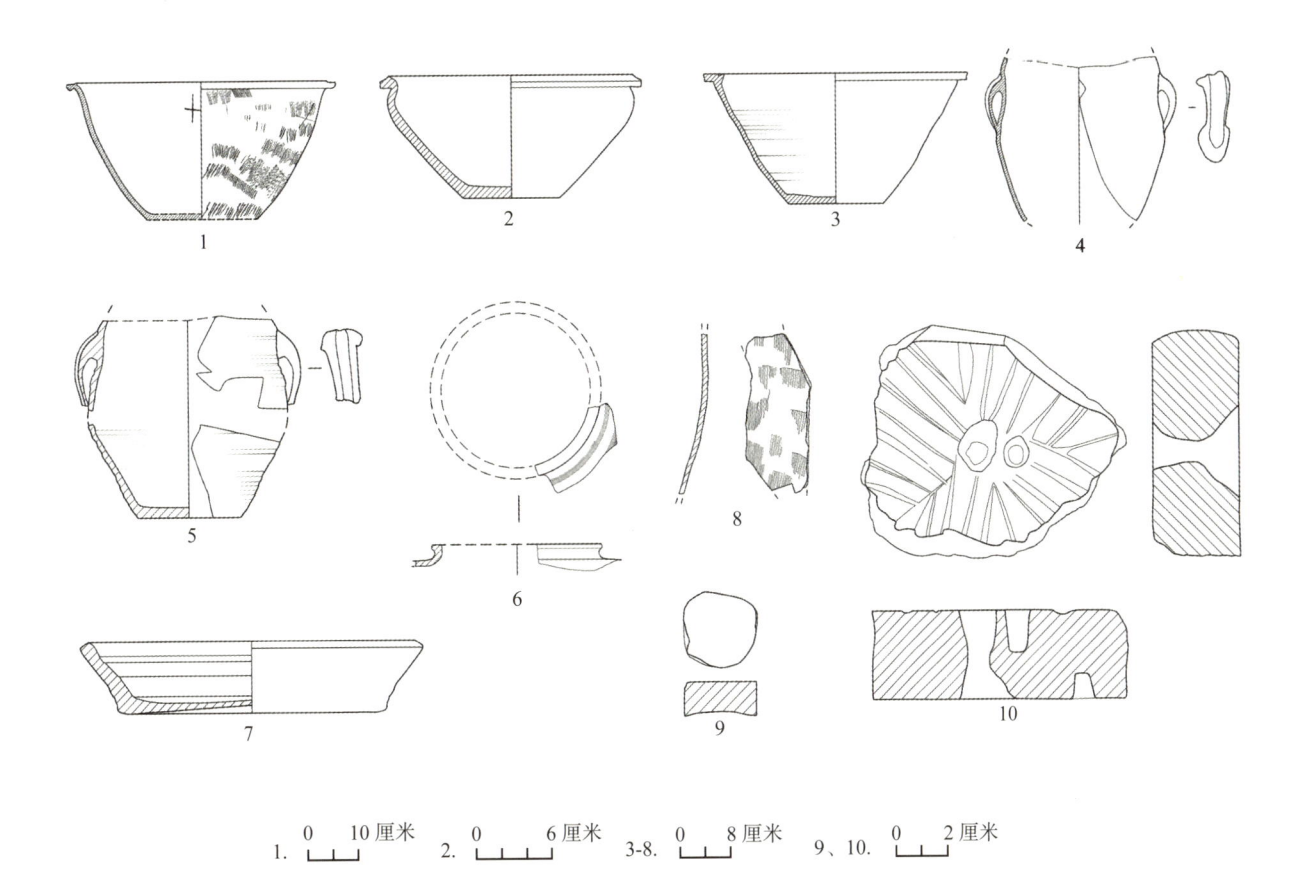

1. 0　10 厘米　　2. 0　　6 厘米　　3-8. 0　　8 厘米　　9、10. 0　2 厘米

1-3. 陶盆（2016WH03 Ⅳ①：11、12、13）　4、5. 双耳罐（2016WH03C：15、16）　6. 无耳罐（2016WH03C：19）
7. 陶钵（2016WH03C：5）　8. 陶罐残片（2016WH03C：17）　9. 圆形陶片（2016WH03 Ⅳ①：14）
10. 穿孔陶片（2017WH03F1①：2）

图 11　亥母寺遗址出土陶器

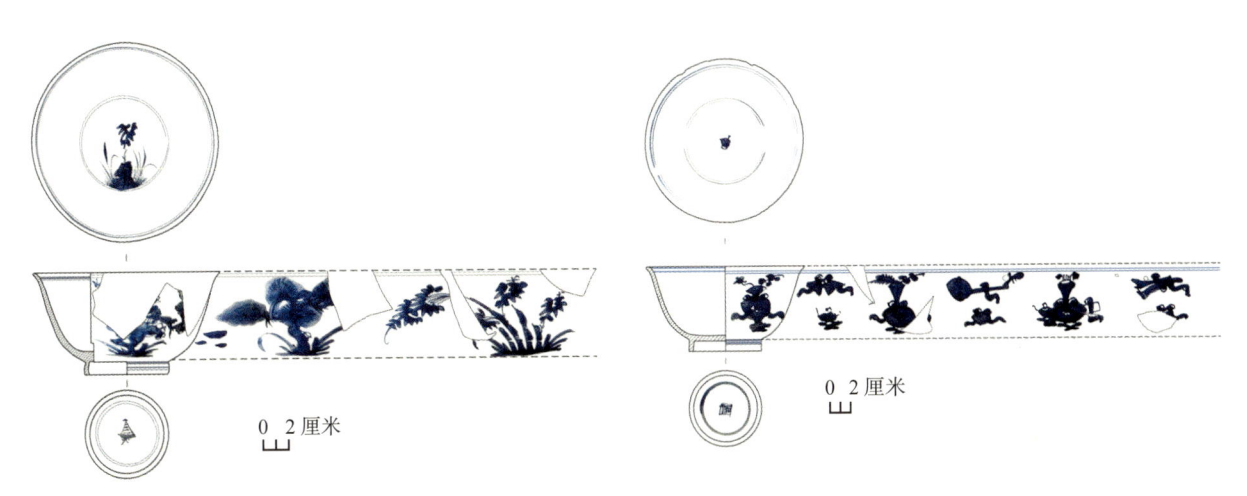

图 12　青花岁寒三友纹碗（2016WH03C：6）　　　　图 13　青花博古纹碗（2016WH03C：7）

9处锔合，间距约2.5厘米左右，铜质锔子长0.9厘米；第二处位于碗的口部，现存4处锔合痕，锔子已不存。通高7.4厘米，口径14.3厘米，底径6.6厘米（图14）。

青花葡萄纹碗 1件。标本2017WH03F1②：26，残。敞口，圆唇，深腹，腹壁斜弧，平底，圈足足壁较厚。外腹壁饰有两组葡萄枝纹，果实累累，口沿下和足壁上饰青花弦纹，内壁口沿下和腹底结合处饰青花弦纹，内底心饰一挂葡萄纹，外底心饰有画押，形似一"女"字加一"开"字的变形连体，其外饰两周青花弦纹。外底刻有一"兑"字，底壁上黏附较多沙粒，非常牢固。通高7.4厘米，口径14.2厘米，底径6.8厘米（图15）。

青花寿字纹碗 5件。标本2017WH03F1②：35，残，有锔补痕一处。敞口，圆唇，深腹，腹壁斜弧收，平底，圈足，挖足过肩。外腹壁饰四层变体寿字纹，逐层相错，口沿下和足壁各饰一组两周青花弦纹，内壁口沿下和腹底结合处亦饰有青花弦纹，内底心为一长"寿"字款，外底心有一画押款饰。通高6.2厘米，口径13.3厘米，底径6.4厘米（图16-1）。

梅点纹瓷碗 1件。标本2016WH01T0804①：6，残。大口微敛，圆唇，弧壁，圜底，圈足，足跟宽厚，足心微突，足壁饰有一周凸棱台。浅褐胎，黄褐釉，内壁满釉，外壁半釉，下部釉色暗褐色，光亮，足跟露胎，内腹壁现存三处由9点褐斑组成的方块梅点纹，基本等距分布，内底心也残存一处相同的纹饰。通高8.6厘米，口径19.6厘米，底径7.0厘米（图16-2）。

瓷碟 2件。标本2017WH03Ⅴ②：1，残存1/3，敞口，薄圆唇，浅腹，腹壁斜弧，大平底，矮圈足。青花白胎，内腹壁饰两层变体"寿"字纹，内底中心一方体"寿"字，残甚，外腹壁上下各饰一周青花弦纹，底壁处刻一"牛"字。外底饰有一组两周青花弦纹，外底中心一方形字款，

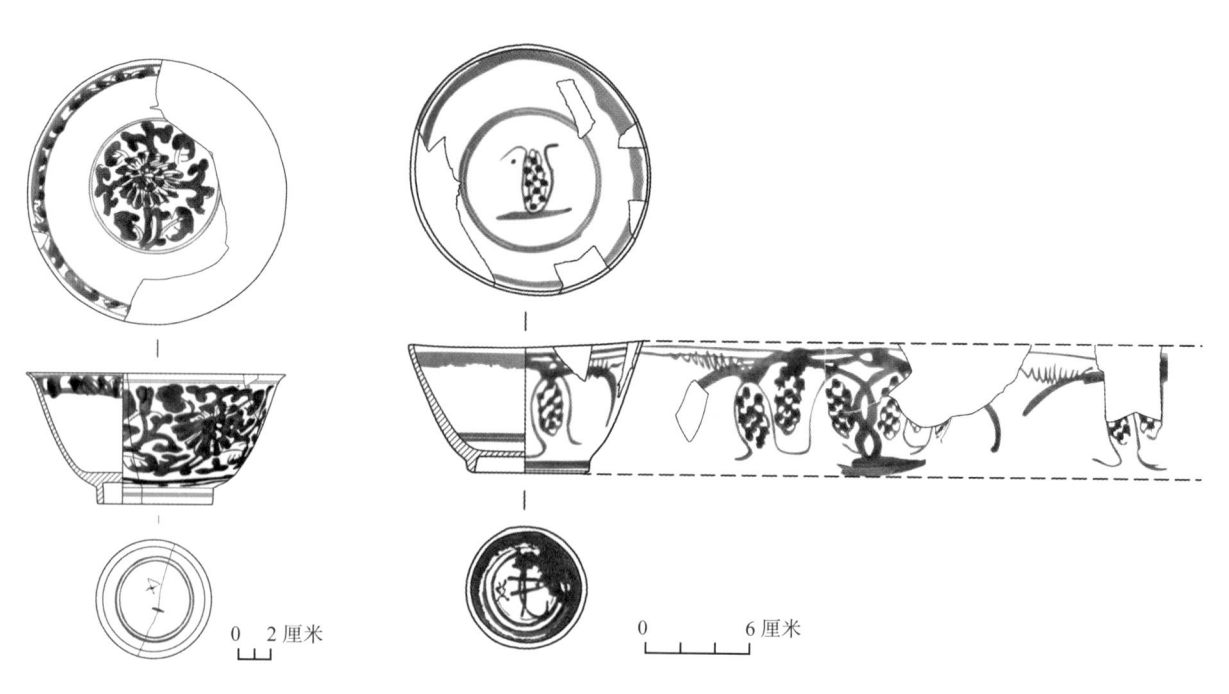

图14 青花菊花纹碗（2016WH03C：8）

图15 青花葡萄纹碗（2017WH03F1②：26）

1、5. 0̲___̲4 厘米 2、3. 0̲___̲8 厘米 4. 0̲___̲2 厘米

1. 青花寿字纹碗（2017WH03F1②：35） 2. 梅点纹瓷碗（2016WH01T0804①：6）
3. 瓷碟（2017WH03 V②：1） 4. 瓷盅（2017WH03F1②：9）
5. 黑瓷盏口沿（2016WH03C：11）

图 16　亥母寺遗址出土瓷器

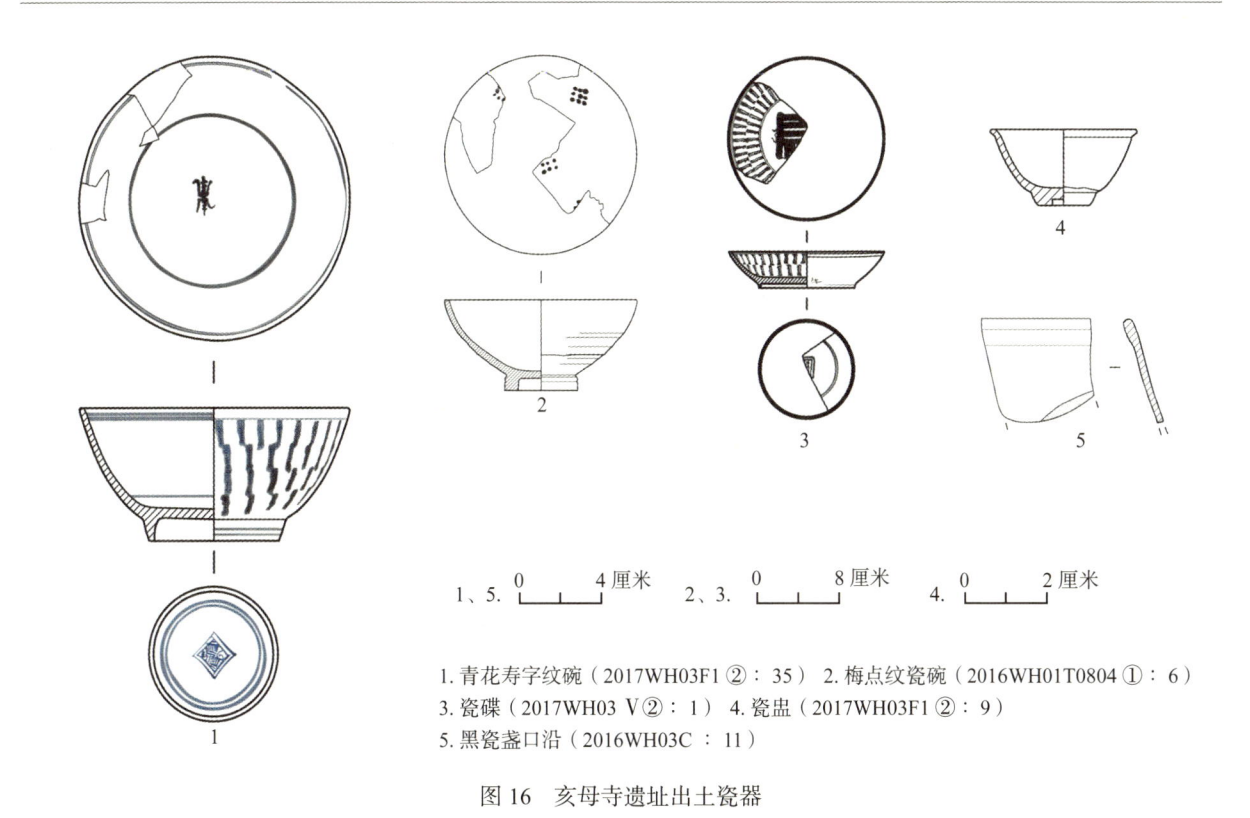

因残不能辨识。通高 3.4 厘米，口径 15.7 厘米，底径 9.4 厘米（图 16-3）。

瓷盅 1 件。标本 2017WH03F1②：9，口残。体小，侈口，窄沿，尖唇，浅腹，腹壁斜弧，圜底，圈足，足跟内斜。白胎，青白釉，满釉，足底露胎，釉面光素。通高 1.9 厘米，口径 3.5 厘米，底径 1.3 厘米（图 16-4）。

黑瓷盏口沿 1 件。标本 2016WH03C：11，残。敞口，圆唇，浅腹。灰褐胎，黑釉，内壁满釉，外壁半釉，腹下部有露胎。内壁上黏附较厚的一层油垢。残高 5.0 厘米，口部壁厚 0.48 厘米，腹部壁厚 0.27 厘米（图 16-5）。

（三）铁器

铁构件 1 件。标本 2016WH03C：4，锈残。由铁片和铁杆两部分组成，铁片分上下两层，用铆钉支撑相连，铁片呈菱形，一角开有缺口，菱铁中心有圆孔，孔内安插铁杆，铁杆插入端做成三角形卡于孔内，另一端为环形。铁片边长 7.5 厘米，对角长 9.8～10.5 厘米，厚 0.2 厘米，孔径 2.3 厘米；铁杆长 11.5 厘米，直径 1.3 厘米（图 17-1）。

U 形铁器 1 件。标本 2016WH03 Ⅳ①：1，"U" 形，四棱扁体，口端两边各一圆孔，两股及底部弧曲。高 4.8 厘米，宽 3.6～4.3 厘米，直径 0.6 厘米（图 17-2）。

铁链 1 件。标本 2017WH03 门道 2：1-1，残。圆形铁环套链，中部为一扁环，环体中间呈扁铁弧形，两端为方体半圆形，中部两侧扁铁之间用一细铁棍相连，两端套铁环，第一节套 3 个，一端现存 5 个铁环，一端仅残存 2 个。残长 18 厘米，环径 4.5 厘米（图 17-3）。

铁锁鼻 1 件。标本 2017WH03 门道 2∶1-2，残。残长 5 厘米，环径 1.5 厘米（图 17-4）。

铁钉 1 件。标本 2017WH03F1②∶16，表面锈蚀严重。钉帽近圆形，钉体截面为圆形，前端尖。长 5.2 厘米，帽径 1.5 厘米，截面直径 0.6 厘米（图 17-5）。

铁管 1 件。标本 2017WH03F1②∶21，表面锈蚀严重。圆管形，两端开口，一端口部略收。高 4 厘米，直径 3.7 厘米，壁厚 0.5 厘米（图 17-7）。

铁铲 1 件。标本 2017WH03F1②∶24-1，锈蚀严重，铲头较平直。残长 35 厘米，锨头长 8 厘米，宽 4.5～5 厘米，铲把直径 1.7 厘米（图 17-6）。

铁勺头 1 件。标本 2017WH03F1②∶24-2，锈蚀严重，残破，勺柄残失。勺头圆形，敞口，圆唇，圜底。通高 4 厘米，口径 11.5 厘米，壁厚 0.4 厘米（图 17-8）。

马蹄铁 1 件。标本 2017WH03 入窟通道②∶6，较完整，表面略有锈蚀。内侧厚，边缘薄，与马蹄接触面平，触地面已磨成斜面，两股端上翘，每股各有两个钉孔，钉孔触地面开口极大，椭圆形。通长 8 厘米，宽 5.8 厘米，股体宽 0.7～1.4 厘米，厚 0.2～0.6 厘米（图 17-9）。

1、3、9.　0　　　4 厘米
2、4、5、7.　0　　2 厘米
6、8.　0　　　8 厘米

1. 铁构件（2016WH03C∶4）
2. "U" 形铁器（2016WH03Ⅳ①∶1）
3. 铁链（2017WH03 门道 2∶1-1）
4. 铁锁鼻（2017WH03 门道 2∶1-2）
5. 铁钉（2017WH03F1②∶16）
6. 铁铲（2017WH03F1②∶24-1）
7. 铁管（2017WH03F1②∶21）
8. 铁勺头（2017WH03F1②∶24-2）
9. 马蹄铁（2017WH03 入窟通道②∶6）

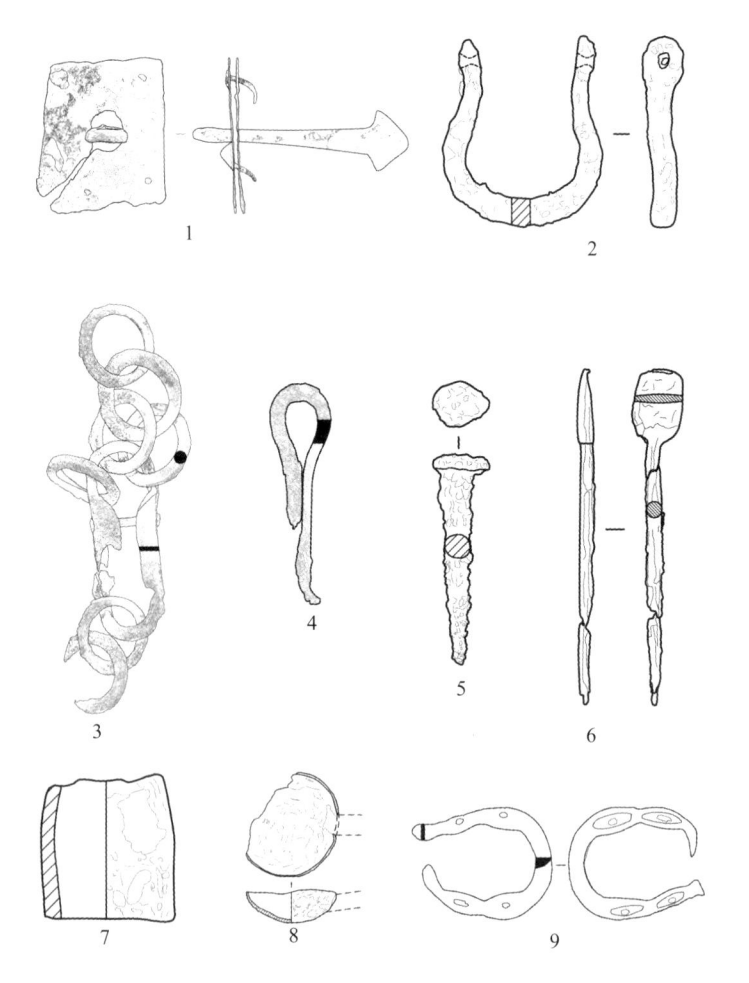

图 17　亥母寺遗址出土铁器

（四）骨器

骨管 1 件。标本 2017WH03 门道 1∶2，因火烧碳化，碎裂成数块，修复基本完整，素面。动物肢骨中段加工而成，两端锯切平整，中空。长 6.2 厘米，直径 2.6 厘米，壁厚 0.5 厘米（图 18）。

（五）竹木器

楗槌 1 件。标本 2017WH03F1②∶10，火烧残甚，仅存槌头和一小段木柄，槌头椭圆形，木柄截面为圆形。残长 6 厘米，槌头径 3.5 厘米，高 3.2 厘米（图 19-1）。

木雕 1 件。标本 2016WH03C∶1，残。木色，质轻，雕刻。长方形，正面减地浮雕一如意纹，背面光素，四边减薄。应是安插在门窗框或家具上的构件。长 29 厘米，宽 14.6 厘米，厚 2 厘米（图 19-2）。

木牍 1 件。标本 2016WH03C∶2，残。质轻，松木胎。剑形，中部两侧弧形外凸呈椭圆形，正中开一圆孔，孔径 0.9 厘米，两面均墨书藏文。通长 24 厘米，中部宽 6 厘米，柄部宽 4.5 厘米，木牍宽 5 厘米，厚 1 厘米（图 20）。该木牍是藏文转写梵文，中间出现的两个圆圈，上部圆圈表示太阳，下面条带表示阳光，寓意为阳光普照。墨书文字用藏文楷体和草体交互使用，从书写特点看与敦煌古藏文相近，从藏文的草体格式看，与榆林石窟出土的藏文相近，具有蒙元时期的藏文书写特点。

1. 楗槌（2017WH03F1②∶10） 2. 木雕（2016WH03C∶1）
3. 竹筷（2016WH03Ⅴ②∶2）

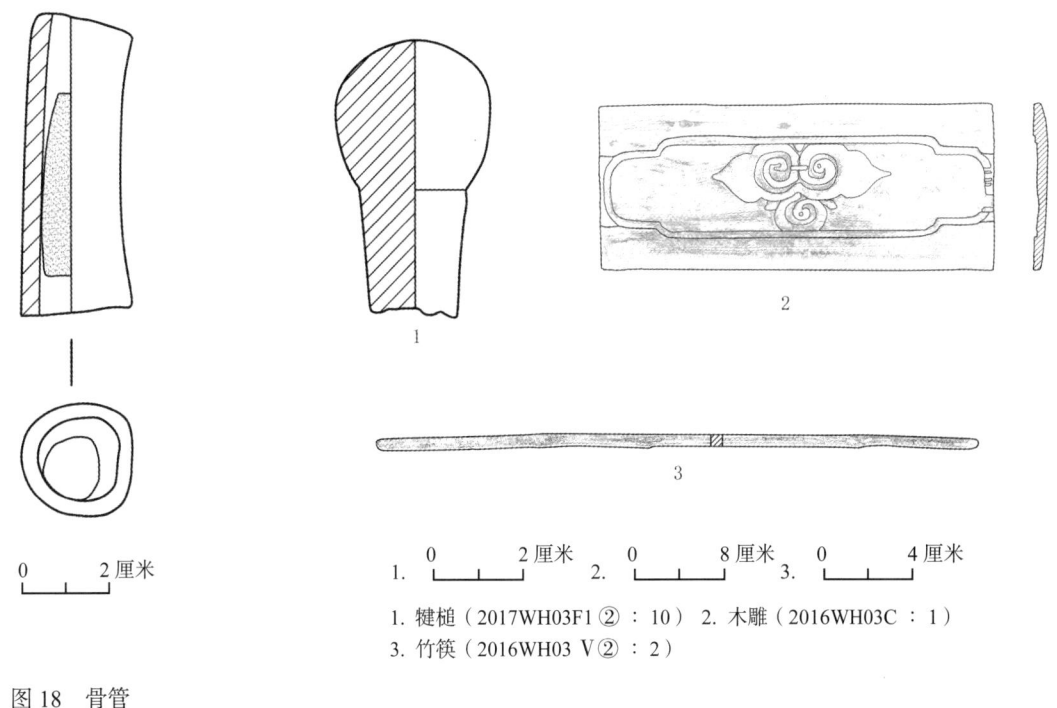

图 18　骨管
（2017WH03 门道 1∶2）

图 19　亥母寺遗址出土竹木器

木牍录文：

正面（上部）录文

第 1 行：# # lam #

第 2 行：ram ma ya #

第 3 行：mam mam dam dam

第 4 行：lam lam dam

第 5 行：ram ram mam

第 6 行：mam # # #

第 7 行：dam # # lam #

第 8 行：# # # mam

第 9 行：# # # # ma

第 10 行：ma # mam dam dam

第 11 行：ma # # # #

第 12 行：ma # dza dza dza

中间是图案

内圈录文：nyi mi da khu

外圈录文：# # yam yam dam # nya nya ma

正面（下部）录文

第 1 行：nyi mi adi da du khu

第 2 行：nyi ma di da du kha kha

背面（上部）录文

第 1 行：lam

第 2 行：nyun da du #

第 3 行：lam lam

第 4 行：# dam dam #

第 5 行：ya ya dza dza

第 6 行：yam yam ra #

第 7 行：# lam lam

第 8 行：# ram ram mam

中间圆圈内录文：nyi mi

第 9 行：yam　　　　ram

第 10 行：yam　　　　#

第 11 行：yam　　　　ram

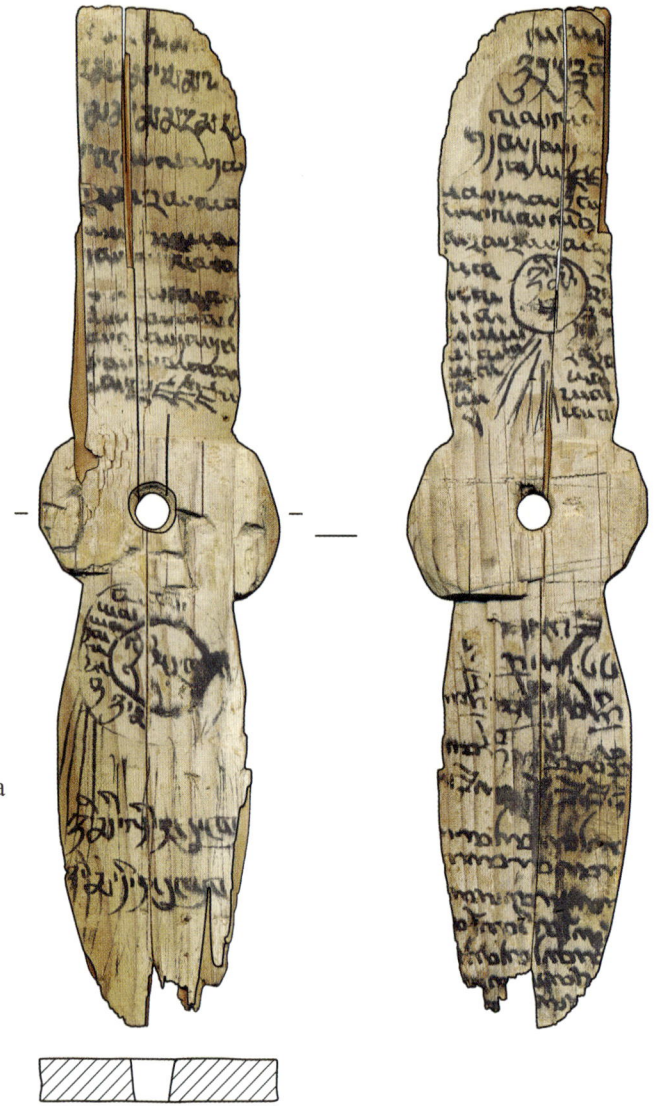

图 20　木牍（2016WH03C∶2）

第 12 行：yam yam　　　　##
第 13 行：yam　　　ram ram
第 14 行：yam　　　yam
第 15 行：ya　　　　yam
第 16 行：#　　　　yam

背面（下部）录文
第 1 行：lam # #
第 2 行：mam dam dam
第 3 行：yam ram ram
第 4 行：#m lam lam
第 5 行：mam mam mam
第 6 行：dam dam dam
第 7 行：dza dza dza dza
第 8 行：# m #m
第 9 行：yo # # sgos
第 10 行：l l ya so
第 11 行：dza ya

竹筷 1 根。标本 2016WH03 Ⅴ②：2，另一根缺失。筷头部分圆柱形，后端四棱形，使用痕迹明显，表面髹红漆，脱落严重。长 26.6 厘米，直径 0.5 厘米（图 19-3）。

（六）画像残片

纸画残片 1 件。标本 2016WH03 入窟通道③：1，残破不全，纸张薄如蝉翼，纤维较细，白纸泛黄，单面印有二龙戏珠和小花，双栏边框，下栏底边印奔马和小花图案，两角各印一太阳纹，两侧边栏外印铜钱纹等。残高 19 厘米，宽 21 厘米（图 21）。

画像残片 1 件。标本 2016WH03C：3，残，纸质，纸张薄如蝉翼。墨色单面画，佛像高冠，大眼，面带笑容，脖颈上饰满项饰。残高 16.5 厘米（图 22）。

（七）建筑构件

瓦当 7 件。均为兽面纹瓦当，圆形。标本 2016WH03 Ⅴ①：2，较完整。边缘宽平，光素，当面饰兽面纹，头顶毛发短竖，额头呈元宝状，小耳直立，双目圆睁，眉毛浓密高凸，鼻子短小，阔嘴露出门齿和两颗獠牙，面部周围胡须弯卷。直径 12.5 厘米，缘宽 1.7 厘米，缘厚 1.2 厘米，当面厚 2.1 厘米（图 23）。

筒瓦 2 件。标本 2017WH03 门道 2：3，修复完整，前端为兽面纹勾头，后端为瓦舌部，前

图 21　纸画残片（2016WH03 入窟通道③：1） 　　　　图 22　画像残片（2016WH03C：3）

图 23　瓦当（2016WH03 V①：2） 　　　　图 24　筒瓦（2017WH03 门道 2：3）

宽后窄，瓦舌较短，方厚唇，长 1.5 厘米，勾头边缘宽平，模制兽面纹，兽头短立耳，小圆睛，鼻头较小，阔嘴露齿，牙齿做成一排联珠纹，头顶毛发短，直立状，面部外圈毛发卷曲。泥质灰陶，轮制模印。全切。正背均素面。通长 31 厘米，宽 11.5～13 厘米，厚 1.5 厘米，勾头直径 11 厘米（图 24）。标本 2017WH03 门道 2：2，完整，前宽后窄，后端为瓦舌部，前端开口，瓦舌较长，方厚唇，长 2.3 厘米，瓦正面光素，顶部磨平，内面粗糙，留有浅显的布纹，周缘处刮削成斜坡状。泥质灰陶，轮制。全切。通长 27.5 厘米，宽 13～13.5 厘米，厚 2.1 厘米（图 25-2）。

滴水 5 件。1 件饰蝶状纹，4 件为莲花蔓枝卷叶纹。标本 2017WH03F1①：14，残。顶边为弧形，腰为连弧形，中间饰蝶状纹，图案规整。模印。高 8 厘米，弧残宽 10 厘米，残长 4.5 厘米（图 26）。标本 2017WH03 入窟通道③：3，顶边为弧形，腰为连弧形，中间饰莲花蔓枝卷叶纹，图案规整，疏密得当。模印。高 8.5 厘米，弧宽 13.5 厘米（图 27）。

板瓦 48 件。标本 2017WH03 门道 2：4，完整，平面呈梯形，宽端的内面刮削成斜坡状。正面光素，内面粗糙，留有浅显的布纹。泥质灰陶，轮制。内切三分之一。通长 24.2 厘米，宽 15.2～17.5 厘米，厚 2 厘米（图 25-3）。

龙吻 1 件。标本 2017WH03 入窟通道 C：10，残破缺损严重。残高 59 厘米，前后宽 28.5 厘米，左后厚 12.5 厘米，胎厚 2.5 厘米（图 25-1）。

（八）铜器

铜钱 4 枚。3 枚保存较好，清晰可辨，1 枚锈蚀严重不可辨。2016WH03 T1012①：15，面文"乾隆通宝"，楷书对读。背文穿左"ᠪᠣᠣ"，穿右模糊不清。钱径 1.94 厘米，穿径 0.48 厘米，轮厚 0.09 厘米，肉厚 0.08 厘米，重 1.8 克（图 28-2）。2016WH03 T1012①：16，面文"顺治通宝"，楷书对读。背文穿右"户"。钱径 2.58 厘米，穿径 0.52 厘米，轮厚 0.11 厘米，肉厚 0.09 厘米，重 4 克（图 28-1）。2017WH03 F1①：5，面文"道光通宝"，楷书对读。背文穿左"ᠪᠣᠣ"，穿右"ᠶᡠᠸᠠᠨ"，宝

1. 龙吻（2017WH03 入窟通道 C：10）
2. 筒瓦（2017WH03 门道 2：2）
3. 板瓦（2017WH03 门道 2：4）

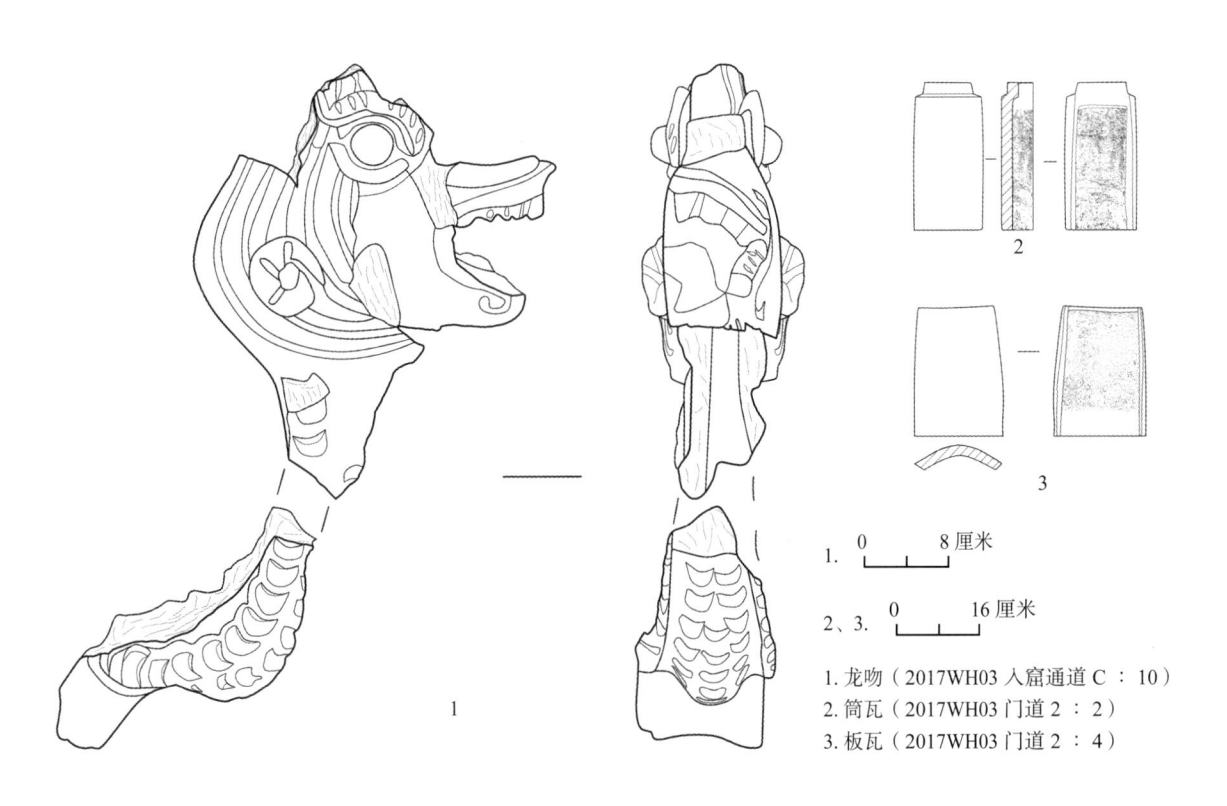

图 25　亥母寺遗址出土建筑构件

图 26　滴水（2017WH03F1①：14） 　　　　　图 27　滴水（2017WH03 入窟通道③：3）

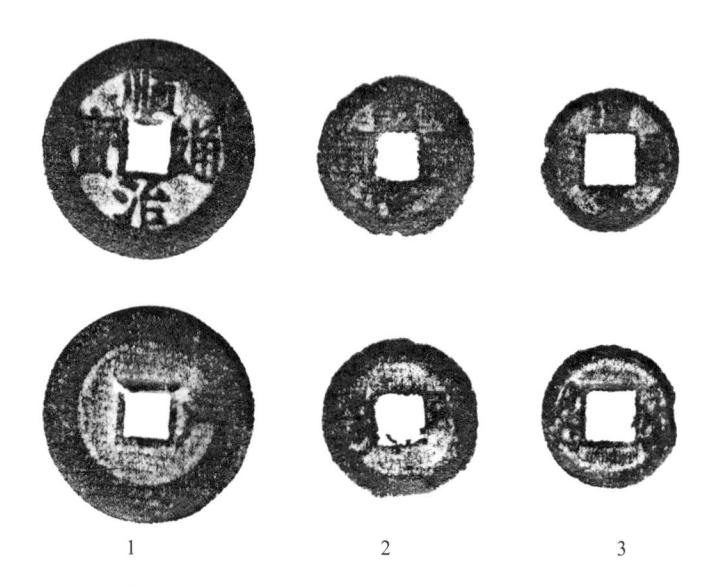

1. 顺治通宝（2016WH03 T1012①：16）　2. 乾隆通宝（2016WH03 T1012①：15）　3. 道光通宝（2017WH03 F1①：5）

图 28　铜钱

云局所造。钱径 1.7 厘米，穿径 0.56 厘米，轮厚 0.08 厘米，肉厚 0.06 厘米，重 1 克（图 28-3）。

铜元 1 枚。标本 2016WH03 Ⅱ室①：1，完整，红铜质，机制。正面中央为"光绪元宝"及满文"宝南"，外环珠圈，上缘纪地文字"湖南省造"，左下缘纪值文字"十元"，右下缘文字模糊不清。背面中央铸"飞龙"、珠圈及二小花饰，上缘英文纪地"HU-NAN"，下缘英文纪值"……CASH"，CA 前面的文字模糊不清，当为"TEN"。钱径 2.82 厘米，厚 0.16 厘米，重 7.1 克（图 29）。

铜扣 1 件。标本 2016WH03 Ⅳ①：17，保存完整。整体呈圆球形，上端一环钮，纽扣球体由上下两半球接合而成，中部略扁凸。素面。通高 1.4 厘米，钮高 0.5 厘米，直径 1 厘米（图 30）。

图 29　铜元（2016WH03Ⅱ室①：1） 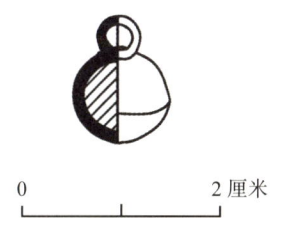　　　　　　图 30　铜扣（2016WH03Ⅳ①：17）

（九）麻、布用品

麻绳 1 件。标本 2016WH03 Ⅳ①：6，两端残断，中间打结。残长 36 厘米，直径 0.8 厘米（图 31）。

草绳 1 件。标本 2017WH03 入窟通道①：8，三股合成，直径 1.5 厘米，股径 0.8 厘米（图 32）。

布袋 1 件。标本 2017WH03 入窟通道①：7，绿色缎面缝制，五色花绳扎口，内装五色石和香草等宝物。高 20 厘米，直径 12.5 厘米（图 33）。

四、结　　语

清乾隆十四年编修的《武威县志》载："孩母洞，城南三十里，山上有洞，深数丈，正德四年修。"中国历史以正德为年号的时期共有四个，分别是唐时期的李珍（761 年），大理时期的段思廉

图 31　麻绳（2016WH03Ⅳ①：6） 　　　　　　图 32　草绳（2017WH03 入窟通道①：8）

图 33 布袋（2017WH03 入窟通道①：7）

（不详），西夏崇宗李乾顺（1127～1134年）和明代武宗朱厚照（1506～1521年）。根据武威市博物馆文物工作队1985年和1989年[1]对亥母寺遗址暴露洞窟的初步清理及甘肃省文物考古研究所2016～2019年对该遗的考古发掘，可明确亥母寺遗址创凿于西夏崇宗正德四年，即1130年。亥母寺自西夏创凿，历元、明、清各代均在延续，于1927年武威大地震前遭废弃，至20世纪80年代又被人们重新发现。

1994年5月，宿白先生考察亥母寺遗址时，认为亥母寺洞窟"系就崖体裂罅稍加修整者"[2]。该遗址山体的岩土体类型有二叠系下统大黄沟群紫红色粗砂岩和残坡积物，窟区内基岩岩体为粗砂岩，岩体呈中厚层状，原生层状结构面不发育，节理裂隙发育，延伸长，沿坡面卸荷裂隙较发育。这样的岩土性质，符合利用崖体裂罅进行修整开窟的条件。结合03窟内部结构和窟体形制，判断03窟或是利用洞窟裂隙进行人工修整后开凿的石窟。

03窟洞窟形制及窟内结构极不规整，壁面凹凸不光、地面高低错落，五个窟室平面布局较为随意，残留有较多工具痕，且有未开凿完工的窟室，说明03窟的开凿没有整体的统一规划。出土遗物以陶、瓷、铁器及建筑构件等生活类用品为主，鲜见佛教类遗物，仅发现木牍及纸画残片等极少量的宗教用品。结合窟内发现的土台、石板火炕等与生活类相关的遗迹，我们认为03窟不具

---

[1] 梁继红、高辉：《武威亥母洞寺石窟遗址调查报告》，《陇右文博》2010年第2期。
[2] 宿白：《武威蒙元时期的藏传佛教遗迹》，《藏传佛寺院考古》，北京：文物出版社，1996年，第270页。

有禅窟的性质，应该是一座生活窟。03窟窟外建筑F1，出土大量青花瓷器，瓷器特征具有典型的清中晚期风格。窟内出土的纪年铜钱，亦将年代指向清中晚期。这说明03窟现存主体年代以清中晚期为主。据此，可初步推断亥母寺遗址自西夏创凿以来，延续至清代有过大规模的修整扩建，03窟各窟室具有时间上的先后早晚关系和长时段的延续使用经历。

附记：本文为甘肃省文物保护科学和技术研究课题"武威亥母寺遗址出土擦擦类型学研究"（项目编号：201612）成果之一。本文藏文木牍由兰州大学历史文化学院西北少数民族研究中心藏学研究所教授阿旺嘉措老师释读，英文摘要由甘肃省文物考古研究所康禹潇、杨谊时翻译，深表谢意！

领队：赵雪野
发掘：蒋超年、杨智毅、王丽娟、彭军超
摄影：蒋超年、杨智毅
绘图：任芸曦、杨智毅
执笔：蒋超年、赵雪野

犍陀罗在中国

——云冈石窟窟顶西区北魏佛寺

郭凤妍

内容摘要：云冈石窟窟顶西区佛寺，迄今中国内地出土最早的佛寺遗址，根据目前的研究，可能也是整个云冈石窟最早完工的部分。其佛塔居中、四周僧房围绕的布局，经梳理可知是公元1～2世纪犍陀罗塔克西拉地区流行的一种佛寺平面。云冈窟顶西区佛寺与昙曜五窟，几乎同时营建，又位置相近，倘若参考犍陀罗佛寺出入口的配置，进一步复原窟顶西区佛寺的道路，再考虑寺院"礼拜供养"及"栖止禅修"的功能，则可发现云冈窟顶西区佛寺与昙曜五窟关系密切，两者组成云冈石窟寺最早的面貌。

关键词：云冈石窟　犍陀罗　地面佛寺

Gandhāra in China:
The Buddhist Temple of the Northern Wei Dynasty in the Western Zone of the Top of Yungang Grottoes

Kuo Fengyen

Abstract: The Buddhist temple in the western zone of the top of Yungang Grottoes is the earliest remain of the Buddhist monastery ever found in central China so far, according to Prof. Chongfeng Li's research, it might be the earliest completed part of the whole Yungang Grottoes. By collecting all the Buddhist temple sites with the same layout that stupa in the center and the cells for residence around, we found that the layout is a kind of popular representation of Gandhāra Buddhist temple in the 1st and 2nd centuries AD. In addition, because the temple in the western zone of the top of the Yungang Grottoes is close to the Five Caves of Tanyao (Cave 16 to 20), and they were built almost at the same time. Based on the restoration of the road position by the arrangement of the entrance of Gandhāra Buddhist temples, and the functions of the monastery that worship and residence, it can

作者：郭凤妍，甘肃省酒泉市敦煌市，736200，敦煌研究院考古研究所。

also be found that the Buddhist temple in the top west of Yungang Grottoes and the Five Caves of Tanyao constituted the earliest landscape of Yungang Grottoes.

Key words: Yungang Grottoes, Gandhāra, free standing temples

云冈石窟（武州山石窟寺），坐落于山西大同武州山山麓，是中国新疆以东地区最早出现的大型佛教石窟寺院。一般而言，一处寺院应同时具备"礼拜供养"和"栖止禅修"的功能。在印度以及新疆等地的石窟群，塔庙窟、僧坊窟（僧房窟）的分布，明确分担这两大功能；但在云冈石窟，无论塔庙窟（中心柱窟）、单室窟、前后室窟，或者中小型龛室等等，都用作礼拜供养，而不见栖止禅修的窟室。

1938～1944年，日本京都帝国大学（今京都大学）东方文化研究所（二战后更名"人文科学研究所"）的水野清一、长广敏雄等人，率领"云冈调查班"展开全面性调查与记录时，即有意识地找寻僧侣栖止禅修的场所。由于洞窟距前方武州川仅15～17米，虽在窟前发现木构建筑遗迹，但其紧贴崖面并无足够空间能供居住。于是水野等人将目光转向散布许多北魏瓦片的窟顶，分别对瓦片散布较集中的东部（第3窟正上方）与西部（33窟以西）台地，进行发掘[1]。其中西部台地上的发掘工作，最后清理出大致呈H形的范围[2]（图1）。虽未能揭露出一个完整清晰的建筑面，但水野等人根据出土的"传祚无穷"瓦当、莲花纹瓦当、绿釉板瓦、押压波状纹板瓦等大量北魏建筑构件，以及使用过的生活用陶器，并考虑周边环境和关联性，推测该处应为一座佛教寺院[3]。1950年，雁北文物勘查团也曾抵达此处，进行踏查，并采集有"传祚无穷"瓦当等[4]。

---

[1] a. 水野清一、长广敏雄：《雲岡發掘記1》，《雲岡石窟：西暦五世紀における中國北部佛教窟院の考古學的調査報告：東方文化研究所調査昭和十三年—昭和二十年（十五）》，京都：京都大学人文科学研究所，1952年，第57～68页。b. 水野清一、长广敏雄：《雲岡發掘記2》，《雲岡石窟：西暦五世紀における中國北部佛教窟院の考古學的調査報告：東方文化研究所調査昭和十三年—昭和二十年（十五）》，京都：京都大学人文科学研究所，1955年，第91～99页。

[2] 自西向东，将出土较多瓦片的范围，标志为A、B、C、D、E、F、G等区。在东西探沟之西的A、B区，分别检出敷设板石的遗构，长约3.4米，宽约0.7米，以及用竖立板石围成的箱形遗构，长约4.4米，宽约0.9米。箱形遗构的性质不明，在其西侧有北魏瓦的堆积，出土"传祚无穷"瓦当、莲花纹瓦当、绿釉瓦和大致完整的板瓦、陶盆等，全为北魏时期遗物。C、D区在东西探沟之东，E区在其中央。C区是一处用土坯砖筑成的建筑遗迹，或许为"炕"的一部分，除了许多北魏瓦，如绿釉瓦、"传祚无穷"瓦当之外，还见较多的印绳纹砖、灰陶片和铁器等北魏生活遗物的出土。邻近的E区甚至发现几乎完整的北魏灰陶盆和灰陶罐各一件。D区以东7米为F区。在F区的东边也见竖立的石板，在其2.5米之西，有边长1米的正方形板石，可能为础石。在其周围多北魏瓦，出土有"传祚无穷"瓦当、莲花纹瓦当等。

[3] a. 水野清一、长广敏雄：《雲岡發掘記2》，《雲岡石窟西暦五世紀における中國北部佛教窟院の考古學的調査報告：東方文化研究所調査昭和十三年—昭和二十年（十五）》京都：京都大学人文科学研究所，1955年，第97～98页。b. 冈村秀典编：《雲岡石窟遺物篇：山西省北部における新石器・秦漢・北魏・遼金時代の考古学的研究》，京都：朋友书店，2006年，第31～41页。

[4] 王逊：《云冈一带勘查记》，《雁北文物勘查团报告》，北京：中央人民政府文化部文物局，1951年，第16页。

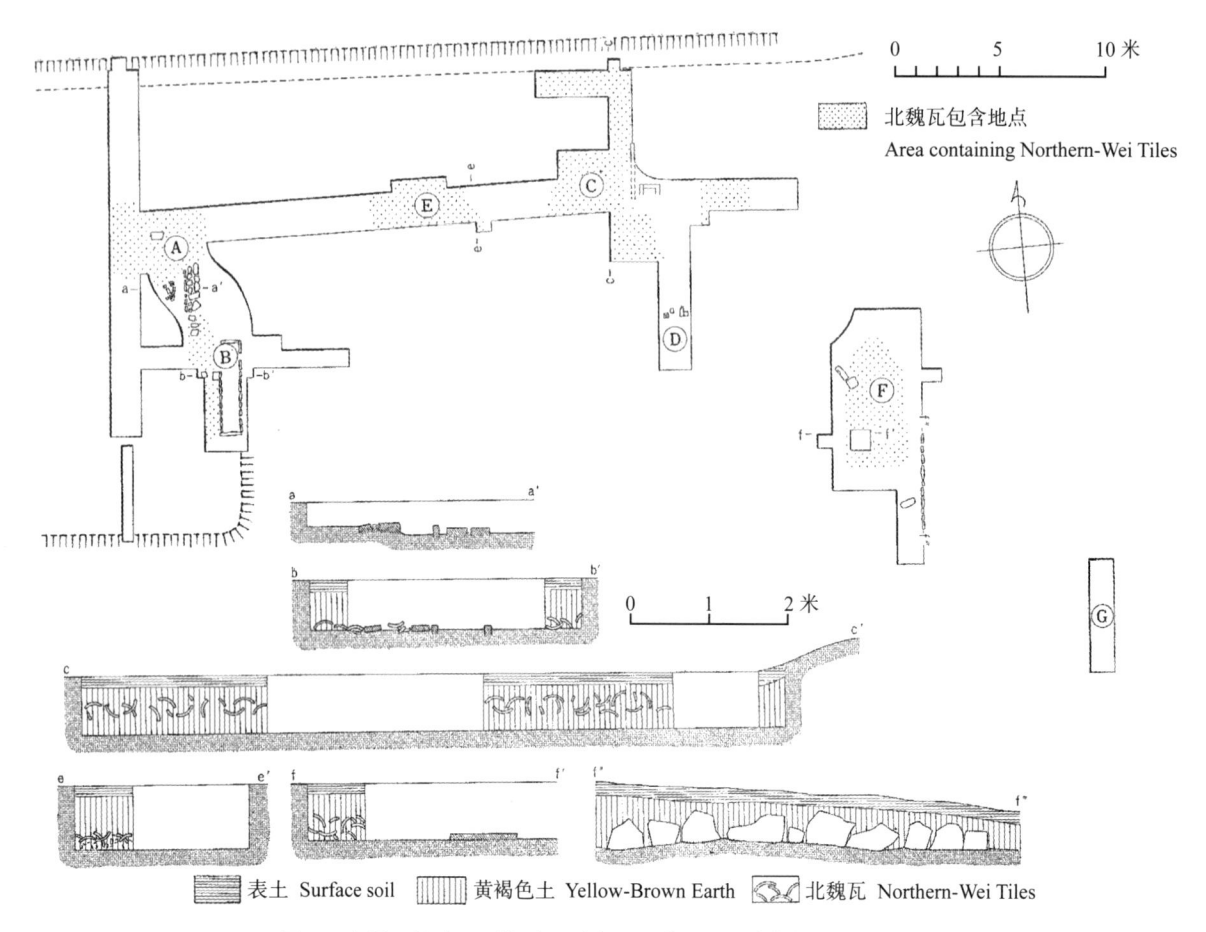

图1 水野、长广于西部台上发掘图（《云冈石窟》第十五卷）

2010年，配合云冈石窟窟顶的防渗水工程，山西省考古研究所与云冈石窟研究院、大同市考古研究所组成云冈考古队，对于窟顶西部遗址进行全面揭露。发掘面积共3460平方米。遗址东缘位于云冈石窟39窟上，西缘位于45窟30米处，南缘距窟顶20～30米，北缘进入山顶杏林。清理出北魏时期佛教寺院遗址一处，辽金时期房址一处及明清时期灰坑十余个。其中，北魏时期遗迹是一处较完整塔寺（图2），包括房址20间（套）、塔基1处，另外还有北魏陶窑2处、灰坑1个，出土包含有建筑构件、石刻和日用器物等遗物。

遗址中心，是位于东南部分的塔基，其平面近方形，南北长14.5米，东西宽14.4米，残高0.35～0.75米。南侧正中有一斜坡踏道，北高南低，长5.3米，宽1.9米，高0～0.3米。塔基主体为夯土，由三部分组成，第一部分是砌在塔基四周的石片，起到保护塔基的作用，虽然南边和西边的石片已经被破坏，但北边东半部及东边的石片依然存在；第二部分是塔基外围厚1.5米的夯土；第三部分是塔基中部的细砂土，质地较纯，紧密坚硬。塔基表面上有柱洞40个（D1～D40），大致呈东北—西南向，可划分为7排，每排5～8个，可能是原来以立柱加固佛塔的遗迹留存。并经过解剖在塔基中部未发现地宫或埋藏坑。

围绕塔基分布的是布于遗址北部的房址，其中可分北廊房、西廊房[5]、东廊房，以及西南排

---

[5]《云冈石窟窟顶西区北魏佛教寺院遗址》中称为中部廊房。

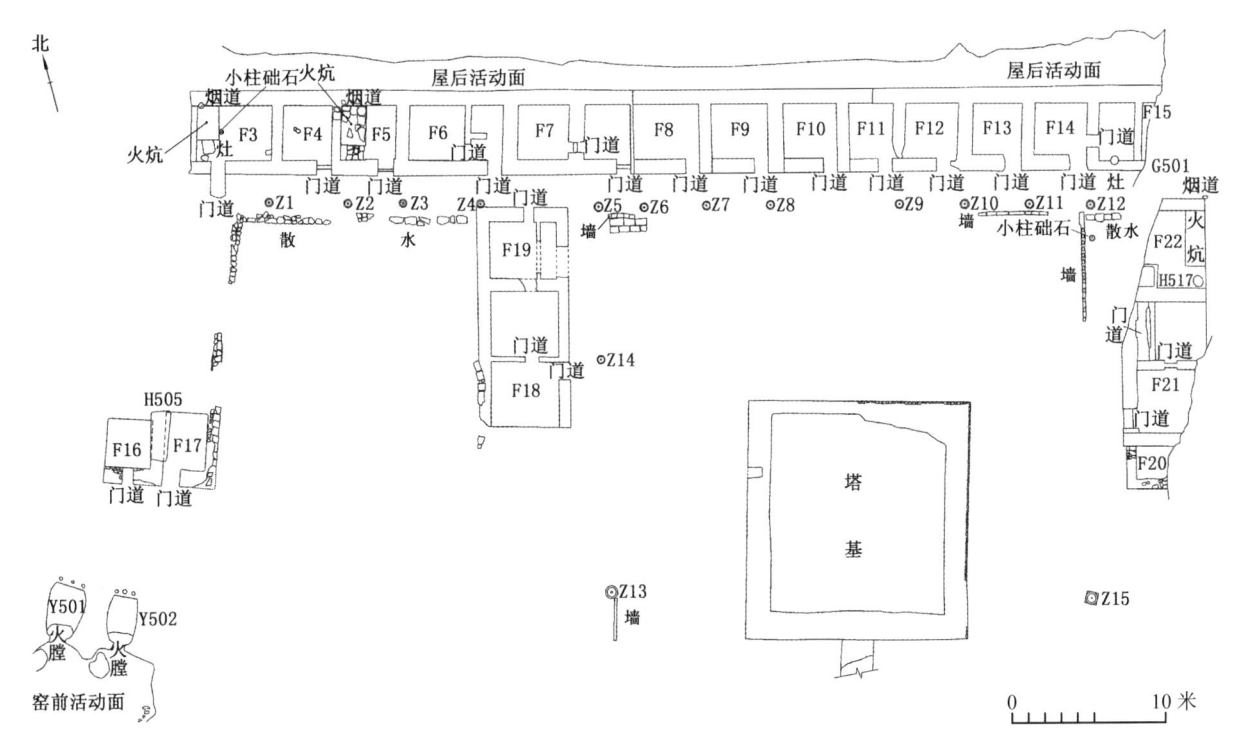

图 2　窟顶西区佛寺遗址平面图（《云冈石窟窟顶西区北魏佛教寺院遗址》）

房。北廊房一排 13 间（套）（F3～F15），集中于遗址北中部，有单间和套间，面积不等，坐北朝南，门道西南向，为前廊后室的房屋结构。廊房均由夯土所筑，其中部分隔墙以土坯砌成。廊房前方现存柱础石 12 个（Z1～Z12），地面铺有石板，顺柱础东西向延伸，当为散水。西廊房一排现存 2 间（套）（F18、F19），位于遗址中部偏西，一南一北。F18 为套间，门道东南向，F19 则为单间，门道北向。房屋主墙为夯土墙，隔墙以土坯砌筑。房回廊前方有柱础石（Z14）。东廊房一排 3 间（套）（F20～F22），位于遗址东部，南北并列，门道西北向，其中 F21 为套间。墙面均为夯土墙，但 F20 西墙与南墙墙基以石片砌成。房前有一柱础石和筒瓦垒砌墙及小柱础石。西南排房 2 间（F16、F17），位于遗址西南部，均为单间，东西并列，坐北朝南，门道西南向[6]。墙体多为夯土墙，墙基以石板垒砌而成。其中无论北廊房、西廊房、东廊房还是西南排房，墙体表面均涂抹有草拌泥，屋内墙面则在草拌泥之上再敷一层白灰，此外在 F6 里间西壁中南部还发现两处涂有朱红颜色的表现[7]。

该遗址出土的遗物，以建筑构件为主，其中又以板瓦、筒瓦和瓦当的数量最多。板瓦均在前

---

[6] 若将 1940 年水野等人在此处进行的发掘进行比对，则可大致推知日人当时发掘的地区应该在遗址西侧，日人记述在 A 区东南部分发现的铺石，可能是 F17 的东侧墙基部分，而 C 区以土坯筑成的建筑遗迹，则或许为 F18 的隔墙。

[7] a. 国家文物局编：《山西云冈石窟窟顶北魏寺庙遗址》，《2010 中国重要考古发现》，北京：文物出版社，2011 年，第 127～130 页。b. 云冈石窟研究所、山西省考古研究所、大同市考古研究所：《云冈石窟窟顶西区北魏佛教寺院遗址》，《考古学报》2016 年第 4 期。

端下沿有指压痕迹，可分釉陶板瓦[8]、黑衣压光板瓦[9]和灰陶板瓦；筒瓦则有黑色压光筒瓦[10]和灰色筒瓦两类；瓦当皆为泥质灰陶，正面呈圆形，其中"传祚无穷"文字瓦当占所有瓦当总数的百分之九十以上，另外还可见莲花纹瓦当以及莲花化生纹瓦当。除此之外，从该遗址出土的一件带"西窟"戳印的北魏陶片，我们或许可以推测北魏时期，也对窟群曾做过分区。

由于在部分房间中发现火坑，加上遗址中少见佛像，多见日用陶器，而可知这里应主要是僧侣栖止禅修的区域。若再加以出土不少的釉陶板瓦[11]，并且在部分墙面下部发现涂有朱红颜色[12]等的表现，均说明该遗址等级高，是为当时皇室所重视的寺院。

再通过发掘简报，我们发现各房址在墙面的构成上有所不同，可大致区分为两种，一种是主墙为夯土墙，隔墙以土坯砌成，如北廊房与西廊房；另一种则是墙面同样作夯土墙，但墙基由石片或石板砌成，如西南排房。倘若我们大胆假设建造墙基的石板、石片，来自开凿昙曜五窟的副产品，则也许西南排房的修建时间将稍稍晚于北廊房、西廊房和东廊房；更进一步地，则或可推测该寺院首先完成东侧院落，而后逐步完备西侧的生活设施。然而东廊房F20规模偏小，且西墙、南墙墙基以石片砌成，则可能是在原房址遭到破坏后，再行修造的房间。另外，遗址中以筒瓦和长石条垒砌的墙[13]，应该是更晚的修理痕迹[14]。

目前在云冈石窟大致可确定的北魏时期地面寺院有五处，除了窟顶西区佛寺，还有位于5、6窟窟顶[15]，3窟窟顶，1、2窟窟顶以东300米处（以下简称窟顶东区），以及距窟群东端约一千米的西梁佛寺。根据出土品的初步分析，窟顶东区佛寺及西梁佛寺修建于迁都洛阳之后，其他三处则为平城时期寺院，只是5、6窟窟顶堆积破坏严重，又3窟窟顶佛寺未全面揭露，其原先的布局形制，都仍待厘清。然而目前修造于迁都洛阳（太和十八年，493年）前的地面佛寺，经考古发掘

---

[8] 泥胎红色或灰白色。正面施较薄的绿黄色釉，背面有的施釉，釉的有流釉。

[9] 泥质灰陶。似在表面施黑色颜料或油脂，经刮压烧制光滑，形成一层薄硬皮，色泽发黑，保存好者甚至油光发亮，保存差者仍可见斑斑黑色，表面有竖向刮压痕迹。

[10] 表面施黑色颜料，颜色均匀。经过刮压，凸面黑色光滑，凹面不光滑，有的保留较少黑色。

[11] 通过《南齐书·魏虏传》记献文帝时"正殿西又有祠屋，琉璃为瓦"，以及《太平御览》卷193引《郡国志》"朔州太平城，后魏（景）穆帝治也。太极殿琉璃台瓦及鸱尾，悉以琉璃为之。"皆可知琉璃瓦乃当时的珍稀之物，使用于王室等级别的建筑之上。2008年发掘大同操场城三号遗址时，在北侧夯土台基的夯土中，亦出土有一小片釉陶板瓦残片，经研究大同操场城遗址是为北魏宫城建筑遗址。

[12] 这种表现目前仅在大同操场城北魏皇宫遗址和方山永固陵前的陵寝遗址墙体上有发现。

[13] 分别可见于北廊房及东廊房，其中北廊房Z5（F7前）东南部为筒瓦垒砌的墙，Z11（F14前）向南则为筒瓦和长石条垒砌的墙，在东廊房前则有筒瓦垒砌墙。

[14] 向井佑介曾对水野清一、长广敏雄1940年于窟顶西区寺院遗址发掘出土、带回京都大学的少量瓦当进行观察，并通过"传祚无穷"瓦当上所反映出来的木范裂痕程度，将其归划为"传祚无穷"同范瓦当的第三阶段，推估其年代应在公元5世纪80年代后半或其之后。然而通过2010年的发掘以及李崇峰的研究，推测该佛寺完工于北魏和平三年（462年）之前，所以或许可以考虑水野、长广带回的瓦当，是晚期修理佛寺的遗物。

[15] 山西省考古研究所、云冈石窟研究所、大同市考古研究所：《云冈石窟窟顶二区北魏辽金佛教寺院遗址》，《考古学报》2019年第1期。

可见有建于太和三年（479年）的思远寺，以及建造时间应在太和九年（485年）至太和十四年（490年）之间的思燕佛图。

思远寺，位于大同东北的方山南麓，是北魏文明太后冯氏陵园中的重要组成部分，北距永固陵直线距离约800米，西南约100米则是北魏斋堂。思远寺平面布局呈长方形，坐北朝南，有两层平台，其中第二层平台，平面长方形，为承载寺院建筑的基础，上有山门、实心体回廊式塔基基址和佛殿基址（图3）。南部中央的实心体回廊式塔基基址，是寺院建筑主体工程，坐北朝南，平面正方形，边长约18.2米，又可细分为塔心实体和环塔心殿堂式回廊两部分。塔心实体基部作正方形，南北残长12.05米，东西残长12.2米，残高1.25米[16]。环塔心殿堂式回廊则分布于塔心实体四周，由柱础石分布情况可知，塔基回廊四面，每面开间五间，除中间一间为回廊入口，面阔约5米，其余每间面阔约3.3米，进深3米，没有设置隔断墙，而可绕行塔心实体一周。位于北部的佛殿，与塔基在同一中轴线，坐北朝南，大同市博物馆通过仅存柱础石的分布，推测佛殿面阔7间，东西长约21米，进深

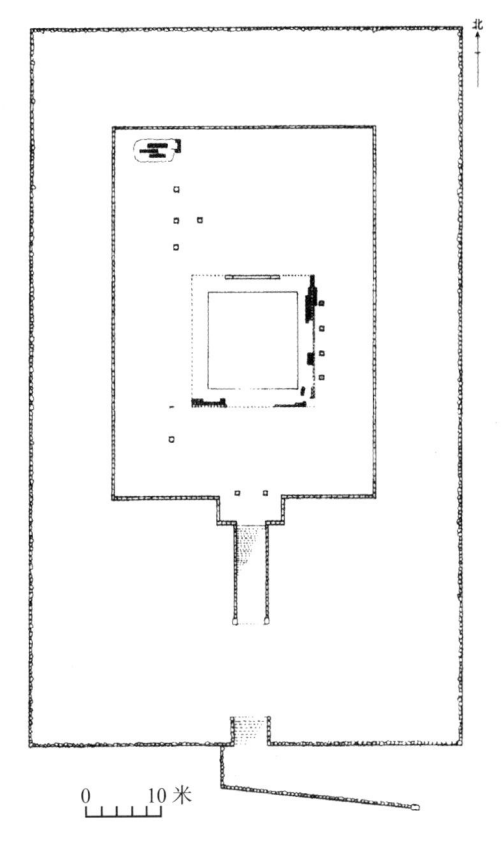

图3 思远寺平面图
（《大同北魏方山思远佛寺遗址发掘报告》）

2间，约6米。另外，在一层平台西北角，清理出有土坯砌成坑洞三行和灶台一个，以及大量火烧后留下的灰烬和有烧灼痕迹的土坯，推测可能是僧房[17]。

思燕佛图遗址，发现于辽宁朝阳北塔下层，是直接利用三燕宫殿夯土台基作为基础，布置柱网，起建塔体以及环绕塔体四周的殿堂（图4）。位于第一层台基上的柱网，平面呈正方形，现存4圈柱础石及础窝，进深与面阔均为7间，长宽为18.9米。各础石上立有木柱，柱间以夯土筑成坚实的高台，形成土木混合结构的塔心实体。从第3、4圈柱子之间往外，用土坯砌筑，以便于设置佛龛，安置佛像。由于第4圈柱子包在土坯砌筑的塔心实体内，应为檐柱，若按中国传统古建筑结构特点，推测外侧应还有一圈廊柱，只是可惜柱础痕迹已破坏无遗。第二层台基上，南、西两面尚存部分殿堂遗迹，并于正对塔中心的一间见有漫道，两侧筑有土墙，其他各间则不设隔断墙，进一步可推测北魏时期的殿堂环塔一周，并且每面正对塔中心的一间都为漫道。然后在一层台基廊柱与二层殿堂的后檐墙之间，3米多宽的空间，则为供人绕塔供养的礼拜道，于是通过礼拜

---

[16] 在塔基北侧2米位置，还清理出一道砂岩石条砌成的台阶，残长7.2米，宽0.4米，残0.15～0.2米，但根据其嵌入塔基内约8～10厘米的表现，推测应是后来增建的。

[17] 大同市博物馆：《大同北魏方山思远佛寺遗址发掘报告》，《文物》2007年第4期。

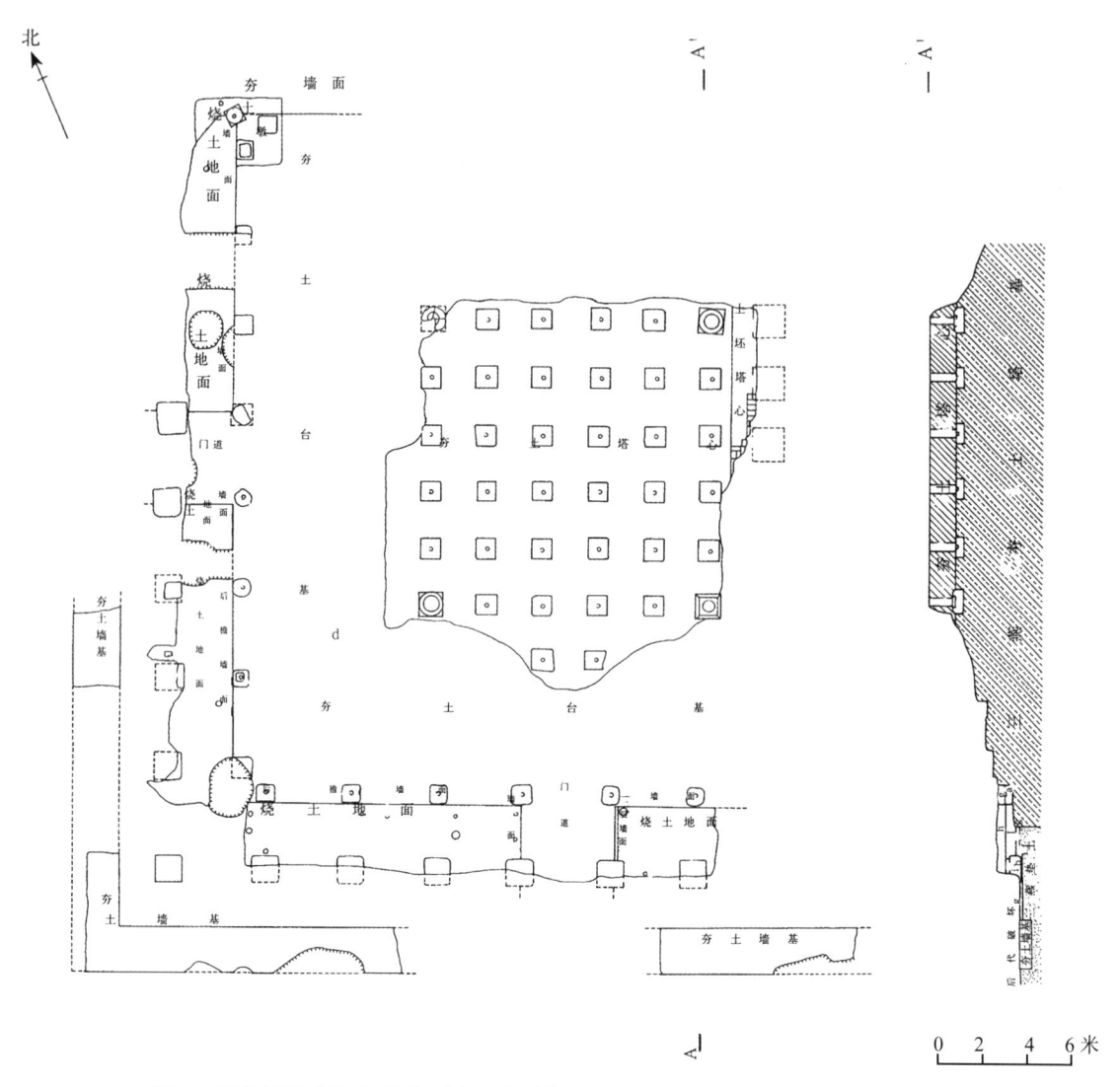

图 4　思燕佛图建筑遗迹平、剖面图（《朝阳北塔——考古发掘与维修工程报告》）

道再经四面漫道而下，便可到二层台基上的殿堂[18]。

虽然目前对于内地佛寺的整体配置情况，还尚未明朗，通过大面积的清理和大范围的探查，仅大体掌握思远寺、思燕佛图这两处寺院，皆以佛塔为中心，后建佛殿，前筑山门，四周围有院墙。

若进一步根据发掘的情况，大致可将围绕佛塔四周的建筑性质区分为两种，一种是僧房，如云冈石窟窟顶西部佛寺；另一种则是殿堂式回廊，如思远寺、思燕佛图。依据思燕佛图的复原，可见居中是一座土木结构的方形重楼式塔，四周木构殿堂围绕[19]，与《后汉书·陶谦传》载东汉

---

[18] 辽宁省文物考古研究所、朝阳市北塔博物馆编：《朝阳北塔——考古发掘与维修工程报告》，北京：文物出版社，2007年。

[19] 辽宁省文物考古研究所、朝阳市北塔博物馆编：《朝阳北塔——考古发掘与维修工程报告》，北京：文物出版社，2007年，第107、108页。

末笮融于徐州建浮屠祠"上累金盘，下为重楼，又堂阁周回，可容三千许人"[20]的表现相符，又四周殿堂面阔11间、其中不设隔断墙，除了是与上述"堂阁周回"相仿，也与《魏书·释老志》"魏明帝曾欲坏宫西佛图。外国沙门乃金盘盛水，置于殿前，以佛舍利投之于水，乃有五色光起，于是帝叹曰：'自非灵异，安得尔乎？'遂徙于道东，为作周阁百间"[21]的"周阁百间"相近。于是推测思燕佛图、思远寺，皆是延续文献记载有关东汉迄魏晋佛寺的建置[22]，即在重楼式佛塔周围起建堂阁的佛寺传统。

由于云冈石窟窟顶西区佛寺，其佛塔居中、四周僧房围绕的寺院布局，在中国各地还没有发现。其他地区，目前也仅见于巴基斯坦塔克西拉（Taxila）的毕钵罗（Pippala）早期寺院、卡得尔莫拉（Khāḍer Mohṛā）D2寺院、达摩拉吉卡（Dharmarājikā）M5寺院，以及印度阿旃陀（Ajaṇṭā）石窟的地面寺院遗址[23]。

毕钵罗（Pippala）早期寺院，始建于帕提亚晚期或贵霜初期，约公元1世纪，在方形院落周围建置僧房，中央为方形塔基，塔基北面正中设置踏道。由于公元4~5世纪，在其西面兴建起另一座寺院，叠压于早期寺院的西侧廊房之上，于是可知早期寺院大约在此之前已成废墟。西面的晚期寺院，除了覆盖早期寺院西侧廊房，保留方形院落中的佛塔和周围僧房的后墙，拆除、铲平其余的建筑，将其改造成塔院，并使原早期寺院的僧房后墙成为晚期寺院的塔院围墙[24]（图5）。

---

[20] 范晔：《后汉书》点校本，北京：中华书局，1965年，第2368页。

[21] 魏收：《魏书》点校本，北京：中华书局，1947年，第3029页。

[22] 宿白：《东汉魏晋南北朝佛寺布局初探》，《魏晋南北朝唐宋考古文稿辑丛》，北京：文物出版社，2011年，第230~247页。

[23] 然而，除了达摩拉吉卡西北寺院、毕钵罗早期寺院和阿旃陀寺院遗址，位于塔克西拉的金迪亚尔（Jaṇḍiāl）B丘，也同样值得注意。金迪亚尔（Jaṇḍiāl）B丘，亦称巴伯尔·汗纳（Babar-Khäna）塔寺，是一处佛塔置于方形院落中央，旁侧出土若干房舍的塔院遗址。1863年，坎宁安（A. Cunningham）进行第一次发掘，虽然似乎仅发掘了晚期建筑遗迹，但其发表材料，显示在塔院周围的建筑，已引起学界的关注。再据马歇尔（John Marshall）的发掘报告可知，中央佛塔始建于塞种·帕提亚时期，在公元3或4世纪进行重建。早期的佛塔塔基为方形，边长不足33英尺（10.06米），中央设有地宫宽11英尺，长14英尺（3.35米×4.27米），塔基南面有台阶踏道，由僧院入口到塔基踏道之间为狭窄的石砌小道。当早期佛塔及与之相连的建筑坍塌毁损后，在废墟上又建造一座佛塔和另一组建筑。晚期佛塔覆盖于早期佛塔之上，塔基呈圆形，直径35英尺（10.67米）。虽然不能肯定现存房舍是否在当时为僧众居住的场所，但图中的Q、R、S确实有作为起居空间的可能。而方院西侧，看似为狭长房舍的N、O、P，其实是凸起的平台地基。另外位于东北角的大型建筑T，是为露天方院，从其北墙中部朝院内伸出的小室，则可能是佛堂。参见A. Cunningham, *Archaeological Survey of India: Report for the Year 1872-1873*,1875. vol. V, pp.74-75. A. Cunningham, *Archaeological Survey of India: Four Reports made during the years 1862-63-64-65*, 1872. vol.I, pp.111-135.John Marshall,*Taxila: An illustrated account of archaeological excavations carried out at Taxila under the orders of The Government of India between the Years 1913 and 1934*. London: Cambridge University Press, 1951, .pp.355-356.

[24] John Marshall,*Taxila: An illustrated account of archaeological excavations carried out at Taxila under the orders of The Government of India between the Years 1913 and 1934*. London: Cambridge University Press, 1951, pp.365-366.

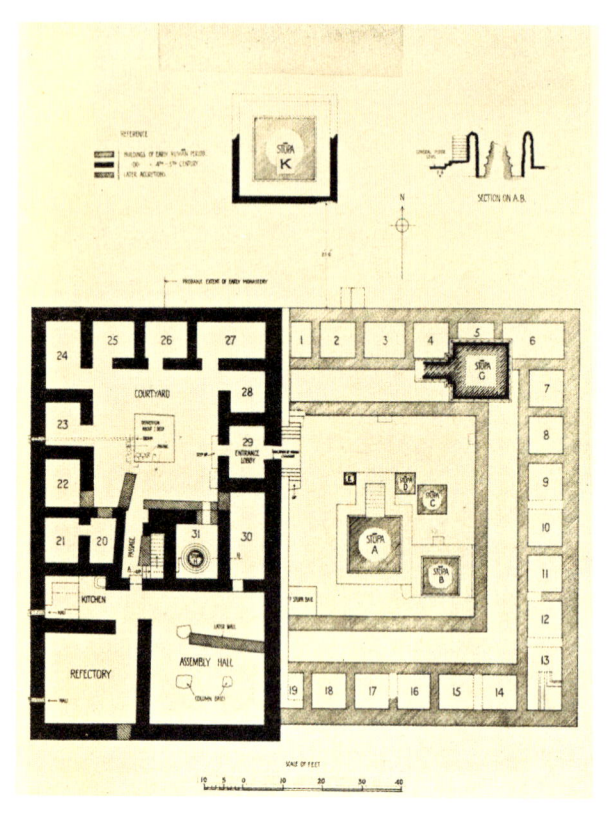

图 5　毕钵罗（Pippala）寺平面图
（*Taxila*, volume III: pl. 98）

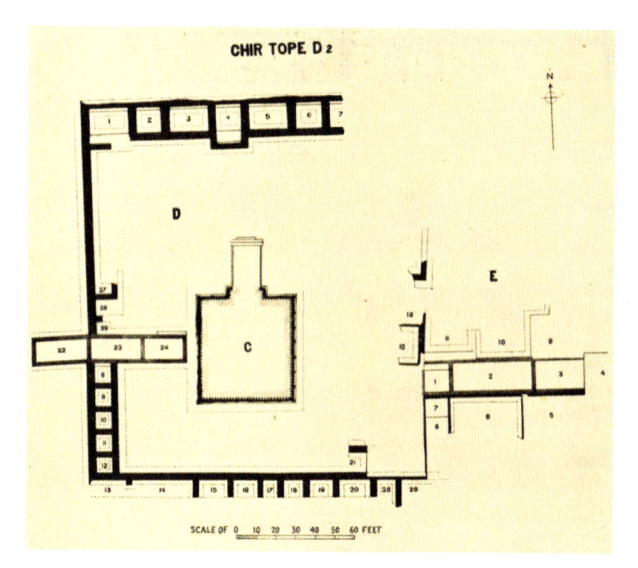

图 6　卡得尔莫拉（Khāder Mohṛā）D2 寺平面图
（*Taxila*, volume III: pl. 69a）

卡得尔莫拉（Khāder Mohṛā）遗址，包含两组建筑，均兴建于公元 40～150 年之间，其中位于东面的 D2 为一方形院落，中央有方形塔基，塔基北面正中设置踏道，院落周围则为僧房，北、西、南三面保存较好，虽东面仅余部分残迹，但仍可见数间较大的房间，推测可能为聚会厅[25]（图 6）。

位于达摩拉吉卡佛塔区西北的寺院（图 7），方形院落南北宽 91 英尺（27.7368 米），东西长 105 英尺（32.004 米），中央为方形塔基，边长 20 英尺 6 英寸（6.2484 米），塔基东面正中设置踏道，长 10 英尺 6 英寸（3.2004 米）。周围建置僧房，西面与北面已毁，残存南面及东面共 17 间，僧房大小不一，推测西侧最大间可能为聚会厅，东北角小房间则为浴室。马歇尔推估其年代为公元 2 世纪，稍晚于上述卡得尔莫拉 D2 寺院[26]。

阿旃陀石窟的地面寺院遗址（图 8），位于石窟群中央的观景台上。遗址中央是一座矩形的砖造平台，东西长 4.95 米，南北宽 3.71 米，应为塔基，目前在其南、北面分别可见一排 5 间小室和一排 3 间小室的排房，但西面仅有 1 间小室，三面小室入口均朝向中央塔基。东面未进行发掘，但推测该寺院的入口应于此面，朝向石窟前方的瓦格拉河（River Waghora）。从出土遗物和建筑装

---

[25] John Marshall, *Taxila: An illustrated account of archaeological excavations carried out at Taxila under the orders of The Government of India between the Years 1913 and 1934*. London: Cambridge University Press, 1951, pp.318-319, 321.

[26] John Marshall, *Taxila: An illustrated account of archaeological excavations carried out at Taxila under the orders of The Government of India between the Years 1913 and 1934*. London: Cambridge University Press, 1951, pp.290-291, 321.

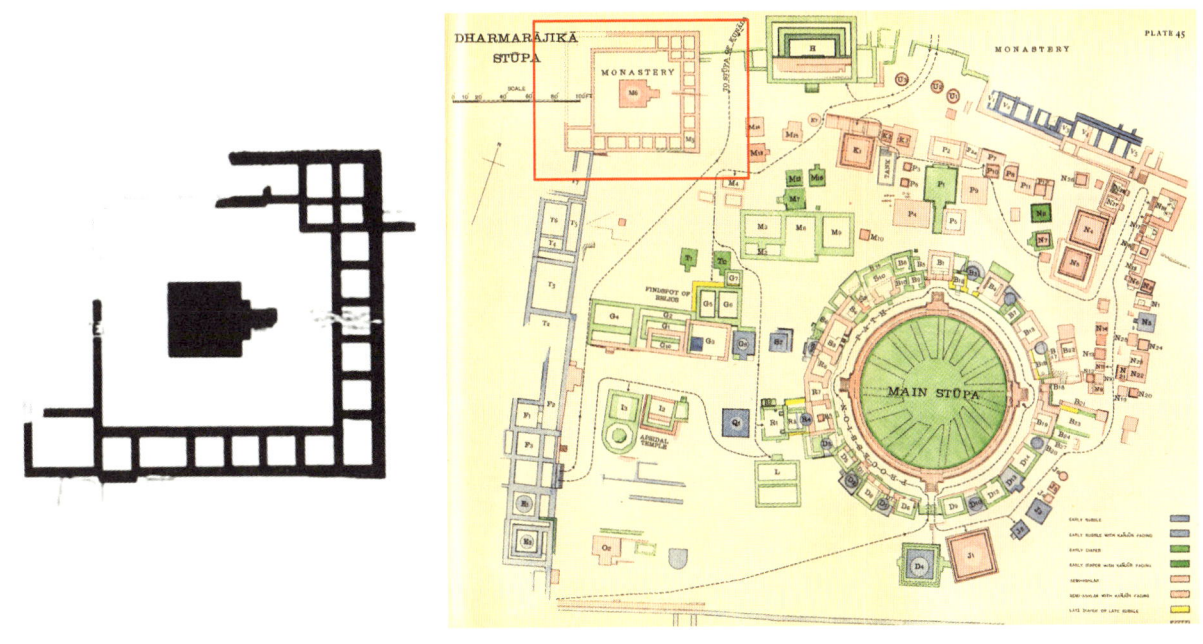

图 7　达摩拉吉卡（Dharmarājikā）寺平面图（*Taxila*, volume III: pl. 45.）

饰等文物，大致可推定该寺院在公元 4 世纪是主要用作生活居住的场所，周围小室即为僧房[27]。

若对上述佛塔居中、四周僧房围绕的寺院，进一步分析，可发现集中于公元 1、2 世纪的塔克西拉。塔克西拉在公元前 4 世纪，被旃陀罗笈多（Candrá-gupta）征服，纳入孔雀王朝（Mauryan Empire）版图。当时定都华氏城的孔雀王朝，为方便对新收复的旁遮普与印度河西侧一带进行管理，于是在塔克西拉设立次一级政府，宾头娑罗（Bindusāra）、阿育王（Aśoka）、鸠那罗（Kunāla）等后继者都曾在此担任总督。公元前 3 世纪，阿育王皈依佛教，并致力传播，达摩拉吉卡佛塔就在阿育王的命令下进行兴建以存放佛骨。公元前 2 世纪，随着孔雀王朝的瓦解，巴克特里亚王国（即大夏）的希腊人，入侵统治此地。在

图 8　阿旃陀石窟地面寺院遗址
（*Indian Archaeology 2000-01-A Review*, plate 73）

---

[27] *Indian Archaeology 1999-2000-A Review*, New Delhi: Director General Archaeological Survey of India, 2005, p.102. *Indian Archaeology 2000-01-A Review*, New Delhi: Director General Archaeological Survey of India, 2006, pp.92-97.

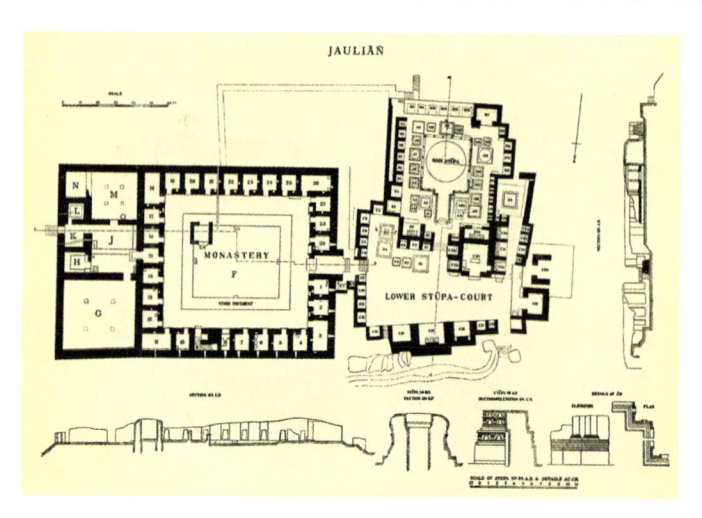

图9 焦莲（Jauliañ）寺平面图（*Taxila*, volume III: pl. 101）

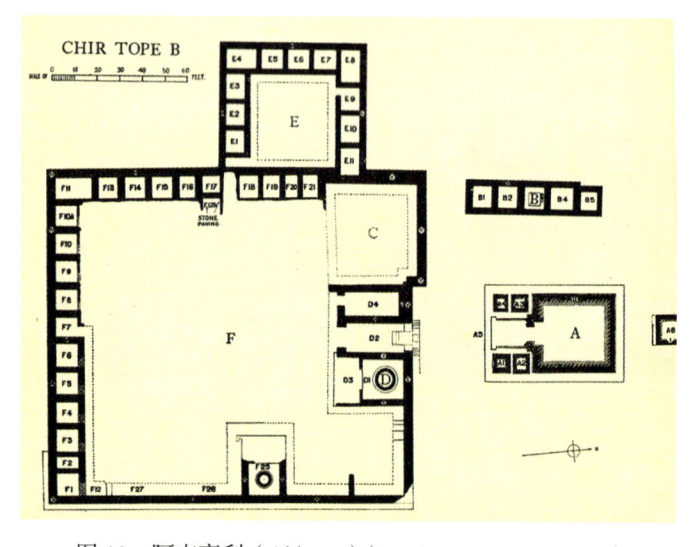

图10 阿克豪利（Akhaurī）（*Taxila*, volume III: pl. 67）

早期佛教文献，尤其佛教本生故事，如《大品》（Mahavagga）、巴利文《法句经》（Dhammapadatthakatha）之中，塔克西拉经常被提到，是学术的中心和世界知名教师的聚集之地。约是公元前1世纪，在大夏希腊人统治塔克西拉一百年之后，一系列的入侵者，塞人、安息人、贵霜人、白匈奴人来到这里。塞人统治期间，无论自建筑或者铭文，可知佛教仍为该地主要的宗教。到了公元1世纪，兴起于印度半岛北部的贵霜王朝（Kushan Empire）渐次扩张版图，大约是在阎膏珍（Vima Kadphises）时期，征服了塔克西拉。在早期贵霜国王的庇护下，佛教得到了迅速发展，连带整个西北地区出现大量的佛寺建筑、佛教造像，是为著名的犍陀罗佛教文化。在塔克西拉，这一时期也兴建立了很多的寺院，主要有喀拉宛（Kālawān）、焦莲（Jauliañ）（图9）、莫拉莫拉杜（Mohṛā Morādu）等[28]。

我们注意到，上述的卡得尔莫拉D2寺院位达摩拉吉卡东南方向，与邻近四处遗址：吉尔托普（Chir Tope）A、B、C和D1，同属一组寺院，其中D1遗址于D2寺院西面，位置十分相近，可划归为同个遗址"D"，当地人把该遗址称作"卡得尔莫拉（Khāḍer Mohṛā）"，另外把遗址B称作"阿克豪利（Akhaurī）"（图10）。根据墙体（花墙）的堆砌方式，马歇尔认为这四个遗址兴建于同一时期，约在公元40～150年之间。其中A、B、C及D1遗址，都以作为僧房的方形院落与坐落于院外的佛塔所构成[29]。

---

[28] John Marshall, *Taxila: An illustrated account of archaeological excavations carried out at Taxila under the orders of The Government of India between the Years 1913 and 1934*. London: Cambridge University Press, 1951, pp.11-77.

[29] John Marshall, *Taxila: An illustrated account of archaeological excavations carried out at Taxila under the orders of The Government of India between the Years 1913 and 1934*. London: Cambridge University Press, 1951, pp.315-321.

通过吉尔托普这组大寺院，可以发现相较公元1世纪末之前混乱、缺乏隐蔽安全性的寺院布局，1～2世纪塔克西拉佛寺有两种主要形制，一种是居住区与礼拜区相结合，佛塔立于僧院中央，另一种则是分隔居住区与礼拜区，佛塔立于僧院之外。到了2～5世纪，根据笔者目前所掌握的材料，在大犍陀罗包含塔克西拉、白沙瓦谷地（Peshawar valley）、斯瓦特（Swat）及巴焦尔（Bajaur）等地已清理出土佛寺，则多为居住区、礼拜区分隔开来的布局，其中作为僧侣生活居住区的方形院落，模仿当地民宅的格局，布萨处（集会厅）、饭厅、厨房等空间分布在方形院落外侧，既不影响僧侣栖止禅修，也不妨碍信徒对佛塔进行礼拜供养。

虽然佛塔居中、四周僧房围绕的寺院布局，是早期犍陀罗佛寺的一种表现，却在犍陀罗地区一直没有成为主流，可是影响了公元4、5世纪印度阿旃陀石窟及云冈石窟窟顶西区地面佛寺的兴建，并借此可更进一步知道，印度的阿旃陀及中国的云冈，在公元4、5世纪皆属于犍陀罗文化影响所及范围。

云冈石窟窟顶西区佛寺遗址，由于坐落窟沿边缘，对于整个遗址南面仅清理至距窟顶20～30米处，遗址以南的情况不清楚，但通过上述毕钵罗早期寺院、卡得尔莫拉D2寺院、达摩拉吉卡M5寺院，我们能够推知原始在云冈窟顶西区佛寺的塔基南侧也有房址，且两端与东、西廊房相接，整体构成一个方形的封闭院落。再根据钻探知道塔基南面正中的斜坡踏道（图11），可延伸至今窟顶边缘，因此若四周僧房大致与中央方塔等距，则南侧房址可能已经因滑落、坍塌而不存。

现存北、东、西三面廊房坐落塔基周围，门道开口均朝向塔基，但距离塔基较远的西南排房（F16、F17），门道西南向，开口并不朝向塔基，又F16、F17之间有灰坑，F16、F17南面有两座陶窑，再考虑北廊房西端F3、F5内，设置有石片垒砌的火炕和炉灶等种种迹象，并且参考古代犍陀罗佛寺中的生活设施，通常分布于僧院周边，而可推测该遗址西侧或许是厨房、作坊等生活设施集中的区域。

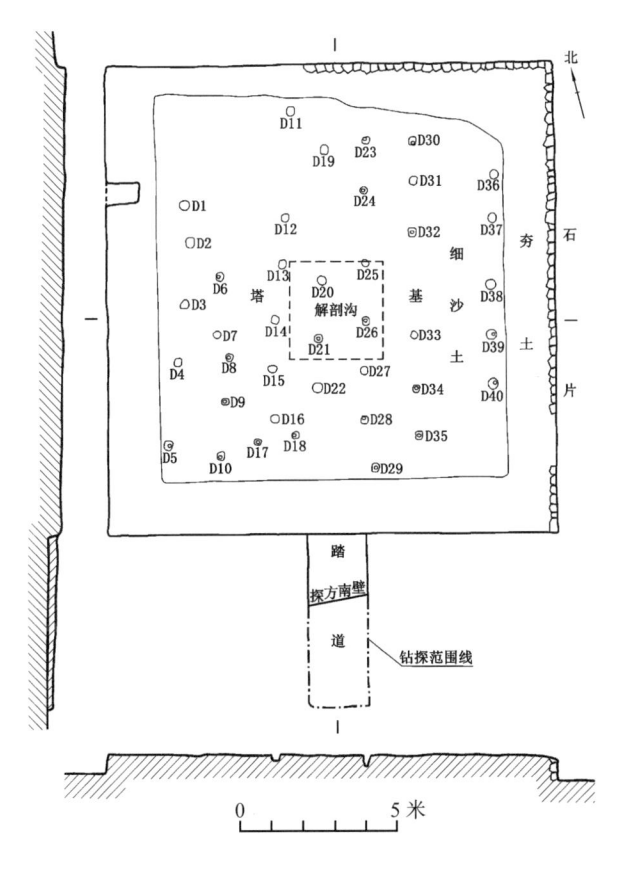

图11 塔基遗迹平面、剖面图
（《云冈石窟窟顶西区北魏佛教寺院遗址》）

从目前遗址揭露的情况来看，这座佛寺方形院落的入口，可能位于南侧厢房或是东侧厢房。虽然在上述毕钵罗早期寺院、卡得尔莫拉D2寺院、达摩拉吉卡M5寺院，由于遗址保存的情况，我们不能确定入口的位置，但通过同时期如吉尔托普A、B、C遗址，我们大致可知方形塔基的台

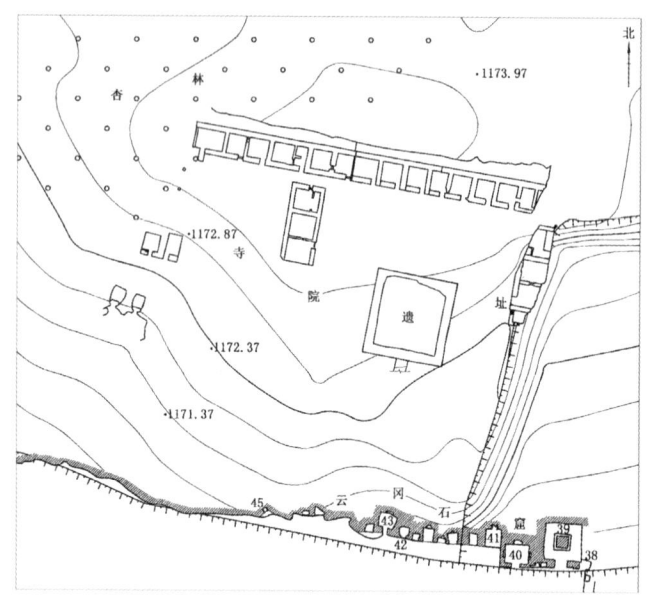

图 12　云冈窟顶西区佛寺遗址与石窟位置关系示意图
（《云冈石窟窟顶西区北魏佛教寺院遗址》）

阶踏道，大多正对方形院落的出入口，于是推想云冈窟顶西区佛寺的方形院落入口，更有可能位于正对塔基踏道的南侧厢房。只是如果出入口位于方形院落的南面，则将十分接近当时崖壁的边缘，于是进一步推想，崖面上可能修建阶梯或者坡道，以作为窟顶寺院与地面的连接道路。

虽然今日在寺院下方的崖面分布 39 至 45 窟（图 12），但皆属迁都洛阳（太和十八年，493 年）之后开凿的洞窟。我们推想崖面上原初连接地面与窟顶寺院的道路，也许就在 39 至 45 窟的开凿过程中被破坏而不复存在。虽然在那之后，或许出现其他的替代道路，但更有可能的是迁洛以后，窟顶西区佛教寺院的重要性不再，甚至遭到废弃，而不再需要连接地面与窟顶寺院的道路。

李崇峰根据遗址位置，认为窟顶西区佛寺可能就是《大金西京武州山重修大石窟寺碑》[30]（以下简称《金碑》）记，武州山石窟寺"上方一位石室数间"之译经、藏经处。并且通过费长房《历代三宝记》卷九《译经·西秦北凉元魏高齐陈氏》[31] 和《历代三宝记》卷三《帝年下·魏晋宋齐梁周大隋》[32]，加以《历代三宝记》卷九引道慧《宋齐录》[33]，与现存《付法藏传》最早记录的梁僧佑《出三藏记集》[34] 等文献记载的梳理，得知和平三年（462 年）昙曜于北台石窟译出《付法藏传》，十年后即延兴二年（472 年），西域沙门吉迦夜与昙曜，在北台共同翻译出《付法藏因缘经》。并以上述为基础，进一步认为，和平三年昙曜于北台石窟寺内召集僧众译经，即表明北台"石窟寺和平三年前已工毕"；倘若北台石窟寺在和平三年尚未全部完工，则其中的若干场所如"天

---

[30] "西京大石窟寺（武州山石窟寺）者，后魏之所建也，凡有十名，一通示/通乐、二灵岩、三鲸崇、四镇国、五护国、六天宫、七崇教/崇福、八童子、九华严、十兜率……明元始兴通乐，文成继起灵岩，护国、天宫则创自孝文，崇福则成于钳尔，其余诸寺次第可知。复有上方一位石室数间，按《高僧传》云：孝文时天竺僧随番（翻）经之地也。"（宿白：《〈大金西京武州山重修大石窟寺碑〉校注——新发现的大同云冈石窟寺历史资料的初步整理》，《中国石窟寺研究》，北京：文物出版社，1996 年，第 53～54 页。）

[31] "……至和平三年（462 年），诏玄统沙门释昙曜，慨前凌废，欣今载兴，故于北台石窟寺内集诸僧众，译斯传经，流通后贤，庶使法藏住持无绝。"

[32] "昭玄沙门昙曜欣三宝再兴，遂于北台石窟寺，躬译《净度三昧经》一卷、《付法藏传》四卷，流通像法也。"

[33] 昙曜初译《付法藏传》十年后，"西域沙门吉迦夜，魏言何事，延兴二年（472 年）为沙门统释昙曜于北台重译，刘孝标笔受"。

[34] "《杂宝藏经》十三卷（阙）、《付法藏因缘经》六卷（阙）、《方便心论》二卷（阙）。右三部，凡二十一卷。宋明帝时，西域三藏吉迦夜于北国，以伪延兴二年，共僧正释昙曜译出，刘孝标笔受。此三经并未至京都。"

竺僧陀番经之地"等，也应已投入使用，进而推测该佛寺完工于北魏和平三年之前[35]。

由于该佛寺与昙曜五窟的地点相近，我们已知昙曜五窟开凿时间，自文成帝和平初（460年）到献文帝皇兴四年（470年）左右，而窟顶佛寺可能在昙曜五窟开凿初期即已落成，意味着该寺院与昙曜五窟或许同时动工，只是相较于开凿洞窟，兴建地面佛寺耗费时间短。于是云冈石窟窟顶西区佛寺，也许是整个云冈石窟寺最早完工的部分。倘若以一处完整寺院，应同时具备有礼拜供养及栖止禅修的功能作为考虑，则将发现云冈窟顶西区佛寺，就如同上述印度阿旃陀石窟的地面寺院遗址，与石窟群的关系十分密切，是与昙曜五窟构成云冈石窟寺最早的景观。

由目前的考古发掘和研究情况来看，云冈窟顶西区佛寺不仅是整个云冈石窟寺最早完工的部分，同时也是迄今中国内地发现最早的佛寺遗址，其佛塔居中、四周僧房围绕的配置，不同于文献中记载东汉迄魏晋、重楼式佛塔周围起建堂阁的佛寺建置传统，是受到犍陀罗文化的影响。

由于云冈窟顶西区佛寺可能与昙曜五窟同时动工，又昙曜五窟一般认为是在"昙曜白帝"之后，由来自凉州的昙曜所主持开凿，于是推想窟顶西区佛寺的兴建，可能也由昙曜主持。自太武帝以来，北魏即与兴建佛寺较盛的西域诸佛教国家与地区来往频繁，如鄯善、焉耆、龟兹、疏勒、粟特和于阗、渴盘陀、罽宾等[36]，值得注意的是，与昙曜在延兴二年（472年）共同翻译出《付法藏因缘经》的西域沙门吉迦夜（Kikkāya），即来自犍陀罗或迦湿弥罗（即今塔克西拉）[37]，又在昙曜之前任道人统的师贤"本罽宾国王种人"[38]，"罽宾"在公元4世纪到6世纪，应包含古代的乌苌、呾叉始罗、犍陀罗和迦毕试，此范围基本相当于今天学界所称之大犍陀罗或犍陀罗文化圈[39]。据此或许可进一步推想，云冈窟顶西区佛寺的设计，有来自犍陀罗地区的僧侣如师贤、吉迦夜等人一同参与规划。

---

[35] 李崇峰：《从犍陀罗到平城：以寺院布局为中心》，《佛教考古：从印度到中国》，上海：上海古籍出版社，2014年，第267～288页。

[36] 宿白：《平城实力的集聚和"云冈模式"的形成与发展》，《中国石窟寺研究》，北京：文物出版社，1996年，第123～125页。

[37] C. Willemen, A Chinese Kṣudrakapiṭaka(T. IV. 203), *AsiatisheStudienÉtudesAsiatiques*. vol. XLVI no.1, 1992, pp.507-515.

[38] 魏收：《魏书》点校本，北京：中华书局，1947年，第3036页。

[39] 李崇峰：《从犍陀罗到平城：以寺院布局为中心》，《佛教考古：从印度到中国》，上海：上海古籍出版社，2014年，第271、272页。

6世纪前《维摩诘经》变图像再探讨
——以泾渭河流域造像为例

项一峰

内容摘要： 佛教弘法，经像并传，《维摩诘经》变图像，是佛教像教弘法中重要的题材之一，经变依据于经典。《维摩诘经》的译传盛行直接促使《维摩诘经》变图像的产生、演变和发展，过去有不少研究者对此进行了研究，也有不少成果，但仍然存在一些问题有待进一步深入研究。本文在前人的研究基础上，试从《维摩诘经》的译出传播；经变图像在中国的产生、演变和发展；图像的解读等方面，以泾渭河流域造像为中心，对中国六世纪前的《维摩诘经》变图像再进行一些分析探讨，提出了一些新的见解。

关键词： 6世纪前　泾渭河流域　维摩诘经变　图像　研究

A Further Study on the *Vimalakirti Sutra* Illustrations before the Sixth Century: Centering on the Statues of the Jingwei River Basin

Xiang Yifeng

Abstract: Dharma propagation is conducted both through sutras and images. The images of *Vimalakirti Sutra* are one of the important themes of Buddha Dharma teaching through symbols and images. The sutra illustrations were based on scriptures. The prevalence of the translation and spread of *Vimalakirti Sutra* directly contributed to the emergence, evolution and development of *Vimalakirti Sutra* illustrations. In the past, many researchers studied this and have made many achievements, but it is still necessary for people to conduct further and deeper studies to solve some problems. Based on the previous studies, and focusing on the image creation of the Jingwei River Basin, this paper tries to give further analysis and discussion and puts forward some new opinions for the *Vimalakirti Sutra* illustrations before the sixth century in respects of the translation and spread of *Vimalakirti*

作者：项一峰，甘肃省天水市，741020，敦煌研究院麦积山石窟艺术研究所。

Sutra, the generation, evolution and development of sutra illustrations in China, the interpretation of images and others.

Key words: before the Sixth Century, Jingwei River Basin, Vimalakirti Sutra Illustrations, images, studies

一、《维摩诘经》翻译和传弘

《维摩诘经》是中国最早译出的大乘佛教经典之一，自汉至唐先后有七种译本，即：后汉灵帝中平五年（188年）严佛调在洛阳译《古维摩经》二卷；三国东吴黄武二年（233年）支谦在建业译《佛说维摩诘经》二卷；西晋惠帝元年（291年）竺法兰在洛阳译《毗摩罗诘经》三卷；西晋惠帝泰安二年（303年）竺法护在洛阳译《维摩诘所说法门经》一卷；东晋祇多蜜多译《维摩诘经》四卷；后秦姚始八年（406年）鸠摩罗什在长安译《维摩诘所说经》三卷；唐太宗贞观年间玄奘在长安译《说无垢称经》六卷。此外，有西晋支敏度为使人们便于研究，将中国已译出三种译本集为一本，共五卷，称《合维摩诘经》。上述七种译本及支敏度合本，除现存支谦、罗什、玄奘三种译本外，皆已流失。

《维摩诘经》自汉严佛调初译至罗什二百余年间先后六次重译，足见其在中土受到重视的程度。此经特色是"言虽简约，而义包群典"[1]。但罗什译出此经之前译本，僧肇说："大秦天王俊神超世玄心独悟。弘至治于万机之上。扬道化于千载之下。每寻翫兹典以为栖神之宅。而恨支竺所出理滞于文。常恐玄宗坠于译人。北天之运运通有在也。以弘始八年岁次鹑火一命大将军常山公右将军安成侯与义学沙门千二百人。于长安大寺请罗什法师重译正本。"[2] 僧叡说："既蒙究摩罗什法师正玄义，摘幽旨，始悟前译之伤本，缪文之乖趣耳——此土先出诸经，于识神性空明，言处少，存神之义其处甚多，中、百二论文未及此，又无通鉴，谁与正之。"[3] 罗什译本不仅是正本清源之作。罗什及其参加译经的众多高僧，精通教理兼善文辞，什译《维摩诘经》时常一言三复，精求原义，以达文义益彰。因此，特别为中土佛教徒所喜爱，以及后秦皇帝姚兴所推崇。又罗什所译《维摩诘经》具有文学趣味，深受文人们的偏爱，鲁迅曾言晋以来的名流，每一个人总有三种小玩意，一是《论语》和《孝经》，二是《老子》，三是《维摩诘经》[4]。可知在社会中得到广泛传播的盛况。

罗什在翻译《维摩诘经》时，一边翻译，一边讲解，当时参加译场翻译和受教的有一千二百

---

[1] 僧肇：《注维摩诘经》CBETA.DIA 电子伏典集成-T38: No. 1775，台北：中华电子佛典协会，2010年，第413页。

[2] 僧肇：《注维摩诘经》CBETA.DIA 电子伏典集成-T38: No. 1775，台北：中华电子佛典协会，2010年，第413页。

[3] 僧叡：《毗摩罗诘提经义疏序》CBETA.DIA 电子伏典集成-T55: No. 2145，台北：中华电子佛典协会，2010年，第58页。

[4] 鲁迅：《鲁迅全集》，北京：人民文学出版社，2005年，第327页。

余人，不仅有罗什来长安之前，参加道安译场的名德法和、僧䂮、僧睿、昙影、僧导等，同时还有原在长安的慧精、法领、道标、道恒、僧肇，以及来自庐山的道生、慧睿、慧观，来自北方的道融、慧严、僧业、慧询、昙无成，来自江左的僧弼、昙干，和来自各处的慧恭、宝度、道恢、僧迁、道流、道凭等名僧。罗什译出《维摩诘经》后，本人还作注疏。其弟子们根据他所译经，也竞相注释，他的四大弟子僧肇、僧叡、道生、道融皆有注疏，其中仅存僧肇《注维摩诘所说经》，应该最为流行[5]。由于罗什所译《维摩诘经》，及多种注疏的传弘，南北朝时《维摩诘经》的弘传，应该是当时众多高僧所传弘经典中，最推崇的经典之一。至隋仍有不少高僧一如既往着力弘传此经。如吉藏大师一人著有《维摩游意》一卷、《净名玄论》八卷、《维摩义疏》六卷、《维摩略疏》五卷。可见《维摩诘经》久传而研究兴盛。

再说，罗什圆寂后在长安僧团的僧人，有继续留住长安弘法，也有返回故地或去他方弘法，如道生回庐山，道融回北方[6]。如此，罗什所译《维摩诘经》在弟子们的弘传下，可说不分南北东西，大流华夏，佛教信仰者众多将维摩诘信仰成为佛教信仰中的重要信仰之一。在佛教造像方面出现《维摩诘经》变图像较早和众多应该是自然之事。

二、《维摩诘经》变图像在中国的产生、演变和发展

佛教造像起源于印度，传入中国后得到很大的发展，中国佛教造像的题材内容比印度丰富得多，众多在印度造像中不可见。《维摩诘经》变图像就是中国佛教造像所创造的题材之一。据唐代张彦远《历代名画记》中记载，最早出现在两晋时期，西晋有张墨画"维摩诘像"。东晋有顾恺之在瓦官寺画"维摩诘像""画讫光彩耀目数日"。有言"所画维摩诘一躯，工毕，将欲点眸子，乃谓寺僧曰，第一日观者请施十万，第二日可五万，第三日可任例责施。及开户光照一寺，施者填咽，俄而得百万钱"。由此可见佛画的艺术水平和价值皆很高。刘宋有陆探微画"阿难维摩图""维摩诘居士图"。南朝有张僧繇画"维摩诘并二菩萨像"。袁倩画"维摩诘变一卷"。

《维摩诘经》变图像在石窟中出现，最早见于炳灵寺石窟西秦时的169窟，现存墨书题记："维摩诘之像""侍者之像""文殊菩萨"；云冈石窟5世纪后期第1、6、7窟皆有文殊与维摩诘对谈造像；龙门石窟5世纪末至6世纪早期古阳洞、宾阳洞及弥勒洞留有多铺维摩诘经变像；莫高窟北朝第249窟，隋代的第341、417窟；麦积山北魏第127、133窟，西魏第102、123窟也有维摩诘经变造像。

其他馆藏佛教文物中相关《维摩诘经》变图像，有台北故宫博物院藏北魏太和元年（477年）"释迦牟尼佛金铜造像"；日本大阪市立美术馆藏北魏普泰元年（531年）"石佛碑像"；成都文物考古研究所藏南梁"三佛造像碑"；美国纽约大都会博物馆藏维大魏永熙三年（534年）兴建至武定

---

[5] 罗什译出《维摩诘经》后，据记载，僧肇最早作注释，现存僧肇《维摩诘所说经注》系糅合罗什、僧肇、僧叡、道生、道融各家的注释而成，应另有其人或僧肇后又作，列为僧肇所作。

[6] 炳灵寺169窟留有道融供养人，或许可据。

元年（543年）功就的"李道赞率邑义五百余人造像碑"；旧金山亚洲艺术馆藏北魏"赵氏一族造像碑"；波士顿美术馆藏西魏恭帝元年（554年）"造像碑"；泾川县博物馆藏北魏景明元年（500年）"庚辰纪年造像碑"，北周"造像残碑"；陕西碑林博物馆藏北魏"交脚菩萨像碑"；洛阳市博物馆藏北齐"造像碑"；甘肃泾川大云寺出土北周明帝武成二年（560年）"比丘法起造像碑"；甘肃省博物馆（原泾川水泉寺）藏隋开皇元年（581年）"李阿昌造像碑"等。

以上从文献、实物现知6世纪前中国佛教像教中有关《维摩诘经》变图像（经变相中皆有维摩诘）的基本情况。

若从维摩诘经变相艺术特征来看：南方几见文献记载的绘画，实物现只知有梁造像碑造像，维摩诘着汉装。北方中原《维摩诘经》变图像出现，虽然比南方晚，但存在一定数量的实物。维摩诘因《维摩诘经》先后译出及相关的众多疏注，在僧人们的传弘下，广被佛教徒所知，最早的有炳灵寺石窟维摩诘之像着菩萨装。此后有云冈石窟维摩诘像戴尖顶帽，着胡装；龙门、麦积山石窟以及造像碑中维摩诘有戴尖顶帽，更多是束发或包巾，皆着宽袍大袖，褒衣博带汉式服装。其汉式服装的出现，皆在北魏孝文帝改革实行"汉化"政策以后，明显突出汉化的强力影响。汉化前的维摩诘造像艺术在不同地域各具特点，难看出互相之间存在传承的影响关系。北方炳灵寺的维摩诘菩萨装，因南方现无实物，造像中是否出现不得而知，也无法推测两者间是否存在影响。

众所周知，《维摩诘经》中说维摩诘，智慧超群，深入法藏，具菩萨功德，是一位在家居士，经文中也未一处提到"维摩诘菩萨"称谓，但《香积佛品》中有"维摩诘不起于座，居众会前，化作菩萨，相好光明，威德殊胜。"炳灵寺出现菩萨装的维摩诘，或许与此有关，教化《香积佛品》相关的内容思想。过去研究《维摩诘经》变图像，皆将"维摩诘与文殊菩萨对坐"解读为《问疾品》内容思想教化的变相，或许有误。炳灵寺维摩诘像为菩萨装，是否还受到在西秦传道的北凉昙无谶译经弘法影响呢？昙无谶，又别译昙摩毗、昙无毗。《玄高传》中记：西秦"乞伏炽盘跨有陇西，西接凉土，有外国禅师昙无毗来入其国，领徒立众，训以禅道"。炳灵寺供养人像中有"护国大禅师昙摩毗之像"题记。由此推测昙无谶所译《大方等集经》中有"维摩诘菩萨"之文，可能造成佛教徒对"维摩诘菩萨"先入为主的深植固识，在《维摩诘经》变图像中将维摩诘作为"菩萨"而非"居士"之形象，这也符合《维摩诘经 香积佛品》中所说"维摩诘不起于座，居众会前，化作菩萨"之意。

云冈、龙门、麦积山（包括造像碑）洞窟中《维摩诘经》变图像，维摩诘以居士形象出现，时间都在南北朝时期，这与《维摩诘经》中所述维摩诘为居士身份相符。至于北魏汉化前云冈石窟维摩诘出现胡装，应该是维摩诘经变图像没有一个所依的样本，绘画创作者可能根据当时的统治者是北方少数民族，人们着装依胡服为主而创造的形象。汉化后龙门、麦积山等维摩诘皆着汉装，与孝文帝实行"汉化"政策存在直接的关系。若说《维摩诘经》变图像南北之间的关系，北方维摩诘图像的出现，应该得自南方作此经变图像的信息，并非传承（粉本）。其中麦积山石窟123窟维摩诘像有胡子（胡或毛发），据说南朝诗人谢灵运死后将自己生前留下的一把好胡子捐施给南海祇经寺装在此寺的维摩诘像上[7]。两者之间或许存在关系。

从《维摩诘经》变图像题材来说，两晋时期的张墨、顾恺之所画的维摩诘像单一，到南朝时张僧繇基本继承，并增加出现"维摩诘与弟子"的组合。袁倩又出现"维摩诘并二菩萨"及"维摩诘变一卷"的多题材组合。梁造像碑中也出现文殊维摩诘对坐为主及佛、天女、弟子的多题材组合。北方《维摩诘经》变图像，后秦炳灵寺出现以文殊维摩诘为主及侍者组合，北魏云冈石窟出现以文殊维摩诘为主及菩萨、弟子飞天等组合；龙门石窟也出现文殊维摩诘为主及天人组合；台湾金铜造像中出现以文殊维摩诘为主及菩萨弟子的组合。一直至隋《维摩诘经》变图像中基本上继承以文殊维摩诘为主及菩萨、弟子、飞天等多身多种组合题材。但是，北朝又出现以佛或菩萨、文殊维摩诘三尊"为主与菩萨弟子飞天等新的组合题材，如云冈石窟第6窟南壁，麦积山石窟第102、123窟正壁佛、左右壁文殊维摩诘；陕西"交脚菩萨碑"中间交脚菩萨，左右文殊维摩诘。概而言之，不论南方北方《维摩诘经》变图像皆从简单的题材向多题材发展，或说像教由单品示教发展至多品示教相关的内容思想。其中有几个现象应该值得关注。

《维摩诘经》变图像在南方晋时首先出现，只是突出维摩诘，至南朝时出现维摩诘文殊像。而北方后秦开始出现就突出维摩诘文殊对坐像，后续并贯穿至终。我们结合《维摩诘经》在中国先后译出的情况来分析，从时间来考虑，南方两晋时期先后有严佛调、支谦、竺法兰、竺法护、祇多密多五种译本。《维摩诘经》变图像的出现，应该受其中一种或几种经典传弘的影响，依据经典而作。自后秦罗什译本的广泛传播，是后者居上，影响力最大，这与《维摩诘经》变图像中以维摩诘文殊为基本素材存在有何特殊关系？先将现存支谦和罗什所译《维摩诘经》两种版本，从"品目"进行对照。《维摩诘经》共十四品，支谦本品目是：佛国品第一；善权品第二；弟子品第三；菩萨品第四；诸法言品第五；不思议品第六；观人物品第七；如来种品第八；不二入品第九；香积佛品第十；菩萨行品第十一；阿閦佛品第十二；供养品第十三；嘱累品第十四。罗什本品目有九品与支谦本相同，有五品不同，即：方便品第二；文殊菩萨品问疾品第五；观众生品第七；佛道品第八；法供养品十三。其中"诸法言品"改成"文殊菩萨问疾品"，这对《维摩诘经》具有画龙点睛的效果。《维摩诘经》是智慧超群的维摩诘居士示疾，佛遣诸弟子菩萨问疾，皆不堪胜任，文殊菩萨行佛旨去问疾因缘而所说经，是大乘妙法。《维摩诘经》与佛说《大乘妙法莲华经》具有同等的地位，一般弟子菩萨难以领悟，智慧第一的文殊菩萨方能深悟。罗什译时将第五品目改译，应该是即突出文殊在菩萨中地位，又突出《维摩诘经》在大乘经中的地位。文殊菩萨在中国早期的佛教传弘中已得到人们推尊和喜爱，如戴逵曾在瓦官寺大殿外作文殊像。如此，"文殊维摩诘对谈"正是表现了经中所说维摩诘示疾"二大士文殊师利维摩诘共谈，必说妙法。"又如僧肇《维摩诘经注序》中言"道不孤运，弘之由人，是以如来命文殊于异方，召维摩诘于他土，爰集毗耶共弘斯道"。至于将支谦"观人物品"改谓"观众生品"突出"众生"。"供养品"改谓"法供养品"突出"法"，都促使在《维摩诘经》变图像中出现。"观众生品"言"维摩诘室内有一天女，见诸大人，闻所说法，便现其身"（如"三佛造像碑"）。"即以天华散诸菩萨大弟子上"（如"李

---

[7] 沈从文：《沈从文文物艺术研究文集》，北京：外文出版社，1994年，第161页。

道赞率邑义五百余人造像碑""赵氏一族造像碑")。"此室释迦牟尼佛——十方无量诸佛,是上人念时,皆为来广说诸佛秘要法藏"(如"李阿昌造像碑")。等题材内容的造像。"法供养品"强调法供养,与"供养品"比较,"供养"是一个笼统的大概念,可理解佛经中所说"一切供养",而"法供养",经中言"法供养者,诸佛所说深经,一切世间难信难受,微妙难见,清净无染,非但分别思惟之所能得,菩萨法藏所摄——背生死苦,示涅盘乐,十方三世诸佛所说,若闻如是等经,信解受持读诵,以方便力,为诸众生分别解说,显示分明,守护法故,是名法之供养。——以法供养,于诸供养为上为最,第一无比"和"以法之供养供养于佛"[8]。这也是众多经典中所说"诸供养中,法供养最",供养法即是供养佛的功德。《维摩诘经》变图像是像法弘传,即是法供养。这也是《维摩诘经》变图像大量出现的原因之一。同时为佛教造像兴盛起到积极的推动作用。

南北朝时《维摩诘经》变图像的题材丰富,众多作品中出现"狮子座""香积天女"等图像,这与僧肇《注维摩诘经序》中提纲挈领的概说之语"借座狮王请饭香积,手接大千室包干象,不思议之道"不无关系。不思议也正是《维摩诘经》的宗旨,及经的别译名。

三、《维摩诘经》变图像解读

《维摩诘经》变图像6世纪前在泾渭河流域,现存主要来源于麦积山石窟寺造像壁画。大云寺窖藏出土造像碑及博物馆藏相关文物,现以十余件(窟、幅)为例来进行解读。

1. 麦积山石窟寺《维摩诘经》变图像

(1)第102窟造像,西魏,窟内三壁,以正壁塑坐佛,左壁塑维摩诘居士,右壁塑文殊菩萨为主尊,其他菩萨弟子系外窟移入,原情况不明。

(2)第123窟造像,西魏,窟内三壁,以正壁龛内塑坐佛,龛外两侧各立一身菩萨。左壁龛内塑维摩居士,龛外左侧塑供养人童男、右侧塑弟子(阿难)。右壁龛内塑文殊菩萨,龛外左侧塑弟子(迦叶)右侧塑童女。

(3)第127窟,北魏,左壁上部绘《维摩诘经》变壁画,以文殊、维摩诘(残留部分痕迹)对坐说法为主,两者之间绘一身飞天手托物,周围绘众弟子众菩萨天人等,簇拥而立。下方分别绘数排男、女供养者。

(4)第133窟第10号造像碑,北魏,此碑上下分三段,每段又分左、中、右三格。此造像碑竖中轴线为三个大龛,自上而下,龛内造释迦多宝并坐说法、交脚弥勒菩萨、释迦说法为主尊,及胁侍菩萨。左右众多小龛(格)雕刻佛传、本生、因缘、经变、护法等题材内容造像。其中下段左侧上部为《维摩诘经》变,雕刻维摩诘文殊对坐论道,维摩诘居士榻下方有一只爬着的小狗。

2. 大云寺出土造像碑《维摩诘经》变图像

(1)比丘法起造像碑:此碑阴刻发愿文"——次庚辰□日"。有学者认为是保定四年(564年)

---

[8] 罗什:《维摩诘所说经》CBETA.DIA 电子伏典集成-T14: No. 475,台北:中华电子佛典协会,2010年。

造像[9]。现残存中下部，下部正面下方雕刻《维摩诘经》变，以维摩诘文殊对坐说法为主尊，文殊菩萨右侧偏上有一身飞天手托物，左侧有二身弟子。维摩诘居士身后有四身弟子，榻帐右侧外有一身上着交领大袖衣，下着裙的人物。坐榻下方有一只趴着的小狗。中部三龛为倚坐佛、交脚菩萨、骑象菩萨。

（2）北周造像残碑：上部《维摩诘经》变；中间龛为一身交脚菩萨及二胁侍弟子；左龛文殊菩萨身后上方有三身弟子（或菩萨）；右侧维摩诘居士身后上方也有三身弟子；下部为一身倚坐佛及二身胁侍像。

（3）造像碑，北魏晚期，此碑上下分三段，现下段残存极少部分，可见有宝珠装饰的华盖，据其雕刻内容推测，极可能为《维摩诘经》变[10]。

3. 馆藏文物《维摩诘经》变造像

（1）北魏景明元年（500年）造像碑：泾川博物馆藏，残存的上部为《维摩诘经》变，以文殊维摩诘对坐说法为主尊，维摩诘榻帐外右侧有一身上着V领大袖衣，下着裙的人物，坐榻下方有一只趴着的小狗。

（2）张代李石造像碑：泾川博物馆藏，北周成武二年（560年），中部为《维摩诘经》变，以文殊维摩诘对坐说法为主尊，文殊菩萨右侧偏上有一身飞天手托物，左侧有一身弟子、一身飞天双手托座。维摩诘居士身后左侧有弟子（残），右侧有一身弟子、一身上着大袖衣，下着裙的人物与天人，两者侧向面对。

（3）隋李阿昌造像碑：甘肃省博物馆藏，开皇元年（581年），正面分四段，下段为《维摩诘经》变，左右又分四格（四龛），中间两格内以文殊维摩诘对坐说法为主尊，文殊菩萨左右各有二身弟子。维摩诘居士左侧有一身上着交领大袖衣，下着裙的人物，后有多身弟子，榻下有一只趴着的小狗。左边格内上方有一身飞天托物，下方也有一身飞天双手托座，旁边有二身弟子。右边格内有一身立佛像。

（4）交脚菩萨像碑：陕西碑林博物馆藏，北魏，中段为《维摩诘经》变，以中间龛雕刻交脚菩萨，左格雕刻文殊菩萨，右格雕刻维摩诘居士为主尊。

从以上所列出多件《维摩诘经》变图像题材综合来考虑：

（1）以文殊维摩诘为主尊对坐论道是依《维摩诘经》"文殊菩萨问疾品"所变的图像，示教其经正说大乘佛教二智等内容思想[11]，或说代表整部《维摩诘经》内容思想的教化，前文已论述，不必赘言。

（2）造像碑、壁画中出现的飞天手托物，有上述馆藏3（图1）、大云寺1（图2）、石窟寺3及费城宾夕法尼亚大学美术馆"坐佛九尊碑像"（图3），文殊维摩诘对坐之间有一个狮子座，上方飞天。一般飞天手托物可释读为托钵（或似食物），是依《维摩诘经》"香积佛品"所变的图像，

---

[9] 魏文斌、吴红：《泾州大云寺遗址新出土北朝造像碑初步研究》，《故宫博物院院刊》2016年第5期。

[10] 魏文斌、吴红：《泾州大云寺遗址新出土北朝造像碑初步研究》，《故宫博物院院刊》2016年第5期。

[11] 罗什：《维摩诘所说经》CBETA.DIA 电子伏典集成 -T14: No. 475，台北：中华电子佛典协会，2010年。

图1 甘肃省博物馆 隋 李阿昌造像碑

图2 大云寺 比丘法起造像碑

示教维摩诘以神通力示香积佛国净土,请饭香积,化菩萨献饭,明净土因果等内容思想,基本无异议。其化菩萨在造像中一般位于文殊菩萨侧或边格内,麦积山127窟化菩萨位于文殊维摩诘之间,特殊的位置,应该彰显如来大智大德,"无量福慧,四海有竭,此饭无尽"等内容思想[12]。飞天托座有馆藏2和3、波士顿美术馆"造像碑"文殊维摩诘之间有一身天人托座。"坐佛九尊碑像"文殊维摩诘对坐之间也有一个狮子座。一般释读为借狮子座,是依"不思议品"所变的图像。同样示教维摩诘现神通力,现须弥灯王佛国净土,佛遣狮子座入维摩诘室,明权实二智不可思议等内容思想[13]。化菩萨献饭、借狮子座皆以"神变"的事迹来教化信众,导入信仰大乘佛教思想,修大乘法,证佛道。

图3 费城宾夕法尼亚大学美术馆 北齐 坐佛九尊碑像

---

[12] 罗什:《维摩诘所说经》CBETA.DIA 电子伏典集成 -T14: No. 475,台北:中华电子佛典协会,2010年。
[13] 罗什:《维摩诘所说经》CBETA.DIA 电子伏典集成 -T14: No. 475,台北:中华电子佛典协会,2010年。

（3）以佛、文殊、维摩诘为主尊，有上述石窟1、2（图4-1、图4-2）及云冈第6窟（图5）。以交脚菩萨、文殊维摩诘为主尊有馆藏4（图6）。这几件作品有一个共同的特点是文殊维摩诘所坐的凭幔等相同而对应，不同于其他以文殊维摩诘为主尊，文殊坐狮子座有华盖，维摩诘坐榻上或塔帐中。众所周知，《维摩诘经》中所说文殊问疾时，维摩诘示病，坐（或卧）于榻上。而文殊、维摩诘与佛（或菩萨）为主尊组合的造像中，维摩诘并非坐于榻上，而是与文殊相同坐于狮子座之上。再说"文殊问疾品"中也未提出佛的显现。如此题材组合的造像，应该不是示教"文殊问疾品"的内容思想。研读《维摩诘经》"菩萨行品"中说"是时佛说法于庵罗树园""文殊维

图4-1　麦积山　西魏　第123窟维摩诘

图4-2　麦积山　西魏　第123窟文殊

图5　云冈　北魏　6窟维摩诘文殊

图6　陕西碑林　北魏　交脚菩萨像碑

摩诘于大众来佛所","从众香国,取佛余饭,于舍食者""如此香饭,能作佛事"等[14]。这是庵园重会,地点不是维摩诘丈室。印证维摩诘所说的真实不虚,文殊与维摩诘所说法乃是佛所说法。故《维摩诘经》变图像中以佛、文殊、维摩诘为主尊组合题材中,虽然出现文殊与维摩诘对坐,并非同龛内,故非示教《文殊问疾品》,而是示教《菩萨行品》的相关内容思想。

另,交脚弥勒菩萨与文殊维摩诘为主尊组合题材造像中,文殊、维摩诘同样分别坐于座上,且龛帐形式相同,也并非反映在维摩诘丈室。应该是经言"佛告弥勒菩萨言我今以是无量亿阿僧祇劫,所集阿耨多罗三藐三菩提法,付嘱于汝,如是辈经,于佛灭后末世之中,汝等当以神力,广宣流布于阎浮提,无令断绝"等内容思想的示教。《注维摩诘经》中说:"什曰,不付阿难,以其无有神力,不能广宣,故不付之,维摩非此土菩萨,故不嘱也,文殊游无定方,故不嘱嘱。弥勒者,以于此成佛故,佛自以神力宣布,欲成弥勒功业故也。"[15]经中又言:"若后末世,有能受持读诵为他说者,当知是弥勒神力之建立。"[16]故以交脚弥勒菩萨、文殊、维摩诘为主尊等组合造像,应该示教"嘱累品"内容思想,彰显续佛慧命,法布流通的重要性。至于炳灵寺一幅《维摩诘经》变,以无量寿佛、维摩诘、文殊为主尊的画像,从支谦本"观人物品"经文"此室释迦文,阿閦佛,宝首,乐忻,宝月,宝净,无量,固受,狮子音,慧作斯,彼诸如来等,是正士念时说时。彼佛即为来,来说佛行无不悦怿和"[17]罗什本"观众生品"经文"此室释迦牟尼佛,阿弥陀佛,宝德,宝炎,宝月,宝严,难胜,狮子音一切利成,如是等十方无量诸佛是上人念时,即皆为来广说诸佛秘要法藏,说已还去"[18]来看,罗什将"无量"译为"阿弥陀佛"。这可能是迎合东晋南北朝时期弥陀信仰流行兴盛有关。再说炳灵寺建弘年间造阿弥陀佛,也反映出当时西秦对弥陀净土信仰的推崇。因此认为炳灵寺《维摩诘经》变图像中无量寿佛文殊维摩诘等造像或许依据支谦本或其他某个译本,示教"观人物品"内容思想。又隋李阿昌造像碑中出现一身立佛,或可认为示教"观众生品"的内容思想。

(4)《维摩诘经》变图像中,维摩诘坐榻下方出现一只趴着的小狗,如石窟4(图7),大云寺1(图8),馆藏1、3,以及波士顿美术馆藏西魏恭帝元年(554年)造像碑(图9),洛阳市博物馆藏北齐造像碑(图10)。有学者

图7 麦积山 北魏 第133窟10号造像碑局部"狗"

---

[14] 罗什:《维摩诘所说经》CBETA.DIA 电子伏典集成 -T14: No. 475,台北:中华电子佛典协会,2010年。
[15] 僧肇:《注维摩诘经》CBETA.DIA 电子伏典集成 -T38: No. 1775,台北:中华电子佛典协会,2010年。
[16] 罗什:《维摩诘所说经》CBETA.DIA 电子伏典集成 -T14: No. 475,台北:中华电子佛典协会,2010年。
[17] 罗什:《维摩诘所说经》CBETA.DIA 电子伏典集成 -T14: No. 475,台北:中华电子佛典协会,2010年。
[18] 罗什:《维摩诘所说经》CBETA.DIA 电子伏典集成 -T14: No. 475,台北:中华电子佛典协会,2010年。

研究认为"维摩诘下方的小狗,并不常见,只是维摩诘图像中一个自由添加的东西,但却很有意味",又说"维摩诘即能以种种方便示现说法,饶益众生,当然包括各种畜生,故榻下趴卧的小狗,一方面反映维摩诘的现实世俗生活意趣,又可反映维摩诘能以佛法调伏其心,其寓言当为此。"[19]这应该是一种想象的理解。此上列出6件作品,或许还有不知,并不少见。佛教造像"经变"是依经典为依据,出现的题材,虽然不能与经典中经文详细对应,存在供养造像者的理解,出现一些变化。但是,基本与经典中所说内容是相符合的。像教是经教弘法的另一种形式,弘法者自由添加的可能性不大。《维摩诘经》文中是没有提到小狗,但僧肇《注维摩诘经》在"嘱累品"注文中出现死狗因缘故事,摘录如下:

图8 泾川博物馆 景明元年造像碑"狗"

图9 波士顿美术馆 西魏 造像碑"狗"

图10 洛阳市博物馆 北齐 造像碑"狗"

什曰。以神通加其念力令不忘也。问曰。昔时魔常来下坏乱学人。今何因不来。答曰。优波掘恩力。故佛在世时有外道萨遮尼犍。大聪明能论议。心大高慢。知佛法尊妙意欲出家问佛言。我若出家智德名闻如佛不。佛言不得。又问得如舍利弗不。佛言不得。如是一一问五百弟子。乃至问得如罗睺罗不。答言。不得。于是尼犍言。我出家既不得如佛。又不得如弟子。何用出家。又问后当得不。佛言后世无诸大人。然后当得。尼犍命终已。佛泥洹后百年阿育王时生。出家学道得阿罗汉有大名声。教化国人令得阿罗汉。除度

---

[19] 魏文斌、吴红:《泾州大云寺遗址新出土北朝造像碑初步研究》,《故宫博物院院刊》2016年第5期。

夫不度妇度妇不度夫。不在数中。但取夫妇俱时得阿罗汉者。以操作数数之积算满屋。后泥洹时以操作数烧身。不假余物。未泥洹时尝于林中坐禅。见一饿狗饥羸将死。常减食与之。诸比丘各分食而与。狗遂腹胀欲死。时诸比丘各各坐绳床。围绕守视诵经说法。狗以善心视诸比丘。又闻法音命终已生第六天。有大威德与魔王共坐。时狗已臭烂彼魔心念。何因有此大人与我共坐。观其本缘乃知是狗即大瞋恚。是优波掘比丘使是臭狗与我共坐。当作方便令其毁辱。时优波掘林中坐禅入灭尽定。魔即以天上严饰华鬘系额上已广语四众将共视之。此比丘于空闲处严饰如是。云何名为清净有德。须臾优波掘从定起觉头有华鬘。知是魔为即指之汝是魔王。即取死狗变为华鬘。极大严饰。语魔言。汝以鬘供养我我还以鬘报汝。汝可着之便以神力系鬘着魔王颈。系已还成死狗。膖胀蛆烂甚大臭恶。魔以神力去之而不能得。至帝释所帝释不受。自还六天乃至梵天皆悉不受。无能为解语言汝自还去求彼比丘。即至优波掘所。求解臭鬘。优波掘即与要誓。汝从今日乃至法尽。莫复来下坏乱学人。又我虽见佛法身不见色身。汝今为我变作佛形。若能如是当解汝鬘。魔即受其誓便语比丘言。我作佛时莫向我礼。于大林中变为佛身相好具足放大光明。作诸弟子皆如舍利弗等。大众围绕从林间来。优波掘欢喜踊跃忘其要誓即为作礼。魔言云何违要而向我礼。优波掘言我自作佛意礼耳。于是臭鬘自然得解。魔言佛真大慈悲。我种种恼佛佛不报我。而今比丘见报如是之甚。比丘言佛大慈大悲自能容忍我小乘之人不能如是。魔不来因缘略说之也。肇曰。冥启其心增其善念也。[20]

由此认为《维摩诘经》变图像中出现小狗，应该是依《维摩诘经》"嘱累品"注所述内容造像，像出有所依，示教其相关内容思想。

（5）《维摩诘经》变图像中，维摩诘居士榻旁有一身造像，上着汉式大衣，下着长裙的人物，似束发或双结。如大云寺1，馆藏造像碑1、3，及成都三佛造像碑（图11）。此人物如何来解读？若说菩萨，同碑中似束发戴冠，上身披巾，下着长裙。虽然汉化后佛教造像中的菩萨上身着汉式大衣，下着裙，并不少见。但是，还存在一些差别，作菩萨也似乎不太合适。炳灵寺维摩诘居士榻旁也有一身头束发，上身斜披衣，下着裙的人物，榜题"侍者之像"（图12）。因上说这几件中人物无榜题，是否也可作侍者来解读呢，似乎可作一说。但是南北朝时期《维摩诘经》变一般是以罗什本

图11 成都博物馆 梁 三佛造像碑

---

[20] 僧肇：《注维摩诘经》CBETA.DIA 电子伏典集成 -T38: No. 1775，台北：中华电子佛典协会，2010年。

图 12　炳灵寺 169 窟维摩诘

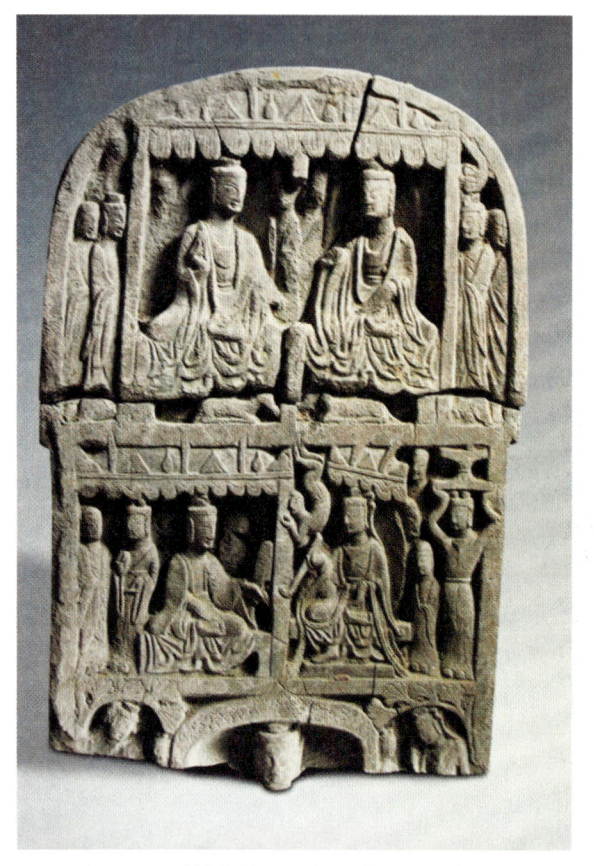

图 13　泾川博物馆　北周　张代李石造像碑

及相关的疏注本为依据，如出现小狗等。罗什本《维摩诘经》中说，维摩诘"以神力空其室内，除去所有及诸侍者，唯置床以疾而卧，文殊师利既入其舍，见其室空无诸所有独寝床"[21]。维摩诘居士有待者与经文不符。炳灵寺维摩诘居士旁有待者，应该不是依据罗什所译经变，而是依据其他译本。罗什译《维摩诘经》前五种译本，现只存支谦本，经中说，维摩诘"吾将立空室舍座为一座，以疾而卧，文殊师利既入其舍，见其室空除去所有，更寝一床"[22]。支谦本与罗什本经文比较，支谦本少了"及诸侍者"，又"吾将立空室舍座为一座"，文义应该指空去室舍内其他座，仅留一座。并没有说到侍者。其他所失译本现无法知晓，炳灵寺《维摩诘经》变所依何译本难以判断，只能推测所依经，在没有明确的除去诸侍者时，供养造像者理解时认为维摩诘示疾，乃病人，应该留有待者照顾而作待者像。但罗什译本，经文明确有"除去所有及诸侍者"，其他经变像中维摩诘居士旁的人物恐怕就不能解读为"待者"了。"观众生品"中言"时维摩诘室有一天女，见诸大人，闻所说法，便现其身"[23]。此人物是否可作天女来解读，示教"观众生品"相关的内容思想。

（6）张代李造像碑，维摩诘右侧（身后）有一身弟子，一身上着交领大袖衣，下着裙的人物，两者侧面相对（图13）。这可能与"观众生品"中所说"天女以神通力变舍利弗令如天女，天自化身如舍利弗""还复如故"等内容有关，示教此品"佛说一切诸法，非男非女""无在无不在""以世俗文字数故说有三世，非谓菩提有去来今"等内容思想[24]。其赵氏一族造像碑中维摩诘身后一格

---

[21] 罗什：《维摩诘所说经》CBETA.DIA 电子伏典集成 -T14: No. 475，台北：中华电子佛典协会，2010 年。
[22] 罗什：《维摩诘所说经》CBETA.DIA 电子伏典集成 -T14: No. 475，台北：中华电子佛典协会，2010 年。
[23] 罗什：《维摩诘所说经》CBETA.DIA 电子伏典集成 -T14: No. 475，台北：中华电子佛典协会，2010 年。
[24] 罗什：《维摩诘所说经》CBETA.DIA 电子伏典集成 -T14: No. 475，台北：中华电子佛典协会，2010 年。

中有一身弟子，一身上着大袖衣，下着裙的人物，两者侧面相对。文殊身后一格中有两身上着大袖衣，下着裙的人物，两者侧面相对[25]（图14）。及李道赞等人造像碑，文殊维摩诘对坐之间，正中为两棵大树，左侧一身上着广袖衣，下着裙的人物，与右侧一身弟子面对。费城宾夕法尼亚大学美术馆"坐佛九尊碑像"文殊维摩诘对坐之间两身上着广袖衣，下着裙的人物侧面交谈状，或许也皆是示教此品的内容思想[26]。

（7）麦积山第127窟《维摩诘经》变，出现树林。从《维摩诘经》十四品中有关"树""林"及相关文字有九品，研读各品内容并参考图像，应该是示教"阿閦佛国"中"是维摩诘心念吾当不起于座，接妙喜国铁围山川——并诸菩萨声闻之众，城邑聚落男女大小乃菩提树，诸妙莲花，能于十方作佛事者"[27]等内容思想。又上述李道赞邑义五百余人造像碑中也出现树，且是双树，释迦牟尼佛成佛于菩提树下，涅槃于双树间（图15），经变图像中的双树或许正是含示此义，示教菩提树能于十方作佛事。至于有学者认为"树木元素

图14　旧金山亚洲艺术馆
北魏　赵氏一族造佛像

图15　纽约大都会美术馆　东魏　李道赞造像碑

---

[25] 于向东：《6世纪前期北方地区维摩诘经变的演变》文中说："文殊身后一格中，维摩诘正在与一位弟子谈话反映弟子品故事情节"，《艺术设计研究》2016年第4期。

[26] 罗什：《维摩诘所说经》CBETA.DIA 电子伏典集成-T14: No. 475，台北：中华电子佛典协会，2010年。

[27] 项一峰：《〈维摩诘经〉与维摩诘经变——麦积山127窟维摩诘经变壁画试探》，《敦煌学辑刊》1998年第2期。

的出现有助于场景表现，使得画面构图更为巧妙，《维摩诘经》有关文殊问疾维摩诘居士的经文，没有具体描述居士住处的室外场景，6世纪维摩诘经变中出现树林等场景的描绘，可以视为中土艺术家发挥艺术想象创作的结果。"[28] 这可能是对"经变相"题材依据佛典存在疑惑，或对经典的研读分析理解不足。不论是麦积山127窟，还是李道赞等人造像碑，在维摩诘对坐中间或旁边，并不能看作是在室外，而是菩萨神通力现他方佛国净土之迹。再说《维摩诘经》十四品中，多品并非在维摩诘室所出。如"菩萨行品"是佛与文殊维摩诘等弟子众说法于庵罗园的因缘，自然出现不同的结果。

另，麦积山第127窟《维摩诘经》变中出现国王大臣等俗家弟子多身，应该是示教"方便品"中"国王大臣长者居士，婆罗门等及诸王子，并余官属，无数千人皆往问疾"，等内容思想[29]。还有《维摩诘经》（及所有经）变图像的出现，是依据经典像教弘法，即是法宝，当然也是法供养，如此理解，应该存在（或含摄）示教"法供养品"的内容思想。

四、维摩诘经变相关图像

《维摩诘经》变图像的研究，过去专家学者都集中在图像中出现维摩诘像的研究，即一窟（龛）、一幅壁画，或一件造像碑中维摩诘图像的研究，经变相依据《维摩诘经》中某一品或多品的内容像教。但是，对造像碑、石窟中同时出现螺髻像与《维摩诘经》的直接关注较少。有研究者根据《维摩诘经》系统说认为螺髻像为梵王，即螺髻梵王造像，这应该是《维摩诘经》变图像[30]，也可以说是佛教造像中《维摩诘经》变像，在北魏时期又出现一种新的题材。因此，给我们对石窟、造像碑图像的解读又提供了空间，如麦积山北魏第121、122、101等窟，主题造像是三壁三佛，正壁佛侧螺髻梵王（图16），是否可理解依据《维摩诘经》"佛国品"中言："舍利弗。我此土净而汝不见。尔时螺髻梵王语舍利弗。勿作是意。谓此佛土以为不净。所以者何。我见释迦牟尼佛土清净。譬如自在天宫。舍利弗言。我见此土。丘陵坑坎荆棘沙砾。土石诸山秽恶充满。螺髻梵王言。仁者心有高下。不依佛慧故。见此土为不净耳。舍利弗。菩萨于一切众生。悉皆平等。深

图16 麦积山第121窟 螺髻梵王

---

[28] 于向东：《6世纪前期北方地区维摩诘经变的演变》，《艺术设计研究》2016年第4期。

[29] 罗什：《维摩诘所说经》CBETA.DIA 电子伏典集成 -T14: No. 475，台北：中华电子佛典协会，2010年。

[30] a. 金理那：《六世纪中国七尊像中的螺髻像之研究》，《敦煌研究》1998年第2期。b. 项一峰：《六世纪中国僧装像研究》，《敦煌学辑刊》2008年第3期。

心清净。依佛智慧则能见此佛土清净"[31]。内容所造像。如此一窟中三佛造像，在主要示教三世佛的思想的同时，也示教《维摩诘经》"佛国品"相关的内容思想。此类造像还出现在北响堂山北齐时代的刻经洞造像中，或许可作认为是继承的关系。

《维摩诘经》变梵王造像，还出现在多件造像碑中，例如：东魏武定三年（545年）报德寺七佛碑像；北齐天宝二年（551年）坐佛九尊碑像，天宝八年比丘法阴造坐佛碑像，天宝十年张噉鬼造佛碑像，武平三年（579年）石造三尊佛坐像等。其中比丘法阴造坐佛碑像（正面）和张噉鬼造佛碑像，通碑中部造主佛及菩萨、弟子、梵王像，上部造造维摩诘文殊对坐等，下部造供养或护法等，碑头造"思惟"菩萨？坐佛九尊碑像（正面），通碑造主佛及菩萨、弟子、梵王、护法，龛楣造飞天，佛坐下方造供养菩萨等，碑头造维摩诘文殊对坐等。此三件造像碑皆以释迦佛说法，侧旁有梵王等像为主题，已认为是《维摩诘经》变，示教"佛国品"的相关内容思想。同时出现维摩诘文殊对坐等图像，示教《维摩诘经》中"文殊问疾品"等品的内容思想。那么是否就可以认为此三件造像碑是《维摩诘经》变造像碑，以经中几品为代表，乃至广义像教《维摩诘经》的内容思想。

至于比丘法阴造坐佛碑和张噉鬼造佛碑的碑头中各出现"思惟"菩萨造像？此两件碑中的菩萨像，并非是过去通常称谓思惟菩萨（或太子），所见菩萨右腿压在左腿上或右腿置于台座上，左腿自然下垂，足踏地（或莲花）。左手抚膝，右手托头的思惟状，而是仅有坐式基本相同。其中比丘法阴造坐佛碑菩萨像，一只手扶膝，一只手扶脚腕，不同于以前说的思惟状（图17）[32]。张噉鬼造佛碑菩萨像双手作说法印，自然不可称谓思惟菩萨（图18）。这两身造型比较特殊，且不多见的菩萨造像，如何解读？比丘法阴造坐佛碑菩萨像，是否也示教《维摩诘经》"佛国品"中所说来旨佛所供养的长者子宝积，"亦法身大士，常与净名俱诣如来，共引道教，而今独与里人诣佛者，将生问疾之由，启兹典之门也"[33]，众菩萨"唯愿世尊说诸菩萨净土之行"他又"乃能为诸菩萨问于如来净土之行"[34]的内容思想。或以此菩萨像代表众菩萨所问，菩萨如何于如来净土之行，开佛旨众菩萨弟子去维摩诘处问疾，维摩诘与文殊菩萨等说大乘菩萨法门的内容思想。张噉鬼造佛碑菩萨像，为菩萨说法，或许也正表示《维摩诘经》乃菩萨所说法。《维摩诘经》是印度佛教经典中唯一一部非佛说，而菩萨所说，视为佛所说经同等地位的经典，也是唯一菩萨于如来净土之行的法门经典。此二身菩萨造像分别与主题明显造《维摩诘经》变，相应出现，这样理解或许能作为一种释读。又这两件造像碑中的菩萨，是否还可以作弥勒菩萨来理解，示教《维摩诘经》"嘱累品"（见前文）的相关内容思想。不论何种解读较为合理，那么《维摩诘经》变，又出现了新的题材造像，更丰富了《维摩诘经》变题材内容的像教，为全面研究《维摩诘经》变起到积极的作用，但仍然还需待进一步深入研究。

---

[31] 罗什：《维摩诘所说经》CBETA.DIA 电子伏典集成 -T14: No. 475，台北：中华电子佛典协会，2010年。

[32] 金申：《中国历代纪年佛像图典》，北京：文物出版社，1994年，第505页，图版说明称"思惟太子"。

[33] 罗什：《维摩诘所说经》CBETA.DIA 电子伏典集成 -T14: No. 475，台北：中华电子佛典协会，2010年。

[34] 僧肇：《注维摩诘经》CBETA.DIA 电子伏典集成 -T38: No. 1775，台北：中华电子佛典协会，2010年。

图17 比丘法阴造坐像碑像　　图18 张噉鬼造佛像碑

五、结　语

在中国佛教经像并传的历史弘法中，6世纪前《维摩诘经》出现多种译本，经变相是以经典为依据，由于译经人的汉语水平等不同，所译经典存在差异。罗什所译《维摩诘经》文笔空灵，辞藻美妙，又较通俗易懂，最受中国佛教徒信众的喜爱。众多高僧推崇注疏释义传弘，不分南北东西传播最广。经变相南北朝前所依何人所译经，因多种译本现在已失，难以推测所明。南北朝至隋基本可认为依据罗什译《维摩诘经》及相关的疏注。佛教藏经类别，分经律论，过去研究者一般对佛教造像的释读，多注重于"经律"，极少注意"论"。又佛教中的某一事件，往往在多部经中重复，或在同一部经中也一言三复。故在佛教图像研究中产生一些疑惑和不解是在所难免，这也正是需要注意之处。以达到对佛教造像相合的理解释读，领悟像教之法理意趣，供养者造像之意图。

《维摩诘经》变图像艺术，南北朝前南方由于实物缺失，难以言之，北方有炳灵寺石窟，如维摩诘着菩萨装。结合北魏早期云冈石窟，维摩诘为居士着胡装，是各具地域的特点。因此，可认为《维摩诘经》变相在北魏孝文帝实行"汉化"政策以前，南北方应该相对独立，还未形成图像学意义上的直接产生影响。若说存在关系，可能只是信息方面的传递。北魏汉化后至隋，维摩诘皆着汉装，应该先兴起于北魏国都，而后在中原北方地区得到发展，隋统一全国而延续。造像题材布局，西秦以后除每件作品，基本不可缺以文殊维摩诘对坐为主尊以外，其他相关题材分布位置较少相同。从而也反映出《维摩诘经》变图像可能没有一个可提供供养者造像所依据的固定样本，或说某样本没有得到教徒信众们的公认流行，若说某地域间内或许存在某些影响。

《维摩诘经》变图像题材，因供养者造像所依据经典的译本不同，在各件（幅）经变相中产生差异。即使南北朝时期，基本依据罗什译本，同样存在不同。由上文所述《维摩诘经》变图像可知，南方最早晋时所绘经变相，只是单身维摩诘像，南朝时有维摩诘或弟子、或菩萨等组合，也有文殊维摩诘等组合题材。或可以说所示教经品（内容）不明，或单品，难见多品题材内容思想。北方经变相虽然晚于南方，但西秦开始就以文殊维摩诘对坐为题材组合，且贯彻以后，同时出现其他的题材组合在一起。北朝时众多作品中出现多题材形式的组合，示教多品内容思想，且基本明确。若要说南北之间是否存在影响，在选题造像中北方或多或少影响到南方。

值得一提的是北朝多件《维摩诘经》变图像中，出现"小狗"，关于"狗"，《维摩诘经》不同的译本经文中皆无所述，现知僧肇《注维摩诘经》注文中有相关记述。其特殊的现象，反映出僧肇《注维摩诘经》在中原北方弘传较为普及，为造像者造《维摩诘经》变图像提供了新的依据，这是继中国佛教经变图像中创造出《维摩诘经》变图像，依"经"后，又创造了《维摩诘经》变图像，在像教中，不仅只依据"经"，同时还依据"论"（注疏）。又比丘法阴造坐佛碑像碑头造像，也不失与注文相关。《维摩诘经》变相，依据经、注造像，既丰富了经变图像题材内容，又扩展示教佛法义理妙趣。同时反映出《维摩诘经》及其相关疏注，在罗什及其弟子们的大力弘传下，在北方中原社会佛教徒信众中普及之广，根植之深。其"死狗因缘"变图像，较集中出现在以长安佛教文化中心圈内的泾渭河流域。也反映了地域佛教徒信众的信仰特点和功德欲求，乃至对其他地域的影响。

总之，中国佛教造像中《维摩诘经》变图像的释读，仍然存在不少问题。若将《维摩诘经》变与所在洞窟或造像碑中其他经变图像结合研究，以及在历史中的传播、演变、发展等，皆还有待于进一步深入研究。

试论武周时期龙门石窟东山诸大型窟中的造像艺术*

姚 瑶

内容摘要：本文以洛阳龙门石窟东山中的几座武周时期大型窟为中心，考察其中的造像形式及洞窟形式等，试论武周时期龙门石窟东山诸窟与西山诸窟以及长安造像之间的关系。由考察结果可知，武周时期东山的这几座大窟中的造像可以看作是此前西山诸窟造像形式的延续，同时，这一时期也从西安传入了一些新的造像信息。

关键词：武周时期 龙门石窟 长安造像

A Study about the Buddha Statues in the Center of Several Large Caves in the East-mountain of Longmen Grottoes of the Wuzhou Period in Luoyang

Yao Yao

Abstract: In this paper, the author chose several large caves of the Wuzhou Period in the East-mountain of Longmen Grottoes as the main research objects, discussed the style of Buddha statues in Luoyang, the relationship between Buddhist statues in Luoyang and Chang-an statues. As the result, these Buddhist statues of East-mountain can be seen as the extension line of the statues of the West-mountain. It is also shown that, during this period, some new information of statues were introduced from Xi'an.

Key words: the Wuzhou Period, Longmen Grottoes, Chang-an statues

弘道二年（684年），武则天废除中宗，掌握了实权，洛阳被改名为"神都"，成为了此时实际意义上的首都。武则天利用佛教为其称帝铺平了道路，于载初元年（690年）改国号为"周"，

作者：姚瑶，江苏省南京市，211189，东南大学艺术学院。

* 基金项目：本文为2019年国家社科基金艺术学专项"东亚文化圈视阈下的唐代佛教艺术对日影响研究"（项目编号：19CF183，项目负责人：姚瑶）的阶段性成果。

从此开启了武周王朝。同年，在天下各州设大云寺，并颁布《大云经疏》。载初二年（691年）时，武则天还颁布律令"自今以后，释教宜在道法之上，缁服处黄冠之前，庶得道有识以归依，极群生于回向"[1]，将佛教置于道教之上。由以上诸种不难想见，武周时期的佛教比高宗时期更为兴盛繁荣。

唐代两京地区（长安、洛阳）现存的武周时期佛教艺术遗品数量不多，其中最为人所熟知的应该是西安宝庆寺造像龛群（或被称为光宅寺造像龛），这可以说是此时长安佛教艺术的代表性作品。由文献记载可知，当时的首都洛阳建造了两尊巨大的佛像，一尊为洛阳城内明堂以北的天堂所设的九百尺（约270米）高夹纻大像，另一尊是洛阳东北方向北邙山白司马坂所建的千尺（约300米）高大型佛像。但遗憾的是，天堂夹纻大像已烧毁，而关于白司马坂大像的营建情况不明之处较多，造像本身现已不存，现阶段无法得知这两尊像的具体情况[2]。因此，这一时期洛阳郊外的龙门石窟东山中所营建的几座大型窟便成为了研究武周时期洛阳佛教艺术的重要对象。其中，年代基本已经成为定论的有第2055窟擂鼓台中洞和第2144窟高平郡王洞。随着近年擂鼓台地区发掘工作的进展，第2050窟擂鼓台南洞和第2062窟擂鼓台北洞的年代也可以确定是在武周时期[3]。另，根据笔者的考察，第2211窟二莲花南洞和第2214窟二莲花北洞的年代也应该是在武周时期（详见后文）。既往研究中大多将重点放在这些窟的年代断定以及造像题材等，对于其中造像的风格和形式则较少关注。关于这些东山大窟中的造像与此前龙门石窟西山造像的关系，以及与西安佛教艺术的关系等还有进一步讨论的空间。因此，本文将对东山的这几座大型窟中的造像样式及窟形式等进行考察，并对武周时期龙门石窟东山诸窟与西山以及长安造像之间的关系进行一些探讨。另，由于擂鼓台南洞仅存壁面所刻的造像，以及看经寺洞内仅存壁面下段所雕刻的二十九身祖师像和一些小的千佛及补刻小龛，本文中暂不对这两个窟其进行讨论。

---

[1]（宋）宋敏求：《唐大诏令集》，上海：学林出版社，1992年，第538页。

[2] 天册万岁元年（695年），武则天命薛怀义在洛阳城内明堂以北的天堂造九百尺的夹纻大像。"初，明堂既成，太后命僧怀义作夹纻大像，其小指中犹容数十人，于明堂北构天堂以贮之。堂始构，为风所摧，更构之，日役万人，采木江岭，数年之间，所费以万亿计，府藏为之耗竭"（《资治通鉴》卷二〇五 则天后天册万岁元年条）。久视元年（700年），大云寺僧人昙畅向武则天建言，在洛阳以北的北邙山的白司马坂建千尺大佛，武则天赞成这一工事。但随着长安五年（705年）武则天的退位及逝世，白司马坂大佛的营建活动也终止了。详见a. 松本文三郎：《则天武后の白司馬坂大像に就いて》，《東方学報》1934年第5册。b.〔日〕肥田路美：《奉先寺洞大佛与白司马坂大佛》，《石窟寺研究（第1辑）》，北京：文物出版社，2010年，第130~136页。

[3] 关于东山诸窟的编年具体可见a. 丁明夷：《龙门石窟唐代造像的分期与类型》，《考古学报》1979年第4期。b. 温玉成：《龙门唐窟排年》，《中国石窟·龙门石窟（二）》，北京：文物出版社，1992年。c. 曾布川宽：《龍門石窟における唐代造像の研究》，《東方学報》1988年第60卷。d. 久野美树：《唐代龍門石窟の研究—造形の思想的背景について》，东京：中央公論美術出版社，2011年。e. 李崇峰：《龙门石窟唐代窟龛分期试论——以大型窟龛为例》，《石窟寺研究（第4辑）》，北京：文物出版社，2013年。f. 龙门石窟研究院、北京大学考古文博学院等：《龙门石窟考古报告：东山擂鼓台区》，北京：科学出版社，2018年。

一、关于东山诸大型窟的营建

东山的营建活动始于 7 世纪 90 年代,龙门石窟中武周时期的大型窟几乎都位于东山,同时期的西山中仅开凿出一些主尊坐于圆形束腰台座的小窟[4]。关于 7 世纪 90 年代东山开始营造活动的原因,曾布川宽认为是由于此时西山的山壁几乎被开凿殆尽,没有了可以开窟的场所,因此营建活动的中心由西山转向了东山[5]。山名伸生[6]、李崇峰[7]等部分研究者认为,东山的营建活动与地婆诃罗有关。垂拱三年(687 年),地婆诃罗死后遗骸被葬于东山,为了纪念他,梁王武三思向武则天谏言设立香山寺[8]。根据洛阳市龙门石窟文物保管所的调查,香山寺遗址位于现洛阳轴承厂疗养院的北侧的坡上。东山擂鼓台地区所出土的唐天佑三年(906 年)铭的佛顶尊胜陀罗尼经幢的幢记末尾记载有很多唐末龙门石窟香山寺看经院所属僧人的名字[9],由此可见擂鼓台地区与香山寺之间的关系。李崇峰认为,东山的擂鼓台北洞、擂鼓台中洞、擂鼓台南洞、高平郡王洞、看经寺洞、二莲花北洞、二莲花南洞这七座大型窟极有可能是《华严经传记》中所载的与武周政权统治者关系密切的香山寺"石像二莲花七龛"[10]。

二、第 2062 窟擂鼓台北洞

此窟为马蹄形平面穹隆顶,高 431 厘米,宽 518 厘米,深 476 厘米[11]。正壁及左右壁设基坛,三壁各设一尊坐佛像,前壁窟门两侧角落里各有一身多臂菩萨立像。现窟内壁面上合计刻有十七身半圆

---

[4] 据笔者的考察,西山中武周年间纪年铭的窟有:长寿二年(693 年)铭第 526 窟,长寿三年(694 年)铭第 1063 窟,万岁通天元年(696 年)铭第 1674 窟,长安二年(702 年)铭第 693 窟。这些窟皆是主尊为圆形束腰台座的坐佛像的小窟。另外,第 1896 窟净土堂虽无纪年铭,但应该是营造于延载元年(694 年)年左右,窟内造像不存。

[5] 曾布川宽:《龍門石窟における唐代造像の研究》,《東方学報》1988 年第 60 期,第 343 页。

[6] 山名伸生:《桂林の調露元年銘摩崖仏について》,《仏教芸術》1991 年第 198 号,第 101 页。

[7] 李崇峰:《地婆诃罗、香山寺与"石像七龛"》,《佛教考古:从印度到中国》,上海:上海古籍出版社,2014 年,第 529 页。

[8] 法藏(643~712)的《华严经传记》中记载道:"中天竺国三藏法师地婆诃罗……以垂拱三年十二月二十七日,体甚康体。告门人曰:吾当逝矣。右胁而卧,无疾而终于神都魏国东寺,会葬者数千万人。圣母闻之,深加悲悼,施绢千匹,以充殡礼。道俗悲慕,如丧所亲,香华辇舆瘗于龙门山阳,伊水之左。门人修理灵龛,加饰重阁,因起精庐其侧,扫撒供养焉。后因梁王所奏,请置伽蓝,勅内注名为香山寺。危楼切汉,庐阁凌云,石像七龛,浮图八角。驾亲游历,具题诗赞云尔。"《大正藏》第 51 卷,第 154c~155a。

[9] 关于香山寺的考古挖掘情况,详见温玉成:《洛阳龙门香山寺遗址的调查与试掘》,《考古》1986 年第 1 期。

[10] 李崇峰:《地婆诃罗、香山寺与"石像七龛"》,《佛教考古:从印度到中国》,上海:上海古籍出版社,2014 年,第 536 页。

[11] 本文中的窟龛编号,造像的尺寸及纪年铭等,均引自刘景龙、杨超杰:《龙门石窟总录》,北京:中国大百科全书出版社,1999 年。

雕的供养菩萨像。窟顶中刻出大莲花，周围有四身飞天。

关于擂鼓台北洞的年代，温玉成认为窟顶的飞天与第1955窟极南洞类似，因此约在睿宗（710～711年）或稍晚一些的时期完工。曾布川宽将此窟归至第五期（中宗、睿宗和玄宗的开元期，705～741年），但没有详细说明理由。根据最新的考古调查结果，擂鼓台中洞前的部分地面被擂鼓台北洞地面所破坏，因此北洞的始建时间被推测应该早于中洞，即早于武周证圣元年（695年）[12]。

正壁主尊（图1）有宝珠形头光，头光分三层，内层为莲瓣纹，中层刻出九身化佛，外层无纹。头部风化严重，但能辨认出戴有宝冠。戴胸饰，身着偏袒右肩式袈裟，袒露的右胸上可以看到明显的肌肉隆起。左腋处的袈裟上刻有小的"U"字形衣纹线，这样的衣纹表现形式约从7世纪70年代初开始在龙门石窟中流行，可见于西山第20窟潜溪寺洞主尊（7世纪60年代末～7世纪70年代初）等像上（图2）。腰部收细，右臂戴臂钏。双手及双足缺损，结跏趺坐于方形束腰台座上。这种头戴宝冠，戴有胸饰和臂钏，身着偏袒右肩式袈裟的坐佛像是此时新出现于龙门石窟的造像形式，除擂鼓台北洞以外，在第2050窟擂鼓台南洞的壁面上也能看到诸多类似的小像。关于这尊坐佛像的尊格，过去被认为是大日如来，但近年来，大多数研究者将其尊格认定为"菩提像"（或"菩提瑞像""菩提树像"）[13]。现存作品中，最早纪年铭的菩提瑞像是四川蒲江飞仙阁地区的永昌元年（689年）铭造像。另，稍晚一些的长安三年（703年）左右的西安宝庆寺造像龛群中也有两尊身

图1 第2062窟擂鼓台北洞正壁主尊

图2 第20窟潜溪寺洞主尊衣纹

---

[12] 关于第2062窟擂鼓台北洞的编年研究，参见a. 温玉成：《龙门唐窟排年》，《中国石窟·龙门石窟（二）》，北京：文物出版社，2013年。b. 曾布川宽：《龍門石窟における唐代造像の研究》，《東方学報》1988年第60卷。c. 久野美树：《唐代龍門石窟の研究—造形の思想的背景について》，东京：中央公論美術出版社，2012年。d. 龙门石窟研究院、北京大学考古文博学院等：《龙门石窟考古报告：东山擂鼓台区》，北京：科学出版社，2018年。

[13] 关于"菩提像"或"菩提瑞像""大日如来"的讨论，参见a. 温玉成：《龙门唐窟排年》，《中国石窟·龙门石窟（二）》，北京：文物出版社，2013年。b. 阎文儒、常青：《龙门石窟研究》，北京：书目文献出版社，1995年。c. 肥田路美《ボードガヤー金剛座真容の受容と展開》，《初唐仏教美術の研究》，东京：中央公論美術出版社，2012年。d. 久野美树：《旧擂鼓台南洞中尊像について》，《唐代龍門石窟の研究》，东京：中央公論美術出版社，2011年。e. 罗世平：《广元千佛崖菩提瑞像考》，《美术研究》1991年第1期。f. 李玉珉：《试论唐代降魔成道式装饰佛》，《故宫学季刊》2006年第23卷第3期。g. 李崇峰：《菩提像初探》，《石窟寺研究（第3辑）》，北京：文物出版社，2012年。

着偏袒右肩式袈裟，戴宝冠、胸饰、臂钏，施触地印的坐佛像（图3）。关于菩提瑞像图像的起源，李玉珉认为应该是初唐时由西行的使臣和僧侣直接将此瑞像的稿本携至两京地区[14]。笔者也赞同这一观点，菩提瑞像的图像本身应该为外来图像，约从7世纪末时开始在中国的部分地区流行开来。

左壁坐佛像缺失，仅存八角形束腰台座。右壁坐佛像虽然破损严重，但可以看出有宝珠形头光，头光分三层，内层为单瓣莲花纹，中层为七身化佛，外层无纹。身着通肩式袈裟，胸部隆起有厚度，跏趺坐于八角形束腰台座上。

位于前壁两个角落里的菩萨立像比较特别，左侧为四臂菩萨（图4-1），右侧为八臂菩萨（图5）。左侧四臂菩萨像头部缺失且左肩破损，左手沿体侧垂下，右手向入口方向斜举。根据现存于日本仓敷市大原美术馆的头部可知，此像原本为十一面菩萨像（图4-2）。在此前的龙门石窟中没有出现过十一面菩萨和多臂菩萨，但西安宝庆寺造像群龛中可见长安三年（703年）铭十一面观音像龛（图6）。右侧八臂菩萨像的头部为后世所补修，原本或与左像头部一样，左手置于胸前，右手缺失，戴胸饰，斜披着条帛，值得注意的是胸前中央的条帛翻折出一角，这不见于龙门石窟此前的菩萨像上，但与西安附近的674年左右的旬邑马家河石窟（图7）及西安宝庆寺造像龛群（图6）的菩萨像共通，因此这种形式的条帛或许是来源于西安。右像的"X"字状的璎珞在腹前的交叉处有圆形装饰，其内有旋回纹，这种形式的圆形装饰可见于西山7世纪70年代初的第20窟潜溪寺洞及7世纪80年代末的第1931窟龙华寺洞等窟的菩萨像的璎珞上（图8）。这两尊菩萨立像的胸部肌肉的表现方式（两胸及胸口的下方刻弧线）与7世纪70年代初的第20窟潜溪寺洞等西山造像共通。此外，这两尊菩萨立像皆是胸部圆润隆起，腰部收细略扭向窟口处，腹部凸出，且天衣从双肩披下后沿着体侧垂下（与后述的第2055窟擂鼓台中洞、第2144窟高平郡王洞等的天衣左右交互的挂于双腕再垂下的形式不同），整体上来看与第1931窟龙华寺洞的菩萨像（图8）极为类似。

图3　宝庆寺造像龛 　　图4-1　第2062窟擂鼓台北洞左侧四臂菩萨像 　　图4-2　第2062窟擂鼓台北洞左侧四臂菩萨像头部 　　图5　第2062窟擂鼓台北洞右侧八臂菩萨像

---

[14] 李玉珉：《试论唐代降魔成道式装饰佛》，《故宫学季刊》2006年第3期。

图6 宝庆寺像龛长安三年（703年）铭十一面观音像 　　图7 旬邑马家河石窟中心塔柱正面左侧菩萨像 　　图8 第1931窟龙华寺洞左壁倚坐佛像及菩萨像

窟内壁面上刻有坐于半球状莲花座上的供养菩萨像，使人联想到西山第363窟、第403窟敬善寺洞以及第543窟万佛洞（主尊背光上方）。这些供养菩萨像戴胸饰，与两尊胁侍菩萨立像同样斜披着条帛且胸前中央翻折出一角，胸部圆润，胸下刻出弧线。

三、第2055窟擂鼓台中洞（大万伍千佛龛）

此窟为马蹄形平面，穹窿顶，高591厘米，宽699厘米，深670厘米。外壁窟口上方原本有"大万伍千佛龛"的题记，现仅能辨认前面四字。窟内正壁设坛，坛上设一倚坐佛二菩萨立像。窟内壁面满刻小千佛，合计10128体。这些千佛间可以看到7则题记，分别是"东方一切诸佛""东南方一切佛""东北方一切佛""南方一切诸佛""西南方一切佛""北方一切诸佛""西北方一切佛"，此外窟顶还有"上方一切诸佛"题记。正、左、右三壁下段合计刻出二十五身比丘像（祖师像）。窟顶中央浮雕有大莲花，周围环绕有童子、飞天、鸟、乐器等。窟内地面中央设方形浅坛，这是龙门石窟中所未有过的窟形式，但可见于擂鼓台南洞。此外，窟内前壁两侧分别刻有五部佛经，分别是《佛说阿弥陀经》《佛顶尊胜陀罗尼经》《金刚般若波罗蜜经》《六门陀罗尼经》《般若波罗蜜心经》。这些经文中出现了很多则天文字，因此温玉成认为此窟的营建年代在690～692年。李崇峰等学者根据对经文内容的考察，认为开窟时间的下限在武周证圣元年（695年）。焦建辉根据此窟入口外壁南侧的圣历二年（698年）铭小龛，认为此窟的年代在695～698年[15]。

主尊（图9）头部缺失，根据现藏于美国旧金山亚洲艺术博物馆的头像（图10）可知，有着高且底部宽大的肉髻，肉髻和地发表面刻有旋涡状的发丝。脸部呈椭圆形，不同于675年的奉先寺洞主尊及680年的万佛寺洞主尊的方圆形脸部。脸颊丰润，眼睛狭长，眼尾上挑且眼角锐利，非常秀丽。圆形头光分两层，外层刻七身化佛，内层刻出极具特色的单瓣莲瓣纹，其特点在于莲瓣的前端分成三瓣并向内卷（图11-1），这种特殊的莲瓣纹在西山7世纪70年代初的第20窟潜溪寺洞、673年铭的第565窟惠简洞及675年的第1280窟奉先寺洞等窟的主尊头光（图11-2）中也能见到。主尊倚坐于带有笈多式椅背的方形束腰台座上。笈多式椅背在龙门石窟中最初出现于7世纪50年代的优填王像上，约自673年铭的第565窟惠简洞开始，倚坐佛像也逐渐采用这样的椅背[16]。此外值得注意的是，擂鼓台中洞像头部两侧的椅背内刻出日月、山水和云，而这在龙门石窟中没有其他类例，八木春生由此认为这尊弥勒像具有着统合阴阳的天帝的性质[17]。佛像身着通肩式袈裟，胸腹间的袈裟上刻出"U"字形衣纹线，右腋处刻出与前述第2062窟擂鼓台北像相同的小的"U"字形衣纹线，小腿表面及双腿之间的袈裟上刻出左右交互的衣纹线。双足踏于台座前的小方台所延伸出的同茎莲花上，

图9　第2055窟擂鼓台中洞正壁

图10　第2055窟擂鼓台中洞正壁主尊头部

---

[15] 第2055窟擂鼓台中洞的编年研究参见：a. 温玉成：《龙门唐窟排年》，《中国石窟·龙门石窟（二）》，北京：文物出版社，1992年。b. 李崇峰：《龙门石窟唐代窟龛分期试论——以大型窟龛为例》，《石窟寺研究（第4辑）》，北京：文物出版社，2013年。c. 焦建辉：《龙门东山擂鼓台地区第4窟相关问题探讨》，《石窟寺研究（第3辑）》，北京：文物出版社，2012年。

[16] 曾布川宽：《龍門石窟における唐代造像の研究》，《東方学報》1988年第60卷。

[17] 八木春生：《龍門石窟唐前期諸窟中に見られる浄土表現について：第2144窟（高平郡王洞）および第2139龕（西方浄土変龕）を中心として》，《泉屋博古館紀要》2015年第31卷。

同第 1931 窟龙华寺洞（7 世纪 80 年代末）左壁倚坐像（图 8）。但差别在于，擂鼓台中洞像的两条小腿略向内侧倾斜，而龙华洞像等此前的倚坐像的小腿则是几乎与地面垂直。另外，擂鼓台中洞主尊的胸部隆起明显，上半身与腿部都较为宽且厚重，与龙华寺洞正壁主尊坐佛像类似[18]。

两尊胁侍菩萨立像位于半球状莲花座上，与主尊的台座之间由莲茎相连。虽然这样的台座在龙门石窟中没有先例，但是西山第 1181 窟乾封二年（666 年）铭小龛中，主尊坐佛像的方形束腰台座与胁侍像的圆柱状台座间有莲茎相连，并且龙门石窟中从 7 世纪 70 年代中期开始流行同茎莲花座（即主尊与胁侍的台座皆为半球状莲花座，各台座之间由莲茎相连）。由此可知，擂鼓台中洞正壁三尊像的台座形式应该是源于此前龙门石窟的传统形式。两尊菩萨像皆有宝珠形头光，头光分三层，内层是和主尊相同的先端分为三瓣并向内卷的单瓣莲花纹。斜披着条帛，胸前中央翻折出一角，与第 2062 窟擂鼓台北洞左菩萨以及同窟壁面上的供养菩萨像相同。天衣在身前左右交错的挂于双腕再垂下，这种穿着方式类似于 675 年铭的第 1280 窟奉先寺洞以及 675 年左右的第 543 窟清明寺洞等窟的菩萨像，但与西安附近的彬县大佛寺千佛洞的武周期菩萨像更为相像（图 12）。左像的左手持水瓶沿体侧垂下，右手向主尊侧举，右像采取与左像相对应的姿势。这两尊菩萨像在两胸及胸口下方皆刻出弧线，与第 2062 窟擂鼓台北洞右菩萨像类似，且胸部圆润，腰部极度收细，腰部扭向主尊侧等点也一致。但整体来看的话，中洞菩萨像的身体比例、肉体表现等方面要比北洞像的更为成熟。

窟内正壁和左右壁下段浮雕有比丘像，头部大多缺失，由造像记可知，这些像是根据《付法藏因缘传》中所载的摩诃迦叶至狮子比丘的二十五人。年代略晚一些的第 2194 窟看经寺洞中也有类似的浮雕比丘像，但为二十九人。

图 11-1　第 2055 窟主尊头光莲瓣纹

图 11-2　第 1280 窟奉先寺洞主尊头部头光莲瓣纹

图 12　彬县大佛寺千佛洞菩萨像

---

[18] 八木春生:《龍門石窟唐前期諸窟中に見られる浄土表現について：第 2144 窟（高平郡王洞）および第 2139 龕（西方浄土変龕）を中心として》,《泉屋博古館紀要》2015 年第 31 卷。

四、第 2144 窟高平郡王洞

此窟为未完工窟，方形平面穹隆顶，高 611 厘米，宽 982 厘米，深 684 厘米。正壁设窄坛，壁面中段有位于同茎莲花座上的一坐佛二弟子二菩萨立像（图 13）。正如前文所述，这样的同茎莲花座约于 6 世纪 70 年代中期左右出现于龙门石窟中，此后多见于小龛造像，没有其他如高平郡王洞正壁像这样的大型造像例。正壁五尊像下方以及右壁、前壁右侧合计刻有约四十身坐佛像。窟内地面上残存有二十四个圆孔，原本插有位于莲花座上的造像（现被藏于龙门石窟研究院文物库房内）。这些造像中有三尊刻有开元十六年（728 年）纪年铭，其中最值得注意的是"香山寺上座惠澄法师造像记"。由这则造像记可知，此窟由高平郡王发愿所开凿，中途辍工，此后由香山寺惠澄法师重新庄严。因此，曾布川宽认为此窟的开凿年代在武重归受封高平郡王的 690～705 年间，且窟整体所表现的是西方净土的场景[19]。八木春生指出这样特殊的窟形式和尊像配置所表现的阿弥陀净土在龙门石窟中没有其他例子，他认为高平郡王洞或许是龙门石窟的工匠以西安传来的情报为基础所创造出来的[20]。

图 13　第 2144 窟高平郡王洞正壁

主尊头部缺失，溜肩，上半身略长，胸部隆起。身着通肩式袈裟，胸腹间及两腋处刻出"U"字形衣纹线。双腋处皆刻出"U"字形衣纹线的例子最早有西山的 673 年铭第 565 窟惠简洞主尊，

---

[19] 曾布川宽：《龍門石窟における唐代造像の研究》，《東方学報》1988 年第 60 卷。
[20] 八木春生：《龍門石窟唐前期諸窟中に見られる浄土表現について：第 2144 窟（高平郡王洞）および第 2139 龕（西方浄土変龕）を中心として》，《泉屋博古館紀要》2015 年第 31 卷。

但惠简洞像为双领下垂式袈裟，而 7 世纪 80 年代末的第 1931 窟龙华寺洞正壁主尊则是通肩式袈裟且双腋刻"U"字形衣纹线。高平郡王洞像双手在胸前施转法轮印，右足在上结跏趺坐，双腿被掩于袈裟之内，轮廓不分明。

左弟子呈老年貌，为迦叶，左手托香炉于胸前，右手虚掩于香炉之上。右弟子（图 14）虽头部缺失，但应该是阿难。值得注意的是阿难像的着衣形式，在带袖内衣，再穿一层半袖衣，此外还穿有双层袈裟，最外层袈裟为偏袒右肩式（似乎是钩纽式），内层袈裟的右端呈细长状绕于右腕再垂下，双手交叠于腹前（左手藏于袖内）。双手交叠于腹前的阿难像约在 7 世纪 80 年代中期出现于龙门石窟西山的小窟中（例如 687 年铭的第 559 窟）。而这种特殊着衣形式的阿难像，再向前些可以追溯至西安附近的 674 年左右的马家河石窟（图 15，且马家河像也是双手交叠于腹前），宝庆寺造像龛中也可见，因此应该是自西安传至龙门的。

左侧菩萨立像头部缺失，上半虽身风化严重但能辨认出斜披条帛，胸前中央翻折出一角，璎珞在腹前呈"X"字状交叉，天衣左右交互的挂于双腕再垂下，同第 2055 窟擂鼓台中洞菩萨像。左手执水瓶垂于体侧，右手向主尊方向侧举，掌中似乎托有某物。右侧菩萨立像肩部以上缺失，没有穿条帛，璎珞与天衣的穿戴方式同左像，左手侧举向主尊测，手中托有宝瓶，右手执天衣底端垂于体侧，两胸及胸口的下方刻出弧线的表现同擂鼓台中洞右菩萨像。两尊像皆是胸部圆润，腰部收细扭向主尊侧，腹部鼓起。

正壁下段和右壁以及南壁右侧刻出成排的跏趺坐于半球状莲花座上的小型坐佛像，这在龙门石窟中仅此一例。这些坐佛像大部分身着通肩式袈裟，也有数尊是双领下垂式袈裟或偏袒右肩式袈裟，其中身着偏袒右肩式袈裟的坐佛像在右臂戴有臂钏，但是由于头部缺失，无法判断原本是否戴有宝冠。

窟门外两侧各有一身力士像。左力士（图 16-1）立于山石之上，腰部扭向窟口，左手握拳摆于体侧，右手举于肩侧，天衣在身后翻飞，胸下刻出弧线，腹部刻画出块状的肌肉，胸部下方有一圈瘤状的肌肉。这样的腹部肌肉表现，在龙门石窟中从 7 世纪 90 年代开始变得常见，最早出现于西山 680 年铭的第 543 窟万佛洞力士像（图 17，但万佛洞像戴有璎珞和胸饰）。右力士呈相对应的姿势（图 16-2）。

图 14　第 2144 窟高平郡王洞正壁右侧弟子像

图 15　旬邑马家河石窟中心塔柱正面右侧弟子像

图 16-1　第 2144 窟高平郡王洞左侧力士像

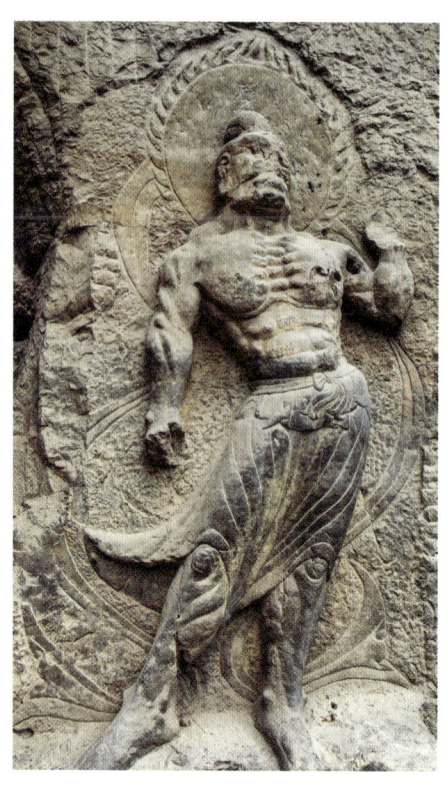

图 16-2　第 2144 窟高平郡王洞右侧力士像

图 17　第 543 窟万佛洞右侧力士像

五、第 2211 窟二莲花南洞、第 2214 窟二莲花北洞

第 2211 窟二莲花南洞与第 2214 窟二莲花北洞位置相邻,规模大小也相近。外壁窟口上方皆刻有二身相对而飞的飞天像,与龙门石窟西山 656 年铭的第 242 窟腾兰洞共通。阎文儒、常青、李崇峰等人认为二莲花南、北洞应该是成组开凿的。关于这两个窟的年代,温玉成认为南洞的主尊及窟顶飞天与第 1955 窟极南洞类似,因此其年代在中宗时期(705～710 年),北洞的主尊前设香炉且窟顶飞天与极南洞类似等,完工年代在长安年间(701～704 年)。阎文儒、常青、李崇峰等认为这两个窟应该都是武周时期所开凿的[21]。值得注意的是,二莲花南洞和北洞中,天王像与前壁之间有一段空隙。而 7 世纪 80 年代末的第 1931 窟龙华寺洞的天王像是紧靠着前壁的。而 705 年以后的第 1955 窟极南洞和第 1628 窟八作司洞以及第 1282 窟奉南洞中,天王像虽然与前壁间有一段空隙,但在这块空间内刻出狮子像或者辟邪像。因此根据天王像与前壁的位置关系来看的话,笔者认为,二莲花南洞和北洞的年代应该晚于龙华寺洞而早于极南洞,即与阎文儒、常青、李崇峰等学者意见一致,在武周期比较妥当。

---

[21] 关于第 2211 窟二莲花南洞、第 2214 二莲花北洞的年代讨论,参见:a. 温玉成:《龙门唐窟排年》,《中国石窟·龙门石窟(二)》,北京:文物出版社,1992 年。b. 阎文儒、常青:《龙门石窟研究》,北京:书目文献出版社,1995 年。c. 李崇峰:《龙门石窟唐代窟龛分期试论——以大型窟龛为例》,《石窟寺研究(第 4 辑)》,北京:文物出版社,2013 年。

1. 第 2211 窟二莲花南洞

二莲花南洞为马蹄形平面，穹窿顶，高 420 厘米，宽 498 厘米，深 475 厘米。窟顶中央刻大莲花，周围环绕有四身飞天。三壁设基坛，左右壁基坛的正面刻方圆形小龛，其中有伎乐天。正壁基坛前另设方形浅坛，略低于正壁坛并与其相接，这种形式仅见于此窟和后述二莲花北洞。基坛上设一坐佛二弟子二菩萨二天王像，天王像现已不存。窟门外两侧各有一身力士像，现仅存左像。

主尊（图18）有圆形头光和舟形背光，背光内装饰有云状的火焰纹，与西山第 1045 窟主尊（不晚于687年）的背光相似。肉髻高且底部宽大，肉髻与地发的表面上刻有旋涡状的发丝。相比第 2055 窟擂鼓台中洞主尊，此像的脸部圆润略短，近似正方形，眼睛细长，但眼尾没有上挑并且眼角也不锐利。宽肩，胸部隆起有厚度。身着通肩式袈裟，胸腹间刻出稀朗的"U"字形衣纹线。左手掌心向上置于腹前，右手抚于膝上，施降魔印。跏趺坐于方形束腰台座上，双足尖露出，可以透过袈裟看到双腿轮廓。袈裟从台座上垂下形成悬裳座，两端折于双膝之下，悬裳被分为三块，中央部分悬裳表面刻有同心圆状衣纹线，与西山7世纪70年代前半期的第557窟清明寺洞等主尊的悬裳座类似。

左弟子（图19）虽然头部缺失，但从颈部肌肤的褶皱表现来看应该是迦叶。左手托壶状物于胸前，右手抚于其上。值得注意的是其右臂被掩于袈裟之下，仅露出手部，这种形式在龙门石窟中最早可见于龙朔元年（661年）铭的西山第331窟韩氏洞左侧弟子像（图20），但在此后的龙门中并不常见。右弟子（图21）呈青年貌，应该是阿难，着衣形式与第2144窟高平郡王洞右弟子像

图18 第2211窟二莲花南洞主尊

图19 第2211窟二莲花南洞左侧弟子像

图20 第331窟韩氏龛左侧弟子像

图21 第2211窟二莲花南洞右侧弟子像

相同，即带袖内衣外穿半袖衣，最外层为偏袒右肩式袈裟，袈裟的右端呈细长状挂于右腕再垂下，双手交叠于腹前，但区别在于，二莲花南洞弟子的左手执有念珠。

左菩萨（图22）头部破损，右菩萨（图23）头部是后补的，两像皆有宝珠形头光，其中有和主尊相同的火焰纹。左像戴胸饰，虽斜披着条帛但中央未翻折出一角，璎珞在腹前呈"X"字状交叉，交叉处有连珠纹组成的圆形饰物。天衣在身前左右交互的挂于双腕再垂下。左手执水瓶沿体侧垂下，右手前臂缺失。右像的左胸至左肩破损严重，但天衣与璎珞的穿戴方式应该与左像相同，右手执天衣一端沿体侧垂下，左手似乎执莲蕾举于肩侧。这两身菩萨像皆是胸部隆起，胸下刻出弧线凸显肌肉，胸部下方收细，腹部鼓起，腰略向主尊侧扭，在肉体表现上可见与擂鼓台北洞、中洞以及高平郡王洞的菩萨像有共通之处。

正壁基坛上刻出两个方圆形壶门，左右壁基坛各刻有四个壶门，每个壶门内

图22　第2211窟二莲花南洞左侧菩萨像　　图23　第2211窟二莲花南洞右侧菩萨像

皆有一身伎乐天（图24）。龙门石窟中，三壁基坛表面刻伎乐天最早出现于西山第1931窟龙华寺洞，但龙华寺洞的基坛上未设壶门。而类似的方圆形壶门且内设伎乐天的表现可见于稍晚的西山第1282窟奉南洞。

南洞窟外力士像仅存左像（图25），头部及双手臂皆缺失，从残迹可以看出原本应是左手举于肩侧，右手置于腹前。胸部肌肉发达，沿着胸部下方刻有瘤状的肌肉，腹部鼓起，类似的表现可见于第2144窟高平郡王洞力士像，但区别在于南洞像的两肋处也刻出瘤状肌肉。

2. 第2214窟二莲花北洞

相邻的二莲花北洞为马蹄形平面穹隆顶，高430厘米，宽495厘米，深500厘米。窟顶刻出大莲花，周围环绕有四身飞天。三壁设基坛，坛上设一坐佛二弟子二菩萨二天王像，现仅存二弟子像和左天王像。与前述二莲花南洞相同，正壁基坛前设有相连的方形浅坛。外壁窟口两侧各有一身力士像，皆破损严重。

正壁主尊缺失，现仅余方形束腰台座。台座的束腰正面原本刻有小天王像，现仅存天王像的下半身和足下的夜叉（图26）。龙门石窟中，台座束腰部配天王像的形式约从675年的西山第

图 24　第 2211 窟二莲花南洞右壁基坛伎乐像

图 25　第 2211 窟二莲花南洞左侧力士像

1280 窟奉先寺洞开始出现，此后 6 世纪 80 年代末的第 1931 窟龙华寺洞及 710 年之后的第 1628 窟八作司洞等也可见。

左弟子（图 27）呈老人貌，应该是迦叶，双手交叠置于胸前，右上臂被掩于袈裟之下，同二莲花南洞左像。右弟子虽头部破损，但应是阿难像，双手交叠于腹前，身体表面风化严重，因此着衣形式不明。

两尊天王像中仅存左像（图 28），头部缺失，双腿略张开，直立于两身夜叉之上。踏于二夜叉之上的天王像在龙门石窟中并不普遍，仅见于 7 世纪 60 年代的第 403 窟敬善寺洞的两侧壁（但敬善寺洞的天王像

图 26　第 2214 窟二莲花北洞主尊台座

为浮雕形式）和 675 年的第 1280 窟奉先寺洞主尊台座束腰部的天王像（图 29）等。再向前的话可追溯至长安佛教美术中，例如西安的永徽四年（653 年）铭三藏圣教序碑的碑首造像（图 30）及龙朔三年（663 年）铭同州圣教序碑的台座基部天王像等。但是这些长安造像例中的天王像皆是屈单腿的充满了动感的姿势。

正壁基坛正面刻二身伎乐天，现已不存，左右壁基坛正面各设四个方圆形壸门，其内原本应该也刻有伎乐天。

外壁窟门两侧的力士像破损严重，但从左力士残留的痕迹来看，姿势应该与二莲花南洞像类似。

图27　第2214窟二莲花北洞左侧弟子像 　　图28　第2214窟二莲花北洞左侧天王像 　　图29　第1280窟奉先寺洞主尊台座束腰天王像

图30　三藏圣教序碑碑首造像

六、结　　语

通过以上对东山这几座大型窟的考察可以发现,从造像的形式来看,东山这些造像上出现了此前龙门石窟中所未有,应该是来源于西安的造型要素。例如菩萨像身前斜披的条帛中央翻折出一角,天衣在身前左右交互的挂于双腕再垂下;阿难像特殊的着衣形式（带袖内衣外穿半袖衣,此外再穿双层袈裟,内层袈裟的右端呈细长状绕于右腕再垂下,外层袈裟为偏袒右肩式）及双手交叠于腹前的姿势等,这些都可以在西安附近的674年左右的马家河石窟造像中以及长安年间的宝庆寺造像龛等中见到。但值得注意的是,东山造像中的很多要素是源于此前龙门西山造像中的。

例如菩萨像的胸下及胸口下方刻出弧线来表现胸部肌肉；第2055窟擂鼓台中洞主尊和菩萨像头光中特殊的前端分为三瓣并向内卷的莲瓣纹，倚坐佛像的筌多式椅背台座；第2144窟高平郡王洞正壁五尊像的同茎莲花座；以及几尊主尊佛像的腋处袈裟刻小的"U"字形衣纹线等形式，这些在此前的西山造像中皆已经出现。因此，东山的这几座大窟中的造像应该可以是看作西山诸造像形式的延续，并且这一时期在东山进行营建活动的工匠与武周期以前在西山进行开窟造像的工匠有着密切关系。

菩提像、多臂菩萨像、祖师像等造像题材，以及十分特别的阿弥陀净土表现和窟内地面设方形浅坛等，都是武周时期的龙门东山中所新出现的，虽然现阶段在此前的西安佛教艺术中几乎没有找到直接相关的先例，但或许正如八木春生所指出的那样，是由龙门的工匠基于西安传来的造像情报而创造出来的[22]。而这些新出现的形式可以说是反映了武周时期龙门石窟营建活动的兴盛。但饶有趣味的是，这些新题材以及新的窟形式，在同时期及此后的西山诸窟中却几乎未再出现，由此也可以看到这些东山大型窟的特殊性。

---

[22] 八木春生：《龍門石窟唐前期諸窟中に見られる净土表現について：第2144窟（高平郡王洞）および第2139龕（西方净土変龕）を中心として》，《泉屋博古館紀要》2015年第31卷。

潼南大佛妆金史料调查与研究

徐 林　廖学琼

内容摘要：潼南大佛位于重庆市潼南区西郊1.5千米的定明山崖中部，为佛、道二家共同开凿的一尊大型摩崖弥勒造像，耗时长达300余年，历经南宋、清、民国4次妆饰金身。2012年中国文化遗产院实施的大佛维修保护工程，即第五次给大佛妆金身。诸多文献、碑记对前数次妆金身都有丰富的文字记载，特别是妆金用工用料、传统工艺、诸多材料使用、费用开支的记载，有利于石质文物修复及传统工艺的传承，故而将这些妆金史料调查梳理，为现在的维修和妆饰金身提供了可靠的依据。

关键词：潼南大佛　妆金　史料　调查研究

Investigation and Research on the Historical Materials of Tongnan Grand Buddha Makeup Gold

Xu Lin　Liao Xueqiong

Abstract: Tongnan Grand Buddha is located in the middle of Dingming Cliff, 1.5 kilometers west suburb of Tongnan District, Chongqing. It is a statue of a large cliff Maitreya excavated by Buddhist and Taoist families. It took more than 300 years to decorate the golden body four times in Southern Song, Qing and Republic of China. In 2012, the Chinese Cultural Heritage Academy implemented the Great Buddha Maintenance and Protection Project, which is the fifth time that the Great Buddha was gilded. Many documents and inscriptions have abundant written records of the previous gold body makeup, especially the records of the materials used for making up gold, traditional crafts, the use of many materials and expenses, which are conducive to the restoration of stone cultural relics and the inheritance of traditional crafts. Therefore, the investigation and combing of these historical materials will provide for the present maintenance and decoration of gold body. A reliable basis

作者：徐林，重庆市潼南区，402660，重庆市潼南区文物保护管理所；
　　　廖学琼，重庆市潼南区，402660，重庆市潼南杨尚昆故里管理处。

has been obtained.

Key words: Tongnan Buddha, make-up gold, historical materials, investigation and research

一、潼南大佛的开凿

潼南大佛位于重庆市潼南区西郊1.5千米的定明山崖中部。相关资料记载，寺僧早在唐长庆四年[1]（824年）命工就已于山巅石壁镌造大佛头像，仅仅是开凿自顶至鼻，便未就而弃。时隔300余年，至北宋最末一年（1126年），有道者名王了知，来自潼川府中江县，在本地"化缘"所得资金后，命其工匠开凿像身。南宋丁未年（1127年），适遇涪江涨大水，漂流有大型木材至岩下，才得以修建楼阁式大殿。然楼阁刚好建至一层之时，王了知在乙卯年（1135年）就去世。之后，有寺僧德修与另一位道者蒲智用协力增建佛阁为五层，全部用琉璃覆盖佛像。此时，已升为主僧的德修等命工按唐代旧石佛首之比例继续开凿像身，在绍兴壬申年（1152年）完成整个佛像的开凿，经仔细打磨后，并获得泸州知府冯楫舍俸赞助妆金。

大佛善跏趺坐姿，依岩面江，坐南面北，高肉髻，施螺髻，面部略长，双眸低视，双唇微张，舌部略露[2]，下颏有月牙形阴线；着通肩袈裟，双领下垂，内着僧祇支，左肩施环状搭膊，左手扶膝，施"降魔印"，又名"杵地印"，右手仰掌，平置腹前，施"禅定印"，跣足。通高18.43米，头长4.3米，头径3.2米，左耳长2.74米，右耳长2.73米，手掌宽1.8米，长2.9米，通体饰金。佛像如此高大，即使2米高的人躺在大佛的手心里，也不见身影，故而民间素有"打不过佛爷手板心"之说。

特别是道者王了知在续凿大佛之时，在遵从佛祖通肩袈裟衣着特征的基础上，还特意按照东方尚左，以左为尊的习俗，雕刻出大佛左手施"降魔印"，右手施"禅定印"，其手印完全与西方佛祖法印相反。同时，为了向人们展示道家经典著作《心经》"眼、耳、鼻、舌、身、意""色、声、香、味、触、法"的主要哲理，还将本是隐匿于口腔里的舌头微微露了出来，从而创造出了我国乃至世界上唯一的凸显东方文化特性的大型弥勒造像，在世界宗教史和造像史上都占有非常重要的一席之地。

二、潼南大佛妆金史料

俗话说人靠衣妆，佛靠金妆，佛家为其佛像庄严，用黄金装饰，象征佛光辉照耀世人而"普渡众生"。潼南大佛全身饰金，善跏倚坐，为弥勒佛造像[3]。其"举身放光，其光金色，普放大光

---

[1] 徐林：《重庆潼南大佛维修中的新发现》，《中国文物报》2013年6月28日第五版。

[2] 徐林：《重庆潼南大佛维修中的新发现》，《中国文物报》2013年6月28日第五版。大佛不是一般佛像的"闭唇"，而是"双唇开启伸出了舌头"。

[3] 徐林、姜冰：《潼南大佛名号初探》，《重庆历史与文化》2014年第2期。

明",符合《佛说弥勒三经》所载。大佛从唐长庆四年(824年)开凿至宋绍兴壬申(1152年)妆金竣工之后,迄今已867年,在这漫长的历史岁月中,究竟还有多少次耗费巨资为大佛妆金?这些妆金者又为何人呢?

为了探寻历史上曾有几次为大佛妆金的史实,经查遍大佛寺岩壁上的所有碑碣题记和文献资料,主要有宋绍兴壬申冯楫捐俸为大佛妆金,清代两次和民国时期一次妆金,共四次为大佛重妆金身。

(一)南宋绍兴壬申年(1152年)大佛的第一次妆金

关于大佛开凿后的第一次妆金,据镌刻于南宋乾道乙酉年(1165年)并至今保存完好的泸州安抚使冯楫[4]撰书的《皇宋遂宁县创造石佛记》[5]摩岩碑所载(图1):"遂宁府外邑曰'遂宁',出郭二里有'南山',山有院,旧号'南禅'。本朝治平年中(1064~1067年)赐额'定明院'。有岩面江,古有石镌大像,自顶至鼻,不知何代开凿,俗呼为'大佛'。头后有池,靖康丙午(1126年),池内忽生瑞莲。是岁,有道者王了知,自潼川中江来化邑人,命工展开像身,令与顶相称。身高八丈,耳、目、鼻、口、手、足、花座,悉皆称是。越明年(1127年)大水,水流巨木至岩下,遂得以为大殿。并虚处杰阁,阁才建一层,了知于乙卯年(1135年)倏尔去世。寺僧德修继之,并依德修舍缘,道者蒲智用协力增建佛阁,通为五层,尽用琉璃覆护百尺像。主僧德修于绍兴壬申(1152年)仲春远来泸南,告予:'佛已成,阁已就,唯缺严饰',化予妆銮,予遂舍俸以金彩妆饰。妆成佛如金山,处于琉璃阁中,金碧争光,晃跃天际,遐迩具瞻,咸叹希有。"此碑位于大佛造像窟外右壁,碑高270厘米,宽178厘米,阴刻830字,准确记载

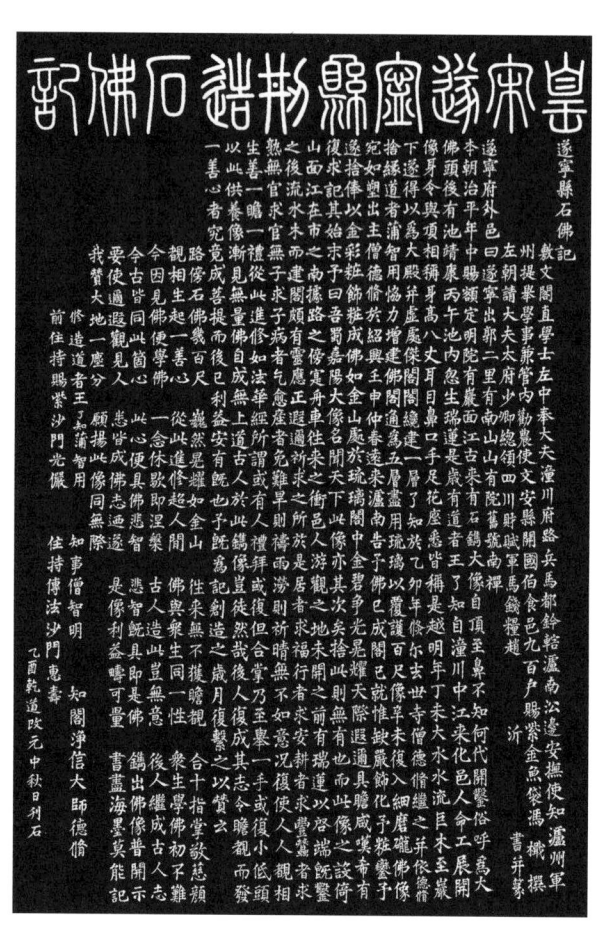

图1 遂宁县石佛记摩岩碑

---

[4] 民国四年版《潼南县志》及相关资料记载,冯楫(1075~1152),字济川,自号不动居士。遂宁府小溪(今四川遂宁市)人,宋徽宗政和八年(1118年)进士。直至绍兴二十二年(1152年),累官为敷文阁直学士、左中奉大史、潼川府路兵马都钤辖、泸南沿边安抚使、知泸州军州、提举学事兼管内劝农使;文安县开国伯、食邑九百户、赐紫金鱼袋。在四川泸州、重庆大足有其崇佛活动记载。

[5] 即大佛殿内大佛像右侧石壁《皇宋遂宁县刱造石佛记》,《潼南县志》民国四年版亦名《南禅寺记》,南宋泸州知府冯楫所撰。

了从 1126 年起至 1135 年开凿佛身，再到 1152 年竣工，妆饰金身、建造佛阁经历的两个阶段，以及大佛造像的创造始末和佛阁的修建，都经历了由佛家到佛、道两家通力协作过程。其"主僧德修于紹興壬申（1152 年）仲春遠來瀘南，告予佛已成……予遂舍俸以金彩妆飾"的碑文，十分明确地记载了冯楫本人捐重资妆金的这一史实，极有价值，弥足珍贵。遗憾的是，这次妆金没有具体过程的记录，也没有用工、用时及材料使用、费用开支等其他资料记载。

（二）清嘉庆七年（1802 年）的第二次妆金

我们在拓片大佛寺碑记工作中，发现一块清代的妆金摩岩碑记，此碑位于大佛殿内佛像右膝部外 3 米左右岩壁上，幅长 1.5 米，宽 0.8 米，底座刻双重仰莲瓣，首题横刻四字《名垂永远》，款清嘉庆七年（1802 年）。正文竖刻《重装大佛金身序》，碑文称："近地有李君名思贵，好善乐施，目睹天庙像灰，隳穷久心伤焉，有志未逮，适值匪贼逼临，震为一方祈福，乃未几，而贼倐驰遁。此非佛力之广大，庇荫乃定乎？于是捐赀金匠，毅然一人独任之，未越岁而告成，清嘉庆七年（1802 年）四月佛誔日（农历四月初八）上石。"此次为佛妆金共费"银七佰贰拾两整"。从碑记上得知，这次妆金虽然是好善之士李思贵早有为大佛妆金之意，但真正下决心的原因是"匪贼逼临"之时，以"祈福"的行为，而使"贼倐驰遁"，即忽然逃避消失了，认为得到佛力的庇护，一方百姓才得以幸免，感其恩德为佛妆金。妆金所用的时间是"未越岁"，即当年完成的。从妆金的起因是"佛力"的庇护及实施所用时间交代十分明确。

（三）清同治九年（1870 年）的第三次妆金

据文毓廷、文毓兴、文毓蘭同立、田兴倫撰，刘辅卿书之同治九年（1870 年）《大佛装金记摩岩碑》（图 2）载："西方有圣人，曰佛，屏六塵空五蕴／去四相扫三心，以清净为工夫，以／性宗为了悟，以涅槃为究竟……本朝嘉庆时李公捐赀彩饰焕然一新，迄今黄荚迁流，风雨剥蚀，慈光未改，法相蒙尘，何由肃瞻仰而妥神威？余昆／弟等怦然心动，亦思募化衆善，大／其规模，而濃金颇裕，獨醸易成。未／數月告竣，费银若干。"据载此次用"佛金三十六万九千，共去钱六百鈡零三千二百文，画匠工价七十二鈡文，盖匠总共去钱七十六鈡文，柏木去钱八鈡文，零用去钱十八鈡文…龍山敦五田興倫删／劉輔卿敬書／王石匠鐫／大清同治九年十月十五（即 1870 年 11 月 7 日）文毓廷／興／蘭／同立"。此碑镌刻于大佛造像右小腿侧石壁，左临佛像下摆衣纹。立碑者之一的文毓兴，与本境绅士唐恒川、夏述荣等人曾捐资发起成立育婴会（名曰生生会）[6]，显然是行善好施之士。立撰者讼佛赞佛，也或是信佛居士之信众。《潼南县志》对这次妆金载"……大佛寺佛像，号称十丈，金饰剥落，宗周捐资千余钏换装金像，至今光彩灿然……"[7]。宗周即文宗周，文毓兴也，此人平时乐善好施，捐钱成立义渡，并施田房作为经费开支，家设义塾，修路、施药、建庙、

---

[6]《潼南县志》，民国四年版，第 81 页，育婴会：潼南未设县之先，即由本境绅耆唐恒川、文毓兴、夏述荣等四十九人捐资成立，名曰"生生会"。

[7]《潼南县志》卷一、四行宜，民国四年版，第 149 页。

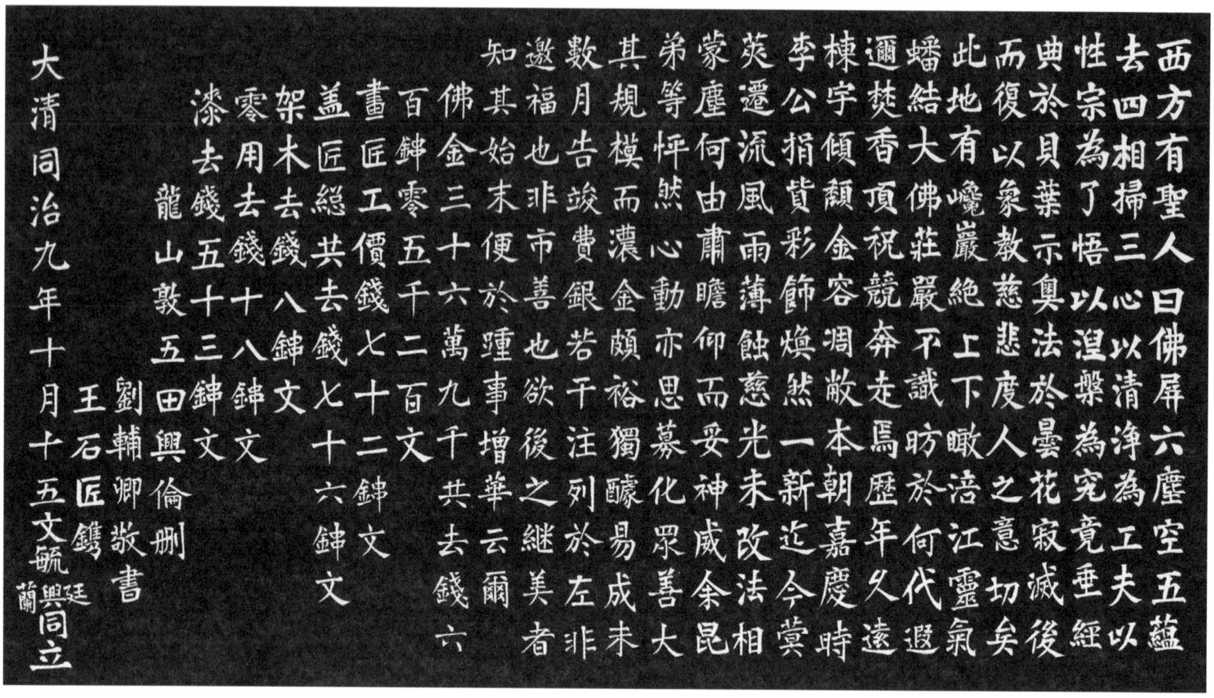

图 2　摩崖碑拓片

育婴、赈灾诸善举甚多。在潼南大佛的维修妆金中，捐资千余钏换装金像，进一步明确补充了同治九年（1870年）妆金的"费银若干"等费用，并于数月后完工。与碑记吻合，相互佐证。

（四）民国十年（1921年）的第四次妆金

过去曾有资料介绍说："大佛凿就，经仔细打磨，于宋绍兴壬申（1152年）春二月装銮饰金。后又经清嘉庆七年（1802年），清同治九年（1870年），民国三年（1914年）、民国十年（1921年）四次为大佛重装金身，达到了呼之欲出的境地。"[8] 按照此说，意思是在民国时期就有两次为大佛装金？

说民国三年曾为大佛妆金者，可能是依据民国三年增修大佛外殿落成时镌刻在其右间枕壁上的《新修大佛寺外殿落成记》。其序言虽然未提及为大佛饰金之事，但在对面枕壁的结尾处却刻有"计装金三十六万六千张，付佛金去银八百六十一元整，计三万卅，去钱十五千七百贰拾文"的记载，似乎在民国三年确有为大佛饰金一事。

从有碑记所载的清嘉庆七年（1802年）、清同治九年（1870年）这两次饰金相距的时间计算，相隔近70年。如此推算，民国期间为大佛饰金应该只有一次而绝不是两次。究竟是民国三年这一次呢？还是民国十年这一次呢？

考察大佛寺外殿左次间的枕壁上方靠屋椽之处，发现一块用铁钉固定在穿枋上的匾状木牌，表面全施黑漆，字迹阴刻镏金。上记（竖刻）："大佛装金彩画募捐碑记／序文泐石兹不烦赘，谨将经理募捐次第例后（以下为总领、首事及捐款者名姓和金额等，略）。"由此可知，民国十年镌刻

---

[8]《大佛寺摩崖造像简介》，《杨闇公故里》，重庆：潼南县政协文史资料工作委员会，1992年，附录资料第105页。

在殿外右侧岩壁上的《通明首相武圣帝君装大佛金身序》摩崖石碑，便是这块《大佛装金彩化募捐碑记》中所称之序文。从而证实，刻于大佛寺外殿右次间枋壁上的邱建奎撰《新修大佛寺外殿落成记》序文及后面所列之捐资者名姓和金额只是民国三年建造山门外殿的功德碑；其左次间枋壁上方所钉木匾及枋壁上所镌捐资者名姓和金额即民国十年的《大佛装金彩化募捐碑记》。从而印证，在民国期间，应该只有民国十年，即1921年这一次妆金的史实。

徐香浦书记于大佛殿内民国十年岁次辛酉佛诞日（1921年5月15日），据镌刻于大佛寺外殿枋壁上之《大佛装金彩化募捐碑记》（图3）所载序文（即殿外右侧岩壁上的《通明首相武圣帝君装大佛金身序》摩岩碑，款民国十年岁次辛酉佛诞日徐闻香浦书众姓弟子立／匠师玉州刊镌）"序文泐石，兹不烦赘，谨将经理／募捐次例後／总领夏籥门／邓万顺住持僧圆全徒明性捐钱贰百串正／募捐首事／文玉田来银九十四圆整僧嶽灵来银一伯一十四圆半来钱八十六千文。"《大佛装金彩化募捐碑记》为匾状（图4），钉在前殿左次间临近檐墙的枋壁顶端，长74厘米，宽43厘米，竖写刻字21行，楷书，字迹填金，标题字径4厘米，余字径3.2厘米。碑记上所录募捐首事有文玉田、僧嶽灵等捐首事十五位。

匾状碑记下面的枋壁之上，纵350厘米，横280厘米，分列20排镌刻以"天地玄黄"为序

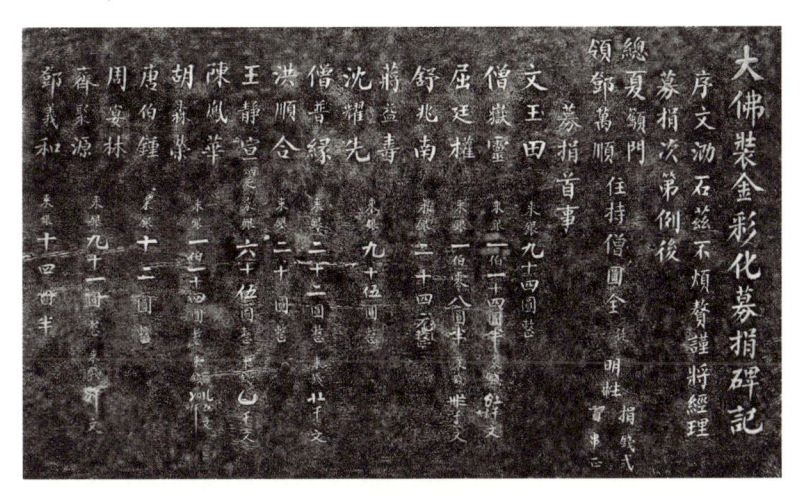

图3　匾状木牌拓片

图4　匾状木牌

号的天字号,地字号、玄字号、黄字号、宇字号、宙字号、洪字号、荒字号、日字号、月字号、昃字号、盈字号等35个字号排序的捐资者姓名名录及捐资金额。据统计碑记载各种姓氏捐资者达2099人。其枕壁末尾的最下端,并排附刻有"装金支付总录"与"彩画支付总录"。字径2.5至3厘米。镌刻时间为民国十年(1921年)。"装金支付总录"记道:"会请客酒水去银五十三元整,去钱一百三十二仟二十文,付架木、伙食工资去钱十四仟三百二十四文;付背光颜色去银一元半,去钱二十八仟七百七十文,付背光工资去钱二十仟零七百文;付各款杂用去银六元半,去钱二十一仟一百四十文;付各样钉子去钱二千七百文;付楼板柏枋去钱六十五仟八百二十文;沙枋去银两元整;付缘薄纸批支钱十仟零伍佰贰拾文;付佛金去银八佰三十一元整,计三万卅,去钱十五仟七佰贰拾文,付雕印去钱六仟文;付买漆去银七百六十七元四角伍,去钱二十四仟一百四十文;付盖匠、石匠、木匠去银十二元半,去钱五仟六百四十文。付戏钱去银四十元正;付送礼去银七元半,去钱十五仟二百七十文;付石灰去银四元正,去钱十三仟五百四十文;付伙食去银七十五元六角八,黄谷四石正;付石膏共重二千八百斤,去钱三百钏零三仟六佰卅文。总共付去银壹千八百元零一元零五,钱八百贰十五千零六十文。计装金三十六万六千张。"

"彩画支付总录"记道:"付匾对漆资去银七十七元三角七;付颜色、桐油去银三元整;去钱三十四仟文正;付锡薄去银三元八角正;付木料去银壹元正,去钱伍仟零四文;付镌对、序去钱五十三仟三百文;付木工去银壹元半,去钱壹仟四百文正;付石工去银十七仟三百文;付彩用去银四元正,去钱一仟七百文,付金漆工去钱七十七仟百一十文,付伙食去钱壹佰零贰仟一百二十文,付石灰去钱十仟零二十文,付买砖去钱三十八仟七佰六十文公元 镌功果碑去钱三十五仟三百二十文去银一佰四十三元六角七;共去钱三百八十六仟一百卅文正;付关刀石与本寺贴金二万五仟张,去银陆拾贰元半正;付字库砖、石、工匠、石灰去九拾贰仟文正;付金漆匠师、漆钱去银陆元正,凭衆清算品除两清。"十分详细地记载了妆金使用的材料与各项开支用途,史料珍贵。

三、大佛历次妆金碑记承载的历史信息

(一)历次妆金的周期问题

为何在历史上于南宋绍兴壬申(1152年)为大佛妆金之后,直至清嘉庆七年(1802年)之间的650年间,都未曾为大佛饰金?这么长的时间跨度未曾妆金无从解释。或许与第一次妆金质量与效果有关。冯"捨俸以金彩粧飾",是大佛凿成之后的第一次妆金,效果非常明显,达到"佛如金山,处于琉璃阁中,金碧争光,晃跃天际"的效果。或许后来因为财力状况及其他社会问题没有为其妆金,还是有其他原因,有待进一步探讨。而自清嘉庆七年(1802年)至清同治九年(1870年)再至民国十年(1921年)的120年间就曾三次重妆金身,前两次饰金相距的时间相隔近70年,历史上的最后一次妆金是在1921年,其重妆金身的间距时间一般在50~70年。如今,距大佛最后一次妆金已是近百年,金佛面部的大部分金箔已经翘角脱粘,又该是重妆金身的时候了。为了探明历史上为大佛饰金的具体情况,于是在搭架勘察测量大佛之时,攀上佛肩,选择几

处佛金翘角较为严重的部位，在极小的范围内，依次层层启开，发现自佛身表面直至佛身石胎，其金箔共粘贴四层，与发现的历代装金碑刻的记载竟然完全吻合。

（二）两宋佛道融合凿像建阁、佛阁全琉璃顶记载史实

1. 两宋时期佛道融合

记载大佛第一次妆金的《皇宋遂宁县创造石佛记》为泸州安抚使冯楫亲自撰书，书篆是南宋左朝请大夫太府少卿总领四川财赋军马钱粮赵沂，两位均是宋代官员，对此事记载的准确性与可靠性较高。尾款主持刊石又是修造道者王了知、蒲智用，知事僧智明，知阁净信大师德修，前住持赐紫沙门光俨，住持传法沙门惠寿等多名道者、僧人，可信度更高。碑记十分明确冯楫既是第一个为大佛妆金的人，也是捐资最多、最早为大佛妆金的人。

碑记中显示：一是道家王了知从北宋靖康丙午年（1126年）开始凿造佛身，南宋丁未年（1127年）大水，水流巨木至岩下，遂得以为大殿，开始创建佛阁的情况。此次洪水涨泛，也是涪江潼南境内涨水的最早记载，为研究涪江流域水利、航电枢纽建设项目等提供资料参考；二是南宋乙卯年（1135年），王了知突然去世后，寺僧德修与道者蒲智用合作增建佛阁为五层的史实。记载佛身的开凿是从道家化缘开始，至佛家与道家共同建佛阁，再由佛家妆金的过程，十分明确地说明了两宋时期我国佛教和道教的融合情况，亦为证实在宗教发展史上外来的佛教艺术在我国逐步本土化而最终与中国的原始宗教——道教相辅相存、相互融合的史料，提供了宝贵的实物例证。

2. 七檐佛阁全琉璃顶的记载，将古建筑使用全琉璃顶历史推前二百余年

大佛寺临江的北面山岩下，一座七檐歇山式木结构古建筑依岩面江，依山起势，层层叠叠，重重飞檐，自山脚直达山顶，通为七层，高30余米，檐角高翘，雕梁画栋，飞阁流丹，直插云汉，显得异常巍峨壮观，气派非凡，大有"萧寺遥藏白云顶，仰观万仞排嶙峋"之概。

这座依山覆护全国最大摩崖金佛的"七檐佛阁"木结构古建筑，宋称"大像阁"，今称"正殿"，亦称"大雄宝殿"。因阁中有一尊高达八丈的摩崖妆金大佛，故又称"大佛殿"。

从碑记得知，主持佛阁修建的王了知于乙卯年（1135年）去世之后，寺僧德修继续化缘，与道者蒲智用协力增建佛阁为五层，经过25年努力，终于在南宋绍兴辛未（1151年）建成这座"大像阁"，且"……盡用琉璃覆護百尺像……"。相关资料显示，随着佛教文化的传播与盛行，在北魏时传入的琉璃烧制技术随着社会发展取得重大进步，大型宫殿建筑屋面的主要构件如鸱吻、沟头、滴水等已开始采用琉璃烧制，但古代琉璃属于贵重的奢侈品，昂贵的生产价格对使用有着严格等级制度，一般的建筑是不能够使用，更不得僭越。在佛教盛行的唐宋时期，琉璃瓦也没有能够普遍使用，仅仅使用在重要建筑上，即使如此，"重要建筑多用琉璃剪边，明代才出现了全部用琉璃瓦瓦顶"[9]。所以，"尽用琉璃覆護百尺像"是我国目前发现最早使用全琉璃顶古建筑的记载。比史志所记还早两个朝代，时间提前二百多年。显示了我国古代建筑卓越科技成就，在中华建筑史上占有非常重要的一页，弥足珍贵。

---

[9] 祁英涛：《怎样鉴定古建筑（二）》，北京：文物出版社，1981年，第47页，3瓦兽件。

（三）大佛宗教地位在川渝地区影响[10]

潼南地处川渝的腹地，东南邻铜梁、合川，西邻安岳，南接大足，西北连遂宁，曾是巴蜀佛教文化重镇之一，是我国西南佛教传播与发展的重要地区。据《潼南县志》记载"佛教于南北朝梁武帝时传入潼南"[11]，至唐代中晚期，潼南境内四座唐代县城附近相继出现了遂宁县大佛寺西岩（千佛岩）摩崖造像、莲花寺摩崖造像，崇龛县万佛岩摩崖造像、千佛寺摩崖造像，青石县万佛崖摩崖造像，铜梁区五硐岩摩崖造像以及潼南与邻县合川分界的龙多山唐代石刻等。

潼南大佛寺虽在隋唐时期便出现了造像，最早的为大佛东岩的8-11号4龛的隋开皇十一年（591年）至大业六年（610年）造像，其中第9号龛应是隋代佛教龛像，是重庆地区最早的佛教龛像[12]。但在晚唐至南宋以后才繁荣。北宋之初，理学之风盛行，大佛寺没有此时代的造像与题记，潼南地区仅在"三普"后期新发现崇龛镇千佛寺摩崖造像中部分以令狐家族为代表于开宝三年（970年）、开宝四年（971年）而捐凿造像[13]。"明末清初，外省移民大量入川，县境内僧侣渐增，寺庙建造尤多。民国时期，县内有寺庙278座，僧侣519人"[14]，可见佛教在这一地区一直延续，有着重要影响。潼南大佛寺在佛教文化的传播中有着承北启南的作用。大佛寺正殿后280米的塔湾"僧侣墓"群[15]发掘出土碑文记载，光绪年间曾在昭觉寺出家20年后担任成都昭觉寺方丈的常明上人，其死后也葬在潼南大佛寺。"僧侣墓"群中的明代墓和清代墓有部分埋的并不是僧侣，而可能是信奉佛教居士的墓葬，可见潼南大佛对四川地区佛教事业都有着重要影响；宋人冯楫在《皇宋遂宁县创造石佛记》明确评价大佛"吾蜀嘉阳大像名闻天下，此像亦其次矣，目、鼻、口、手、足、花座，悉皆称是""遐迩具瞻，咸叹希有"。南宋绍兴壬申年东陵人阎禹锡在《题定明大像》中赞"汉嘉（乐山）与宁川，二像遥相望，怒涛乔岳中，涌出大法王"（图5）。二人均把潼南大佛与乐山大佛放在同等地位来评价，与乐山大佛堪比，足以说明潼南大佛在中国佛教史上具有重要地位。潼南大佛是全国最大的室内石胎通体贴金佛像，大像阁内的弥勒佛坐像而被历代达官显贵、宗教信众推崇提倡而视为朝靓"圣地"，宋代敷文阁直学士冯楫、著名理学家魏了翁，

---

[10] 徐林：《潼南大佛开凿的历史地位及其影响》，《潼南大佛》，重庆：重庆潼南区大佛寺景区管委会，2018年（内刊准印字36922）。

[11] 潼南县地方志编纂委员会编：《潼南县志》，成都：四川人民出版社，1993年，第830页。

[12] 王玉：《浅析大佛东岩摩崖造像》，《文物与鉴赏》2018年第2期。

[13] 重庆市文化遗产研究院于桂兰等撰：《重庆潼南县千佛寺摩崖造像清理简报》，《考古》2013年第12期。第7号龛自右向左题记曰："供养／□□己巳朔日设斋表讃讫□／□夫妇镌造以开寳三年岁次庚／午雋地藏菩萨共两身弟子彭／环爲亡母谢氏镌造／地藏菩萨一身弟子彭彦朗。"17龛右壁自左向右自上而下有阴刻题记曰："敬再桩救苦菩萨一龛／六身弟子令狐庆先为遭／罹乱将领眷属在院停泊慈／悲怜聆菩萨以开宝四年岁次／辛未五月廿日表讃讫／永为供养。"

[14]《潼南县志》，民国四年版，第830页。

[15] 重庆市文化遗产院编著：《潼南县塔湾院子墓群发掘简报》，《嘉陵江下游考古报告集》，北京：科学出版社，2015年。

明按察副使刘天明，明巡抚山西陈讲，明席氏三进士（席书、席彖、席春），清代重臣曾国藩、左宗棠、李瀚章、张鹏翮、大学士吴鸿恩等，民国时期冷天烈县长等都曾在此留下珍贵的遗迹，足见潼南大佛在川渝地区的影响。

（四）冯楫其人及信仰

潼南大佛是一尊有瑞兆相的大佛，开凿之后，一直都被后人崇拜和信仰，因为从心理学上来讲，凡是对人有好作用的现象，满足了人们心理的信仰需求，都会受到人们的欢迎。宋碑载："（大佛）颇灵异，正遐尔祈求之所。于是居者求福，行者求安，耕者求丰，蚕者求熟，无官求官，无子求子，病者祈愈，产者免难，旱者祷雨，涝者祈晴，无不如意"，这说明从南宋绍兴壬申年（1152年）宋代官吏冯楫为大佛第一次捐资饰金起，或许是大佛的灵异与瑞兆相，成为吸引人们不断前来朝拜的重要原因之一。

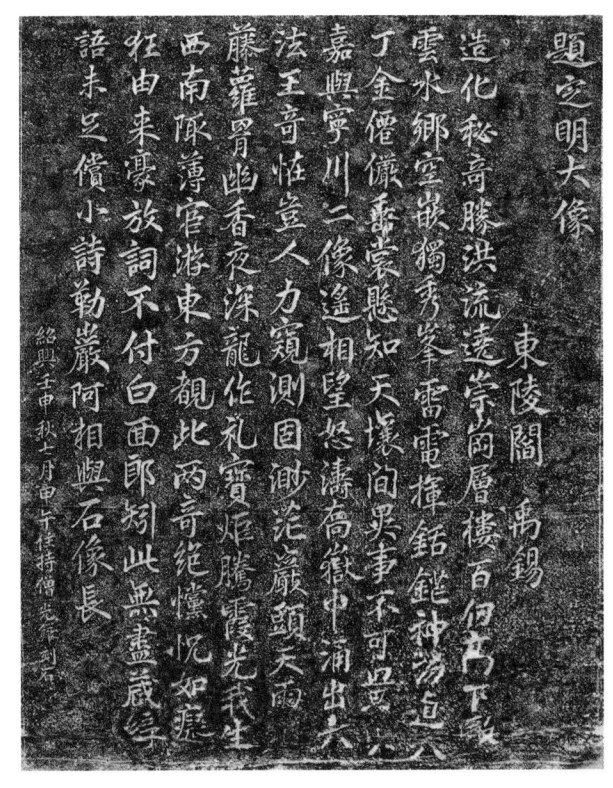

图5 "题定明大像"拓片

冯楫究竟为何人，为什么捐俸为潼南大佛妆金。可能与佛家所宣扬的因果佛缘有关，有资料传说冯幼年丧父离母，寄养于人，后中进士知泸州，求母不得，在50岁寿诞时于乞丐中遇得老母，为报恩修塔纪念。因果传说无可稽考，冯楫自号不动居士，本人就是一个虔诚佛教居士。皇宋碑与《潼南县志》相关资料记载，冯楫（1075～1152），字济川，遂宁府小溪（今四川遂宁）人。宋徽宗政和八年（1118年）进士。直至绍兴二十二年（1152年），累官为敷文阁直学士、左中奉大史、潼川府路兵马都钤辖、泸南沿边安抚使、知泸州军州、提举学事兼管内劝农使；文安县开国伯、食邑九百户、赐紫金鱼袋。冯虽在仕途却不忘佛学，遍参名宿是冯楫学佛禅修精进的一贯方式，冯不同于一般居士信众简单的信佛、学佛，更是崇佛而研究佛学，由于在佛教教义理解及禅修方面的精深高超或者"是尊称佛教信徒中那些在佛教义解、修行方面造诣精深者"而称冯大学[16]。

冯楫于绍兴十三年（1143年）任泸南沿边安抚使知泸州，成为宋朝的边陲大员，绍兴十九年（1149年）升为敷文阁直学士（从三品），成为南宋高官和著名的佛教虔诚居士。冯楫在碑记中以"居者求福，行者求安，耕者求豐，蠶者求熟，無官求官，無子求子，病者乞愈，產者免難，旱則禱雨，澇則祈晴，無不如意"至"今因見佛便學佛，一念休歇即涅槃。古人造此豈無意，後人繼成古人志"等大量的文字颂佛及所求必有应，足见这位高官对佛的虔诚与信仰。

---

[16] 胡昭曦：《大足多宝塔石刻与宋人冯楫》，《中国历史文物》2002年第1期。

冯楫舍俸为潼南大佛妆金，并非偶然，是与其一生好佛崇佛有关的。《潼南县志》与泸州、大足的资料中对冯楫的崇佛活动多有记载，较为详尽，相互印证。冯楫在泸州捐修报恩塔[17]，在大足捐修多宝塔[18]、开发妙高山建忠诚堂[19]，都是他直接参与的崇佛活动。绍兴二十二年（1152年）是冯楫生命中最后一年，自感时日不多，本年的仲春月（农历二月）冯楫除为潼南大佛"捨俸以金彩妆饰"，在大足多宝塔内于绍兴二十二年（1152年）仲春旦日"……施钱/四百贯文足造第六层塔一级全用/银合内盛华严感应舍利一百二十/粒安于其中……"，并将全家名字作为供养人镌刻其中[20]；冯楫不仅如此，还于当年三月七日之后至其六月间在成都府圣寿寺撰《大中祥符院大悲像并阁记》，记中阐述观音菩萨千手千眼之妙用，阐扬佛法[21]。一年连续三次参加佛教的捐资与重大活动，弥留之际也不忘崇佛、弘扬佛法，足见这位宋朝高级官员对佛教的虔诚，其信仰程度与崇佛活动已不是一般了。

（五）清代妆金碑记反映出社会状况

从第二次妆金嘉庆七年（1802年）《名垂永远》〈重妆大佛金身序〉记述可知，这次妆金的原因是"匪贼逼临"之时因得到佛力的庇护，一方百姓才得以幸免，感其恩德为佛妆金。

嘉庆时期（1796～1820年）是清王朝由盛转衰的转折点，碑记透露出清嘉庆时期的社会状况，此时吏治腐败，贪腐成风，民不聊生，川、楚、陕等地相继爆发了白莲教起义（1795～1804年），流民不断增多却逐成"匪贼横行"。社会问题和社会犯罪是清王朝由盛转衰的缩影。大佛东岩清光绪十五年（1889年）《培修黄罗帐庙宇序摩岩碑》也言称"……至国朝咸丰庚申（1860年）贼乱蒙，关帝庇陰，蜀川人民保全……"再次说明清朝晚期"贼乱"的社会状况。战祸与社会动荡成为人们乞灵于神佛的心理基础，以至于老百姓渴望社会稳定，信佛崇佛，而求助于佛道的史实，为研究清代晚期社会、政治、经济及民生信仰提供翔实资料。

（六）清代妆金大佛病害与材料费用记载

清同治九年（1870年）第三次妆金的《大佛妆金记摩岩碑》中直接表明了本次妆金是因大佛"黄荚迁流，风雨剥蚀，慈光未改，法相蒙尘"等病害问题。可能是大佛饰金的金箔剥蚀脱落、起翘、金颗粒成粉状。潼南地区空气污染及酸性降雨的加剧，暴风雨中裹夹灰尘致使"法相蒙尘"。其病害的记述与2012年第五次妆金时现场勘查基本一致，对于我们今天实施大佛的维修保护有重要参考价值。

这次妆金第一次提到用了"佛金三十六萬九千（张）"及用书匠、盖匠、架木、用漆等材料各

---

[17] 胡昭曦：《冯楫与泸州报恩塔》，《四川文物》2004年第2期。
[18] 胡昭曦：《大足多宝塔石刻与宋人冯楫》，《中国历史文物》2002年第1期。
[19] 陈典：《冯楫考》，《大足石刻研究文选》，第163页。
[20] 邓灿：《大足多宝塔供养人冯大学即是冯楫的史料调查》，《华夏考古》2007年第1期。
[21] 胡昭曦：《宋朝冯楫的仕宦生涯和崇佛活动》，《中华文化论坛》2004年第1期。

项费用的开支明细记载,非常有价值。对于研究大佛妆金维修中用工用料很有参考与帮助。《潼南县志》对这次妆金也有两次较简约记载,仅数言语"清同治时,里中文姓重妆大佛金身,至今光彩灿然""大佛寺佛像,号称十丈,金饰剥落,宗周捐资千余钏换装金像,至今光彩灿然"[22],与碑记基本吻合,可相互印证。

(七)民国时期妆金材料与用工记载最为珍贵

与前三次妆金比较,民国十年的妆金由民众信士与僧人共同发起。此次妆金竣工时在当年佛诞日(农历四月初八)举行了非常隆重庆典活动,大佛殿内众多名人题联款"民國十年歲次辛酉佛誕日沐恩众姓弟子敬立"证实了这一盛况;此次为大佛妆金也记载用了金箔"計裝金三十六萬六千张"及所需各种费用开支。一是规模大,影响远,个人与团体参与捐资之众,有本庙也有其他庙参与捐资的,如禹王宫的。从碑记统计捐资者达2099人。二是所载之事最为详尽,所列各种捐钱物及用处名目众多。从何人捐款捐物的收入账,到"裝金支付總錄""彩画支付總錄"的支出账,明细清楚,一笔笔公诸于众,且做到了"憑衆清算品除两清",对提倡廉政建设仍然有现实意义。三是有各种妆金材料及费用的记载。碑记中"付佛金""买漆""背光颜色""金漆""石灰""石膏""颜色、桐油""锡薄"等各种材料与所用款项的记载,为研究饰金、镌刻、装修等工程的用工用料提供了翔实的依据。

特别是《大佛装金彩化募捐碑记》下面的栿壁之上,分列20排镌刻以《千字文》"天地玄黄"为序号的天字号,地字号、玄字号、黄字号、宇字号、宙字号、洪字号、荒字号等35个字号排序的捐资者姓名名录达2099人及捐资金额。以这种有着深远影响蒙学经典千字文作为捐资姓名与金额多少排序的方式,继承与传承了中国传统文化。

有识之士称大佛殿内民国十年妆金的《大佛装金彩化募捐碑记》妆金费用开支明细的碑文为块"宝"。原潼南县政协主席羊衍熙同志曾以《大佛殿内有块宝》为题撰文在《潼南文化报》介绍其价值,对妆金各种材料使用明细以及经费开支帐目的透明度更是赞赏有加。更是被温廷宽、杨烈、董其祥等文物专家誉为"国内存世稀少的珍宝"。妆金材料、工艺的记载为后来妆金维修的材料使用、传统工艺及其技术应用提供了依据。

四、结　语

从大佛历史上的四次妆金来看,南宋绍兴壬申(1152年)的饰金是潼南大佛饰金最早记载,冯楫是第一个为潼南大佛妆金的人,创潼南大佛妆金之先河,影响重大,意义深远,以至于后来的三次装金均以为全身通体妆金。特别是清同治九年(1870年)妆金用"佛金三十六萬九千"(张)记载以及用书匠、盖匠、架木、用漆等人工材料,民国十年《大佛装金彩化募捐碑记》记载

---

[22]《潼南县志》,民国四年版,第40页。"大佛寺,县西三里,一名大像阁,……清同治时,里中文姓重妆大佛金身,至今光彩灿然"。

"计装金三十六万六千张"等各种材料与所用款项的记载，为研究饰金、镌刻、装修等工程的用工用料提供了翔实的依据。

潼南大佛继民国十年维修妆金之后，一直未作妆金及修缮，距今已近百年。由于年代久远，受到自然环境、人为因素及保护方法不当的影响，在水蚀发育、溶盐迁移、空间封闭、光照、油烟、灰尘、大气污染等因素和构成材料老化及长期地质营力的共同作用下，从而产生多种严重的渗水、表面积尘、表层风化、底灰层酥粉、胎体表面粉化、空鼓、多层风化、层片状脱落、金箔的变色、破损、起翘、脱落及颜料酥粉脱落等多种病害[23]（图6）。这些病害直接影响金大佛的艺术价值，严重破坏大佛的保存条件，必须尽快采取相应的保护技术与措施以改善大佛的保存现状。

2012年实施的潼南大佛维修工程（即第五次妆金）是一项艰苦细致的工程，为更加合理保护、科学维修潼南大佛，中国文化遗产研究院大佛维修项目组首先对大佛的保存现状开展病害现状勘察、工艺调查、三维激光测绘，查找出大佛的病害及成因，探寻科学有效的保护措施，编制《潼南大佛病害现状及其对策》，按照恢复历史原貌的原则，对历史上历次妆金资料开展调查梳理，借鉴前四次（图7）妆金所使用的材料，使用本地黄泥土、红砂石、大漆、桐油、石灰等传统材料与现代材料相结合，攻克解决了佛身下部渗水与裂隙两大难题，集合多种传统工艺和技术修复完成，历史穿金工艺以及材料的运用，得到了充分展示和传承。工程耗资逾1000万元。根据《潼南大佛本体保护修复工程》[24]统计，用去主要原材料：土漆300千克，桐油90千克，银朱3.6千克，石灰150千克，清灰2000千克，麻筋25千克，棉花3千克，硅丙160千克，水硬性石灰800千克，水性环氧460千克，黄泥1500千克，乙醇、丙酮等化学试剂数千千克。修复发髻196个，修复胎体180平方米，粘贴见方2.53厘米、4.53厘米、9.33厘米三种型号的金箔约30万张，贴金面积约280平方米。恢复到了宋碑所载"佛如金山，處於琉璃閣中，金碧爭光，晃躍天際""巍然晃耀如金山"的艺术效果，不但科学地重现了大佛的金身佛光，而且具有很好的稳定性，保护效果至今良好。满足了我国南方、特别是西南地区石质文物保护的需要。不愧为文化遗产保护行业的典范。潼南大佛本体保护修复工程评为"2012年度全国十大文物维修工程""2012年度全十佳文物维修工程"（图8）。

潼南金佛始凿于唐，竣工于宋，距今已867年，却

图6 大佛面部金箔破损起翘

图7 妆金后大佛面部

---

[23] 徐林、李元涛、张俊杰：《潼南大佛维修工程中传统材料及工艺应用》，《文物世界》2019年第5期。
[24]《潼南大佛本体保护修复工程》，《中国文物报》2013年11月1日。

依然雄伟壮观。在雕凿工具和科学技术还很落后的古代，无名的艺术家们就能够在悬崖峭壁上凿造出这般形神皆备的大型摩崖造像，其精湛的石刻技艺以及熟练高超的饰金技术，无不显示出古代劳动人民的聪明智慧和才干，无愧为我国摩崖大佛造像群中的杰作。特别是大佛历史四次妆饰金身的史料，为2012年实施的潼南大佛维修保护工程（即第五次装金）提供了历史依据。工程在材料应用、大漆的制作、贴金的手法等方面充分考虑了历次妆金传统工艺，传统材料的稳定性及良好保护效果。为此，潼南大佛历史上妆金工艺及传统材料的运用，不仅在国家重点文物保护工程中得到了充分展示和传承，历史价值、艺术价值得到充分的展现，更是对非物质文化遗产的有效传承与发展，也必将对研究其他石刻造像及修复其他地区国家重点文物特别是南方地区石质文物提供有力的借鉴作用。

图 8　五次妆金后大佛

北宋东京城寺院反映的佛教发展情况

车星璇

内容摘要：本文建立在文献分析的基础上，列举并分析了北宋东京城内寺院的相关信息及其所反映的当时佛教发展情况。认为除宋徽宗朝以外，北宋时期佛教文化的发展没有受到大的阻碍，东京城内寺院分布呈现出自然发展状态。寺院内造像与壁画体现的思想和信仰丰富多样，反映了人们注重现实利益的情况。这一时期寺院与社会生活之间的联系更加密切，佛教世俗化发展趋势日益显著。

关键词：北宋东京城　佛教寺院　佛教图像

Analysis on the Culture of Temples of Northern Song Dynasty

Che Xingxuan

Abstract: Based on the literature analysis, this paper enumerates and analyzes the cultural phenomena related to the temples in Kaifeng of the Northern Song dynasty. It is believed that the development of Buddhist culture in the Northern Song dynasty was not greatly hindered except for the Huizong period, and the distribution of temples in Kaifeng showed a state of natural development. The mural paintings and statues of the temples reflect a rich variety of thoughts and beliefs, which showed more realistic meaning of the desire of people. During this time, the relationship between temples and social life was closer, which reflected the secularization of the Buddhism that time.

Key words: the city of Kaifeng in the Northern Song dynasty, Buddhist temples, Buddhist images

作者：车星璇，北京市，100084，清华大学美术学院艺术史论系。

一、引　言

（一）北宋东京城及其寺院概况

北宋（960～1127年）国都东京城（今开封）是我国经济重心东移后的古都。该地区五代后梁时期初次升为国都，称东京，后唐时降为汴州，至后晋天福三年（938年）又升为东京，置开封府，再后直至北宋，东京城的地位都没有再发生改变。东京城所处地区临近黄河，且有隋炀帝开凿的运河流经，交通便利，经济十分发达，这是其成为国都的主要条件（图1）。作为北宋的政治和文化中心，北宋东京城的各种文化现象具有一定的典型性和代表性，本文将以其中的佛教寺院文化为探讨主体。

北宋东京城寺院众多，是构成都城建筑设施的重要组成部分，成为佛事活动的基本空间及居民公共活动的场所。在这些寺院中，不乏极负盛名的名寺古刹，又有极具艺术价值的造像及壁画。然而，北宋末年及以后此地屡经战乱，加之发生于明末的特大水患，北宋东京寺院被深埋地下，一时难以大范围地开展考古工作。因此，目前有关北宋东京城寺院的研究，基本建立在文献分析的基础之上。

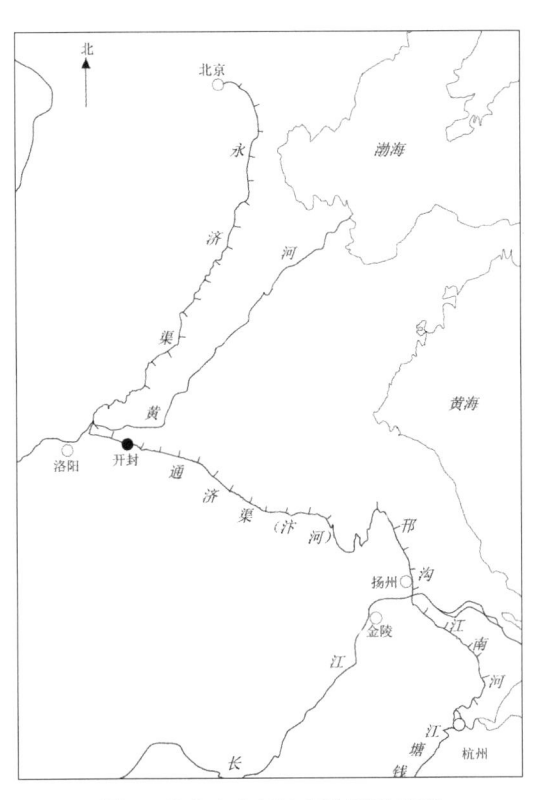

图1　北宋东京城地理位置示意图

（二）目前的研究状况

学界有关北宋东京城寺院的研究，多是探究城中寺院分布与个别寺院的内部结构。有关于城中寺院分布的研究，张驭寰率先对城市的河流、街道、各类建筑等进行了盘点和梳理，并绘制了北宋东京城复原图[1]，其中涵盖了寺院在城中的布局情况。相关研究还有邓烨的硕士论文[2]、李合群的博士论文[3]，以及刘梦琴的硕士论文[4]，都绘制了北宋东京城寺院分布示意图，其中，邓烨的文章分不同时期说明了东京城寺院分布变化情况，刘梦琴的文章对比了寺院布局和道教宫观布局。但是上述研究除李合群的文章以外，都缺乏判定寺院及其在城中位置的具体依据，而此文又没有分时期说明寺院分布情况并对比道教宫观。因此按时期重新梳理北宋东京城寺院分布情况大有其必要，从而进一步探究北宋东京城佛教发展情况。以往对个别

---

[1] 张驭寰：《北宋东京城复原研究》，《建筑学报》2000年第9期。
[2] 邓烨：《北宋东京城市空间形态研究》，清华大学硕士学位论文，2004年。
[3] 李合群：《北宋东京布局研究》，郑州大学博士学位论文，2005年。
[4] 刘梦琴：《北宋开封道教宫观布局研究》，辽宁大学硕士学位论文，2016年。

寺院分析皆以大相国寺为对象，就相国寺的平面布局、寺内造像和壁画，以及相国寺与皇权及当时社会生活的联系作了探讨，但涉及的方面和程度仍有继续探讨的空间。有关于相国寺的平面布局的研究，最早有徐苹芳绘制的相国寺平面示意图，之后相当数量的相国寺研究都建立在该平面图基础上。除此之外，张驭寰也曾绘制出相国寺平面示意图，较之徐苹芳绘制的平面图增加了更多细节，但没有交代如此绘制的依据。王贵祥于2014年发表的文章[5]，结合充分的依据和合理的推断，绘制了北宋时期相国寺庭院空间与建筑布局推想图，与徐苹芳所绘制的寺院中庭部分基本一致，但要更加具体。

有关于相国寺内部造像与壁画的研究，熊伯履详细列举了北宋时期史料中有关相国寺壁画的记载[6]。段玉明从宗教学角度分析了造像和壁画的题材及其空间配置关系[7]，但后者没有提供相国寺造像与壁画分布示意图，研究尚有不明之处。

（三）资料来源与研究方法

本稿以文献资料为基础，主要参考了正史类如《宋史》《续资治通鉴长编》《宋会要辑稿》，笔记类如《东京梦华录》，画论类如《圣朝名画评》《图画见闻志》，游记类如《参天台五台山记》，地志类如《北道刊误志》《汴京遗迹志》《宋东京考》等。这些资料中包含了寺院建立时间、位置、寺院布局、造像与壁画情况，以及相关社会活动等信息。通过梳理相关文献，对北宋东京城寺院文化进行分析。

二、东京城寺院分布反映的情况

北宋东京城以唐代汴州城和五代东京城为基础发展而来[8]，城中一些寺院在唐五代时期已经存在，这是影响北宋东京城寺院布局的重要因素，因此有必要分析唐五代时期城中寺院的分布情况。同时，为了充分地了解北宋东京城寺院分布的变化情况，将分为早、中、晚三期，并分别与同时期道教宫观分布比较分析。

据《宋会要辑稿》，至仁宗天圣二年（1024年）二月，北宋东京城内寺院至少有七十余所[9]。又据《泊宅编》："熙宁（1068～1077年）末，天下寺观宫院四万六百十三所，内在京九百十三所。"[10]然而这其中大多数寺观的名字、建立时间及所在位置都不明，无法逐一列举，因此仅就可

---

[5] 王贵祥：《北宋汴京大相国寺空间研究及其明代大殿的可能原状初探》，《中国建筑史论汇刊》2014年第1期。
[6] 熊伯履：《相国寺考》，郑州：河南人民出版社，1963年。
[7] 段玉明：《唐宋相国寺造像考说——兼说中国寺院造像的功能》，《宗教学研究》2004年第4期。段玉明：《北宋相国寺壁画考说》，《美术研究》2004年第4期。
[8] a. 刘春迎：《揭秘开封城下城》，北京：科学出版社，2009年。b. 刘春迎：《试论汴河对古代开封城方向的影响》，《考古》2017年第12期。
[9] （清）徐松辑：《宋会要辑稿》，上海：上海古籍出版社，2014年，第9986页。
[10] （北宋）方勺：《泊宅编》卷十，北京：中华书局，1983年，第57页。

知明确建立时间或大致位置的寺院进行分析。有记载寺院的施主多为皇族和贵族，或至少有一定的代表性，据此可以了解各阶段寺院的发展情况。另外，寺院位置的确定主要参考明代李濂《汴京遗迹志》记录，该书对一些寺院位置的描述应是以明代汴京为参照。尽管《汴京遗迹志》对明时期汴京这样描述："今省城，即宋之旧里城，周回二十里一百九十步，高三丈五尺。国朝洪武初重筑，外包以砖。"即明代汴京城直接从北宋开封城内城（里城）发展而来，城门有五："东曰丽景，南曰南薰，西曰大梁，北曰安远，东北曰仁和。"[11] 但实际上，金代曾对内城进行过重筑，《金史》记载"夏四月……庚午……筑京师里城，命侯挚董役，高琪总监之"[12]，并于同年十月完工[13]。考古发掘情况显示，金代展筑了北宋东京城内城的南北两侧城墙，而东西城墙的位置保持不变，应该只是进行了延长。明清时期汴京城的城墙，实际上建立在金代重筑后内城墙的基础上[14]，李濂对一些寺院位置的表述上似也证明了这一点[15]。不过，李濂在写作《汴京遗迹志》时，因许多遗迹明代已不存，所以参考了大量的宋代著作，在书中有关遗迹位置的记述也保留了宋时名称，可能是直接抄录所致。因此，根据此书确定寺院具体位置时，仍需要具体问题具体分析。

（一）唐五代汴州或东京城寺院分布

唐代汴州与五代东京城寺院数量有限，由于其中多数寺院一直延续至北宋，史料中不见有搬迁纪录，因此唐五代寺院在城中的位置可根据北宋及以后史料推断。北宋东京城基本沿用了五代后周时的城市结构，而五代东京城内城与宫城的结构又建立在唐代汴州城的基础之上，因此可以根据北宋史料反推出唐五代时期寺院在城中的大致位置。明代史料虽然距离宋代久远，但仍具有一定参考价值，只是需要厘清明汴京城的范围，再对应到唐五代汴州城或东京城中，可与宋代史料相互比较、参照使用。城市基本轮廓则需参考相关考古发掘报告。

1. 唐代汴州城寺院

目前可考的唐代汴州内寺院共有6所，分别为相国寺[16]、封禅寺（即宋开宝寺）[17]、龙兴寺（即

---

[11]（明）李濂：《汴京遗迹志》，北京：中华书局，1999年，第4页。

[12]（元）脱脱：《金史》卷十五，北京：中华书局，1975年，第344页。

[13] "冬十月……癸未，里城毕工，百官称贺。"（元）脱脱：《金史》卷十五，北京：中华书局，1975年，第347页。

[14] 刘春迎：《金代汴京（开封）城布局初探》，《史学月刊》2006年第10期。

[15] "院"条："宝圣院。在蔡河北寺桥之南，宋时僧录重珣创建，仁宗景祐元年赐额，元末兵毁。"（明）李濂：《汴京遗迹志》卷之十一，北京：中华书局，1999年，第187页。北宋东京城内城南墙位于蔡河和寺桥之间，而李濂在描述宝圣院的位置时却未谈及南墙，这说明很可能明时期蔡河某段与寺桥之间已不存在城墙，相关史料与考古调查结果也印证了这一点，进一步说明明代汴京城南墙已将蔡河一段纳入城内。

[16] "……按大相国寺本北齐建国寺也，至唐室睿宗改赐今名。"（北宋）宋白：《大相国寺碑铭》，全文收于熊伯履：《相国寺考》，郑州：中州古籍出版社，1985年，第217~219页。"大内前州桥东街巷"条有记载："大内前，州桥之东，临汴河大街，曰相国寺。"（北宋）孟元老：《东京梦华录》卷三，北京：中华书局，2007年，第283页。

[17] "上清宫"条："开宝寺在旧封丘门外斜街子，内有二十四院，惟仁王院最盛。"（北宋）孟元老：《东京梦华录》卷三，北京：中华书局，2006年，第309页。"寺"条："开宝寺。旧名独居寺，在上方寺之西，北齐天保十年（559年）创建。唐开元十七年（729年），玄宗东封还，至寺，改曰封禅寺。"（明）李濂：《汴京遗迹志》卷

宋太平兴国寺）[18]、慧福寺[19]、安业寺[20]，以及福田院[21]，其中相国寺、封禅寺、龙兴寺以及福田院4所具体位置可考。由于相关记载较少，无法知晓当时佛教寺院在汴州城的地位及其与世俗生活的关系。但是，唐代汴州城的佛寺布局对后世产生重要影响，这四所寺院日后成为北宋东京城的重要寺院（图2）。

2. 五代东京城寺院

进入五代，梁太祖朱温定都汴州，改称东京。其后除后唐改定都洛阳外，后晋、后汉以及后周均以汴州为都城，并名为东京。后周显德二年，周世宗"别筑罗城"，东京城就此形成三重城垣的结构，新建外城范围内又有三条河流流经[22]，亦成为其后北宋东京城的基本格局。五代时期时局不稳，连年战乱，寺院的建立与发展却似乎十分繁荣。据《旧五代史》记载，在周世宗于显德二年（955年）对全国寺院进行整顿后，"诸道供到帐籍，所存寺院凡二千六百九十四所，废寺院凡三万三百三十六，僧尼系籍者六万一千二百人"[23]，其中还有"都城

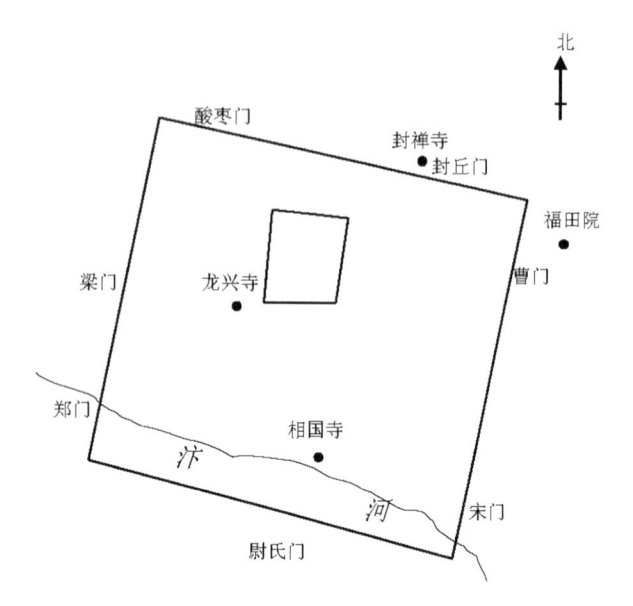

图2　唐汴州城部分寺院布局猜想示意图
（以《揭秘开封城下城》62页汴州城平面示意图为底图绘制）

十，北京：中华书局，1999年，第156页。

[18] "太平兴国寺，旧龙兴寺也，世宗废为龙兴仓。"（北宋）杨亿、陈师道：《杨文公谈苑》，上海：上海古籍出版社、上海世纪出版股份有限公司，2012年，第60页。"大内西右掖门外街巷"条："……出巷乃大内西角楼大街，西去踊路街，南太平兴国寺后门。"（北宋）孟元老：《东京梦华录》卷三，北京：中华书局，2006年，第274页。说明其位于内城西侧据离大内更近（靠北）的位置。

[19] "唐汴州慧福寺释功迥传"条："释功迥，姓边，汴州浚仪人……年二十五便事弘法师……住汴州慧福寺。"（唐）道宣：《续高僧传》卷第十三，北京：中华书局，2014年，第458页。

[20] "支诺皋上"条："大殿内弥勒圣容，唐中宗朝僧惠云于安业寺铸成，光照天地，为一绝。"（唐）段成式：《酉阳杂俎》（续集）卷一，北京：中华书局，2015年，第1504页。

[21] "院"条："福田院。在仁和门外之东北，唐太宗贞观二年（628年）创建，后为兵毁。"（明）李濂：《汴京遗迹志》卷十一，北京：中华书局，1999年，第188页。

[22] "显德六年（959年）……二月庚辰，发徐、宿、宋、单等州丁夫数万浚汴河。甲申，发滑、亳二州丁夫浚五丈河，东流于定陶，入于济，以通青、郓水运之路。又疏导蔡河，以通陈、颍水运之路。"指蔡河、汴河和五丈河。（宋）薛居正：《旧五代史》卷一百一十九，北京：中华书局，1976年，第1580页。"金水河"条："太祖建隆二年（961年）春，命左领军卫上将军陈承昭率水工凿渠，引水过中牟，名曰金水河。"（元）脱脱：《宋史》卷九十四，北京：中华书局，1985年，第2340页。说明五代时期城内还没有金水河，但至少在后周时期汴河、蔡河、五丈河就已存在。

[23] （北宋）薛居正：《旧五代史》卷一百一十五，北京：中华书局，1976年，第1531页。

内录到无名额僧尼寺院五十八所",也一并废除[24]。可见整顿之前各地寺院数量之庞大。此次整顿中,唐龙兴寺被废为龙兴仓[25]。尽管如此,目前可考的东京城五代时期寺院却多数为周世宗在位时期创立,它们构成了后来北宋东京城寺院的重要组成部分。五代时期,东京城内建立时间或具体位置可考的寺院共有14所,现以后周显德二年(955年)为界,按建立或赐额时间先后顺序分两部分列举如下。

后周显德二年以前东京城(后唐时为汴州城)寺院:

① 定力院,后唐同光二年(924年)建立[26],位于城东南角[27]。

② 宝相寺,后唐长兴元年(930年)建立,后晋天福三年(938年)赐额,位于城外西部[28]。

③ 普净禅院,后唐长兴二年(931年)建立,后晋天福四年(939年)赐额,位置不详[29]。

④ 上方寺,后晋天福年间(936~944年)建立,位于城东北部。

⑤ 惠明寺,后周广顺年间(951~953年)建立,位于城外北部[30]。

⑥ 皇建院,后周显德元年(954年)九月建立,位置不详[31]。

后周显德二年(955年)及以后东京城寺院:

⑦ 万岁院,后周显德二年(955年)建立,位于内城外东北[32]。

⑧ 显静寺,后周显德二年(955年)建立,位于陈州门里[33]。

---

[24] (北宋)薛居正:《旧五代史》卷一百一十二,北京:中华书局,1976年,第1490页。

[25] "太平兴国寺,旧龙兴寺也,世宗废为龙兴仓。"(北宋)杨亿、陈师道:《杨文公谈苑》,上海:上海古籍出版社、上海世纪出版股份有限公司,2012年,第60页。

[26] "定力禅院。本梁庙,后唐同光二年(924年)置。天成三年(928年)立今额。"(北宋)王瓘:《北道刊误志》,北京:中华书局,1991年,第9页。

[27] "大内前州桥东街巷"条:"以东城角定力院,内有朱梁高祖御容。出保康门外……"(北宋)孟元老:《东京梦华录》卷三,北京:中华书局,2007年,第284页。可知该条所言内容为位于大内前州桥东侧街巷、保康门以内的场所,保康门为北宋东京城内城东南门,因此推断定力院位于后唐同光时(923~926年)汴州城东南角。

[28] "寺"条:"宝相寺。在大梁门外,世传古鎚和尚证果之处。五代唐明宗长兴元年(930年)创建,晋高祖天福三年(938年)赐额。"(明)李濂:《汴京遗迹志》卷十,北京:中华书局,1999年,第157页。大梁门为明时期开封城西门,故推测宝相寺位于内城外西部。

[29] "普净禅院。唐长兴二年(931年)置,晋天福四年(939年)立今额。"(北宋)王瓘:《北道刊误志》,北京:中华书局,1991年,第9页。

[30] "寺"条:"惠明寺。在仁和门北,周太祖广顺中(951~953年)创建,金季兵毁。"(明)李濂:《汴京遗迹志》卷十,北京:中华书局,1999年,第161页。

[31] "院"条:"皇建院在土市子街东南。周世宗显德元年(954年)九月,以潜龙宫为皇建院,遣沙门清兴居之。元末兵毁。"(清)周城:《宋东京考》卷之十六,北京:中华书局,1988年,第282页。土市子街位置暂不可考。

[32] "院"条:"万岁院。在仁和门外之东北。周显德二年(955年)创建,金季兵毁。"(明)李濂:《汴京遗迹志》卷十一,北京:中华书局,1999年,第188页。

[33] "寺"条:"显静寺。在陈州门里,周世宗显德二年(955年)创建,金兵毁之。"(明)李濂:《汴京遗迹志》卷十,北京:中华书局,1999年,第162页。

⑨ 显圣寺，后周显德四年（957年）建立，位于梁门外西北[34]。
⑩ 天寿寺，后周显德五年（958年）建立，位于内城外东部[35]。

另外，还有四所具体建立时间不明的寺院：

⑪ 天清寺，后周显德年间（955～960年）建立，位于陈州门里东南隅繁台下[36]。
⑫ 显宁寺，始建不详，后周显德四年（957年）赐名，位于金水门外[37]。
⑬ 观音院，建立时间不详，但根据文献记载在后周时期已存在，位于内城东南部汴河以北[38]。
⑭ 修行寺，建立时间不详，但根据文献记载在后周时期已存在，位置不详[39]。

可以说，五代尤其是周世宗时期是一个重要阶段，首先，"别筑罗城"为北宋东京城奠定了基础，其次，五代建立的这些名额与建立时间可考的寺院多数在北宋时期占据着相对重要的地位。根据五代东京城寺院分布图，可以看出这些寺院多在外城西部（北宋时梁门外）、外城东北部（北宋时旧宋门外）以及外城东南角三处聚集。除建立时间或位置不明的寺院，后周显德二年（955年）以前，几乎所有寺院都位于城外，而显德二年（955年）筑起外城之后，新修寺院则均位于内城以外、外城以内。这可能也侧面说明了未建立外城时，东京城之空间促狭，也许这也正是周世宗"别筑罗城"的动机（图3）。

（二）北宋早期东京城寺院分布

北宋早期，即宋太祖、宋太宗（960～997年）时期，统治者采取支持佛教的政策。可能因为

---

[34] "寺"条："显圣寺。在大梁门外西北，白沟河之南，俗名菩提寺。周显德四年（957年）创建，金末兵毁。"（明）李濂：《汴京遗迹志》卷十，北京：中华书局，1999年，第161页。

[35] "景德寺。本相国寺之东圃，周显德中置寺，六年（959年）曰天寿。"（北宋）王瓘：《北道刊误志》，北京：中华书局，1991年，第9页。"寺"条："景德寺。在丽景门外迤东，周世宗显德五年（958年），以相国寺僧多居隘，诏就寺之蔬圃，别建下院分处之，俗呼东相国寺。显德六年（959年），赐额天寿寺。宋真宗景德二年，改名景德。"（明）李濂：《汴京遗迹志》卷十，北京：中华书局，1999年，第161页。丽景门为明时期汴州城东门，因此丽景门外应该就是北宋东京城内城外东部。

[36] "天清寺。在繁台下，周显德二年（955年）置，在清远坊，六年（959年）徙于此。"（北宋）王瓘：《北道刊误志》，北京：中华书局，1999年，第9页。"寺"条："天清寺。在陈州门里繁台上周世宗显德中（955～960年）创建。世宗初度之日曰'天清节'，故名其寺亦曰天清。"（明）李濂：《汴京遗迹志》卷十，北京：中华书局，1999年，第158页。两书对天清寺的位置描述存在分歧，但《北道刊误志》成书于北宋，可信度更高，故推测天清寺应位于繁台下。

[37] "院"条："定力院在蔡河东水门北，元末兵毁。"（清）周城：《宋东京考》卷十六，北京：中华书局，1988年，第282页。

[38] "观音岩俊禅师"条："东京观音院岩俊禅师，邢台廉氏子……周太祖世宗潜隐时，每登方丈施礼，及即位，特赐紫衣，号净戒大师。"（南宋）普济：《五灯会元》卷六，北京：中华书局，1984年，第329页。这说明观音院至少在后周时期就已存在。关于位置，"院"条有记载："观音院。在丽景门里街北，元末兵毁。"（明）李濂：《汴京遗迹志》卷十一，北京：中华书局，1999年，第190页。

[39] "周书二·太祖纪第二"条："八月辛卯……癸巳，虎入西京修行寺伤人，市民杀之。"（北宋）薛居正：《旧五代史》卷一百一十一，北京：中华书局，1976年，第1474页。

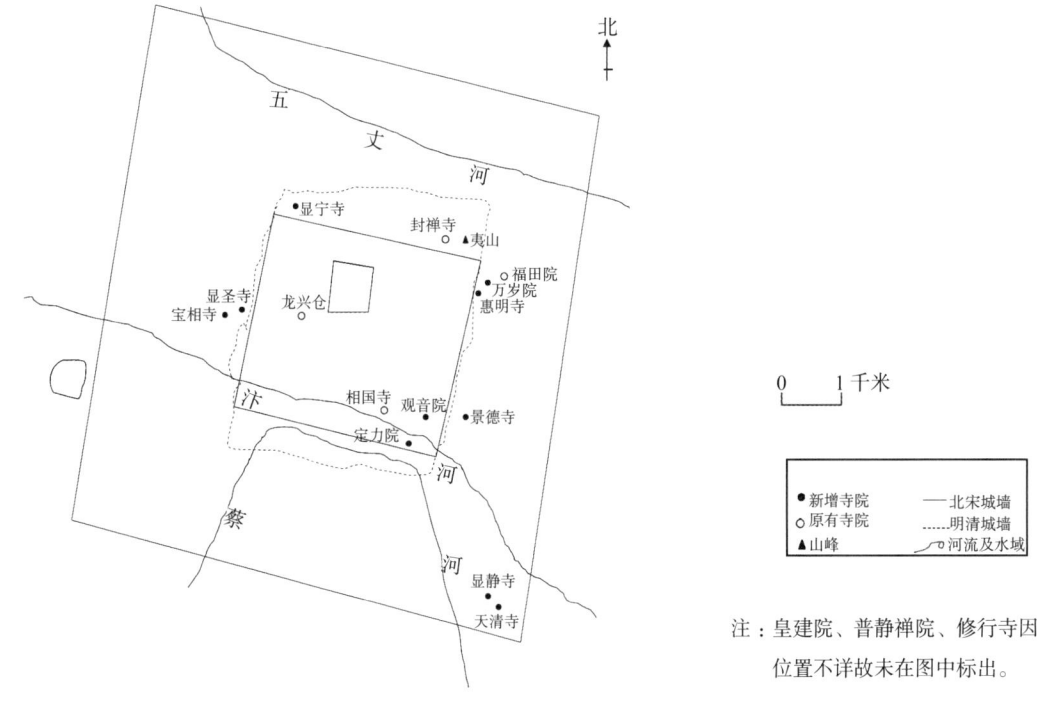

图 3 五代东京城部分寺院布局猜想示意图
（以《试论汴河对古代开封城方向的影响》中的插图为底图绘制，《考古》2017 年第 12 期）

此时处于国家刚建立时期，东京城建立寺院数量不多，且分布零散。

1. 寺院分布

文献中有明确建立或赐额时间的北宋早期寺院共有 4 所，分别为：

① 道者院，宋太祖即位时建立，位于郑门外金明池西[40]。
② 等觉院，北宋乾德六年（968 年）建立，位于内城外东北部[41]。
③ 启圣院，北宋太平兴国六年（984 年）建立，并于雍熙二年赐额，位于梁门内北部[42]。
④ 鸿禧院，北宋端拱二年（989 年）建立，位于戴楼门里东北[43]。

---

[40] "东坡言艺祖食莴苣"条："伟丈夫乃艺祖也。既即位，求其僧，尚存，遂命建寺，赐名曰普安，都人至今称为道者院。"（北宋）李廌：《师友谈记》，北京：中华书局，2002 年，第 32 页。"收灯都人出城探春"："直过金明池西道者院。"（北宋）孟元老：《东京梦华录》卷六，北京：中华书局，2007 年，第 613 页。"院"条："道者院。在郑门外五里，宋时所建。"（明）李濂：《汴京遗迹志》卷十一，北京：中华书局，1999 年，第 188 页。

[41] "院"条："等觉院。在安远门外之西北，宋太祖乾德六年（968 年）创建，金季兵毁。"（明）李濂：《汴京遗迹志》卷十一，北京：中华书局，1999 年，第 188 页。

[42] "院"条："启圣院。在大梁门内街北，即太宗诞生之地，晋护圣营也。太平兴国六年（984 年）建院，雍熙二年成，赐名启圣。元末兵毁。"（明）李濂：《汴京遗迹志》卷十一，北京：中华书局，1999 年，第 189 页。

[43] "院"条："鸿禧院。在戴楼门里之东北，宋太宗端拱二年（989 年）创建，元末兵毁。"（明）李濂：《汴京遗迹志》卷十一，北京：中华书局，1999 年，第 188 页。

另外，更名 2 所寺院，其一，太平兴国二年（977年）春正月[44]，改龙兴寺为太平兴国寺，其二，太平兴国二年（977年）八月，改报先寺为乾明寺，位于新宋门外[45]。因报先寺始建时间不明，不排除宋太祖时期及以前建立之可能，在此列为北宋早期寺院。

这 4 所新建寺院所处位置非常分散。② 位于外城内北部，① 位于外城之外金明池以西地方。③ 位于内城内部，在太平兴国寺以北，④ 位于外城内部西南角。其中，只有 ③ 建于内城，与宫城距离最近。这可能是因为 ③ 是于"太宗诞生之地"所建寺院，意义自然更为重大。而 ④ 所处外城内西南角，在此之后也逐渐形成了小范围的寺院聚集区，这应该得利于蔡河流经此处，形成了优越地理条件之故。

2. 对当时宗教政策的反映

通过寺院建立情况分析一个时期的宗教倾向，离不开其与当时其他宗教性质建筑建立情况的对比。因此引入道教宫观的建立情况也很有必要。北宋早期新建包括重修的寺院数量较少，分布位置基本上均处于内城以外。从数量上看，与同时期新建的道教宫观持平。从位置分布上看，由于这一时期新建宗教建筑数目有限，能确立大致位置的数目更少，因此也无法仅从此时的寺观分布中看出当时政策的宗教倾向。目前，可以确定建立时间或分布位置的道教宫观分别为：东太一宫，北宋宋太宗时期建立，位于外城以外东南苏村[46]；上清储祥宫，北宋至道元年（995年）建立，位于新宋门里街北[47]，靠近五代后周时期建立的景德寺，有形成宗教建筑聚集区的态势；洞真宫，北宋至道元年（995年）建立，位置不详[48]；寿宁观，北宋至道二年（996年）七月建立，位置不详[49]。这两处位置不详的道观一处为以宣祖旧第建成，一处是奉皇帝之命建成，规格应都不低。另外，还有 1 处重修的道观，即建隆观，北宋建隆年间（960~963年）重修，大致位置在

---

[44] "太平兴国二年（977年）……春正月……以新龙兴寺为太平兴国寺。"（南宋）李焘：《续资治通鉴长编》卷十八，北京：中华书局，2004年，第396页。

[45] "收灯都人出城探春"条："州东宋门外……虹桥、王家园、曹、宋门之间东御苑。乾明崇夏尼寺。"（北宋）孟元老：《东京梦华录》卷六，北京：中华书局，2007年，第613页。同书卷一"河道"条："从东水门外七里，曰虹桥。"可知虹桥位于外城以外，再加上该篇主要描述的是出城探春一事，推测此宋门为新宋门。"太平兴国二年（977年）……八月……己卯，改报先寺为乾明寺，重葺之。"（南宋）李焘：《续资治通鉴长编》卷十八，北京：中华书局，2004年，第396页。

[46] "太宗时，建东太一宫于苏村，遂列十殿，而五福、君綦二太一处前殿。"（北宋）宋敏求：《春明退朝录》，北京：中华书局，1980年，第30页。"宫"条："太一宫。都城太一宫有三处：一在城东南之苏村，为东太一宫。"（明）李濂：《汴京遗迹志》卷八，北京：中华书局，1999年，第108页。

[47] "上清宫在新宋门里街北，以西茆山下院。"（北宋）孟元老：《东京梦华录》卷三，北京：中华书局，2007年，第309页。"太宗至道元年（995年），上清宫成。"（明）李濂：《汴京遗迹志》卷八，北京：中华书局，1999年，第113页。

[48] "至道元年（995年）……正月……以宣祖旧第作洞真宫成。"（元）脱脱：《宋史》卷五，北京：中华书局，1985年，第97页。

[49] "至道二年（996年）……秋七月……庚子，诏作寿宁观成。"（元）脱脱：《宋史》卷五，北京：中华书局，1985年，第99页。

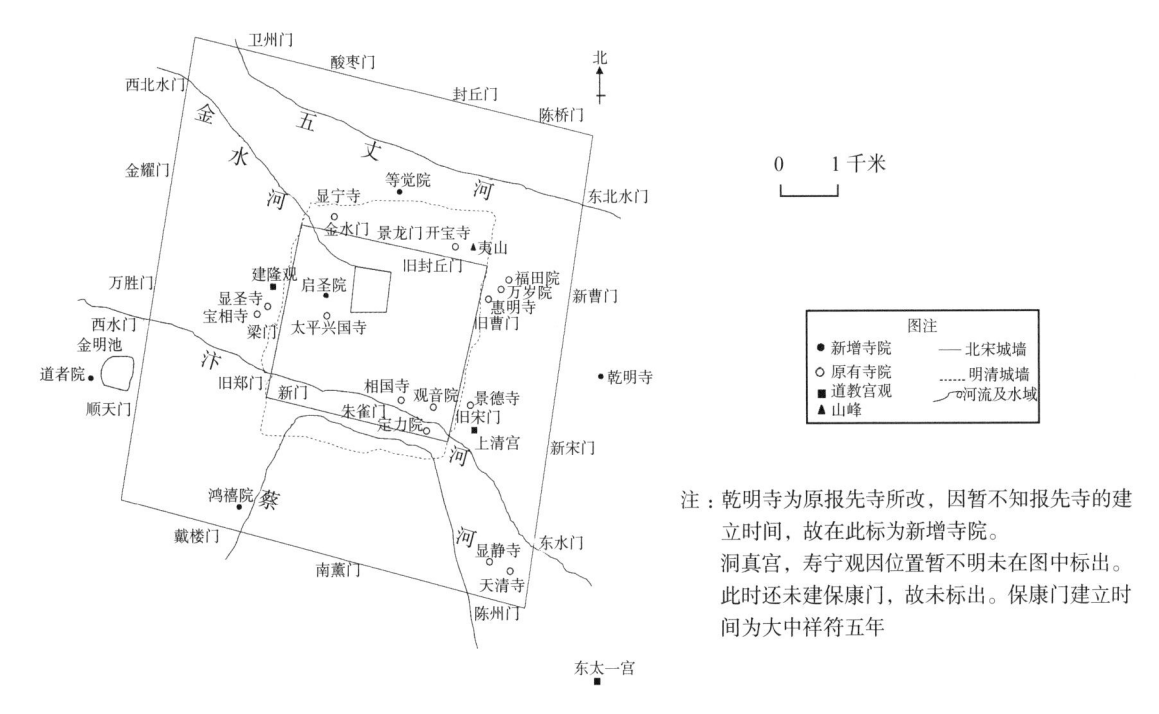

图4 北宋早期东京城部分宗教建筑布局猜想示意图
（以《试论汴河对古代开封城方向的影响》中的插图为底图绘制，《考古》2017年第12期）

外城内西北部[50]（图4）。

虽然仅从北宋早期寺观数量及分布情况无法分析国家对佛教采取怎样的态度，但实际上，从相关文献可知，相对于周世宗在位时期，北宋早期在宗教问题中体现出了对佛教及佛事活动的支持。《续资治通鉴长编》引用了《杨文公谈苑》中一段记载并补充道："周世宗悉毁铜佛像铸钱……镇州铜大悲像甚有灵应，击毁之际，以斧镢自胸镵破之，太祖闻其事。后世宗北征，病疽发胸间，咸谓其报应。太祖因重释教。"[51]体现了太祖对佛教的态度。宋太宗也同样提出："浮屠氏之教有裨政治，达者自悟渊微，愚者妄生诬谤，朕于此道，微究宗旨。"[52]对佛教的鼓励政策也表现在寺院建设方面，太平兴国七年（982年），太宗下令于太平兴国寺建立译经院，用于翻译经文与传法[53]。

（三）北宋中期东京城寺院分布

北宋中期，即宋真宗至宋神宗在位期间（997～1085年），延续了前朝对佛教的政策，此时寺

---

[50] "大内西右掖门外街巷"条："出梁门西去，街北建隆观，观内东廊于道士卖齿药，都人用之。"建立时间李濂《汴京遗迹志》卷十："建隆观。初名太清观，在大梁门外西北，周世宗所建。宋太祖以建隆改元，遂更名为建隆观。"（北宋）孟元老：《东京梦华录》卷三，北京：中华书局，2007年，第275页。

[51] （南宋）李焘：《续资治通鉴长编》卷八，北京：中华书局，2004年，第195页。

[52] （南宋）李焘：《续资治通鉴长编》卷二十四，北京：中华书局，2004年，第554页。

[53] （南宋）李焘：《续资治通鉴长编》卷二十三，北京：中华书局，2004年，第522、523页。

院的建立数量达到北宋时期的峰值。

1. 寺院分布

北宋中期是建立寺院的高峰期。这一时期，具体建立时间可考的寺院共有11所，其中宋真宗时期成立3所，按建立先后顺序列举如下：

① 报恩院，咸平三年（1000年）建立，位于戴楼门里[54]。

② 法云院，大中祥符三年（1010年）建立，位于固子门里，金水河湾之西南[55]。

③ 开化院，大中祥符三年（1010年）建立，位于固子门里，金水河之南，白鹊桥之东[56]。

宋仁宗时期成立6所，按建立先后顺序列举如下：

④ 慈孝寺，北宋天圣二年（1024年）十二月建立，位置不详[57]。

⑤ 开圣院，北宋天圣年间（1023～1031年）建立，位于内城内西南部[58]。

⑥ 宝圣院，北宋景祐年间（1034～1037年）建立，位置不详[59]。

⑦ 十方净因院，北宋皇祐元年（1049年）建立，位于外城内西部，金梁桥西，汴河之南[60]。

⑧ 北太黄寺，建立时间不明，仅知于宋仁宗时期建立，位于外城内东北陈桥之南[61]。

---

[54] "院"条："报恩院。在戴楼门里，宋真宗咸平三年（1000年）创建，元末兵毁。"（明）李濂：《汴京遗迹志》卷十一，北京：中华书局，1999年，第188页。

[55] "院"条："法云院。在固子门里，金水河湾之西南，宋真宗大中祥符三年（1010年）创建，金季兵毁。"（明）李濂：《汴京遗迹志》卷十一，北京：中华书局，1999年，第188页。据（北宋）孟元老：《东京梦华录》卷一"东京外城"条，北京：中华书局，2007年，第1页，固子门即金耀门。

[56] "院"条："开化院。在固子门里，金水河之南，白鹊桥之东，宋大中祥符三年（1010年）创建，金季兵毁。"（明）李濂：《汴京遗迹志》卷十一，北京：中华书局，1999年，第188页。固子门即金耀门。

[57] "寺"条："慈孝寺。在雷家桥西北，故驸马都尉吴元扆宅也。天圣二年（1024年）十二月，诏建寺，奉真宗神御。初议名慈圣，时太后号有此二字，改赐今名。"雷家桥的位置于同书卷七，"蔡河"条有记载："今南薰门内东西有河积水弗涸，不复通舟楫矣。是河之上，有东西二桥见存，东曰小桥，直对南薰门；西曰雷家桥，在今南察院前，即巡抚治所也。"（明）李濂：《汴京遗迹志》卷十，北京：中华书局，1999年，第160页。此南薰门应为明时期南薰门，南薰门所在城墙位置较北宋东京城南墙更偏南，因此"雷家桥西北"指代的既有可能是指北宋东京城南墙外，也可能是指南墙内，慈孝寺的位置并不能明确。

[58] "院"条："开圣院。在里城之西南隅，宋仁宗天圣间（1023～1031年）创建，元末兵毁。"（明）李濂：《汴京遗迹志》卷十一，北京：中华书局，1999年，第188页。

[59] "院"条："宝圣院。在蔡河北寺桥之南，宋时僧录重珣创建，仁宗景祐元年（1034年）赐额，元末兵毁。"（明）李濂：《汴京遗迹志》卷十一，北京：中华书局，1999年，第187页。北宋时蔡河和寺桥之间有城墙，因此仅凭"蔡河之北寺桥之南"还并不能确定宝圣院的位置。

[60] "皇祐元年（1049年）……至是，内侍李允宁奏：以汴京第宅创兴禅席，因赐额为十方净因，上方留意空宗，诏求有道者居之。"（南宋）志磐：《佛祖统纪》卷四十六，上海：上海古籍出版社，2012年，第1080页。"院"条："净因院在宜秋门外金梁桥西汴河南。元末兵毁。"（清）周城：《宋东京考》卷十六，北京：中华书局，1988年，第286页。金梁桥为汴河上一座位于外城的桥。

[61] "寺"条："北太黄寺。在城东北陈桥南，宋仁宗曹太后敕修，元末兵毁。"（明）李濂：《汴京遗迹志》卷十，北京：中华书局，1999年，第163页。

⑨ 三学护国院，建立时间不明，北宋庆历三年（1043年）赐额，位于外城内西南部蔡河以东[62]。

宋神宗时期成立2所，按建立先后顺序列举如下：

⑩ 法云寺，北宋熙宁四年（1071年）建立，位于外城内南部蔡河以南[63]。

⑪ 兴德院，北宋熙宁八年（1075年）八月建立，位于金水门外[64]。

从分布位置上看，宋真宗时期建立寺院均处于外城内部，① 位于外城内西南角，②③ 为同年成立，均位于外城内西北角金水河南岸。宋仁宗时期成立的寺院中，⑤ 位于内城，⑦ 位于外城内西部汴河南岸，原为内侍李允宁出让的住宅，⑧ 位于外城内东北角，⑨ 位于外城西南部蔡河以东。宋神宗时期成立的2所寺院，⑩ 位于外城内南部蔡河以南，⑪ 位于外城内北部，原为潜邸，即皇帝即位前的住所。共计有8所寺院在外城，1所寺院在内城。

这一段时期，多数寺院仍处于距皇城较远的外城内。寺院布局在北宋早期的基础上继续向城市的各个方位扩张，较前期分布范围增加了外城内西北部及金水河沿岸、外城内东北部、外城内汴河以及外城内蔡河以南几处。可以看出，这几处也恰好较为靠近河流，说明此时多数寺院选址依然体现出了对地理环境的重视。值得注意的是，这一时期已知有两所寺院（十方净因院和兴德院）均是由住所改建而来，此两处地理环境比较优越，原住所主人的地位也均不低，占地面积应都不小，不难猜测两所寺院的规格应该很高。这样的住所可以改建为寺院，也从侧面说明寺院建立需要有足够的空间，如兴德院还占有"淤田三千顷"，但其在选址上需要考虑的其他问题与高规格住宅相比，可能并不存在太大的区别。

2. 对当时宗教政策的反映

总体上来说，北宋中期宗教建筑分布，反映了此时佛教与道教发展基本上处于共同繁荣的状态。因为北宋中期也同时是修建宫观的第一个高峰期。这段时间内新建且时间可考的宫观数量为12处。其中宋真宗时期建立了6处，按建立先后顺序列举如下：

① 玉清昭应宫，北宋大中祥符元年（1008年）建立，位于景龙门西北[65]。

---

[62] "院"条："三学护国院。在南薰门外之西南，宋仁宗庆历三年（1043年）赐额，元末兵毁。"（明）李濂：《汴京遗迹志》卷之十一，北京：中华书局，1999年，第188页。此南薰门应为明时南薰门，故推测三学护国院应位于外城西南部蔡河以东。

[63] "法云寺在南薰门外云骥桥西。神宗熙宁四年（1071年）创建，元末兵毁。"（明）李濂：《汴京遗迹志》，北京：中华书局，1999年，第161页。云骥桥为蔡河上桥，因而此处南薰门是指明时南薰门，故法云寺的位置应该在内城外南部。

[64] "英宗以齐州防御使入继大统，治平二年（1065年），改齐州为兴德军。熙宁八年（1075年）八月，诏潜邸为佛寺，以本镇封之，赐名兴德禅院，仍给淤田三千顷。"（南宋）王明清：《挥麈录》前录卷一，北京：中华书局，1961年，第3页。"院"条："兴德院。在金水门外，金季兵毁……"（明）李濂：《汴京遗迹志》卷十一，北京：中华书局，1999年，第190页。

[65] "大中祥符元年（1008年）……夏四月……丙午，作昭应宫……二年（1009年）……秋七月……辛未，以昭应宫为玉清昭应宫"。（元）脱脱：《宋史》卷七，北京：中华书局，1985年，第136页。"观"条："万寿观。在景龙门西北，本玉清昭应宫东偏别殿也。天圣七年（1029年）夏六月，玉清昭应宫灾，燔爇殆尽，惟存长生、崇寿二殿，并章献太后本命殿。后稍修葺，改崇寿殿名太霄殿，徙奉玉皇铜像，增缮宝庆、延圣二殿及膺福斋殿、昆玉池

② 天庆观，北宋大中祥符二年（1009年）十月建立，位置不详[66]。

③ 五岳观，北宋大中祥符五年（1012年）八月建立，位于南薰门内东北[67]。

④ 景灵宫，北宋大中祥符五年（1012年）十一月建立，位于宣德门外，相国寺西北[68]。

⑤ 会灵观，北宋大中祥符五年（1012年）建立，位于南薰门内东北、普济水门西北[69]。

⑥ 祥源观，北宋天禧二年（1018年）建立，位于繁台东南[70]。

宋仁宗时期成立了4处，分别为：

⑦ 万寿观，北宋天圣七年（1029年）建立，位于景龙门西北[71]。

⑧ 西太一宫，北宋天圣年间（1023～1031年）建立，位于城外西南八角镇[72]。

亭。又葺章懿太后御容殿，改名万寿观，后皆毁于金兵。"（明）李濂：《汴京遗迹志》卷十，北京：中华书局，1999年，第166页。

[66] "观"条："天庆观。大中祥符二年（1009年）十月，诏天下州、府、军、监、关、县皆建道观一所，以天庆为名。"（明）李濂：《汴京遗迹志》卷十，北京：中华书局，1999年，第167页。

[67] "朱雀门外街巷"条："过龙津桥南去，路心又设朱漆杈子如内前。东刘廉访宅，以南太学、国子监，过太学又有横街，乃太学南门。街南熟药惠民南局。以南五里许皆民居。又东去横大街，乃五岳观后门……御街至南薰门里，街西五岳观，景为雄壮。自西门东去观桥、宣泰桥，柳荫牙道，约五里许，内有中太一宫、祐神观。"（北宋）孟元老：《东京梦华录》卷二，北京：中华书局，2007年，第100页。"大中祥符五年（1012年）……八月……己未，作五岳观"。龙津桥位于中央御街的位置上，一路向南，东侧为五岳观后门，因此五岳观应在街东，但后面却将五岳观的位置记为街西，这很显然是矛盾的。但在同书卷一"河道"条中这样记载："河上有桥十一，自陈州门里曰观桥，在五岳观后门。"根据此条记述，五岳观应在外城东侧。故推测"街西五岳观"可能是作者的笔误，五岳观的位置应位于外城东侧，即南薰门东北部。关于建立时间，《宋史》卷八中提到。（元）脱脱：《宋史》，北京：中华书局，1985年，第151页。

[68] "驾行仪卫"条："千乘万骑，出宣德门，由景灵宫太庙。"及卷三"寺东门街巷"条："寺南即录事巷妓馆，绣巷皆师姑绣作居住。北即小甜水巷……向北李庆糟姜铺。直北出景灵宫东门前。"（北宋）孟元老：《东京梦华录》卷十，北京：中华书局，2007年，第901页。寺即相国寺，寺北直达景灵宫东门，这说明景灵宫应该位于相国寺的西北。

[69] "观"条："会灵观。在南薰门内东北，普济水门西北，宋大中祥符五年（1012年）创建。"（明）李濂：《汴京遗迹志》卷十，北京：中华书局，1999年，第165页。根据该书原文注释，李濂原来的表述是："南薰门外东北"，推测是将明时南薰门与北宋时南薰门混淆，因又有"普济水门西北"的描述，故认为会灵观位于南薰门（外城南门）东北及普济水门西北。

[70] "观"条："祥源观。在繁台东南，宋初有人于此地见龟蛇，因建真武堂。真宗天禧二年（1018年），泉涌堂侧，汲之靡竭，人有疾疫者，饮之辄愈，乃就其地建观。"（明）李濂：《汴京遗迹志》卷十，北京：中华书局，1999年，第166页。

[71] "观"条："万寿观。在景龙门西北，本玉清昭应宫东偏别殿也。天圣七年（1029年）夏六月，玉清昭应宫灾，燔爇殆尽，惟存长生、崇寿二殿，并章献太后本命殿。后稍修葺……又葺章懿太后御容殿，改名万寿观。"（明）李濂：《汴京遗迹志》卷十，北京：中华书局，1999年，第166页。

[72] "……天圣（1023～1031年）中，建西太一宫，前殿处五福、君綦、大游三太一，亦用通天绛纱之制，余亦道冠霓衣。"（北宋）宋敏求：《春明退朝录》，北京：中华书局，1980年，第30页。"宫"："太一宫。都城太一宫有三处：……一在城西南之八角镇，为西太一宫……"（明）李濂：《汴京遗迹志》卷八，北京：中华书局，1999年，第108页。

⑨ 瑶华宫，北宋景祐元年（1034年）建立，位于金水门外[73]。

⑩ 洞源观，北宋景祐二年（1035年）建立，位于梁门外，大佛寺西[74]。

重修1处，为崇先观，北宋嘉祐年间（1056~1063年）重修，位置不详[75]。

宋神宗时期成立了1处，为11中太一宫，北宋熙宁五年（1072年）建立，位于南薰门内东北[76]。

北宋中期的道教宫观分布情况，除天庆观与崇先观两处位置不详外，在剩下10处中，共有8处位于外城内，其中有①⑦⑨位于外城内北部五丈河沿岸及附近，③⑤⑪位于外城内南部蔡河南岸，⑩位于外城内西部梁门外，⑥位于外城内东南角，④位于内城，⑧位于城外。

从总数上看，新建寺院的数量与同时期新建道教宫观相平齐，但不同的是新建寺院仅在宋仁宗时期达到5所以上的数量，而新建宫观在宋真宗和宋仁宗时期都达到了5个及其以上的数量，这一定程度地体现了道教地位的上升。从分布上来看，新建宫观分布相对密集的区域为外城内北部及外城内蔡河以南，其中外城内北部也恰是从前寺院分布较为密集的区域，外城内蔡河以南宫观的数量则较寺院多，且该区域在北宋中期以前暂不见有建立寺院或宫观的记录，推测进入北宋中期，此处宗教设施建设才繁盛起来。也有少数宫观新建于外城内西部（梁门外）与外城内东南角这两处旧有的寺院聚集区附近。可见在对地理环境的选择上，宫观与寺院的标准并无太大差别。而这一时期唯一新建于内城的景灵宫，与同期建立于内城的2所寺院相比，其位置更接近皇城，位于宣德门外太庙附近。根据相关文献资料记载，景灵宫作为神御殿，供奉有真宗、仁宗及英宗三朝皇帝以及章懿皇后的御容，而宋仁宗时期建立的慈孝寺也作为神御殿，供奉有真宗和章献明肃皇后的御容，虽然不知其具体位置，但可以确定不如景灵宫靠近宫城[77]，这可能是其内部供奉御容的数量较慈孝寺多的原因（图5）。

总体上看来，北宋中期在佛教稳定发展的同时，道教较之前朝地位也有所上升，这应与宋真宗对道教的态度有关。宋真宗曾提出："至于道释二门，有助世教，人或偏见，往往毁訾，假使

---

[73] "上清宫"条："瑶华宫在金水门外。"（北宋）孟元老：《东京梦华录》卷三，北京：中华书局，2007年，309页。"景祐元年（1034年）……癸酉，以净妃玉京冲妙仙师清悟为金庭教主冲静元师。美人杨氏听入道，赐名宗妙。并居安和院，仍改赐院名曰瑶华宫。"（南宋）李焘：《续资治通鉴长编》卷一百十五，北京：中华书局，2004年，第2705页。

[74] "观"条："洞源观。在大梁门外，大佛寺迤西，宋仁宗景祐二年（1035年），富平郡王姑施氏，愿入道为女冠，乃以崔怀道私第八十间，改为道观，赐名洞源，后毁于金兵。"（明）李濂：《汴京遗迹志》卷十，北京：中华书局，1999年，第168页。

[75] "观"条："寿星观旧有寿星画像，故名。嘉祐（1056~1063年）中，更画真宗御容，以易寿星之像，改曰崇先观。"（清）周城：《宋东京考》卷十三，北京：中华书局，1988年，第241页。

[76] "……熙宁五年（1072年），建中太一宫，内侍主塑像，乃请下礼院议十太一冠服。"（北宋）宋敏求：《春明退朝录》，北京：中华书局，1980年，第30页。"朱雀门外街巷"条："御街至南薰门里，街西五岳观，最为雄壮。自西门东去观桥、宣泰桥、柳阴牙道，约五里许，内有中太一宫、祐神观。"（北宋）孟元老：《东京梦华录》卷二，北京：中华书局，2007年，第100页。

[77] 根据上文慈孝寺的注释，慈孝寺的位置不能完全确定。但是"雷家桥西北"部位置应该是不如景灵宫靠近宫城的。

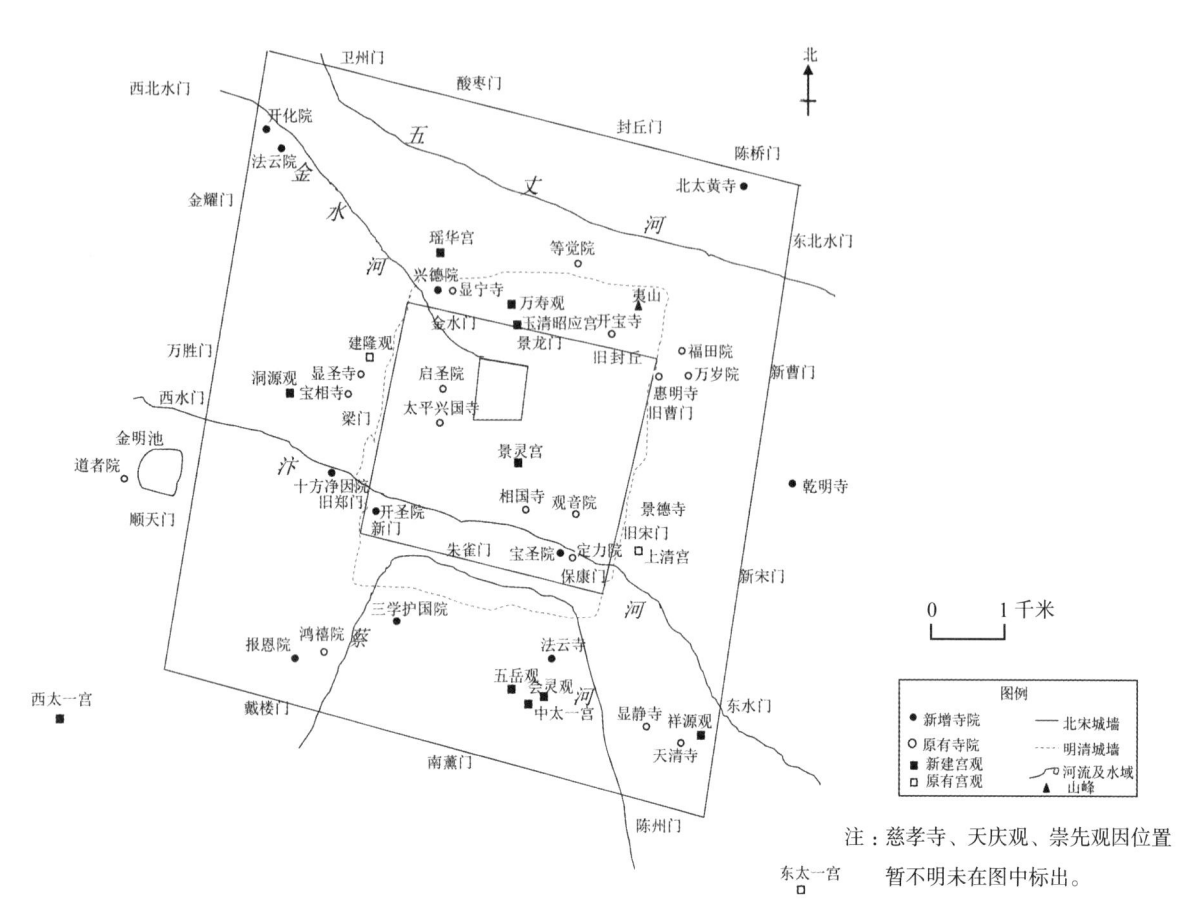

图 5　北宋中期东京城部分宗教建筑布局猜想示意图
（以《试论汴河对古代开封城方向的影响》中的插图为底图绘制，《考古》2017年第12期）

僧、道士时有不检，安可废其教耶？"[78]对比宋太宗曾提出的"浮屠氏之教有裨政治"，同时强调了佛教与道教的作用。相较于前代，宋真宗对道教的重视程度更强，这从其在位时期建立宫观数量之多就可以体现出来，但真宗没有因此抑制佛教的发展。《佛祖统纪》提到："臣寮言，'愚民无知，佞佛过度，谓舍财可以邀福，修供可以灭罪，蠹害国政，宜加禁止。'上（真宗）谓宰臣曰，'佛教使人迁善，诚有其益，安可禁之？且佛法所至甚广，虽荒服诸国皆知信奉，唯道教中原有之，然不甚盛。'"[79]这同时也说明了真宗重视道教的原因，因为道教作为中原本土的宗教并不如佛教兴盛，因此才要提升道教的地位。到了仁宗时期，新建寺院的数量又达到了一个高峰，超越了同时期新建的宫观，这说明直到仁宗时期，佛教仍在繁荣发展。

（四）北宋晚期东京城寺院分布

王安石变法失败后，北宋进入晚期，即宋哲宗至宋钦宗在位期间（1085～1127年）。这一时

---

[78]（南宋）李焘：《续资治通鉴长编》卷六十三，北京：中华书局，2004年，第1418、1419页。
[79]（南宋）志磐：《佛祖统纪》卷四十五，上海：上海古籍出版社，2012年，第1048页。

期因宋徽宗崇道抑佛，佛教的地位急速下降，新建寺院的数量也大大减少。此时北宋东京城寺院的整体布局已完全形成。

1. 寺院分布

北宋晚期，建立时间可考的寺院仅有鸿福寺 1 所，北宋崇宁元年（1102 年）建立，且位置在外城以外[80]。

2. 对当时宗教政策的反映

仅从北宋晚期可考的新建寺院的数量和分布位置来看，就不难推测当时对佛教政策应是发生了极大转变。而与寺院建立情况相反的是，当时新建宫观依然保持着较高的数量。该时期具体建立时间可考的宫观数量共有 7 处，均为宋徽宗时期建立，分别为：

① 九成宫，建立于崇宁元年（1102 年），位于中太一宫之南[81]。

② 宝成宫，建立于大观三年（1109 年），位置不详[82]。

③ 玉清神霄宫，建立于政和三年（1113 年），位于皇城内福宁殿东[83]。

④ 延福宫，建立于政和三年（1113 年），位于北拱辰门外[84]。

⑤ 上清宝箓宫，建立于政和五年（1115 年），位于景辉门对面[85]。

⑥ 葆真宫，建立于政和五年（1115 年），位于蔡河以南[86]。

⑦ 神保观，建立于政和七年（1117 年），位于万胜门外一里许[87]。

北宋晚期新建的道教宫观在数量上要远超同时期新建的寺院。新建宫观中大致位置可考的有 5

---

[80] "寺"条："鸿福寺有二，一在城西金水河北；一在城东北沙窝岗，宋崇宁元年建。"（明）李濂：《汴京遗迹志》卷十，北京：中华书局，1999 年，第 161 页。城西金水河北的鸿福寺建立时间不明。

[81] "宫"："九成宫。崇宁元年（1102 年），方士魏汉津，请备百物之象铸九鼎。四年三月，九鼎成，诏于中太一宫之南为殿以奉安，各周以垣，上施睥睨，墁以方色之土，外筑垣环之，名曰九成宫。"（明）李濂：《汴京遗迹志》卷八，北京：中华书局，1999 年，第 110 页。

[82] "宫"条："宝成宫。大观三年（1109 年），诏以铸鼎之地作宝成宫，总屋七十区。"（明）李濂：《汴京遗迹志》卷八，北京：中华书局，1999 年，第 111 页。

[83] "宋大内宫室"条："玉清神霄宫，政和三年（1113 年）建，旧名玉清和阳，在福宁殿东，七年改今名。"（明）李濂：《汴京遗迹志》卷一，北京：中华书局，1999 年，第 8 页。

[84] "宋大内宫室"条："延福宫，政和三年（1113 年）春，新作于大内北拱辰门外。"（明）李濂：《汴京遗迹志》卷一，北京：中华书局，1999 年，第 6 页。

[85] "宋大内宫室"条："上清宝箓宫，政和五年（1115 年）徽宗因林灵素之言，在景龙门对景辉门作上清宝箓宫，密连禁署，内列亭台馆舍，不可胜计。"（明）李濂：《汴京遗迹志》卷一，北京：中华书局，1999 年，第 8 页。

[86] "政和五年（1115 年）……夏四月甲辰，作葆真宫。"（元）脱脱：《宋史》卷二十一，北京：中华书局，1985 年，第 394 页。"朱雀门外街巷"条："又东去横大街，乃五岳观后门……街南葆真宫，直至蔡河云骑桥。"（北宋）孟元老：《东京梦华录》卷二，北京：中华书局，2007 年，第 100 页。

[87] "金"条："政和七年（1117 年），诏修神保观。"（元）脱脱：《宋史》卷六十六，北京：中华书局，1985 年，第 1449 页。"六月六日崔府君生日二十四日神保观神生日"条："二十四日，州西灌口二郎生日，最为繁盛。庙在万胜门外一里许，敕赐神保观。"（北宋）孟元老：《东京梦华录》卷八，北京：中华书局，2007 年，第 758 页。

所，其中⑦位于外城万胜门以外，⑥位于外城内南部蔡河南岸，④⑤位于宫城北门附近，③位

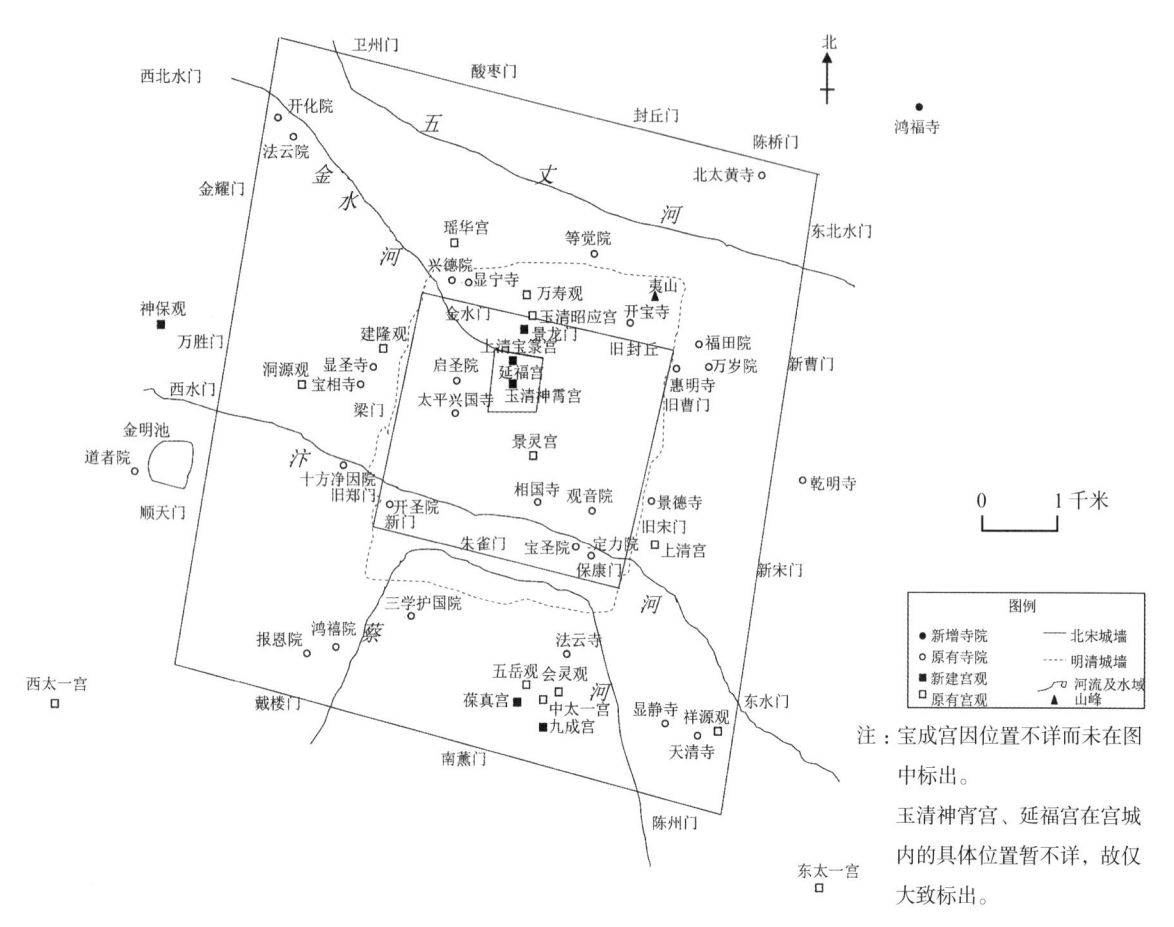

图6 北宋晚期东京城部分宗教建筑布局猜想示意图
（以《试论汴河对古代开封城方向的影响》中的插图为底图绘制，《考古》2017年第12期）

于宫城内部。无论是从建筑数量上来看还是从分布位置上看，道教宫观的建立受到重视的程度都远大于寺院的受重视程度（图6）。可以看出，宋徽宗时期佛教的地位远不及道教之高。这与宋徽宗崇道抑佛的政策相关。如其曾于大观元年（1107年）二月时下令："道士序位令在僧上，女冠在尼上。"[88] 宋徽宗对这两类宗教的态度差别也由此可见一斑。

（五）北宋时期建立时间不明宗教建筑分布

1. 寺院分布

北宋时期还有许多位置明确但具体建立时间不详的寺院，现列举如下：

① 兜率院，位于外城内北部偏西[89]。

---

[88]（清）黄以周：《续资治通鉴长编拾补》卷二十七，北京：中华书局，2004年，第906页。
[89]"院"条："兜率院。旧名旌孝院，在安远门外之西北，宋仁宗天圣元年，改名兜率，金季兵毁。"（明）李濂：《汴京遗迹志》卷十一，北京：中华书局，1999年，第188页。

②崇夏寺，位于旧宋门外乾明寺附近[90]。

③乾宁寺，位于外城内东北部[91]。

④婆台寺，位于陈州门里[92]。

⑤龟儿寺，位于相国寺西北[93]。

⑥两浙尼寺，位于外城以外金水河南侧[94]。

⑦巴娄寺，位于外城以外金水河南侧[95]。

⑧铁佛寺，位于外城以外金水河以南[96]。

⑨奉先寺，位于外城以外金明池之西[97]。

⑩净居院，位于梁门外西北，宝相寺之北[98]。

⑪净慧院，梁门外西北[99]。

---

[90] "收灯都人出城探春"条："州东宋门外……乾明崇夏尼寺。"（北宋）孟元老：《东京梦华录》卷六，北京：中华书局，2007年，第612、613页。由此可见崇夏寺与乾明寺距离很近，因此宋门应是指旧宋门，崇夏寺的位置应该在外城东部。

[91] "寺"条："乾宁寺。在仁和门外，金季兵毁。仁和门为明时期东北门，因此乾宁寺应位于内城外东北部。"（明）李濂：《汴京遗迹志》卷十，北京：中华书局，1999年，第162页。

[92] "上清宫"条："婆台寺在陈州门里。"（北宋）孟元老：《东京梦华录》卷三，北京：中华书局，2007年，第309页。

[93] "寺"条："龟儿寺。在相国寺西北。"（明）李濂：《汴京遗迹志》卷十，北京：中华书局，1999年，第160页。

[94] "收灯都人出城探春"条："北金水河两浙尼寺、巴娄寺。"（北宋）孟元老：《东京梦华录》卷六，北京：中华书局，2007年，第613页。"寺"条："两浙寺。在城西金水河侧，金兵毁之。"（明）李濂：《汴京遗迹志》卷十，北京：中华书局，1999年，第162页。

[95] "收灯都人出城探春"："金明池角……北金水河两浙尼寺、巴娄寺。"（北宋）孟元老：《东京梦华录》卷六，北京：中华书局，2007年，第613页。"寺"条："巴娄寺。在城西金水河南，元末兵毁。"（明）李濂：《汴京遗迹志》卷十，北京：中华书局，1999年，第162页。这一章节主要记载了外城景物，两浙寺的位置应是参照城外金明池描述，位于金水河南岸的巴娄寺与其距离应很近，故推测其位于城外金水河南岸。"寺"条："巴娄寺。在城西金水河南，元末兵毁。"（明）李濂：《汴京遗迹志》卷十，北京：中华书局，1999年，第162页。"收灯都人出城探春"："金明池角……北金水河两浙尼寺、巴娄寺。"（北宋）孟元老：《东京梦华录》卷六，北京：中华书局，2007年，第613页。故推测其位于城外金水河南侧。

[96] "收灯都人出城探春"条："北金水河两浙尼寺、巴娄寺……南去药梁园、童太师园。南去铁佛寺、鸿福寺、东西柏榆村。"（北宋）孟元老：《东京梦华录》卷六，北京：中华书局，2007年，第613页。"寺"条："有二：一在大梁门外西北，金水河堤之南，今废；一在相国寺东，相传亦本寺禅院，今见存。"（明）李濂：《汴京遗迹志》卷十，北京：中华书局，1999年，第161页。

[97] "寺"条："在城西金明池之西，宋建以祭宫人之所，金兵毁之。"（明）李濂：《汴京遗迹志》卷十，北京：中华书局，1999年，第162页。

[98] "院"条："净居院。在大梁门外西北，宝相寺之北，元末兵毁。"（明）李濂：《汴京遗迹志》卷十一，北京：中华书局，1999年，第188页。

[99] "院"条："净慧院。在大梁门外西北，南唐主李煜归宋，赐第于此，煜卒后为寺，元末兵毁。"（明）李

这其中，②⑥⑦⑧⑨共五所寺院位于外城以外，且多分布于外城以外西部，⑤位于内城，①③④⑩⑪共五所寺院位于外城内。

2. 道教宫观分布

为了便于对北宋时期整体的寺院分布情况进行完善分析，与建立时间不明的寺院相对，仅知大致分布位置、建立时间不明的道教宫观的信息也列举如下：

① 延真观，南薰门里西南[100]。
② 延宁宫禁女道士观，保康门内[101]。
③ 祐神观，南薰门内东北、观桥以西、法云寺南[102]。
④ 醴泉观，东水门里[103]。
⑤ 朝元万寿宫，内城汴河沿岸[104]。
⑥ 玉阳观，在大梁门内[105]。
⑦ 南山观，内城东北部[106]。
⑧ 四圣观，寺桥之南[107]。

濂：《汴京遗迹志》卷十一，北京：中华书局，1999年，第188页。

[100] "朱雀门外街巷"条："西去大街曰大巷口，又西曰清风楼酒店……自大巷口南去，延真观延接四方道民于此。"（北宋）孟元老：《东京梦华录》卷二，北京：中华书局，2007年，第100页。"观"条："延真观在南薰门里西南。始建未详，元末兵毁。"（清）周城：《宋东京考》卷十三，北京：中华书局，1988年，第242页。

[101] "大内前州桥东街巷"条："……近南即保康门潘家黄耆圆延宁宫禁女道士观，人罕得入。"（北宋）孟元老：《东京梦华录》卷三，北京：中华书局，2007年，第283页。

[102] "朱雀门外街巷"："御街至南薰门里，街西五岳观，最为雄壮。自西门东去观桥、宣泰桥、柳阴牙道，约五里许，内有中太一宫、祐神观。"同书卷三"大内前州桥东街巷"条："以南街东法云寺。又西去横街张驸马宅，寺南祐神观。"（北宋）孟元老：《东京梦华录》卷二，北京：中华书局，2007年，第100页。

[103] "上清宫"条："醴泉观在东水门里。"（北宋）孟元老：《东京梦华录》卷三，北京：中华书局，2007年，第309页。

[104] "宫"条："朝元万寿宫。在城内汴河之侧，金兵毁之，今延庆观即朝元万寿宫之斋堂也。"（明）李濂：《汴京遗迹志》卷八，北京：中华书局，1999年，第111页。

[105] "观"条："玉阳观。有二：一在大梁门内，即杨六郎宅址也；一在城隍庙后近西街北，乃金章宗时汴京之永丰仓也，金季兵毁。"（明）李濂：《汴京遗迹志》卷十，北京：中华书局，1999年，第165页。城隍庙位置暂无法考证。

[106] "观"条："南山观。在安远门里街西三皇庙之南，始建无考，元末兵毁。"此安远门指代宋时安远门，即旧封丘门可能性更大，因为此处说明南山观位于"三皇庙之南"，而三皇庙的位置同书卷十一"庙"条有记载："三皇庙。在城内东北隅艮岳废址之上。"而关于艮岳，同书卷四"艮岳寿山"条提到："艮岳寿山在汴故城东北隅。初，徽宗未有嗣，道士刘混康以法箓符水出入禁中，言：'京城东北隅，地协堪舆，倘形势加以少高，当有多男之祥。'"（明）李濂：《汴京遗迹志》卷十，北京：中华书局，1999年，第167页。这说明艮岳位于北宋东京城内城东北部。故推断南山观的位置应位于内城东北部。

[107] "观"条："四圣观。在相国寺桥之南，始建无考，金季兵毁。"（明）李濂：《汴京遗迹志》卷十，北京：中华书局，1999年，第167页。

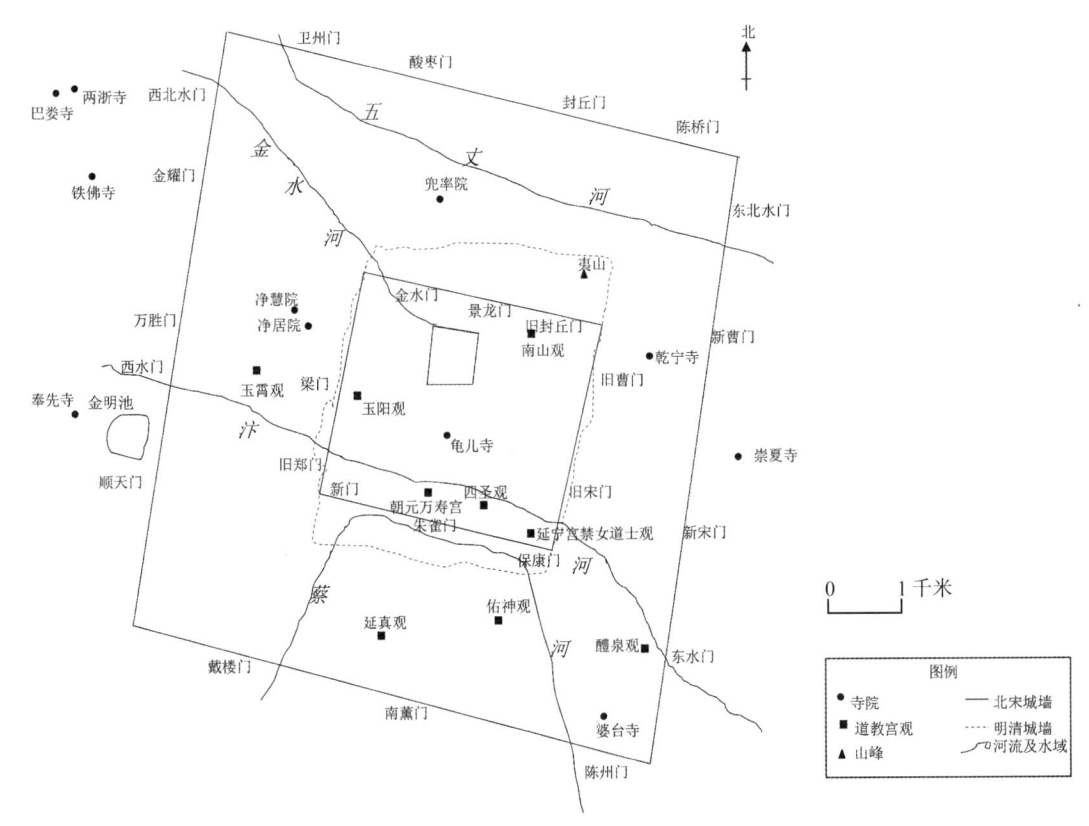

图 7　北宋时期部分建立时间不明宗教建筑布局猜想示意图
（以《试论汴河对古代开封城方向的影响》中的插图为底图绘制，《考古》2017 年第 12 期）

⑨ 玉霄观，梁门外[108]。

以上宫观均位于城内，其中①③④⑨位于外城内，②⑤⑥⑦⑧位于内城（图 7）。

（六）北宋时期寺院分布整体情况

纵观整个北宋时期，东京城寺院主要分布在外城之中。其中，梁门外与旧曹门外寺院分布密度较高，且有记载的寺院中有不少靠近河流建立。东京城地形较为平坦，寺院的选址受到地形因素的影响较小，但城中有数条河流流经，提供了水源与交通上的便利，因此会在很大程度上影响城中各类建筑的选址，寺院自然也不例外。根据前文，城中有些寺院可能像兴德院一样，拥有大面积的田地，因此靠近河流建立会满足灌溉和生活的需要。除此之外，河流带来的交通优势也有利于寺院的传播与接待活动。根据平面分布图可以看出，城北五丈河、城西北金水河、城中汴河以及城南的蔡河东西附近都有为数不少的寺院分布。

另外，寺院占据较大面积田地，外加有些寺院原本为较大规格住宅，这也说明至少北宋时期，寺院对占地空间是有一定要求的。这其实也一定程度上解释了外城以外的寺院分布。上文已提到，

---

[108] "观"条："玉霄观。在大梁门外，今三圣堂之北，始建无考，元末兵毁。"（明）李濂：《汴京遗迹志》卷十，北京：中华书局，1999 年，第 167 页。

东京城寺观有数百，虽然可能有夸张的成分，但可以肯定的是寺院数目一定不小，再加上寺院的占地面积较大，外城以内很可能容纳不下太多寺院，城外仍有寺院分布也就不奇怪了。除此之外，北宋时期将住宅改建为寺院可能不止上文所记两例，因此城中有一部分寺院布局可能受到住宅选址条件的影响。

总的来说，北宋时期东京城多数寺院处在远离宫城的位置，更倾向于沿河建院，从侧面说明了当时的寺院选址受制于政权需要的程度较小，总体呈现出自然发展的态势。

而对比北宋时期道教宫观，除徽宗时建立的道观多数较为靠近宫城，数量也远多于寺院外，北宋时期寺院的建立及分布情况与道教宫观并不存在明显的对立。这一时期的道教宫观同样是外

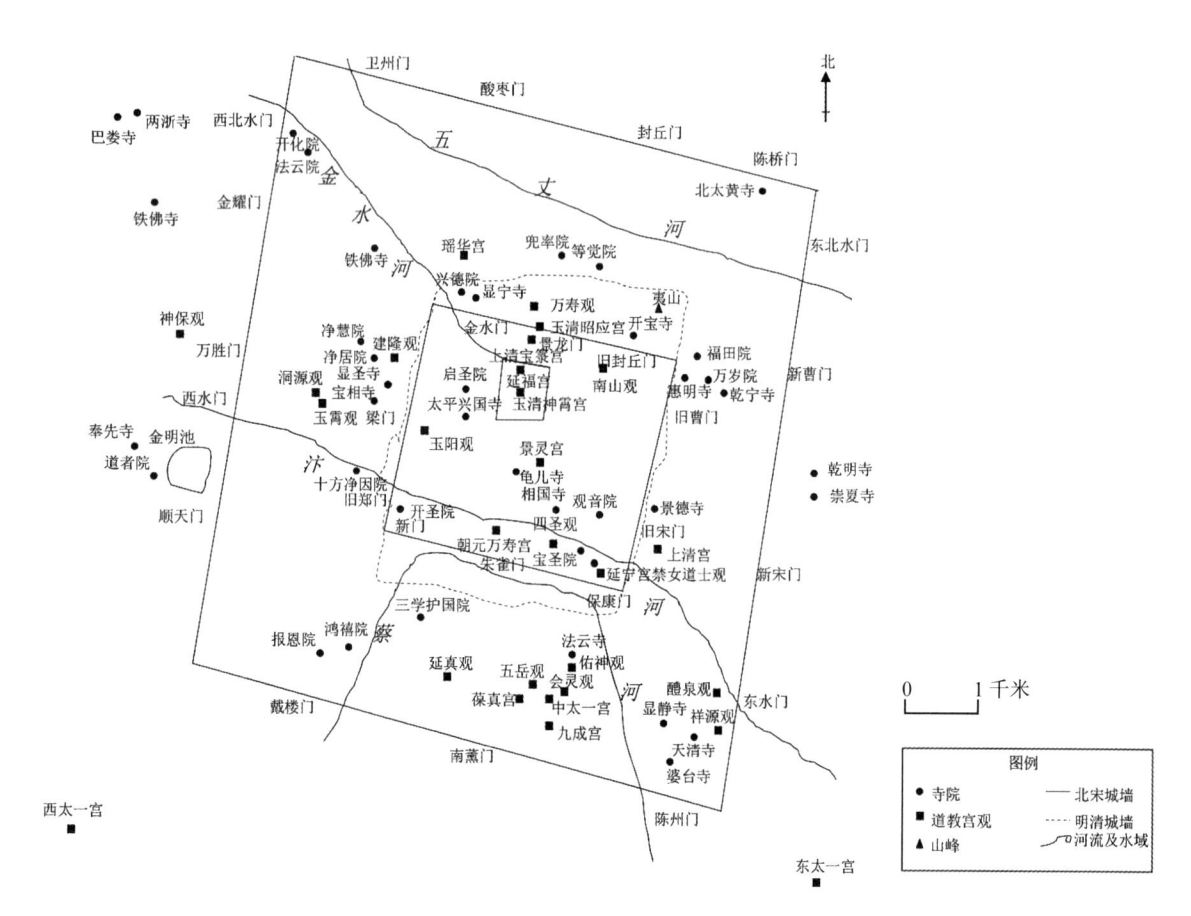

图 8 北宋时期东京城部分宗教建筑布局猜想示意图
（以《试论汴河对古代开封城方向的影响》中的插图为底图绘制，《考古》2017 年第 12 期）

城分布数量最多，且倾向于靠近河流建立。与寺院分布情况略有不同的是，蔡河南岸宫观的数量要多于寺院，但此二处同样有寺院分布于其间，正如不少道教宫观也会穿插分布于一些寺院聚集区，如外城西部（梁门外）以及外城东南隅。也就是说，这两种宗教建筑在建立上并不存在明显界限，在选址上与寺院比较应该也不存在太大的差异。这从侧面体现了除徽宗朝外，北宋时期佛教的地位至少也是与道教相持平的（图 8）。

三、东京城内寺院具体情况

相国寺为东京城规模最大，记载最详细的寺院，成为东京城寺院的代表，本章将着力分析造像与壁画在寺院内的配置情况及其反映的思想和信仰内容，并列举当时与相国寺有关的社会活动。同时，也兼顾文献中散见的城中其他寺院造像、壁画信息，以及相关的社会活动情况。

（一）相国寺

根据北宋宋白记述可知[109]，相国寺始建于北齐，当时名为建国寺，唐睿宗时期更名为相国寺并沿用至今，北宋时期发展成一所规模庞大且在东京佛教与日常生活中扮演着重要角色的寺院。北宋时期相国寺早已深埋于地下，但相关文献中仍留存有与相国寺相关的记载，可以根据这些信息推测并还原相国寺内部造像和壁画的大体配置情况，再通过平面图直观反映[110]（图9）。

1. 造像的配置及内涵

相国寺内造像涉及的文献资料较少，现搜集整理分析如下。

三门与资圣阁上，各一组五百罗汉，制作者及制作时间不明[111]。五百罗汉传闻为得阿罗汉果的佛五百弟子[112]，同时还具有传法的含义。《五代名画补遗》记载："又于河南府

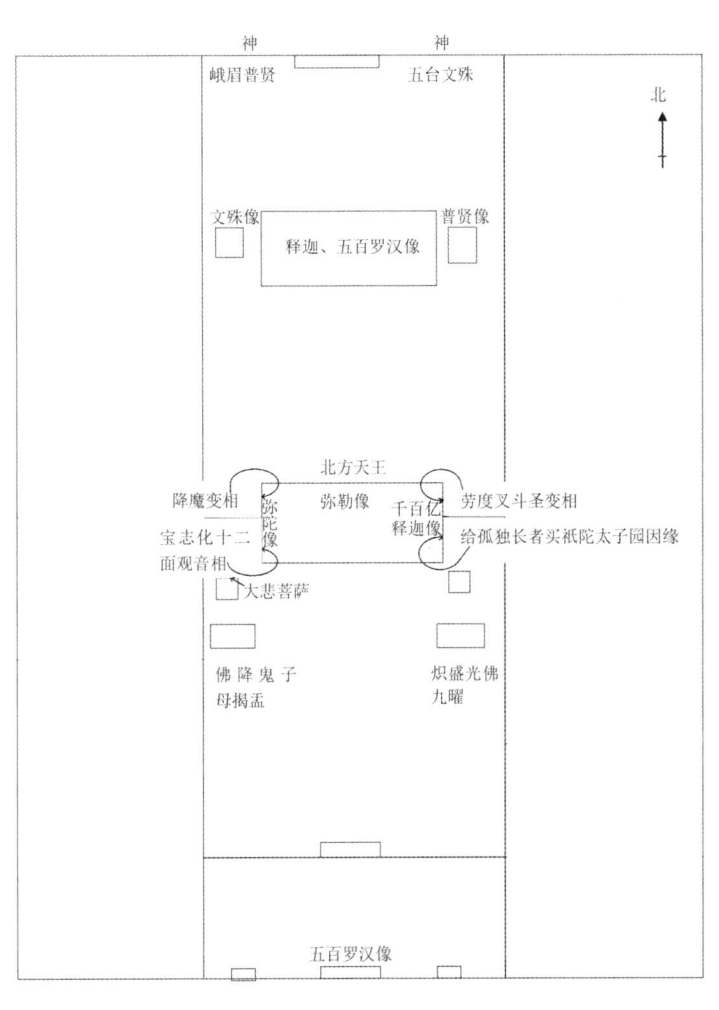

图9 相国寺内造像与壁画分布图

---

[109] 本文所引（北宋）宋白：《大相国寺碑铭》，《相国寺考》，郑州：中州古籍出版社，1985年，第217～219页。

[110] 本章绘制平面图参照了王贵祥先生绘制的《北宋汴梁大相国寺庭院空间与建筑布局推想图》，出自《北宋汴京大相国寺空间研究及其明代大殿的可能原状初探》，《中国建筑史论汇刊》2014年第1期。

[111] "相国寺内万姓交易"条："寺三门阁上并资圣门，各有金铜铸罗汉五百尊佛牙等。"（北宋）孟元老：《东京梦华录》卷三，北京：中华书局，2007年，第288、289页。

[112] "故经云。我诸弟子威仪具足。其数五百。皆当授记。即五百大阿罗汉也。"（唐）陈亿：《汉容州都峤山中峰石室五百罗汉记》，《全唐文补编》卷一一七，北京：中华书局，2005年，第1459、1460页。

广爱寺三门上五百罗汉,及山庭院楞伽山,皆惠之塑也"[113]。这不仅说明唐代就已有五百罗汉像的存在,也说明了将五百罗汉像置于三门之上的配置方式至少是从唐代开始的。但至于为何要将五百罗汉像置于三门上,以及相国寺为何在三门和资圣阁上各置一组五百罗汉像,其原因暂不知晓。

佛殿内,成寻记述中央为一丈六尺高弥勒佛像,西侧为弥陀,东侧为千百亿释迦[114]。此弥勒像唐睿宗时期游方僧慧云造,实为一丈八尺铸像[115]。佛殿内主尊为弥勒佛像,反映了相国寺重视弥勒下生信仰。弥勒下生成佛的世界,人民寿命绵长,一切所需应念即至,无复烦恼,自然成为人们理想的社会[116]。西侧配置阿弥陀佛,则是人们希望往生的西方净土世界。而千百亿释迦就表述语言来看,应为毗卢遮那佛化现的形象[117],亦不排除为普通千佛的表现。

资圣阁内,中央为等身释迦佛像,施主和制作年代不明[118],与五百罗汉像共同配置,推测具有传法的含义。

资圣阁旁西楼为文殊殿,内应有骑狮文殊像及其眷属像,东楼应为普贤殿,内有乘象普贤及其眷属像,不明造作于何时[119]。二者组合代表有菩萨行而成就法身。

2. 壁画的配置及内涵

相国寺壁画多数由太祖与太宗两朝著名画家所绘制,其分布情况据相关文献记载应如下。

佛殿前两侧廊壁,有东廊壁有高益所绘炽盛光佛与九曜,西廊壁有鬼子母揭盂[120]崔白所绘尊格不明的佛像[121],还有位置不确定的阿育王战像[122]。其中,东廊壁在宋神宗时改为炽盛光佛与

---

[113] (北宋)刘道醇:《五代名画补遗》塑作门第六,太原:山西教育出版社,2017年,第170页。

[114] "先礼弥勒大殿,丈六佛也,西弥陀,东千百亿释迦。"〔日〕成寻:《参天台五台山记》第四,石家庄:花山文艺出版社,2008年,第123页。

[115] "寺"条:"睿宗景云初,游方僧慧云睹审后园池中有梵宫影,遂募缘易宅。铸弥勒佛像高一丈八尺。值睿宗以旧封相王初即位,因赐额为相国寺。"(明)李濂:《汴京遗迹志》卷十,北京:中华书局,1999年,第151页。

[116] (西晋)竺法护译:《佛说弥勒下生经》,《大正藏》第十四册,第421页。

[117] "尔时毗卢遮那佛在莲华藏世界,与百千亿化身释迦牟尼佛,说心地尸罗净行品,教菩萨法,证菩提道。"《清净法身毗卢遮那心地法门成就一切陀罗尼三种悉地》,《大正藏》第十八册,第777页。

[118] "次登大殿高阁上,礼五百罗汉金色等身像,中尊释迦等身像。"〔日〕成寻:《参天台五台山记》第四,石家庄:花山文艺出版社,2008年,第124页。

[119] "西楼上有文殊宝殿,师子、眷属皆具足。东楼上有普贤像,白象、眷属皆具足。"〔日〕成寻:《参天台五台山记》第四,石家庄:花山文艺出版社,2008年,第124页。

[120] "高益……后被旨画大相国寺行廊'阿育王等变相'暨'炽盛光'、'九曜'等。"(北宋)郭若虚:《图画见闻志》卷三,上海:上海人民美术出版社,1964年,第80页。"相国寺内万姓交易"条:"……大殿两廊,皆国朝名公笔迹,左壁画炽盛光佛降九曜鬼百戏,右壁佛降鬼子母揭盂。"(北宋)孟元老:《东京梦华录》卷三,北京:中华书局,2007年,第289页。按当时表达方位的惯例,左壁应是位于东侧。

[121] "崔白……相国寺……廊之西壁,有佛一铺,圆光透彻,笔势欲动。"(北宋)郭若虚:《图画见闻志》卷三,上海:上海人民美术出版社,1964年,第110页。

[122] "高益……遂待诏于图画院,敕画相国寺廊壁。会上临幸,见益写阿育王战像,诏问,'卿晓兵否?'对曰,'臣非知兵者,命意至此。'上善之。"(北宋)刘道醇:《圣朝名画评》卷一,太原:山西教育出版社,2017年,第10页。

十一曜，为崔白所绘[123]。

炽盛光佛图像常与星宿图像共同出现，以《佛说炽盛光大威德消灾吉祥陀罗尼经》或《佛说大威德金轮佛顶炽盛光如来消除一切灾难陀罗尼经》为依托，经中记载有消灾禳祸的咒语，念此咒语便可消除由于星体运行造成"陵逼"现象带来的灾祸[124]。南宋洪迈记载，有身患顽疾者诵读"炽盛光咒"便病痛痊愈[125]，由此可从侧面窥见，宋时炽盛光佛信仰的目的更多在于试图消除现实生活烦恼，使之从困境中解脱出来。根据文献记载，表现这一信仰的图像在唐代就已经出现[126]，而根据学者考据，目前留存已知最早的实物图像为晚唐晚绢画《炽盛光佛并五星神》[127]。而后因水灾寺院内壁画损毁，崔白又重画炽盛光佛与十一曜，较之前的"九曜"多出两曜，这实际上佛教概念与道教概念相互融合的结果[128]。从太祖时期的高益绘制炽盛光佛与九曜图，到神宗时期的崔白绘制炽盛光佛与十一曜图[129]，也许体现了佛教信仰的本土化转变。

西廊壁的佛降鬼子母揭盂，表现的应是佛祖通过将鬼子母最小的儿子藏于钵下，使之感受失

---

[123]"崔白……相国寺廊之东壁，有炽盛光十一曜坐神等。"（北宋）郭若虚：《图画见闻志》卷三，上海：上海人民美术出版社，1964年，第110页。

[124]"尔时释迦牟尼佛在净居天宫，告诸宿曜游空天众九执大天，及二十八宿十二宫神一切圣众，我今说过去娑罗王如来所说炽盛光大威德陀罗尼除灾难法。若有国王及诸大臣所居之处及诸国界，或被五星陵逼，罗睺彗孛妖星照临所属本命宫宿及诸星位，或临帝座于国于家及分野处。陵逼之时，或退或进有诸障难者，但于清净处置立道场，念此陀罗尼一百八遍或一千遍，若一日二日三日乃至七日，依法修饰坛场，至心受持读诵，一切灾难皆悉消灭不能为害。若太白火星入于南斗，于国于家及分野处作诸障难者，于一忿怒像前，画彼设都噜形，厉声念此陀罗尼加持，其灾即除移于不顺王命悖逆人身上。"（唐）不空译：《佛说炽盛光大威德消灾吉祥陀罗尼经》，《大正藏》第十九册，密教部，第337页。

[125]第七"炽盛光咒"条："瑞安士人曹毅，字觉老，少出家为行者。其家累世病传尸，主门户者一旦尽死，无人以奉祭祀，毅乃还儒冠。后数年亦病作，念无以为计，但昼夜诵炽盛光咒。一日，读最多，至万遍，觉三虫自身出，二在项背，一在腹上，周匝急行，如走避之状。毅恐畏，不敢视，但益诵咒。忽顶上有光如电，虫失所之，疾遂愈。郡人戴宏中履道说。"又夷坚支乙卷第四"李商老"条："庐山李商老，因修造犯土，举家无问男女长少皆病肿。求医不效，乃扫室宇，令家人各斋心焚香，诵炽盛光呪以禳所忤。未满七日，商老夜梦白衣老翁骑牛在其家，地忽陷，旋旋没入。明日病者尽愈，始知此翁盖作祟者，疑为土宿中小神云。"（南宋）洪迈：《夷坚志》夷坚甲志卷，北京：中华书局，2006年，第62页。

[126]"寺塔记上"条："平康坊菩提寺……佛殿内槽后壁面，吴道玄画消灾经事，树石古崄。元和中，上欲令移之，虑其摧坏，乃下诏择画手写进。"（唐）段成式：《酉阳杂俎》续集卷五，《酉阳杂俎校笺》，北京：中华书局，2015年，第1843页。此处消灾经应为《佛说炽盛光大威德消灾吉祥陀罗尼经》，《阅藏知津》卷第十三"大乘经藏方等部第二之十二"条提到："佛说炽盛光大威德消灾吉祥陀罗尼经，唐北天竺沙门大广智不空译，即流通消灾经本。佛说大威德金轮佛顶炽盛光如来消除一切灾难陀罗尼经，唐代失译人名，与上经同。而有九曜真言。"（明）智旭：《阅藏知津》，成都：巴蜀书社，2014年，第322、323页。

[127]廖旸：《炽盛光佛构图中星曜的演变》，《敦煌研究》2004年第4期。

[128]廖旸：《炽盛光佛构图中星曜的演变》，《敦煌研究》2004年第4期。

[129]"熙宁初，命白与艾宣、丁贶、葛守昌画垂拱殿御扆'鹤'、'竹'各一扇，而白为首出。"（北宋）郭若虚：《图画见闻志》卷三，上海：上海人民美术出版社，1964年，第110页。

子之痛，从而教化鬼子母不再食人家子的故事[130]。该图像绘制于西廊壁，与东廊有消灾禳祸内涵的炽盛光佛图相对配置。

不清楚具体位置的阿育王战像，在长清灵岩寺有同题材表现，据学者考证，此类题材表现的主要内容应是阿育王征服羯陵伽一战，这场战争的惨烈结果成为了阿育王皈依佛门的直接原因[131]。应是具有佛教劝人向善的含义。

西藏经院后壁有沙门元霭所绘大悲菩萨[132]。大悲菩萨即千手千眼观世音菩萨，据北宋僧人释惠演记载，北宋开宝四年真定府龙兴寺"于胎上塑立大悲菩萨形象。先塑莲花台，上面安脚，足至头顶，举高七十三尺，四十二臂[133]"。据此，有理由相信绘于西藏经院后壁的大悲菩萨也为千手形象。

佛殿内壁壁画，西壁南侧为王道真所绘宝志化十二面观音相，西壁北侧为高文进所绘降魔变相，北壁（后壁）为高文进所绘北方天王，东壁北侧为李用及、李象坤所绘牢度叉斗圣变相，东壁南侧为王道真所绘给孤独长者买祇陀太子园因缘[134]。

东西两壁壁画中，东壁的给孤独长者买祇陀太子因缘图与牢度叉斗圣变相同出自《须达起精舍品》，即给孤独长者从祇陀太子处购买其庭园、并与其一齐将庭园作为精舍敬献给佛陀。精舍立成后，六师外道闻讯而来、派出牢度叉与舍利弗斗法并最终不敌[135]。因表现的内容是连续的，故表现在同一面墙壁上。西壁北侧的降魔变相出自《佛在菩提树下魔王波旬欲来恼佛缘》，表现内容为扰乱释迦修行的魔王波旬与群魔最终却被释迦所降伏，与牢度叉斗圣变相相似，都表达了邪魔

---

[130]（元魏）吉迦夜、昙曜译：《杂宝藏经》卷九"鬼子母失子缘"条，《大正藏》第四册，第492页。

[131] 廖芯雅：《长清灵岩寺塔北宋阿育王浮雕图像考释》，《故宫博物院刊》2006年第5期。

[132] "沙门元霭，蜀中人，幼来京师相国寺落发，……亦尝画本寺西藏经院后大悲菩萨。"（北宋）刘道醇：《圣朝名画评》卷一，太原：山西教育出版社，2017年，第49页。

[133]（北宋）释惠演：《真定府龙兴寺铸金铜像菩萨并盖大悲宝阁序》，《宋代序跋全编》卷九二，济南：齐鲁书社，2015年，第2541页。

[134] "治平乙巳岁（1065年）雨患，大相国寺以汴河势高，沟渠失治，寺庭四廊，悉遭潦浸，圮塌殆尽。其墙壁皆高文进等画。惟大殿东西走马廊西对门庑，不能为害。东门之南，王道真画给孤独长者买祇陀太子园因缘；东门之北李用及与李象坤合画牢度久斗圣变相；西门之南，王道真画志公变十二面观音象；西门之北，高文进画大降魔变相，今并存之，皆奇迹也。其余四面廊壁，皆重修复后集今时名手李元济等，用内府所藏付本小样重临仿者，然其间作用，各有新意焉。"结合同书卷三："王道真……今相国寺殿东画《给孤独长者买祇陀太子园因缘》，并殿西画《志公变十二面观音像》，其迹并存。"（北宋）郭若虚：《图画见闻志》卷六，上海：上海人民美术出版社，1964年，第121页。"王道真……于大殿西偏门南面东壁，画宝志化十二面观音相。"（北宋）刘道醇：《圣朝名画评》卷一，太原：山西教育出版社，2017年，第46页。能推断出大殿东西两壁壁画的配置情况。又《图画见闻志》卷三："高文进……相国寺大殿后擎塔天王，如出墙壁，及殿西降魔变相，其迹并存。"（北宋）郭若虚：《图画见闻志》，上海：上海人民美术出版社，1964年，第86页。及《圣朝名画评》卷一："文进自画……（相国寺）大殿后北方天王等。"（北宋）刘道醇：《圣朝名画评》，太原：山西教育出版社，2017年，第39页。可知佛殿内后壁绘有擎塔天王。

[135] 两个故事均出自（元魏）慧觉译：《贤愚经》须达起精舍品第四十一，《大正藏》卷四，本缘部，第418页。

外道终不敌佛法的主旨，应该是两幅画相对配置的原因。西壁南侧的宝志化十二面观音一事不见于佛典，佛典中只有十一面观音的描述[136]。这种信仰与消灾除祸有关，可以消灭一切魔鬼障碍，这似乎与"降魔"这一主旨暗合。宝志化十二面观音，此十二面"妙相殊丽，或慈或威"[137]，与佛典中对十一面观音的描述近似。与降魔变相同配置于西壁，就可能是因为它们共同拥有"消除魔障"的含义。同时，宝志作为观音化身，还具有救苦救难的含义，这也反映了当时的宝志信仰。由于宋以前史料对宝志诸多"神迹"的记载，使其在进入北宋时期成为了极负盛名的"神僧"形象。《宋大诏令集》中有相关记载："志公宜加谥曰真觉大师。"[138]又于大中祥符六年六月改谥号，"宜加为道林真觉大师。自今公私文字。勿斥其名。"[139]足见当时宝志神僧形象的地位之高及宝志信仰之流行。

寺院后门里墙壁东西两侧，分别为高文进所绘五台文殊峨眉普贤变相[140]。文殊菩萨与普贤菩萨共同代表了菩萨行思想。文殊与普贤的图像多以文殊骑狮子、普贤乘白象的固定图式出现，这样的配置源自《陀罗尼集经》中对文殊菩萨与普贤菩萨的描述[141]。而将五台与文殊、峨眉与普贤相联系起来并构成图像，是因为五台山是传说中文殊菩萨示现之地[142]，而峨眉则是传说中普贤菩萨示现之地[143]，表现文殊菩萨化现五台山、普贤菩萨化现峨眉山的图像于唐代在敦煌莫高窟就已出现[144]，画面内容为以山川图为背景表现菩萨形象。相国寺后门东西二壁表现内容大概也是如此。

后门西壁神为高文进所绘[145]，东壁神为王道真所绘[146]。神的尊格不明。

---

[136]（唐）玄奘译：《十一面神咒心经》，《大正藏》第二十册，密教部，第 152 页。

[137]（南宋）普济：《五灯会元》卷二"金陵宝志禅师"，北京：中华书局，1984 年，第 117 页。

[138] 司义祖整理：《宋大诏令集》卷第二百二十三，北京：中华书局，1962 年，第 861 页。

[139] 司义祖整理：《宋大诏令集》卷第二百二十三，北京：中华书局，1962 年，第 861 页。

[140]"文进自画后门里东西二壁五台峨嵋文殊普贤变相，及后门西壁神、大殿后北方天王等，以其能迁待诏，仍赐所居。"（北宋）刘道醇：《圣朝名画评》卷一，太原：山西教育出版社，2017 年，第 39 页。

[141]"其下左边画作文殊师利菩萨，身皆白色，顶背有光，七宝璎珞、宝冠、天衣种种庄严，乘于师子。右边画作普贤菩萨，庄严如前，乘于白象。"（唐）阿地瞿多译：《陀罗尼集经》卷一，《大正藏》第十八册，密教部，第 790 页。

[142]"又闻五台山者，即华严经清凉山也，世传文殊师利常所住处，古来诸僧多入祈请，有感见者，具蒙示教。"（唐）道宣：《续高僧传》卷第二十，北京：中华书局，2014 年，第 757 页。

[143]"留家嘉州岸下，单骑入峨眉。有三山，为一列，曰大峨、中峨、小峨。中峨、小峨昔传有游者，今不复有路。惟大峨一山，其高摩霄，为佛书所记普贤大士示现之所。"（南宋）范成大：《吴船录》卷上，北京：中华书局，2002 年，第 197 页。

[144] 李永宁：《敦煌莫高窟第 159 窟文殊、普贤赴会图——莫高窟第 159 窟初探之一》，《敦煌研究》1993 年第 4 期。

[145]"文进自画后门里东西二壁五台峨嵋文殊普贤变相，及后门西壁神、大殿后北方天王等，以其能迁待诏，仍赐所居。"（北宋）刘道醇：《圣朝名画评》卷一，太原：山西教育出版社，2017 年，第 39 页。

[146]"王道真……又与文进对画寺庭北门东面大神，迁待诏，及同文进计度玉清昭应宫壁，当时称之。"（北宋）刘道醇：《圣朝名画评》卷一，太原：山西教育出版社，2017 年，第 46 页。

（二）其他寺院

除相国寺外，东京城内其他寺院内的造像与壁画信息也散见于各类文献中，下文按寺院逐一列举。

1. 造像信息

目前可考的北宋东京城内其他寺院的造像有以下诸寺。

宝相寺内的五百罗汉像[147]。

太平兴国寺佛殿内中央释迦像、西侧阿弥陀像、东侧弥勒像[148]。此三佛的配置可能在北宋时期较为流行，三佛造像在北宋晚期至金早期盛行于陕北宋金石窟[149]，释迦佛为娑婆世界中佛，而阿弥陀佛与弥勒佛则都代表净土世界，因此将代表娑婆世界的释迦像置于中间，代表净土世界的弥勒像和阿弥陀像置于两侧，这应该是寄托了于此娑婆世界中聆听佛法，将来会往生于净土世界的愿望。

福圣禅院佛殿内金铜释迦像及胁侍二菩萨、十大弟子、四天王像，东堂泗州大师像，弥勒堂弥勒像，卢舍那堂四面三千金银佛像，罗汉堂释迦像、泗州大师立像、弥勒像、别坐罗汉十六罗汉五百罗汉三尺像[150]。这其中，泗州大师应是指僧伽，为唐代来自西域的僧侣，被认为是观音的化身[151]，因此福圣禅院的泗州大师像可能有救苦救难的含义。罗汉堂中的十六罗汉与五百罗汉同样，其功能为护持佛法，并为施主带来福泽[152]，因此可能具有传法和护法的思想。

上方寺内铜铸文殊普贤骑狮象、五百尊漆胎菩萨像、白玉石佛[153]。

启圣院内中央弥勒像、左右各一尊阿弥陀像、以及千百亿释迦[154]。弥勒像与阿弥陀像均代表净土世界，这样的配置应该是反映了净土信仰，千百亿释迦或为毗卢遮那佛所化现的形象，或为十方三世诸佛，在这里可能是作为净土世界的一部分。

---

[147] "宝相寺俗呼为大佛寺，有五百罗汉塑像，甚奇古。又噀水石龙，镌刻甚精，皆故宫物也。"（北宋）周密：《癸辛杂识》别集上，北京：中华书局，1988年，第219页。

[148] "先从行向太平兴国寺，广大伽蓝也。参大佛殿，寺诸僧来向。中尊丈六释迦，西弥陀，东弥勒。"〔日〕成寻：《参天台五台山记》第四，石家庄：花山文艺出版社，2008年，第122、123页。

[149] 李静杰：《陕北宋金石窟佛教图像的类型与组合分析》，《故宫学刊》2014年第1期。

[150] 〔日〕成寻：《参天台五台山记》第四，石家庄：花山文艺出版社，2008年，第125、126页。

[151] "僧伽大师，西域人也，俗姓何氏。唐龙朔初，来游北土，隶名于楚州龙兴寺……后中宗问万回师曰：'僧伽大师何人耶？'万回曰：'是观音化身也。'"李时人编校：《全唐五代小说》卷八，北京：中华书局，2014年，第296页。

[152] "如是十六大阿罗汉，一切皆具三明六通八解脱等无量功德，离三界染诵持三藏博通外典。承佛勅故，以神通力延自寿量，乃至世尊正法住世常随护持，及与施主作真福田，令彼施者得大果报。"（唐）玄奘译：《大阿罗汉难提蜜多罗所说法住记》，《大正藏》第四十九册，第13页。

[153] "寺"条："寺旧有漆胎菩萨五百尊并转轮藏黑风洞，洞前有白玉石佛。后殿内有铜铸文殊、普贤二菩萨骑狮象，莲座，前有海眼井，世谓七绝。"（明）李濂：《汴京遗迹志》卷十，北京：中华书局，1999年，第155页。

[154] "到启圣禅院大门……次礼大佛殿。丈六弥勒为中尊，左右弥陀。千百亿释迦，庄严甚妙。"〔日〕成寻：《参天台五台山记》第四，石家庄：花山文艺出版社，2008年，第123页。

2. 壁画信息

目前可考的北宋东京城内除相国寺以外寺院的壁画如下：

定力院大殿西壁王霭所绘水月观音。水月观音应为《华严经》中的观自在菩萨，原文对菩萨所处环境的描述与"水月"的形容较为吻合[155]。

景德寺九曜院西壁为王霭所绘弥勒下生、东壁高文进所绘药师琉璃光佛、院内为高文进所绘罗汉。弥勒下生与药师琉璃光佛相对配置，应是因为弥勒佛与药师佛皆为一方净土的代表[156]。

开宝寺大殿后文殊阁下东壁王霭所绘南方毗楼勒叉天王和金枪道菩萨相、西壁孙梦卿所绘西方毗楼博叉天王和金枪道菩萨相[157]，以及东藏经院壁董羽所绘弄珠龙。其中，南方毗楼勒叉天王和西方毗楼博叉天王为四天王中的两个[158]。在存在南方、西方天王的情况下，照理应存在对应的北方和东方天王。

崇夏寺大殿东西两壁为高益所绘善神[159]。

太平兴国寺浴室院之南老屋东西壁六祖像[160]、译经堂北壁觉称所绘释迦[161]。

（三）寺院相关社会活动

1. 国家及皇室活动

---

[155] "于此南方有山名补怛洛迦，彼有菩萨名观自在……时善财童子……渐次游行至于彼山，处处求觅此大菩萨。见其西面岩谷之中泉流萦映，树林蓊郁，香草柔软右旋布地。观自在菩萨于金刚宝石上结跏趺坐，无量菩萨皆坐宝石恭敬围绕，而为宣说大慈悲法，令其摄受一切众生。"（唐）实叉难陀译：《大方广佛华严经》卷六十八，《大正藏》第十册，第366页。

[156] "此药师琉璃光如来国土清净。无五浊无爱欲无意垢。以白银琉璃为地。宫殿楼阁悉用七宝。亦如西方无量寿国无有异也。"（东晋）帛尸梨蜜多罗译：《佛说灌顶经》卷十二，《大正藏》第二十一册，密教部，第533页。

[157] "王霭……所画南方毗楼勒义天王，高丈余，及金枪道菩萨相，皆笔力精迈，思虑殚竭……孙梦卿与王霭对画开宝寺文殊阁下壁，为西方毗楼勒叉天王像及金枪道菩萨相。"（北宋）刘道醇：《圣朝名画评》卷一，太原：山西教育出版社，2017年，第4~6页。根据佛典，南方毗楼勒义天王并不见记载，而西方应为毗楼博叉天王，可能均为误写。

[158] "初夜叉王者。即是北方天王毗沙门也。此云多闻。以其福德之名闻四方故……二龙王众者，此初总标众名。从所领为名，毗楼博叉，此有两解。玄奘三藏云，毗楼魄也，博叉月也。日照三藏云，毗遍也多也，楼谓楼彼，此云色也。博叉谓博说叉，此云诸根也。谓此龙王，眼等五根，皆有多种色相庄严故……三鸠盘荼王众者，南方天王众，从所领为名。能领名毗楼勒叉者，此云增长主……四乾闼婆王者。东方天王众。亦从所领为名也。列名中提头赖咤者。此云持国。"《续华严经略疏刊定记》卷二。

[159] "高益……后画崇夏寺大殿东西二壁善神"（北宋）刘道醇：《圣朝名画评》卷一，太原：山西教育出版社，2017年，第10页。

[160] "予嘉佑初举进士，馆于兴国浴室老僧德香之院。浴室之南有古屋，东、西壁画六祖像。"（北宋）苏轼：《兴国寺浴室院六祖画赞》，《苏轼文集编年笺注》卷六一，成都：巴蜀书社，2011年，第243页。

[161] "大中祥符初，有西域僧觉称来，馆于兴国寺之传法院……善画，尝于译堂北壁画释迦，面与此方所画绝异。"（北宋）郭若虚：《图画见闻志》卷六，上海：上海人民美术出版社，1964年，第129页。

北宋东京城内寺院也经常与国家性质及皇室活动联系，有时是为其相关活动提供场所，有时是在其支持下进行某项活动，亦或是按皇家旨意分担一些特殊职能。

祈雨与报谢。北宋时期常被用于祈雨的寺院有相国寺、开宝寺、景德寺和天清寺等。如根据《续资治通鉴长编》以及《续资治通鉴长编拾补》所记载，北宋时期皇帝共于相国寺祈雨8次，其中宋太祖2次，宋太宗1次，宋真宗1次，宋仁宗1次，宋英宗1次，宋神宗1次，宋哲宗1次。开宝寺祈雨5次，其中真宗于此祈雨3次，仁宗2次。于景德寺祈雨共2次，其中真宗1次，仁宗1次。于天清寺祈雨共2次，其中仁宗1次，英宗1次。寺院并非专属的祈雨场所，皇帝经常会在去寺院祈雨的同时，也去道教宫观祈雨，这也说明至少在这种情况下，寺院与道教宫观并无二致，都是回应愿望的场所。北宋皇帝祈雨只限定于固定几所寺院，关于这一点，《宋会要辑稿》有相关记载："景灵宫、太一宫、太清观、今建隆观。会灵观、今集禧观。祥源观、今醴泉观。大相国寺、封禅寺、今开宝寺。太平兴国寺、天清寺、天寿寺、今景德寺。启圣院、普安院，以上乘舆亲祷[162]。"除这些寺院以外，还有一些寺院如崇夏寺、乾明寺及庙宇并不需要皇帝亲临祈雨，而是派遣官员前去祈雨。由此也可以对当时寺院的规格高低进行推断。如祈雨"奏效"，皇帝则会进行报谢。据《续资质通鉴长编》，庆历三年（1043年）夏季干旱，宋仁宗曾幸相国寺与会灵观祈雨，后降雨，仁宗便再幸相国寺与会灵观谢雨[163]。

道场。北宋时期常在寺院内设置道场用于祈福或祭祀。举行此仪式的常见原因主要为祈福、祈雨、谢晴、节日、帝后生辰、忌辰等，并会有道场斋文专门记录，如《慈孝寺开启真宗皇帝忌辰资荐道场斋文》[164]《大相国寺开启为民祈福道场斋文》[165]《相国寺开启谢晴道场斋文》[166]等。可以看出，设立道场是用以维系统治及国计民生的重要手段。

国忌行香。皇家在进行祭祀活动时，通常会去寺观行香。据《燕翼诒谋录》记载："国忌行香，本非旧制，真宗皇帝大中祥符二年（1009年）九月丁亥，诏曰：'宣祖昭武皇帝、昭宪皇后，自今忌前一日不坐，群臣进名奉慰，寺观行香，禁屠，废务，着于令。'自后太祖、太宗忌，亦援此例，累朝因之。今惟存行香而已，进名奉慰久已不存，亦不禁屠，双忌则休务，单忌亦不废务矣[167]。"说明这项国家性质仪式始于真宗。

朝廷宴请。在特殊的日子比如帝王生辰时，于相国寺举行仪式或宴会，如宋太祖建隆元年（960年）长春节时，"赐群臣衣各一袭，宰相率百官上寿，赐宴相国寺"[168]，又如宋真宗景德二年（1005年）以前的承天节，"中书门下枢密院文武百寮、内职既上寿，诣大相国寺行香，设会于

---

[162]（清）徐松辑：《宋会要辑稿》，上海：上海古籍出版社，2014年，第949页。

[163]"庆历三年（1043年）……庚辰，幸相国寺、会灵观祈雨……己丑，幸相国寺、会灵观谢雨。"（南宋）李焘：《续资治通鉴长编》卷一百四十一，北京：中华书局，2004年，第3377~3379页。

[164]（北宋）欧阳修：《欧阳修全集》卷八十三，北京：中华书局，2001年，第1208页。

[165]（北宋）欧阳修：《欧阳修全集》卷八十五，北京：中华书局，2001年，第1246页。

[166]（北宋）苏颂：《苏魏公文集》卷二十七，北京：中华书局，1988年，第375页。

[167]（南宋）王栐：《燕翼诒谋录》卷二，北京：中华书局，1981年，第19页。

[168]（南宋）李焘：《续资治通鉴长编》卷一，北京：中华书局，2004年，第9页。

资圣阁"[169]。为皇家宴席提供场所，一方面体现了相国寺在东京城寺院中地位之高，另一方面，也反映了当时佛教寺院与世俗生活间的界限变得模糊。

迎宾。有别国人士来访时，相国寺也会作为接待和安置的场所。宋太宗太平兴国三年（978年），有名为曼殊室利的天竺王子来访，相国寺就被用作其住所[170]。

赈济。在北宋东京城，福田院主要承担了赈济的职能。它的起源可以追溯至唐代，"开元中，京城乞儿，官置坊，给廪食，为养病院。又分置卑田院于诸寺，宋因之，以僧院名福田"[171]。可以看出，福田院除了作为寺院以外，还是专用于安置城内老病者或无家可归者并保证其生活最低标准的福利机构。到了宋仁宗时期，又对其进行增建，使其能为更多老病孤独者提供生活保障："嘉祐八年（1063年）……十二月……庚寅，诏：'京师老疾孤穷匄者，虽有东、西福田院，给钱米者才二十四人。可别置南、北福田院，并东、西各盖屋五十间，所养各以三百人为额。岁出内藏五千贯给之。'"[172] 可见福田院所承担的社会职能是受到皇帝重视的。

神御殿。据《宋史》记载，有些寺院专用于供奉帝后御容："太祖神御之殿七：太平兴国寺开先殿、景灵宫、应天禅院西院……太宗神御之殿七：启圣禅院、寿宁堂、景福殿……真宗神御之殿十有四：景灵宫奉真殿、玉清昭应宫安圣殿、洪福院、寿宁堂、福圣殿、崇先观永崇殿、万寿观延圣殿……仁宗、英宗、神宗、哲宗四朝神御于景灵宫、应天院，章献明肃皇后于慈孝寺彰德殿，章懿皇后于景灵宫广孝殿，明德、章穆二后于普安院重徽殿，章惠太后于万寿观广庆殿。"[173] 可以看出除寺院以外，一些道教宫观内的殿堂也会被作为神御殿使用，这说明供奉御容的行为应该与所处空间的宗教属性关系不大，这也侧面体现了北宋时期宗教的发展是处于皇权控制之下的。

巡幸。根据《续资治通鉴长编》以及《续资治通鉴长编拾补》所记载，北宋皇帝有巡幸城中寺院的惯例。其中开宝寺共有22次皇帝巡幸记录，其中真宗9次，太祖8次，仁宗2次，太宗1次，神宗1次，哲宗1次。相国寺共有16次，其中宋哲宗7次，宋太祖5次，宋神宗3次，宋太宗1次。飞龙院共有8次皇帝巡幸的记录，其中太祖7次，太宗1次。慈孝寺，共5次，其中仁宗4次，神宗1次。太平兴国寺，共3次，其中太宗2次，太祖1次。启圣禅院，共3次，其中真宗2次，仁宗1次。景德寺，共2次，其中真宗2次。从中可以看出，巡幸开宝寺的次数最多，且为基本贯穿整个北宋时期的活动，这应该与其历史悠久、又靠近艮岳这样的皇家园林有关。

坟寺。比较有代表性的为城外西南的奉先寺，宫内亡故者，皆埋葬于此。有诗专门提到："荒凉城南奉先寺，后宫美人官葬此。角楼相望高起坟，草间柏下多石人。"[174] 清明节时，"禁中出车

---

[169]（南宋）李焘：《续资治通鉴长编》卷六十一，北京：中华书局，2004年，第1375页。

[170]"丙子，遣蕃僧曼殊室利归其国……曼殊室利者，中印土王子也。开宝中来至中国，太祖诏令馆于相国寺。"（南宋）李焘：《续资治通鉴长编》卷十九，北京：中华书局，2004年，第431页。

[171]（明）王三聘：《古今事物考》卷三，上海：上海书店，1987年，第45页。

[172]（南宋）李焘：《续资治通鉴长编》卷一百九十九，北京：中华书局，2004年，第4841页。

[173]（元）脱脱：《宋史》卷一百九，北京：中华书局，1985年，第2624、2625页。

[174] 郭绍虞辑：《宋诗话辑佚》卷上，北京：中华书局，1980年，第83页。

马，诣奉先寺、道者院，祀诸宫人坟"[175]。

2. 佛事活动

传法。太平兴国五年（980年），北天竺迦湿弥罗国三藏天息灾、乌填曩国三藏施护来到京城，并献上梵夹，宋太宗有意翻译这些经书，于是在太平兴国七年（982年）六月下诏于太平兴国寺建立译经院，并分为三个部分，中间用于译经，东边用于润文，西侧用于证义。[176]

开坛授戒。开坛授戒是出家者成为正式僧侣的仪式。《宋会要辑稿》记载："凡童行得度为沙弥者，每岁遇诞圣节，开坛授戒。坛上设十座，释律僧首十阇梨说三百六十戒，授讫，祠部给牒赐之。东京于太平兴国寺置坛，大中祥符三年（1010年）赐名奉先甘露戒坛。后慈孝建大乘戒坛。"[177]作为承认僧人资格的仪式，开坛授戒应是寺院比较重要的佛事活动。

3. 民间活动

集市。根据《东京梦华录》记载，相国寺每月开放五次供平民百姓进行交易，从大三门到资圣阁后，贩卖动物、日常用品、食品、饰品、书籍、图画等多种门类的商品，甚至各寺院尼姑"卖绣作、领抹、花朵、珠翠、头面、生色销金花样幞头、帽子、特髻冠子、绦线之类"[178]，参与到交易活动中。"四方珍异之物。悉萃其间，因号相国寺为'破赃所'"[179]。不仅如此，因相国寺占地面积广，"僧房散处。而中庭两庑可容万人，凡商旅交易皆萃其中"[180]，因此形成了品类多、范围广的大型集市。相国寺作为宗教空间，却定期承担集市职能，进一步说明当时的宗教生活与日常生活之间的界限模糊，体现了佛教的世俗化趋势。

节日。每逢节日来临，东京城内的寺院都会特别举办活动供游人游赏或烧香祈福，提供观光娱乐场所。如正月十六日时，"悉南去游相国寺。寺之大殿前设乐棚，诸军作乐，两廊有诗牌灯云……资圣阁前安顿佛牙，设以水灯，皆系宰执戚里贵近占设看位。最要闹九子母殿，及东西塔院惠林、智海、宝梵，竞陈灯烛，光彩争华，直至达旦"[181]。重阳节时，"诸禅寺各有斋会，惟开宝寺仁王寺有狮子会。诸僧坐狮子上，做法事讲说，游人最盛"[182]，正月十六日时，城内多数宫观寺院"皆放万姓烧香。如开宝、景德、大佛寺等处，皆有乐棚，作乐燃灯"[183]。可见对于当时的城市居民而言，一些寺院是非常重要的消费休闲娱乐场所。到每年的四月八日即佛生日，寺院

---

[175]（北宋）孟元老：《东京梦华录》卷七，北京：中华书局，2007年，第626页。

[176]"北天竺迦湿弥罗国三藏天息灾、乌填曩国三藏施护来，召见赐紫衣，敕二师同阅梵夹。时上盛意翻译，乃诏中使郑守均于太平兴国寺西建译经院，为三堂：中为译经，东序为润文，西序为证义。"（南宋）志磐：《佛祖统纪》卷四十四，上海：上海古籍出版社，2012年，第1029页。

[177]（清）徐松辑：《宋会要辑稿》道释二，上海：上海古籍出版社，2014年，第9995页。

[178]（北宋）孟元老：《东京梦华录》卷三，北京：中华书局，2007年，第288页。

[179]（北宋）王得臣：《麈史》卷下，上海：上海古籍出版社，1986年，第88页。

[180]（北宋）王栐：《燕翼诒谋录》卷二，北京：中华书局，1981年，第20页。

[181]（北宋）孟元老：《东京梦华录》卷六，北京：中华书局，2007年，第595、596页。

[182]（北宋）孟元老：《东京梦华录》卷八，北京：中华书局，2007年，第817页。

[183]（北宋）孟元老：《东京梦华录》卷六，北京：中华书局，2007年，第596页。

则会举办一些特殊活动："十大禅院，各有浴佛斋会，煎香药糖水相遗，名曰'浴佛水'。"[184] 腊月初八，"街巷中，有僧尼三五人作队念佛，以银铜沙罗或好盆器，坐一金铜或木佛像，浸以香水，杨枝洒浴，排门教化，诸大寺作浴佛会，并送七宝五味粥与门徒，谓之'腊八粥'……腊日，寺院送面油与门徒，却入疏教化上元灯油钱，闾巷家家互相遗送"[185]。由此还可知，寺院上元节时的灯火所用灯油至少部分是靠信徒所化，可见当时寺院举行的相关活动与城内居民的生活关系密切，是他们日常生活中重要的组成部分。

文人交游。宋时常有文人与寺院活动及僧人有密切关系。比如，苏轼曾为法云寺新铸成的钟作铭[186]，法涌被聘为法云寺主持时，苏轼还为其作疏并写诗送行[187]。他还曾于戒坛院和法云寺绘制过壁画[188]。黄庭坚也曾为太平兴国寺浴室院的六祖画像提跋[189]。北宋时期禅宗思想在文人之间的流行应该是这种现象的主要原因。

四、结　　语

北宋东京城内各个时期寺院建立的数目，较为直观地反映了国家对佛教的态度，但除北宋晚期，北宋各个时期新建寺院位置却基本不受国家佛教政策的影响。宋徽宗时期以外，建立寺院与道教宫观的数目及位置，在各宗教之间也没有表现出特别明显的倾向性。仅就见于史料记载的宗教建筑而言，寺院的分布较为密集的区域有外城内西部（梁门外）、外城内东北部（旧曹门）外以及汴河与金水河沿岸等，道教宫观分布较为密集的区域有宫城北部和蔡河南部等，且寺院与道教宫观多穿插分布，不存在明显界限，呈现出自然的发展状态。

东京城一些寺院的壁画多出自北宋极负盛名的画家之手，是为当时人所称奇的艺术精品，这也从侧面反映了这些寺院的规格之高。寺院的造像与壁画反映了当时信仰的多样性，寄托了人们谋求救济、无病无灾，以及来世往生极乐净土的朴素愿望。一些寺院中的造像可能体现了护法、传法的思想。这些寺院的造像和壁画多选用传统佛教题材，或沿用前朝范式，一些寺院也出现了

---

[184]（北宋）孟元老：《东京梦华录》卷八，北京：中华书局，2007 年，第 749 页。

[185]（北宋）孟元老：《东京梦华录》卷十，北京：中华书局，2007 年，第 943 页。

[186] "本月，（苏轼）跋欧阳修寄王素（仲仪）诗后，时与素子巩等同游宝梵；京师法云寺钟成，作铭。" 孔凡礼：《苏轼年谱》卷二十五，北京：中华书局，1998 年，第 718 页。

[187] "驸马都尉张敦礼（君予）来聘净慈法涌大师主京师法云寺，（苏轼）为作疏。法涌行，有诗送行。" 孔凡礼：《苏轼年谱》卷三十，北京：中华书局，1998 年，第 954 页。

[188] "（苏轼）在朝时，尝为戒坛院、法云寺画枯木。" 孔凡礼：《苏轼年谱》卷三十二，北京：中华书局，1998 年，第 1116 页。

[189] "浴室院有蜀僧令宗画达摩西来六祖师，人物皆妙绝。其山川草木、毛羽衣盂诸物，画工能知之；至于人有怀道之容，投机接物，目击而百体从之者，未易为俗人言也。此壁列于冠盖之会，而湮伏不闻者数十年，得蜀人苏子瞻乃发之，物不系于世道兴衰，亦有数如此。" 曾枣庄、刘琳：《全宋文》卷二三一一，上海：上海辞书出版社，2006 年，第 247 页。

之前并未出现过的题材如阿育王战像、宝志化十二面观音变相和金枪道菩萨。

北宋东京城寺院除佛事活动外，一些寺院成为皇家和平民举行某些活动的场所，承担了一些非宗教性质的职能。这些与佛教思想基本无关的活动和职能，一方面借由宗教"回应愿望"这一基本功能，以及宗教建筑作为"神圣空间"的基本性质，实现维护国家秩序、寄托个人愿望的目的，另一方面与商业活动联系在一起，满足人们的实际生活需要，反映了北宋时期商品经济对寺院的影响。总的来说，无论是从寺院的布局形式、造像及壁画内容，还是从承担的职能上来看，北宋东京城的寺院都在一定程度上反映了当时佛教发展的世俗化情况。

山东长清灵岩寺彩塑罗汉像身份问题初探

黄恋茹

内容摘要：灵岩寺寺内彩塑罗汉像是灵岩寺文物的精华部分，造像水平极高，在中国古代雕塑史上的地位，尤其在泥塑造像上，可以称为典范，对于中国传统佛教艺术的研究也极具参考价值，被国学大师梁启超誉为"海内第一名塑"。但灵岩寺罗汉像的原有座牌因年久不全造成现存榜题与塑像不符，身份问题一直是个谜团，模糊不清，悬而未决。本文针对罗汉像身份展开详细的讨论和研究，通过找出榜题的问题，分析罗汉像名字和数量的排列组合、并与《古拓五百罗汉图》做形象比较，初步得出灵岩寺罗汉像的最初主要塑造来源可能是《妙法莲华经》中记述的参加法会且有署名的 21 尊罗汉，加上 11 尊汉僧的结论，进而分析灵岩寺罗汉像深受法华信仰的影响。

关键词：灵岩寺　彩塑罗汉　罗汉身份　罗汉信仰

The Preliminary Study of Painted Arhat Statues of Lingyan Temple in Shandong Province

Huang Lianru

Abstract: The arhat sculpture in the Lingyan Temple is the essence of the cultural relics of Lingyan Temple. The sculptural skill is extremely high and the position of which in the history of ancient Chinese sculpture, especially in the field of the clay sculpture, can be called Paragon. Also, it is quite helpful for the study of Chinese traditional Buddhist art, which was called "the top sculpture throughout the nation" by Liang Qichao. However, the name of the arhat is hard to match the statues due to the name plate was out of repair for a long period so that the identity issue of arhats has not solved until now. In this paper, a detailed discussion and research on the identity of the arhat images are carried out. According to list the problem of the name, this paper analyzes the arrangement of the name and quantity of Luohan, compare it with *the Rubbing of Five-hundred Arhat*. The source of the arhat statues in Lingyan Temple might be the 21 named arhat in the dharma assembly that is recorded by *the Lotus Sutra*. Further, the paper figures out that the arhat statues of Lingyan Temple are deeply

---

作者：黄恋茹，山东省济南市，250100，山东大学历史文化学院。

influenced by the Lotus Sutra.

Key words: Lingyan Temple, painted arhat, arhat identity, arhat belief

山东长清灵岩寺创建于东晋时期，迄今已经一千六百多年，是国内著名的古刹，在唐代时，就与江苏南京栖霞寺、浙江天台国清寺、湖北江陵玉泉寺并称为"四绝"，宋时被提为"四绝"之首[1]。而其中千佛殿内的四十尊彩绘泥塑罗汉像更是灵岩寺文物的精华部分，造像水平极高，被国学大师梁启超誉为"海内第一名塑"[2]，美学大师刘海粟也题词称赞"灵岩名塑，天下第一，有血有肉，活灵活现"[3]，其在中国古代雕塑史上的地位，尤其在泥塑造像上，可以称为典范，对于中国传统佛教艺术的研究极具参考价值。灵岩寺彩塑罗汉像从造型、服饰、色彩、雕塑技巧等方面无不给我们呈现了富有生命的艺术形象，体现了宋明两代的美术高度，是宋明时代人的思想和文化的表露。这四十尊彩塑罗汉像是中华民族宝贵的物质文化遗产，是人类不可多得的重要历史文物。

由于年代久远，以及经历过一次大的搬迁（从般舟殿到千佛殿），罗汉像的原有座牌因遗失、损坏等原因造成了现存榜题与塑像不完全相符的情况，而《灵岩志》以及现存碑文中也均未提及四十尊罗汉像的信息，使得这些罗汉像身份问题成为悬而未解的谜题。张鹤云在《山东灵岩寺》中提到"题榜是本世纪三十年代初期寺僧大文所置。笔者曾访问过他。据称在挂题榜之前，原有木质座牌分置像前，因年久不全，故重写题榜时，遗失者是随意从佛经上查了些梵僧的名字予以填补的"[4]。故后来有关灵岩寺罗汉像的文章，几乎皆默认现有榜题所注，对身份问题避而不谈。

据笔者查询，有关罗汉像身份问题研究的文章只有两三篇，如张鹤云的《长清灵岩寺古代塑像考》[5]中虽对罗汉的身份提出了质疑并指出几个错误，但论述不够全面，缺乏详细和深入的分析。孙婷婷《罗汉造像研究——山西及山东部分地区寺庙罗汉身份确认及造像比对》[6]，作者直接默认灵岩寺罗汉像的身份及造型源于十八罗汉，通过与山西云林寺十八罗汉的形象对比，确定了其中七尊的身份，但理由较为浅显牵强，有先入为主的思想，缺乏全面性。胡新华的《长清灵岩寺宋代彩塑罗汉像研究》[7]只是在现有榜题基础上介绍了对应罗汉的身份事迹。故灵岩寺罗汉像的身份问题，可以说是其研究史上的空白。

鉴于此，笔者认为针对罗汉像身份问题仍可以深入发掘，本文便拟通过从罗汉像现有的名称、

---

[1] 宋元祐七年（1092年）蔡安题诗碑中有"四绝之中处最先"。

[2] 1922年梁启超刻碑立于千佛殿门前，碑书："题灵岩千佛殿宋罗汉造像，海内第一名塑，民国十一年七月新会梁启超"。

[3] 1983年刘海粟于灵岩寺题："灵岩名塑，天下第一，有血有肉，活灵活现"。

[4] 张鹤云：《山东灵岩寺》，济南：山东人民出版社，1983年，第14页。

[5] 张鹤云：《长清灵岩寺古代塑像考》，《文物》1959年第12期。

[6] 孙婷婷：《罗汉造像研究——山西及山东部分地区寺庙罗汉身份确认及造像比对》，北京：中央美术学院，2012年，第7、8页。

[7] 胡新华：《长清灵岩寺宋代彩塑罗汉像研究》，山东大学博士学位论文，2015年。

数量、造型、时代等方面入手，结合佛教典籍，对灵岩寺罗汉像的身份问题做一些初步的研究和探讨，以此分析灵岩寺罗汉像的来源及信仰。

一、灵岩寺罗汉像榜题分析

（一）榜题存在的问题

灵岩寺罗汉像至今经历过两次妆銮，每一次必定对榜题有一定的修复，但清末后部分榜题仍因年久而遗失，寺内僧人便随意抄写几个梵僧名字予以补充，即现存榜题全部错误的可能性较小，同时存在榜题与塑像错位对应的可能性。首先从榜题现存名称入手，梳理相应的罗汉名号。

1. 榜题名字有误

（1）西第十三尊灵岩寺普朝朗公老和尚：朗公即竺僧朗，晋朝人，此处应为"晋朝朗公老和尚"。题榜题者应是手误造成。

（2）西第十四尊降伏外道均菩提沙弥和尚：《贤愚经》[8]记载，均提因感念舍利弗为师的功德，即使已经证得阿罗汉果，也愿终身为沙弥（指已受十戒，未受具足戒，年龄在七岁以上，未满二十岁时出家的男子），侍奉舍利弗。故被称为"沙弥"的罗汉，就是指"均提"了，而"菩提"即是"觉悟"的意思，两词本为不同的含义，所以"均菩提沙弥"的说法语意不通，推测榜题者无意多写了一个"菩"字，或是不知"均提"本就为一个名字。故原榜题的"均菩提沙弥"应为"均提沙弥"，原榜题应该是有误。

（3）西第十七尊衲子密行之神尊者："衲子"是指出家人，"密行"又是指三千威仪，八万细行都能持守无缺，所以此名字的含义可能是指一个能持密行的出家人，但又未指出其具体名字，而榜题中已有被称为密行第一的罗睺罗尊者，故此榜题名称可能有误，有待进一步查证。

（4）东第十尊东土摩诃菩提尊者：从名字结构来看，摩诃即"大"，而菩提即"觉悟"，两者多作为形容词，所以摩诃菩提尊者的说法可能有漏写名字。

（5）东第十五尊天贝高峰妙禅师：原妙禅师姓徐，号高峰，在天目峰隐居十五年，此处可能为天目高峰妙禅师。

2. 榜题名字未找到出处

以下名字在佛教典籍中均未查到相关信息，不知来源何处。故可能塑者对佛教相关知识并不专长，或存在抄写错误的可能。

（1）西第三尊须波陀菩提尊者

（2）西第六尊灵山会上波陀夷尊者

（3）西第十五尊神力移山金刚比丘尊者

（4）东第十尊东土摩诃菩提尊者

---

[8]《贤愚经》卷13，《大正藏》卷4，第444页。

(5)东第十二尊降龙菩提无阂禅师：可能就是降龙罗汉，但无阂禅师的说法不知从何而来。

3. 名字所属身份与塑像年代不符

据胡继高《山东长清县灵岩寺彩塑罗汉像的修复》与济南市文管会、济南市博物馆、长清县灵岩寺文管所发表的《山东长清灵岩寺罗汉像的塑制年代及有关问题》两篇文章对罗汉像年代的判定，存在罗汉像榜题所属身份与塑像的塑造年代不相符的问题：

（1）西第十六尊宋仁钦和尚：此尊为宋塑，但宋仁钦和尚生卒年为1107～1130年，晚于宋塑的塑造年代治平三年，故该名字与塑像不符，应与明塑对应。

（2）东第七尊定鼎玉林琇国师：此尊为宋塑，但定鼎玉林琇国师为明代人（1614～1675），故应与明塑对应。

（3）东第十五尊天贝高峰妙禅师：经前文修改为天目高峰妙禅师，此尊为宋塑，但天目高峰妙禅师是宋末元初人（1238～1295），晚于宋塑的塑造年代治平三年，故应与明塑对应。

（4）东第十六尊天童密云悟祖和尚：此尊为宋塑，天童密云悟祖和尚法名圆悟，号密云，为明代人（1566～1642），故应与明塑相对应。

（5）东第十七尊双桂堂神通破山和尚：此尊为宋塑，破山禅师号海明，是明末清初（1597～1666年）的重要禅宗大师，是著名禅院双桂堂的开山祖师，故应与明塑对应。

（二）罗汉像的名字与数量

完成罗汉像名字的梳理，确定相对应的罗汉名号后，依照人们的雕塑习惯和其他寺庙及石窟的罗汉造像排列，推测塑造者在创作时应该有所据，但佛经上记载的罗汉数量甚多，仅凭罗汉像名字很难推断缘由，由此想到以罗汉像的数量作参考，将名字排列组合。灵岩寺罗汉像原始数量为32尊，后因搬至千佛殿补塑为现有的40尊，包括27尊宋塑以及13尊明塑，但历代罕有32尊的塑法，笔者猜测32尊是多种罗汉组合形式相加而成，塑造来源可能不止一种，而迁至千佛殿后，根据千佛殿的大小及布局，补塑至40尊，才得以出现40这个数字。现根据所列名字和数量，推测罗汉像身份的几种可能：

1. 十八罗汉

在宋代，18罗汉的塑造是较为常见的。但灵岩寺罗汉像中名号能够相对应的只有宾头卢尊者、迦叶尊者（降龙罗汉），伏虎罗汉以及罗怙罗尊者，仅4尊名号相符很难断定是以十八罗汉为塑造依据，因此有待进一步考证。

2. 禅宗西天二十八祖师[9]

灵岩寺宋塑罗汉原有32尊，由灵岩寺为禅宗寺庙推测塑像来源是否可能为禅宗西天二十八祖加上几个汉僧。但比较后相符的名号仅有6尊。

初祖摩诃迦叶——东第二尊摩诃迦叶尊者；

二祖阿难——东第十八尊多闻阿难陀尊者；

---

[9]《五灯会元目录》卷1，《大正藏》卷80，第2页。

四祖优波毱多尊者——西第二十尊律岁会上优波离尊者；

十三祖迦毗摩罗尊者——东第十二尊降龙菩提无阂禅师；

十六祖罗睺罗尊者多——东第二尊密行罗睺罗尊者；

二十八祖菩提达摩大师——东第一尊东土初祖达摩尊者。

虽有几个相符合的名字，但仍不足以说明灵岩寺罗汉像的塑造规律与西天二十八祖有直接关系。

3. 十大弟子

罗汉像的榜题名称有9尊是佛十大弟子的名号，只差一尊富楼那尊者。一是有塑像中以十大弟子为依据塑造的可能性，二是可能是寺内僧人随意抄写名字时使用的十大弟子的名号，不管哪种可能都需予以重视。以下为对应的九尊罗汉像名号。

西第二尊密行罗睺罗尊者

西第四尊解空须菩提尊者

西第五尊鹙鹭舍利弗尊者

西第二十尊律藏会上优波离尊者

东第二尊摩诃迦叶尊者

东第四尊摩诃迦旃延尊者

东第十一尊阿㝹楼陀尊者

东第十八尊多闻阿难陀尊者

东第十九尊摩诃大目犍连尊者

4.《妙法莲华经》二十一罗汉

《妙法莲华经》中记述了佛在印度摩揭陀国王舍城附近的耆阇崛山的一次讲法，耆阇崛山多被意译为灵鹫山，是佛陀说法之地。而《妙法莲华经》便是佛在此次法会上所讲，即著名的灵山法会，其中参加法会且有署名的有21尊罗汉，经载："一时，佛住王舍城耆阇崛山中，与大比丘众万二千人俱，皆是阿罗汉，诸漏已尽，无复烦恼，逮得己利，尽诸有结，心得自在。其名曰：阿若憍陈如、摩诃迦叶、优楼频螺迦叶、伽耶迦叶、那提迦叶、舍利弗、大目犍连、摩诃迦旃延、阿㝹楼驮、劫宾那、憍梵波提、离婆多、毕陵伽婆蹉、薄拘罗、摩诃拘絺罗、难陀、孙陀罗难陀、富楼那弥多罗尼子、须菩提、阿难、罗睺罗。"[10]，灵岩寺罗汉像中梵僧有21尊，而《妙法莲华经》（以下均简称为《法华经》）中提到的21尊罗汉名号有13尊能与灵岩寺罗汉像名号相符。

西第二尊密行罗睺罗尊者

西第四尊解空须菩提尊者

西第五尊鹙鹭舍利弗尊者

西第九尊摩诃劫宾那尊者

东第二尊摩诃迦叶尊者

东第三尊摩诃俱希罗尊者

---

[10]《妙法莲华经》卷1，《大正藏》卷9，第1页。

东第四尊摩诃迦旃延尊者

东第六尊牛呞比丘尊者

东第十一尊阿㝹楼陀尊者

东第十三尊云山牧牛难陀尊者

东第十八尊多闻阿难陀尊者

东地十九尊摩诃大目犍连尊者

东第二十尊孙陀罗难陀尊者

《法华经》中有一半以上的名字能够相符，笔者推测灵岩寺 32 尊罗汉像塑造依据可能为《法华经》的 21 尊罗汉，而剩余的 11 尊则是历代祖师，就灵岩寺现存榜题来看，能够确定为汉僧名字的也刚好为 11 尊，从数字组合上看刚好符合逻辑。

以上四种推测中以十大弟子和《法华经》21 罗汉为依据的可能性最大，但十大弟子数量较少，且名号除了优婆离尊者，其余全包含在《法华经》21 罗汉中，具有重复性，而剩余名号又指向《法华经》中罗汉。但是以名字和数量判定身份仅为第一步，还需根据名号找到相应的罗汉形象进行比较。

二、灵岩寺罗汉像造型比较

灵岩寺罗汉像造型多样，各不相同，每一尊都具有明显的个性特点，在根据榜题名号分析出几种罗汉组合后，我们从罗汉像造型入手，寻找相符的形象作为参考，以推测身份。《古拓五百罗汉图》[11] 是嘉庆三年仿宋时杭州净慈寺五百、十八罗汉塑像的石刻拓本，而杭州净慈寺的五百罗汉是南宋时期的作品，对于北宋时期罗汉造像的造型可能有参照和延续关系，故有很大的参考价值。而养正的《五百罗汉谱》[12] 对五百罗汉做了简单的介绍和法相的描述，但作者并未在书中提及其描述的依据和来源。将两者进行对比，发现《五百罗汉谱》极大可能是以《古拓五百罗汉图》为依据而写。故现以《古拓五百罗汉图》为准，比照灵岩寺罗汉像，提出造型较为相似的几种猜测：

1. 灵岩寺罗汉像与十八罗汉像 [13]

（1）迦诺迦代蹉尊者（欢喜罗汉）（图 1）——西第四尊（图 2）：右手臂抬至肩处，手指相捻作掐指状，左手放于左腿上，双腿垂放端坐。不同的是西第四尊瞪眼，嗔怒，头向左微侧；而欢喜罗汉面色平静，头向右微侧。

---

[11]（清）齐元直：《古拓五百罗汉图》，北京：红旗出版社，1993 年，第 1～518 页。

[12] 养正：《五百罗汉谱》，北京：中国华侨出版社，1991 年，第 1～162 页。

[13] 图片说明：1. 灵岩寺罗汉像是与三种猜想作形象比较，所以同一张灵岩寺罗汉像图片存在重复出现的情况。2. 一共 48 张图片，按 2 张图片（一张五百罗汉图、一张灵岩寺罗汉像图）为一组分为 24 组比较。图片来源：十八罗汉像截取自《古拓五百罗汉图》电子版，灵岩寺罗汉像图片翻拍自山东大学刘善沂老师的罗汉像照片。

（2）注茶半托迦尊者（看门罗汉）（图3）——西第六尊（图4）：双手一上一下握空拳置于肩处，双腿垂放端坐。不同的是两尊罗汉头侧方向与手势方向均相反，西第六尊手放置左肩前，且

图1　欢喜罗汉 　　　　图2　西第四尊 　　　　图3　看门罗汉 　　　　图4　西第六尊

手没持杖，但从形态上看，似握一杆状物；看门罗汉则于右肩，手握一杖。

（3）宾度罗跋罗堕阁尊者（坐鹿罗汉）（图5）——西第十一尊（图6）：面色严肃，目视前方。双手抱拳于胸前，呈作揖状，双脚垂放端坐。不同的是西第十一尊双手未藏于袖内。

（4）阿氏多尊者（长眉罗汉）（图7）——西第十三尊（图8）：头向左微侧，右臂向外伸出，右手呈掐指状，左手放于左腿。不同的是西第十三尊为半跏趺坐；长眉罗汉双腿垂放端坐，右手捻眉毛。虽西第十三尊无眉毛，但形态也似捻眉状。

图5　坐鹿罗汉 　　　　图6　西第十一尊 　　　　图7　长眉罗汉 　　　　图8　西第十三尊

（5）伐那婆斯尊者（芭蕉罗汉）（图9）——东第五尊（图10）：目视左侧，双手环抱膝盖。不同的是东第五尊头偏向左侧，双手为左手在前右手在后，双腿盘于座上；芭蕉罗汉则右手在前左手在后，且踏于座上。

（6）诺距罗尊者（静坐罗汉）（图11）——东第八尊（图12）：左手在外，右手在内双手相扣于胸前，双腿垂放端坐。不同的是东第八尊头偏向左侧，左手食指向前伸出，而静坐罗汉头部端正，眼睛向右斜视。

图9　芭蕉罗汉 　　　图10　东第五尊 　　　图11　静坐罗汉 　　　图12　东第八尊

（7）罗怙罗尊者（沉思罗汉）（图13）——东第十一尊（图14）：左手抚左腿，右臂微抬，右手呈半握状，双腿垂放端坐。但不同的是东第十一尊头向右侧，虽手没持物，但手指微曲，似拿一物；沉思罗汉头向左侧，手持一棒状物。

图13　沉思罗汉 　　　图14　东第十一尊

2. 灵岩寺罗汉像与西天二十八祖师像

（1）初祖摩诃迦叶尊者（图15）——西第三尊（图16）：双手抬至胸前，右手左下，掌心相对。不同的是西第三尊呈半跏趺坐，两手之间没有物体，但依手势似抱一物；而摩诃迦叶两手抱一猴，双腿垂放端坐。

（2）九祖伏驮蜜多尊者（图17）——西第十二尊（图18）：双手五指相对抬至眼前，目视双手。不同的是西第十二尊结跏趺坐；伏驮蜜多尊者双腿垂放端坐。

图15 初祖摩诃迦叶尊者 　　图16 西第三尊 　　图17 九祖伏驮蜜多尊者 　　图18 西第十二尊

（3）五祖提多迦尊者（图19）——东第五尊（图20）：两腿交叉叠放，双手相扣环抱膝盖，抬头凝视远方。不同的是东第五尊双腿盘于坐上，左手扣右手腕环左膝；提多迦尊者一脚踩地，十指相交环右膝。

（4）十一祖富那夜舍尊者（图21）——东第十九尊（图22）：双手藏于袖内，放置腹前，双腿垂放端坐。不同的是东第十九尊微微侧头且外无披风。

图19 五祖提多迦尊者 　　图20 东第五尊 　　图21 十一祖富那夜舍尊者 　　图22 东第十九尊

3. 灵岩寺罗汉像与《法华经》21 尊罗汉像

（1）难陀多化尊者（图 23）——西第一尊（图 24）：结跏趺坐。不同的是难陀多化尊者双手拢于袖内。

（2）优楼频螺尊者（图 25）——西第三尊（图 26）：双手抬至胸前，右手左下，掌心相对。不同的是西第三尊呈半跏趺坐，两手之间没有物体，但依手势似抱一物；而优楼频螺尊者两手抱一猴，倚坐。

图 23　难陀多化尊者 　　图 24　西第一尊 　　图 25　优楼频螺尊者 　　图 26　西第三尊

（3）憍陈如尊者（图 27）——东第十四尊（图 28）：头略微右侧看向右方，右手向前伸出作掐指状，左手轻搭右袖。但不同的是西第四尊为半跏趺坐；憍陈如尊者为倚坐，左手似拿一柄如意。

（4）离婆多尊者（图 29）——西第六尊（图 30）：头向右侧，双手左上右下抬至左肩处，呈半握状，倚坐。不同的是离婆多尊者手握一杖，西第六尊虽无持物，但手势应为握一杆状物。

图 27　憍陈如尊者 　　图 28　东第十四尊 　　图 29　离婆多尊者 　　图 30　西第六尊

（5）大目犍连尊者（图31）——西第九尊（图32）：头向前伸，一手曲指抬至胸前，另一手掌心向上，曲指放于大腿上方，倚坐。不同的是两尊手势相反。

（6）阿㝹楼陀尊者（图33）——西第十一尊（图34）：双手抱拳于胸前，呈作揖状，倚坐。不同的是阿㝹楼陀尊者略微向右侧。

图31 大目犍连尊者 　　图32 西第九尊 　　图33 阿㝹楼陀尊者 　　图34 西第十一尊

（7）憍梵钵提尊者（图35）——西第十九尊（图36）：头偏向一侧，一手放脚踝处，一手放大腿上，半跏趺坐。不同的是两尊姿势整体方向相反，且西第十九尊左手已残，但根据放置位置应在大腿上。

（8）那提迦叶尊者（图37）——东第二尊（图38）：一手臂抬起向旁侧伸出，掌心向上，另一手捋其袖，半跏趺坐。不同的是两尊方向相反，东第二尊手臂略低于那提迦叶尊者。

图35 憍梵钵提尊者 　　图36 西第十九尊 　　图37 那提迦叶尊者 　　图38 东第二尊

（9）摩诃迦叶尊者（图39）——东第三尊（图40）：头向右侧，右手臂微微抬起，手指微曲呈半握状。不同的是摩诃迦叶尊者左手放左腿上，倚坐；而东第三尊左手放于架上，半跏趺坐。

（10）毕陵伽婆蹉尊者（图41）——东第六尊（图42）：左臂枕于架上，右手抚右腿。不同的是东第六尊头向左侧，右脚搭于左脚上，呈交叉状。

图39　摩诃迦叶尊者 　　图40　东第三尊 　　图41　毕陵伽婆蹉尊者 　　图42　东第六尊

（11）罗睺罗尊者（图43）——东第十一尊（图44）：左手抚左腿，右臂微抬，右手呈半握状，倚坐。但不同的是东第十一尊头向右侧，虽手没持物，但手指微曲，似拿一物；罗睺罗尊者头向左侧，手持一棒状物。

（12）须菩提尊者（图45）——东第十三尊（图46）：右手臂向上抬起，手指微曲，左手放于腿上。不同的是东第十三尊结跏趺坐，手虽没持物，但手势似持柱状物；而须菩提尊者为半跏趺坐，且左手放于右脚踝处。

（13）薄拘罗尊者（图47）——东第十九尊（图48）：头向左侧，双手拢于袖内，倚坐。不同的是薄拘罗尊者身体略微向右侧。

图43　罗睺罗尊者 　　图44　东第十一尊 　　图45　须菩提尊者 　　图46　东第十三尊

图 47　薄拘罗尊者　　　　图 48　东第十九尊

综合上述比较，十八罗汉中有 7 尊形象与灵岩寺罗汉像造型相仿、西天二十八祖师中有 4 尊相仿、而《法华经》21 尊罗汉中有 13 尊相仿。由此观之，从罗汉像造型来看，《法华经》21 罗汉的匹配数量最多。

三、罗汉造像的法华信仰

笔者从名字、数量、造型三个方面分析后发现，均以《法华经》中所讲的灵山会上有署名的 21 罗汉的匹配程度最高，推测塑像者以此为塑造依据的可能性较大。由此观之，《法华经》可能对当时的罗汉造像有重要的影响作用。

自玄奘译《大阿罗汉难提蜜多罗所说法住记》后，罗汉信仰就在中国广泛传播，罗汉的身份开始发展为独立信仰，至唐末，已经开始流行供奉罗汉，宋以后各寺庙也多设罗汉堂，从单一的罗汉信仰到十六罗汉、十八罗汉、五百罗汉。早期的五百罗汉没有姓名，直到宋代才有人为其创立名号。而罗汉艺术却自唐兴起，但由于印度并无罗汉的绘制传统，佛教经典中也无描述罗汉形象的详细记载，所以便以高僧画和胡僧画为蓝本，创造罗汉形象。至五代北宋时期形成了两种艺术风格：以贯休为代表的"禅月样"和以李公麟为代表的"龙眠样"[14]。前者造型特征偏梵像，夸张奇特；后者以写实风格为主。北宋以后的罗汉艺术大致都在此基础上创作，并成为最重要的佛教美术主题。禅宗兴起后，又以禅师为摹本，塑造出造型迥异、性格鲜明的罗汉形象，这大不同于佛或菩萨的神圣庄严形象，他们表情丰富，姿态生动，无不透露着世人的情感，相比佛与菩萨，更让人觉得亲切，并且同样也能寄托人们的希望。

《法华经》是大乘佛教的重要经典，而禅宗是大乘佛教在中国的重要分支，对这部经也格外重视。《法华经》对佛教艺术的创作影响很大，这与当时的佛教文化背景有很大的关系。此经强调受

---

[14] 黄文智：《略谈罗汉造型特征与艺术传承》，《雕塑》2016 年第 6 期。

持、读诵、书写、为他人说的功行。意为得到经典后应该受持，受持之后应当诵读，过程中理解其经义，理解明白经义之后，应该广为人说。同时，为了使其广泛流传，鼓励亲自书写或让别人书写经典，因用手抄写为最佳的传播方式，且有无量功德。所以，自《法华经》译出后，出现了以《法华经》为基础的信仰形态，如翻译、讲解、修禅观、舍身、持诵、书写、听闻、供养等修行法门。据研究，在《高僧传》列举的众多南北朝早中期讲诵经典者中，以讲读《法华经》人数最多，敦煌写经中此经所占比重也最大，仅南北朝注疏该经者就达七十余家。由此观之，《法华经》成为影响佛教美术的重要经典是历史的必然。

而灵岩寺为禅宗寺庙，唐开元时，禅宗北宗的祖师神秀派弟子降魔禅师到灵岩寺弘扬佛法，唐代《封氏闻见记》载"开元中，泰山灵岩寺有降魔师，大兴禅教。学禅务于不寐，又不夕食，皆许其饮茶。人自怀挟，到处煮饮，此以转相仿效，遂成风俗。"[15] 而宋代灵岩寺更是禅学兴行，且历史上和《法华经》也有众多渊源，《法华灵岩传》："高丽时有僧。失其名。在灵岩寺东林诵法华经。每精诚恳到。中表洁净。焚香礼佛。以求证验。初有大虵及雉鹿俱来立听。诵讫乃散。中时山神将食自来供养。后忽见光明从东山而下。有大菩萨乘六牙白象。大众围绕。直至其前。僧望光拜。庆悦深至。疑义阙文皆为敷释。余众但闻异香。经久方隐。"[16]《法华经显应录》："齐州释僧生。孤云之性。初无定姿。但是伽蓝。不问有无僧众。于中止住。乞食自资。诵法华经满一千部。即便移锡。开皇中至灵巗寺持诵。一夜忽见神人数十俯伏听受。生曰汝是何者。神曰。弟子是山神。住此已七百年。今闻法师诵经之声。特来听受。请师为诵。良久乃去。自是常来。师续诣相州法藏寺建大藏。于眼中然灯供养大乘。旋诵不息。后终于彼（灵瑞集）。"[17] 又《六道集》卷四："灵岩寺。文帝十六年，释道相。暴亡。至冥府。见势至菩萨。引观地狱。有榜云。沙弥道弘。为众僧作馄饨……公幸为我。买柴百束。赔还常住。并写法华经一部。可得免苦。绪许之。归寺依言为办。重往寻寺。寂无所见"[18] 可见，法华信仰在全国的普及与流传也深深地影响着灵岩寺，同时可能对寺内的佛教造像有深刻的指导作用，经中的21尊罗汉，从名号、造型两方面均有13尊能与灵岩寺罗汉相对应，推测其塑造依据来源于此的可能性较大。

本文对灵岩寺罗汉像现存榜题做了一定的梳理和研究，对罗汉像的身份问题进行了初步探究，根据罗汉像榜题的名字、数量、以及罗汉像造型三方面的分析，提出了罗汉像塑造来源是《妙法莲华经》的可能性，但碍于相关材料的不足，还缺乏更为全面的证据证明《妙法莲华经》与罗汉像身份的相关性。虽笔者对罗汉像的身份有初步的探讨，但仍未完全更正现存榜题的错误，也未确认所有罗汉像对应的正确名号。灵岩寺罗汉像的身份问题仍然有继续深入研究的必要，这对填补灵岩寺罗汉像研究史上的空白有着重要意义。

---

[15]（唐）封演：《封氏闻见记》，北京：中华书局，1985年，第71页。

[16]《法华灵岩传》卷2，《大正藏》卷78，第19页。

[17]《法华经显应录》卷2，《大正藏》卷78，第19页。

[18]《六道集》卷4，《大正藏》卷88，第162页。

再证杭州飞来峰"西游记图"浮雕的历史意义
——兼谈古代文献与美术史研究的关系

常 青

内容摘要：杭州飞来峰的"西游记图"浮雕位于龙泓洞口外北侧接近地面的石壁上，在20世纪90年代被编为二个龛号：46、47。第46龛的僧人立像有题记曰："唐三藏玄奘法师"，表现唐代高僧玄奘，为学术界公认。第47龛浮雕三人牵二马作阔步行进状，中间一人物有"朱八戒"榜题，在学术界一直存有争议：有北宋"朱士行取经图"说与元代唐僧随从说等，两说都认为这个榜题是后人改刻上去的。作者以考古学的方法重新研究这两龛造像的年代与考察"朱八戒"榜题是否真被改刻过，认为第46、47龛应同为元代"西游记图"，"朱八戒"榜题应为元代原刻。即使现存《西游记》文献将朱八戒的出现时间指向可能的元末明初、第47龛年代可能是元代早期，也不能据此断定"朱八戒"榜题是改刻的，因为现存文献并不一定记载了所有在元代曾经表演过的《西游记》剧目。这幅"西游记图"是我们研究朱八戒形象出现年代的有原始题记证明的现存最早的实物资料。

关键词：佛教 石窟寺 飞来峰 西游记 朱八戒 猪八戒 玄奘 猴行者

Re-proving the Significance of the Images on "Journey to the West" at Feilaifeng of Hangzhou:
With a Discussion on the Relationship between Historical Texts and Art History Study

Chang Qing

Abstract: A close analysis of the figures suggests that niche nos. 46 and 47 at Feilaifeng of Hangzhou were meant to be read together and depict Xuanzang's (600-664) legendary Journey to the West. Once there was an inscription on niche no. 46, identified the monk figure of the niche as Xuanzang. As for the three figures carved in niche no. 47, some scholars identified the inscribed name Zhu Bajie [Red Eight Precepts] for the second figure as Zhu Shixing (act. third cent.), the first Han monk in China and the

---

作者：常青，四川省成都市，610000，四川大学艺术学院。

first person to go to the West to bring Buddhist sutras back to China. They also thought that the inscription reading Zhu Bajie must have been scratched and re-carved in a later period. All previous scholarships suggested that nos. 46 and 47 are two separate groups all carved in the early Northern Song (960-1127) period. They claimed that in Southern Song (1127-1279) fiction, Xuanzang only had one attendant, Hou Xingzhe [Monkey Postulant]. The three figures from no. 47, therefore, could not be the attendants of Xuanzang, but depicting Zhu Shixing's journey. Only niche no. 46 portrays Xuanzang.

If we review the development of Xuanzang's legend from the Song through the Yuan periods, we can demonstrate that the subject of nos. 46 and 47 is Xuanzang's Journey to the West. In the Yuan period, Xuanzang acquired additional attendants, Zhu Bajie [Red Eight Precepts], and Sha Heshang [Sand Monk]. Accordingly, niche nos. 46 and 47 just correspond with the group of figures of Xuanzang's legend developed in the Yuan period. In niche no. 47 Red Eight Precepts is identified by his Yuan-dynasty name, so the three figures in the group must have been carved in the Yuan period, but before the Ming (1368-1644) standardization of the name as Zhu Bajie [Pig Eight Precepts]. Because in the legends, Monkey Postulant leads the group of attendants, he is probably the first figure of niche no. 47. In addition, the costumes and attributes of the figures in niche no. 47 indicate that they are guards for the Buddhist mission rather than monks. The inscription on Zhu Bajie [Red Eight Precepts] in niche no. 47 is the original carving from the Yuan period, providing the existing earliest inscribed material to study Red Eight Precepts (later period Pig Eight Precepts) from the texts and plays of "Journey to the West." Therefore, the images of the two niches represent the great significance to study the date when the figure of Zhu Bajie appeared in Chinese history and the development of "Journey to the West" during the Yuan period.

Key words: Buddhism, cave temples, Feilaifeng, Journey to the West, Zhu Bajie, Xuanzang, Hou Xingzhe

杭州飞来峰的"西游记图"浮雕位于龙泓洞口外北侧接近地面的石壁上，在20世纪90年代被编为两个龛号：46、47（图1）。第46龛雕有一身僧人向右侧身立像，其右上方原有题记曰："唐三藏玄奘法师"。这身造像表现唐代高僧玄奘（600～664），为学术界公认。第47龛浮雕三人牵二马作阔步向右行进状，它们的题材在学术界一直争议较大，直至今日。争论的主要问题一是该龛雕凿的年代：是宋代，还是元代？是笼统地定为元代，还是可以确定在元代早期（即十三世纪晚期）？争论的第二个问题是第47龛中间一身人物所据有的榜题"朱八戒"三字，是原来就有的？还是经后人改刻的？第二个问题其实是从属于第一个问题的，即如果将第47龛定为宋代，或是元代早期，许多学者就会认为"朱八戒"榜题应该是后人改刻的，因为还没有发现任何宋代与元代早中期的与《西游记》有关的文献资料提到"朱八戒"这个人物。这两个争论问题也关系到了另一个问题，即第46、47龛属于同一题材，还是分属两个不同题材。

笔者以为，这些争论之所以会出现，是因为我们对分析这处石刻造像所应采取的研究方法没有达成共识。因此，什么样的研究方法，就能得出什么样的结论。在此，笔者想就研究方法特别是如

图1　杭州飞来峰石窟第46（右）、47（左）龛

何运用历史文献来研究中国古代美术问题做一些探讨，再次论证飞来峰的这幅"西游记图"在中国美术史上的意义。同时，笔者将重点探讨应如何以纯考古学的方法来分析这幅浮雕的年代、题材与"朱八戒"榜题真伪等问题。在本文中，笔者仍坚持在2006、2009年得出的观点：飞来峰第46、47龛不应被分为两龛，而应属于同一题材"西游记图"；第47龛中的"朱八戒"榜题应是原刻；这幅浮雕雕刻时间应该是元代。笔者想要强调的是：飞来峰的这幅"西游记图"是中国现存规模最大的一幅的该题材雕刻，其中的"朱八戒"榜题记其所属人物是迄今发现最早的《西游记》中的朱八戒（即后来的猪八戒）形象，对研究《西游记》的发展史据有证经补史的重大意义。

一、缘起与争议

从题记可知，飞来峰第46龛内的僧装人物表现的是唐僧玄奘，是典型的僧人形象（图2）。从现存的题记来看，第47龛中的三身人物浮雕也应与西行求法有关。此龛内雕有三身向着右侧作行进状的人物，其中左侧两身人物各牵一马，以示其较低的地位。右侧第一人站立在一矮台之上，头部已毁损，其头部一侧原也应刻有榜题，应为此龛三人之首。第二人位于这组浮雕的中部，被他牵着的马背上驮有一个佛经袱（图3）。在马项上方刻有一方题记曰："朱八戒"（图4）。第三人位于这组浮雕的左侧，他所牵的马背上驮着一个莲花宝座，在马项上方刻有一方题记曰："从人"。在第二身人物所牵马的左上角处还刻有一方题记曰："天竺□□□"。很明显，第47龛表现的也是一组前往天竺（即印度）取经像的人物。这三身雕像均不为中国传统的僧人装束，且都身佩兵器，明显具有随行护卫的职责，行进的方向也与第46龛的玄奘相呼应。再加上第47龛中间人物的"朱八戒"题记，笔者以为，第46与47龛应为一组，可统一命名为"西游记图"（图1）。

然而，在过去的半个多世纪中，学术界对这组浮雕之题材存在着三种观点。其一为元代玄奘及其随从像说。早在1958年，黄涌泉认为：第46、47龛浮雕应同属唐僧取经题材，造

图2 飞来峰第46龛唐三藏玄奘法师像

图3 飞来峰第47龛中尊与右尊
（采自高念华编《飞来峰造像》图版70）

图4 飞来峰第47龛中尊榜题"朱八戒"
（赖天兵 摄）

于元代，表现玄奘和他的随从[1]。到了 20 世纪 80 年代，黄涌泉给刘荫柏先生的信中又再次明确了他的观点：第 46、47 龛造像同属"唐僧取经"题材，第 47 龛的三人物是玄奘的侍从僧，不是悟空、八戒、沙和尚[2]。如此看来，黄先生怀疑第 47 龛的"朱八戒"榜题是后人改刻的。

其二为北宋玄奘与朱士行取经像说。这种观点是将第 46、47 龛造像分割开来，认为它们分属不同题材雕刻。1979 年，王仕伦主张刻于第 47 龛的题记"朱八戒"原先应该是"朱士行"，那位于公元三世纪中国第一位西行取经之人。同时，王仕伦认为：现存的"朱八戒"三字是后人剔除了"士行"二字后重新补刻而成的。所以，他认为第 46 龛为"唐僧取经"浮雕，第 47 龛为"朱士行取经图"[3]。在这个观点的基础上，1986 年，劳伯敏发表论文，认为第 46、47、48 龛为三所相互没有联系的独立龛，均开凿于北宋早期。在确定了时代之后，劳进一步认为：在南宋时期的与唐僧取经有关的文献版本中，玄奘只有一位随从——猴行者，因此，第 47 龛的三身浮雕人物不应属于玄奘的随从。只有第 46 龛表现的是唐僧取经题材。劳同意王仕伦的说法，认为第 47 龛表现的应该是"朱士行取经图"[4]。他们的观点得到了众多学者的认同并引用，特别是得到了杭州地区文物与考古学者的较多认可。2002 年，高念华在其主编的《飞来峰造像》一书中沿用了劳伯敏的观点[5]。1994 年，韩国学者郑恩雨综合了中国学者的观点，认为第 47 龛"朱八戒"题记表现的是猪八戒或朱士行，她没有表明自己的观点，但同意王、劳等学者将此龛定为宋代[6]。到了 2010 年，劳伯敏再撰文坚持自己原有的观点[7]。

其三为宋代"白马驮经"像说。在飞来峰，位于第 47 龛左侧的第 48 龛为"白马驮经"故事浮雕，在学术界没有争议。但在 1987 年，北京大学考古系阎文儒教授则认为：飞来峰第 46、47、48 龛同属一组造像，都是表现"白马驮经"故事的。与劳伯敏的推论法相似的是，阎先生也是先把这一组造像的年代定在了宋代，然后相信在唐僧取经故事中，猪八戒的出现是明代的事，所以第 46、47 龛不可能与唐僧的西行求法有关[8]。但这种观点没有别的学者附和，因为第 46 龛的玄奘像显然不是"白马驮经"故事中的人物。

我赞同黄涌泉的部分观点，即第 46、47 龛浮雕应同属《西游记》题材，雕刻年代为元朝。但我认为第 47 龛的"朱八戒"榜题没有问题，是凿像之时的原始题刻。2005 年，笔者在现场做了调查，于 2006 年发表《从飞来峰看十世纪以后中国佛教信仰与艺术的转型》[9]一文，说明了我的

---

[1] 参见黄涌泉：《杭州元代石窟艺术》，北京：中国古典艺术出版社，1958 年，第 7 页。
[2] 刘荫柏编：《西游记研究资料》，上海：上海古籍出版社，1990 年，第 258 页。
[3] 王士伦：《杭州史话》，杭州：浙江人民出版社，1979 年。
[4] 劳伯敏：《关于飞来峰造像若干问题的探讨》，《文物》1986 年第 1 期。
[5] 高念华主编：《飞来峰造像》，北京：文物出版社，2002 年，第 102、103 页。
[6] 郑恩雨：《杭州飞来峰佛教雕刻》，《美术史研究》1994 年第 8 期。
[7] 劳伯敏：《再谈飞来峰高僧取经浮雕——兼答赖天兵先生》，《杭州文博》2010 年第 9 辑。
[8] 阎文儒：《中国石窟艺术总论》，天津：天津古籍出版社，1987 年，第 295～297 页。
[9] 常青：《从飞来峰看十世纪以后中国佛教信仰与艺术的转型》，《燕京学报》2007 年第 21 期。

观点。2009年，笔者发表《杭州飞来峰"西游记图"与"白马驮经图"浮雕再探讨》[10]一文，进一步阐述了笔者的观点。简而言之，我认为，把此二龛年代断为宋代，并认为"朱八戒"榜题不是原刻，而系后人改刻，原榜题应为"朱士行"三字的观点，显然是基于断代优先并将造像与榜题区别对待为前提。也就是说，先把三龛造像断在了北宋，然后考察历史文献，发现宋代的各种《西游记》版本中并没有朱八戒这个人物，于是就怀疑"朱八戒"三字榜题是后人改刻的，而原先的榜题应该是"朱士行"三字。这种先断代再确定题材的做法，无疑会限制了探讨题材的范围。如果年代断错了，题材的确定就会出错。再者，说原来的题刻应该是"朱士行"三字，则毫无根据，纯属主观臆测，因为朱士行是僧人，他的形象应该与第46龛的玄奘与第48龛的摄摩腾与竺法兰形象相近，最起码应穿着僧人的服装。而具有"朱八戒"榜题的刻于第47龛中间人物明显不是僧人形象，而是一尊执兵器的卫士形象。再者，把二龛年代断为北宋，也没有立足于飞来峰本身雕刻风格的发展脉络。因此，笔者认为：飞来峰第46、47龛应属于同一组雕，以表现元代《西游记》题材。再结合元代的文献，第46龛的"朱八戒"题记，正是元人对《西游记》中猪八戒的称谓，该榜题没有经过后人的改刻。若将第46、47龛的雕刻风格与飞来峰北宋及元代造像作一比较，二龛造像的风格明显与元代造像相似，而与北宋风格相去甚远。因此，它们的雕凿年代应在元朝，但笔者并没有推断它们的确切年代是元代早期，还是中期或晚期。2009年，赖天兵发文赞同笔者在2006年论文中的观点[11]。

2013与2014年，于硕博士发表论文《杭州飞来峰高僧取经组雕内容与时间再分析》（以下简称《再分析》），基本支持黄涌泉的观点[12]。于硕熟知现存与《西游记》有关的文献与图像资料，精心梳理了大量珍贵资料，使对《西游记》文献的研究较前人前进了一大步，对研究《西游记》的发展史贡献颇大。他认为迄今发现的最早包含猪八戒形象的作品是《西游记》杂剧，产生于元末明初。但他明显不敢确定朱八戒形象是否真的出现在元朝晚期，因为他不能确定现存的这个杂剧本子是否经过明人的修改。于是，于硕只在文中提到朱八戒这个人物有可能产生于元代晚期，并认为"总体来看，现有的文献材料争议与疑惑颇多，且尚未发现明确证明朱八戒形象出现于元代的文献材料"[13]。同时，他将飞来峰第47龛的年代断为元代早期。因此，他认为第47龛内的三身人物雕刻都不可能表现朱八戒，只应表现第46龛内玄奘法师的取经随从。他进而认为第47龛内的"朱八戒"榜题可能在元末或明初被人重刻，并改动了原有的内容。他的另一个理由是现存第46、47龛诸榜题在同等条件下的保存状态不相同，更使其怀疑有重刻的可能。

笔者以为，于硕提出的"朱八戒"榜题被改动的外在条件的主观性较大，只是他的观点的一

---

[10] 常青：《杭州飞来峰"西游记图"与"白马驮经图"浮雕再探讨》，《艺术史研究》2009年第11辑。
[11] 赖天兵：《关于飞来峰高僧取经浮雕几个问题的思考》，《杭州文博》2009年第8辑。
[12] 该文发表在《南京艺术学院学报（美术与设计版）》2013年第1期；谢继胜等编著：《江南藏传佛教艺术：杭州飞来峰石刻造像研究》，北京：中国藏学出版社，2014年，第461~482页。
[13] 谢继胜等编著：《江南藏传佛教艺术：杭州飞来峰石刻造像研究》，北京：中国藏学出版社，2014年，第470页。

个辅助证据。他之所以能得出"朱八戒"榜题被改刻的结论，主要是因为他在检索现存有关《西游记》文献时没有发现任何明确的早于明代的关于朱八戒的记载。虽然现存最早的包含有朱八戒形象的作品是作于元末明初的《西游记》杂剧，但他也怀疑这个本子是否在明代被修改过。换言之，于硕怀疑第47龛"朱八戒"榜题被改刻、题记所对应的人物不可能是朱八戒的理由，是没有明确的元代早期与中期的文献与实物资料能够证明朱八戒这个人物在那时的《西游记》中已经出现，而他又恰恰将第46、47龛的年代定为元代早期。

关于飞来峰第46、47龛题材的讨论到了如此的深度，即在文献的考证与年代的判断没有大误的情况下却仍有如此大的分歧，就应该考虑研究方法问题了。笔者在下面的论述中将主要针对于硕的《再分析》一文，从方法论上来探讨研究文物资料时应以考古学的分析优先还是以查文献优先；如何运用历史文献资料来佐证考古与文物资料，即把文献与实物资料看成是一种绝对从属的关系，还是间接的相互印证的关系。当我们明确了这种关系，再来思考飞来峰第47龛的造像题材及"朱八戒"榜题是否经后人改刻过，就会少有争议了。

二、考古学的考察与分析

飞来峰第46、47龛造像属于实物资料，本身并没有任何与之对应的第一手文献资料。也就是说，我们迄今并没有发现任何文献资料是直接记载这两龛造像如何产生的，只有目前仍被人怀疑的关于题材的榜题。因此，我们应该像对待任何考古资料那样以考古学的方法来研究这两龛造像。现存的任何有关《西游记》的文献资料都与这两龛造像不存在直接对应关系，它们只能作为间接的附属资料加以旁证。让我们先来假设这两龛造像就像新石器时代的彩陶一样也没有任何间接文献资料来加以旁证，应该如何对它们进行考古学分析，最终的年代与题材的结论将会如何。

首先，从考古类型学的比较分析，可以得出此二龛造像雕凿于元代而非宋代的结论。笔者在《杭州飞来峰"西游记图"与"白马驮经图"浮雕再探讨》一文中已详细分析了两龛造像雕于元代的依据，在此不再赘述。至于此二龛究竟造于元代早期，还是造于元代中、晚期，则不易确定。对此，《再分析》倾向于此二龛造于元代早期，因为于硕主要比较了飞来峰元至元二十六年（1289年）雕凿的藏式第89龛无量寿佛坐像（图5），认为此像肩部至胸部、衣袖处袈裟衣纹均呈S形翻转状，与第46、47龛中人物衣纹十分近似，因此推测

图5 飞来峰元至元二十六年（1289年）第89龛无量寿佛坐像

此二龛年代很可能在元代早期。但笔者以为，这个比较并不能成为将第46、47龛断为元代初年的理由，原因如下。其一，飞来峰的所有元代藏式造像在基本风格上都十分相近，而现存有纪年的飞来峰元代造像龛均将年代指向元代早期，即十三世纪末期。换句话说，所有飞来峰的元代纪年造像均雕凿于元代早期，但我们仍不能断定所有飞来峰的元代造像都是产自元代早期，而只能推测元代早期应该是元代飞来峰造像的高峰期。也就是说，有些现存飞来峰元代造像也有雕于元代中期或晚期的可能性。其二，现存飞来峰题记中有元代晚期的造像记，只是无法对应于现存崖面的造像。在飞来峰青林洞外有周伯琦（1298～1369）撰元伯颜篆刻造像记，记载元至正十六年（1356年）元帅杨伯颜在理公岩造十佛及观音菩萨像一事。周伯琦是元朝江南的著名文人，在《元史》中有传[14]。笔者相信这些像如今应还存在于飞来峰摩崖，我们只是还无法判断它们所指的到底是哪些现存的造像。其三，《再分析》提到的第46、47龛造像身上的"S"形衣褶，其实是飞来峰所有藏式坐佛像左肩处衣纹的共同特点，并非只限于元代早期雕刻的第89龛藏式无量寿佛坐像。例如，飞来峰第29、37、43、64、77、81龛中也各有一尊元代藏式坐佛像，都在大衣的左肩下部刻有"S"形的衣褶，只是较小一些（图6）。相比之下，第41龛内的藏式药师佛像左肩处的"S"形衣褶要大得多，与第89龛坐佛像的同类衣褶大小相仿（图7）。但这些龛像都没有纪年，

图6　飞来峰元代第37龛炽盛光佛局部
（采自高念华编《飞来峰造像》图版118）

图7　飞来峰元代第41龛药师佛像

---

[14] 谢继胜等编著：《江南藏传佛教艺术：杭州飞来峰石刻造像研究》，北京：中国藏学出版社，2014年，第73～75页。

其中有没有可以对应于杨伯颜造的那十尊佛像呢？所以，从纯考古学的分析来看，那些无纪年的元代坐佛像有可能造于元代早期，但也有可能造于元代中期或晚期，因为元代中晚期继承早期造像风格是完全有可能的。对第47龛造像来说也是如此。

另外，从它们所在崖面的众多元代龛像的分布情况看，第46、47龛均位于崖面下方，且体量小，无法与崖面中部与上部的中型与大型造像龛的显要位置相比（图8）。在此崖面中部的造像龛中，第40龛内造藏式四臂观音三尊像，有元至元二十四年（1287年）题记，功德主是江南释教总统所的官员郭经历（图9）[15]。位于第40龛上方与右侧的几所坐佛龛都要比第40龛高大，位置也更加显要。相比之下，第46、47龛的位置明显不是最重要的与首选的，加之没有功德主的题记，大有在其上方元代初年的第40龛与其他坐佛龛完成后而插空补刻的可能性。因此，这两龛就有造于元代中期或晚期的可能性，但也不能排除其造于元代早期的可能

图8　飞来峰第46～48龛所在崖面的元代诸造像龛

图9　飞来峰第40龛元至元二十四年（1287年）总统所郭经历造藏式四臂观音三尊像龛

性，因为位于这处崖面的诸龛造像也有在统一规划之下在同一时间完成的可能性。这就是笔者只将第46～48龛断为元代，而没有定其在元代的确切时间段的原因。

我们再来看看第47龛的"朱八戒"榜题是原刻还是后人改刻的。考虑这个问题，要以抛开所有先入为主的观念为前提，即不能带有元代文献中是否已有朱八戒这个人物而考虑该榜题是否被后人改刻过。首先，在第46龛与48龛都刻有榜题，特别是第46龛的"唐三藏玄奘法师"，早已被学术界所接受，并作为确定该龛题材的依据。第48龛造像之所以能被确定为"白马驮经"，也是因为其榜题。在造像身旁刻写榜题是中国古代艺术的一个重要特征，早已流行于石窟雕塑与壁画之中，以及碑刻造像之中，以表现造像的题材。刻榜题的习惯，是与在造像旁边刻题记相辅相

---

[15] 赖天兵：《飞来峰郭经历造像题记及相关的元代释教都总统所》，《文物世界》2008年第1期。

承的，在供养人像身旁更是流行刻榜题以表明其功德主的身份与名字。五代、宋、元的飞来峰就不乏造像题记与榜题。那么，别的飞来峰题刻为什么就从来没有人怀疑它们是否被人改刻过，而只有人怀疑这个"朱八戒"榜题呢？这恐与学者们的主观感受有关。

其次，在第46～48龛的众榜题中，如果只是"朱八戒"榜题被后人改刻过，于逻辑上讲不通，因为一系列问题就会随之而来却无法圆满回答，如后人为什么要改刻？为什么单单改刻"朱八戒"的而不改刻其他的？如果后人认为那身像应该是朱八戒，而前人却刻为"朱士行"，这也不合常理，因为笔者前面已说了，朱士行的形象应该是一位僧人，而这位有"朱八戒"榜题的人物是一位袒丰胸露大腹、身挂超大串念珠的佛教卫士形象，正与明代以后流行的猪八戒形象相符，只是手持的兵器不一样而已（图3）。为了更合理地解释"朱八戒"榜题为什么被改刻过而不仅仅是只改此榜题，《再分析》认为第46～48龛的所有榜题可能都曾被重刻过。但他又提了一个自相矛盾的可能性："（这些榜题）或许是按照原样重新刻划，也可能内容有所改动。"其实，这两者是不可能同时发生的。如果真如《再分析》所说的，所有这些榜题或许是按照原样重新刻过的，那么，"朱八戒"的榜题就值得信任，而它对应的第47龛中间人物就应该表现朱八戒，不论它的年代可定在元代早、中期还是晚期。如是这样，《再分析》就无再分析的必要了。但很显然，《再分析》是倾向于"可能内容有所改动"。既然是可能，那就有不可能性。

《再分析》认为第46～48龛所有榜题可能被重刻过的一个依据是他对各榜题现存状态好坏不等同的分析。他认为有些榜题的上方有一块岩石伸出，似屋檐遮挡雨水风沙，这些榜题的现存状态就应该好一些。反之，没有这种"屋檐"保护的榜题，现存状态就应该差一些。但是，《再分析》却看到有"石头屋檐"保护的"唐三藏玄奘法师"榜题却模糊不清，仅有三字能辨，甚至边框也是模糊的。而同样有这种"屋檐"保护的"朱八戒"题刻却要清晰许多。他据此认为："这样就不得不令人怀疑，这些榜题可能都曾被重刻过。"[16]笔者以为，这也是一种主观的想法，因为《再分析》所提到的"屋檐"并非能确定起到遮挡风雨作用的真正的保护性建筑屋檐。在有风沙与雨水的天气里，它们对下面的造像龛究竟能起到什么样的保护作用则不得而知，除非《再分析》作者常年累月地蹲守在那个崖壁前来观察记录自然损害的数据，才能得出有益的结论。至于诸题记被自然力量破坏的程度之不同，应有我们无法知晓的自然界的具体原因，不能据此解释有题记被改刻的可能性。另外，如果真像《再分析》所说的"唐三藏"与"朱八戒"榜题上方都有"石头屋檐"保护但却现存状态一个差一个好，也不能说明第46～48龛所有榜题都可能被改刻过，而只能说明"朱八戒"榜题可能被改刻过，因为在同等自然条件下现存状态好的榜题就有可能年代较晚。这样就又回到了《再分析》想必不愿看到的上述疑问之中了，即为什么只改刻"朱八戒"榜题。

再者，一块榜题是否被后人改刻过，单从考古学的观客分析就能得出结论。我们知道，石窟造像开凿与雕刻的崖面本身是不平整的。如要在表面刻榜题，就要在崖面先凿出一个长方形或方

---

[16] 谢继胜等编著：《江南藏传佛教艺术：杭州飞来峰石刻造像研究》，北京：中国藏学出版社，2014年，第477页。

形幅面，其向崖面内部的深度一般在 1 厘米左右，再将这个幅面打磨光滑，然后在表面刻文字。如果在同一时期由一位或几位艺术家合作完成的造像身旁刻榜题，一般会选择一位书法较好的文人来题写，然后凿刻。这样，各榜题的磨光幅面的凿入深度与榜题的字体应该都是相同或相近的。我们再来看看飞来峰第 46～48 龛中的榜题如何。《再分析》发表了七幅照片，以展示这三龛内的七块榜题。我们可以看到的是：各榜题所在的竖长方形磨光幅面的凿入深度都在 1 厘米左右，基本相等；各榜题的字体也基本相同，都是工整的楷书。可以想象，这些榜题应该是在同一时间由同一组艺术家依据同一位文人题写的字刻成的。我们再想象一下：如果真有后人改刻了一块铭文榜题，就必须要把榜题的磨光幅面深凿、磨掉阴刻旧字而重新刻字。这样一来，就必然会在字体上有所不同，而被改刻的榜题所在的磨光幅面也必然要比其他榜题的深一些。但从第 46、47 龛诸榜题雕刻的深浅程度来看并无大的差别，且诸榜题内的字体也基本相似没有大的风格区别。如果第 46～48 龛造像真的造于元代早期，而"朱八戒"的榜题真的在元代晚期或明代初年被后人改刻过，我们很难想象在相隔 70 年以上的时间里所产生的重刻会与同龛、邻龛内的原始榜题的书法有如此相似性（但有人怀疑各榜题的字体或风格不同，见下文讨论）。《再分析》的作者很可能也看出了这种矛盾之处，才认为这些题刻可能都曾被重刻过，也只有这样，才能解释为什么诸榜题中的字体与所在磨光幅面的深度如此一致的原因。然而，如果这些榜题真的都被重刻过，则会产生另一种现象：所有榜题所在的磨光幅面要比正常或一般榜题所依附的磨光幅面更深一些。但在第 46～48 龛的各榜题中，我们也看不到这种现象，而是很一般与正常的磨光幅面深度，特别是有"朱八戒"三字的榜题（图 4）。如果三龛的所有榜题真的被重刻过且改动了原来的内容，使原来的"从人"变成了"朱八戒"，那么，第 46 龛内的"唐三藏"榜题与 48 龛内的白马驮经主人公的榜题会不会也被改过呢？它们还能被人信任吗？

据说现在有一种微腐蚀的科技手段，可以测定石刻文字的年代。如果将来能用此法测测"朱八戒"榜题，或许能得出更令人信服的年代结论。

我可以想象，怀疑"朱八戒"三字为后人改刻的学者如果继续怀疑，就会在书法风格上提出疑议。果然，2009 年赖天兵发文论述了飞来峰第 47 龛的年代与题材，与我的观点相同[17]。2010 年，劳伯敏发表《再谈飞来峰高僧取经浮雕——兼答赖天兵先生》以反驳赖的观点。他在文中不仅重复了自己以前的观点，更对"朱八戒"榜题提出了新的疑议，说那三字只要仔细观察就会发现"虽形似却未能做到神似，明显是近现代所为，缺乏古意"[18]。劳先生的观点包含了两层意思，一是字体风格，二是改刻的时代。我们先来分析一下他说的字体风格。关于这三字如何缺乏"古意"，劳先生没有具体说明，更没有与不缺乏"古意"与明显缺乏"古意"的同样字体比较说明。其实，这是我在辩论任何美术史的疑议中最不愿意看到的观点，因为这种观点太过主观，是仁者见仁、智者见智的观点。一件艺术品，在一个人的眼里缺乏古意，在另一个人的眼里也许并非如此。但如果面对的是一件艺术真品，就会在行外引起误解，在行内使人望而却步，最后就把所有

---

[17] 赖天兵：《关于飞来峰高僧取经浮雕几个问题的思考》，《杭州文博》2009 年第 8 辑。
[18] 劳伯敏：《再谈飞来峰高僧取经浮雕——兼答赖天兵先生》，《杭州文博》2011 年第 1 期。

辩论带到了不可知性，也就不了了之。因为纯主观性的感觉只有个人拥有，旁人谁也说不清楚。笔者在美国常遇到类似的事情。一些博物馆里收藏着极好的中国佛教艺术真品，但总有一些多疑的美国收藏家或学者提出各种疑议以怀疑它们是赝品，在诸多的疑议中常听到的一句话就是"风格不对"或"风格不古"。至于风格怎么不古，怀疑者并不多作解释。这样就往往使一件极好的中国艺术品被行外与行内人士产生误解，再也不敢在自己的文章中引用，就等于在不经过正当庭审与握有效证词的情况下给一个好人判了无期徒刑。好在飞来峰第47龛是摩崖石刻，不是一件传世品，不会有人怀疑它是现代赝品，只是有人怀疑它的一个榜题而已。

我们来看看"朱八戒"的书法风格是否"缺乏古意"。从图4来看，三字的书法是很正规的传统楷书，工整规范，一撇一捺均书写有致，没有败笔，即没有因不懂书法而在笔画上书写不规则的现象，而且在间架结构上也掌握得恰到好处。笔者自幼习过中国书法，明白书写此榜题之人应有一定的书法功底。那么，这三字表现的是"古意"还是现代的"今意"呢？这就需要首先了解劳先生说的"古"到底有多"古"，在哪一个中国历史时期以前算"古"，在哪一个中国历史时期之后就不算"古"了。这些劳先生均没有说明。笔者在此作一些推测。我们常说的古代中国的"古代"二字所指的历史时期极广，一般涵盖清代及清代以前的四千年史。只有在1840年以后才开始中国的近代史。也有当代学者认为中国近代史实际上是从20世纪初期开始的。那么，劳先生眼里的"古意"应该就是19世纪及其以前的历史时期的书法风格了，当然也包括飞来峰石刻所表现的五代宋元时期。再来看看"朱八戒"三字会是何时的人刻上去的。《再分析》经过对众多《西游记》文献的梳理，认为朱八戒这个人物形象在文献中的出现可能在元代晚期，此名称在明代初年仍在使用。意即明代中期以后，这个人物的名字就变成猪八戒了。笔者深表赞同。所以，这三个字就算是被后人改刻的，也只能刻于明代中期以前，即大约在公元十四世纪晚期或十五世纪初期之前，距今也有六百多年的历史了。换言之，这三字绝不可能刻于明代改"朱八戒"称谓为"猪八戒"之后，特别是明代小说家吴承恩（1501~1582）在前人基础上创作出了小说《西游记》之后，那时的猪八戒早就随着他的名字一起更加深入人心了。如果劳伯敏先生认为"朱八戒"三字是在元末或明初改刻上去的，则可与《再分析》的观点相同，从文献研究角度来看也能说得过去。但如是这样，元末明初文人写的"朱八戒"三字应在劳先生"古意"范畴之内是没有疑问的，因为那个时代就是今人眼里的古代。笔者明白劳先生仍持第47龛北宋说，他认为那三个字的原刻应该是"朱士行"三字，刻于北宋。北宋的书法应距今九百年左右。也许，在劳先生的眼里，只有北宋或北宋以前的书法才有"古意"，而元末明初的书法就没有"古意"了。

但是，劳先生却将"朱八戒"榜题的雕刻年代断在了近现代，说那是近现代人所为，在逻辑上更难讲通了，因为1840年以后的近现代人只知"猪八戒"，而不知"朱八戒"。除非是专门研究过《西游记》发展史的学者才会知道猪八戒的前身叫朱八戒，但这种人自近现代以来会有多少呢？如果真有近现代人想把那个古代榜题改刻以表现第47龛内一身人物为"猪八戒"，他会选择"猪八戒"还是"朱八戒"三字，任何人都会心知肚明的。其实，凡习过中国传统书法的人都知道，中国现代的楷书体实际承自唐代，宋元明清的楷书体也是承自唐代。现代中国人仍欣赏唐代开创的柳、颜、褚、欧等体书法，而宋元明清的文人们也是如此。就连当今印刷某种刊物时，我们都能看到唐代书法风格的影子，更不用说崇尚唐风书体的近现代书法家了。毛泽东的草书就是承自唐代的狂草，他的书法有无"古意"呢？我看很有！因为那种书法绝不是今人创始的，也不是今人风格，虽然毛体草书有毛自己的风格，但却不能说它没有"古意"。因此，今人能写出"古意"的唐代书法，元末明初的文人更可以。如果真像劳先生说的那样第47龛"朱八戒"三字"缺乏古意"，那么劳先生就应该仔细说说在哪些具体方面缺乏"古意"，或怎样才算是具有"古意"，如在间架结构上如何搭配、一撇一捺在写时是应长点细点还是短点粗点就有了"古意"，抑或是朱字勾的上挑要高点大些还是矮点小些就有了"古意"，等等。只有这样摆出具体证据，才能使人心悦诚服。

针对第47龛的"朱八戒"榜题，笔者不知未来是否会有新的疑问产生。但想在此作一些推测。① 也许有人会认为"朱八戒"三字中"朱"是原刻，就是北宋原刻"朱士行"三字的第一字，而"八戒"二字是后人（或近现代人）重刻。如真是这样，说"八戒"二字含有"近意"或"今意"还能说得通。但是，另一个问题就来了："八戒"二字所在的磨光幅面应与"朱"字不在同一个平面上，因为要磨掉旧字以刻新字。但这明显与客观迹象不符，因为"朱八戒"三字是刻在同一个磨光幅面上的。② 所有第46~48龛榜题由于保存状态不平等、刻的内容也不一样，就难免有人会提出这样的疑问：三龛内的榜题字体有所不同，特别是各龛的榜题字体都不同于别龛的，可能是分别由不同人在不同龛内书写的。笔者以为这是有可能的，但从逻辑上还无法据此来推断出有的榜题被改刻过。③ 也可能有人会问这样的问题：就算是观察同一龛内的榜题，各榜题的字体都不相同；特别是第47龛的榜题，右起第二身上方的"朱八戒"榜题就与右起第三身上方的"从人"榜题书法风格不同，也与第46龛的"唐三藏"榜题风格不同，因此就怀疑"朱八戒"三字为后人改刻。有没有这种可能性呢？针对这个潜在的疑问，笔者以为：首先，第46、47龛内的三个榜题书法风格如果真有不同，也在情理之中，因为就算是让一个文人书写同一个字而让不同的刻工来雕刻，也会出现稍显不同的风格，更何况此二龛内的三个榜题完全有可能是经三位不同工匠之手刻就且刻的内容不一样呢。

最后，笔者只能再想出一个可能在未来被提出的疑问了。前文已述，"朱八戒"的榜题从其所在磨光幅面的刻凿深度来看，不可能经过后人改刻，因为改刻就要再深凿这个幅面以便磨掉原先的刻字。就算真的被人改刻过，也绝不可能是明代初期以后之人所为，因为那时以后的人如果要改刻，只会刻上"猪八戒"三字，而不可能是"朱八戒"。如果还要继续怀疑这三字榜题绝不可能是与第47龛同期刻就，还有一个可能性或许被人提出："朱八戒"榜题不是原刻，也不是改刻，而是被后人加刻上去的，在第47龛完成时可能根本没有刻这个榜题。换句话说，疑者可能会想到：第47龛完成于元代早期（或是北宋），当时没有榜题。到了元代晚期或明代早期，有人在此加刻了榜题。如真有这个疑问，那将牵连到第46~48龛中的所有其他榜题，包括第46龛的"唐三藏"榜题的正当性。如是这样，就只有把所有第46~48龛的榜题都看作是后人改刻或新刻，才能圆此说。但别的问题也会随之而来。如是全属后人改刻，就等于又回到了《再分析》提出的疑问，笔者已解释过了。如果全属后人新刻的，那第46龛的"唐三藏"榜题与第48龛的白马驮经主人公的榜题也是新刻的，它们就都不能代表第46、48龛内造像的真正题材。那么，就需要我们来重新考证这两龛的题材了。如此一来，多数学者会同意吗？

综合上述不带任何先入为主观念的纯考古学观察与分析，笔者以为飞来峰第46～48龛的雕凿年代为元，但不易确定是否可定在元代早期或中、晚期。各龛内的铭文榜题都是元代的原刻，没有经过任何后人的改刻。另外，飞来峰造像所在地属于佛教圣地，一直被杭州佛教信徒们妥善保护与瞻仰。飞来峰地接灵隐寺，应直接受该寺院的管理。在中国历代佛教寺院中，对各项寺产与圣像的管理都有严格的规定。除非在特定的历史时期如皇命灭法等，任何人都不能随意破坏与涂改寺院的艺术品特别是圣像。如果真有后人改刻（或加刻）这些榜题，那将是一项花费时日的工程，不可能在几分钟内偷偷完成，应该得到寺僧的允许。但元末与明初的寺僧们会允许这种有计划地花费相当时间地修改一处在当时人看来是应该好好保存并尊重的前代信徒造像榜题的行为吗？在飞来峰，我们还找不到有元代末年与明代初年去改刻与毁坏造像或榜题的实例。迄今能从实物与文献中查到的毁坏飞来峰造像的实例都发生在明朝嘉靖皇帝（1522～1566年在位）崇道毁佛之后的年代里，且都与汉族文人对元朝崇尚的喇嘛教及其艺术品的民族敌意有关[19]。这种毁坏举动之所以得到了寺僧的默许或不追究，可能与难违圣意以自保、或对喇嘛教艺术同样没有好感有关。但第46～48龛内的题材与藏传佛教无关，而是传统的汉传佛教题材。其中的造像虽有与元代飞来峰藏式造像相似的衣纹，也不能说明它们就是藏传佛教题材造像而应在被毁或被改刻之列。

为更加明确一件历史文物的时代与题材，除了如上述对其自身的考古学考察与分析之外，以别的地区发现的具有相近年代的同类文物进行类型学的比较也同样重要。飞来峰第46、47龛造像也有这种旁证资料，那就是迄今发现的仅有的两件产自磁州窑的绘有《西游记》图像的瓷枕，被文物界普遍认为是元代作品。在两件瓷枕中，一件现藏于广东省博物馆，上绘唐僧骑马手执拂尘向着左侧行进，其左侧有猴行者持棒、猪八戒肩扛钉耙向着左侧方向行走，唐僧的右侧还有一随从高举一华盖。四人物的背景是丛山（图10）。《再分析》抄录了一段来自广东省博物馆网站的文字，说是元代作品，证明此枕出现于小说《西游记》成书之前，对古典文学研究具有重要的参考价值。另一件《西游记》图像瓷枕藏于河北省文物研究所，《再分析》转录了一段曹凯主编《中国出土瓷器全集·河北》中的文字，有作者认为是河北磁州窑元代的典型器物[20]。这件瓷枕上绘着唐僧策马向着右侧行进，他的右侧是猪八戒肩扛一长柄兵器向着右侧行走，唐僧的左侧则是猴行者执棒也向右侧行走。三人的背景是山间（图11）。虽然文物与考古学界普遍认为这两件瓷枕产自元代，但《再分析》却认为迄今尚未找到专门论证其年代的文章，并说即便它们"是元代所产，就依此证明飞来峰开凿第47龛时朱八戒形象已出现也是不妥的，因为瓷枕上并未有确切纪年，作于元代什么时期不得而知"[21]。他的言外之意是，第47龛的年代是元代早期，而元代中期与早期的文献中还没有朱八戒这个人物，因此，这两件瓷枕就不可能是元代早中期的。对此，《再分析》

---

[19] 参见拙文《杭州飞来峰杨琏真伽像龛及其在元明时期的命运》，《燕京学报》2008年第25期。
[20] 曹凯主编：《中国出土瓷器全集·河北》，北京：科学出版社，2008年，第216页。
[21] 谢继胜等编著：《江南藏传佛教艺术：杭州飞来峰石刻造像研究》，北京：中国藏学出版社，2014年，第473页。

图 10　广东省博物馆藏磁州窑产"西游记"瓷枕　　　图 11　河北省文物研究所藏磁州窑产"西游记"瓷枕

倾向于极少数学者认为的二瓷枕年代应比作于元末明初的《西游记》杂剧晚，应为明代的观点[22]。

两件《西游记》瓷枕属实物资料，是考古文物学者研究的对象。《再分析》为什么放着如此众多的文物考古学者的断代观点不愿接受，却偏偏倾向于极少数非文物考古学者的断代呢？这恐是《再分析》与持同样观点的学者一样都将现存文献的记载作为考证朱八戒形象出现的直接证据为前提：元代早期与中期的文献中没有记载朱八戒，所以把这两件瓷枕的年代定在元代早期与中期就有问题，最好是定在明代。笔者不是研究瓷器的专家，更不是研究磁州窑的专家。于是，我就请教了两位当代瓷器专家。一位是专门研究中国瓷器的日本冲绳县立艺术大学教授森达也，他的代表作之一是《中国青瓷の研究：编年と流通》（汲古书院，2015年）。他给我的回复是，二瓷枕都是元代磁州窑产品。因为时间关系，森达也教授没有给我说明他的断代理由。我请教的第二位是现任河北邯郸峰峰矿区文物保管所所长张林堂先生。张先生是我自1987年就相识的好友，他是磁州窑考古学者出身，曾经参加过两次磁州窑的考古发掘。我向张先生提的问题是："这两件瓷枕会不会是明代造的？如果不是明代而一定是元代，证据何在？即有没有明代不可能造出这种瓷枕的证据？难道明代从来就没有造出这种人物画瓷枕吗？"2015年10月29日，张林堂先生给我的微信回复如下。

> 两件长方形瓷枕图片我看过了，都是磁州窑的作品，内容为《西游记》故事。像这样的人物故事枕，多发生于元代，与元代杂剧戏曲有关系，在宋金时期瓷器上没有看到过这些内容。将它们断为元代的根据是考古发掘地层的判断以及对同类瓷枕所属墓葬出土器物相对与绝对年代的分析。就是说，与这种瓷枕共存的器物类型的年代就可以判断瓷枕的年代。另外，还要看它们的造型、画风、装饰技法等，也有很强的时代感。在磁州窑的出土物中，元代以前的早期瓷枕形体偏小，而元代的长方形瓷枕偏大，造型与装饰技法单一，少有变化。元代的瓷枕以长方形枕为大宗，装饰以白底黑绘技法为主，内容多画人物故事。基于这些

---

[22]《再分析》在注中引用了杨光熙认为的二瓷枕产生年代比《西游记》杂剧晚的观点，见杨光熙：《论"西游记杂剧"和"唐僧取经瓷枕"创作时代先后》，《明清小说研究》2009年第3期。

时代特征，把这两件瓷枕的年代定在元代，我想应该没问题。我在磁州窑工作多年，参加过两次对磁州窑址的考古发掘，所见到的元代瓷枕都是这种风格。相反，在磁州窑的明代文化层中从来没有出土过这类形体大且绘有人物故事的瓷枕。明代磁州窑也产有瓷枕，但那是极个别的现象，因为很少发现，也不是这种类型。这也是我们曾经思考的问题与纠结的地方，即为什么在明代反而找不到这种元代传统的人物故事画瓷枕了。到了晚清与民国时期，磁州窑产的瓷枕又多了起来。

我相信文物考古学者的断代依据，因为笔者也是考古出身，做过许多考古发掘断代工作。所以，我相信张林堂先生的看法，即这两件《西游记》瓷枕都是元代作品，不可能晚至明代[23]。当然，究竟是元代早、中期，还是元代晚期，则不得而知。但笔者以为，即使是元代晚期的作品，也是弥足珍贵，因为它们是能够确定猪八戒形象要早于明代吴承恩的小说《西游记》并产生于元代的实物证据，对研究《西游记》的发展史意义重大。如果现存的《西游记》杂剧版本真的反映了元末的原作，那么，这两件瓷枕就是它的实物旁证，也是飞来峰第47龛"朱八戒"榜题为原刻的旁证。如果根据考古地层学与类型学的研究可以把这两件瓷枕定在元代早期或中期，也不必因为没有文献的佐证就去怀疑它们的断代是否合理，因为文献是无法记载所有实物资料的。对飞来峰第47龛而言也是如此。

与飞来峰第47龛造像可资比较的实物还有福建泉州开元寺东西双塔，均为仿木构八角五层楼阁式石塔。东塔称为"镇国塔"，始建于唐咸通六年（865年），初为五级木塔，南宋宝庆三年（1227年）改七级砖塔，今石塔为南宋嘉熙二年（1238年）至淳祐十年（1250年）间重建，高48.24米。该塔第二层北壁面左侧雕有玄奘法师左手持念珠，其身体右下方有一小猴子作礼拜状。西塔称为"仁寿塔"，始建于五代梁贞明二年（916年），初为七级木塔，称作

图12 福建泉州开元寺西塔猴行者浮雕，南宋绍定元年（1228年）至嘉熙元年（1237年）

---

[23] 赖天兵也用这两件瓷枕来旁证第47龛题材，并赞同《西游记》瓷枕产自元代。他还引用了郁博文《瓷枕与西游记》一文，刊于《光明日报》1973年10月8日。见《关于飞来峰高僧取经浮雕几个问题的思考》第45页。

"无量寿塔",南宋淳熙年间(1174~1189年)改砖塔,并易今名。今石塔为南宋绍定元年(1228年)至嘉熙元年(1237年)重建,高44.06米。该塔刻有唐三藏法师侧面合十礼拜像,还有一幅浮雕表现猴行者正面相站立,腰间系有短裙,双足着麻鞋,左手持一大刀(图12)。无独有偶,飞来峰第47龛中的右起第一身人物站在一个矮台之上,头与双臂均残,劳伯敏认为此像表现的正是朱士行[24]。但他的穿着却不是僧人服装,而是身穿窄袖短衣,着裤与一个齐膝短裙,双足着麻鞋[25],腰间束一带,腰部左侧挂着一把入鞘的大刀。第47龛的这身人物身材较矮,但很魁梧,似正作向右侧远方眺望探路之姿,原也可能正在回首招呼他身后(左侧)的同伴。他的姿态与位置,表明了他是第47龛的三人物之首,是一个保镖或武士的形象,绝非一位僧人(图3右尊)。通过比较,我们可以看出,他的兵器与着装均与开元寺西塔的南宋猴行者浮雕着装与所持兵器基本相同。以他在第47龛三人中的地位,应该就是《西游记》故事中的猴行者。这身猴行者手中没有持棒,而是持大刀,应是对南宋该人物图像的继承。我们也可以看出,第47龛的猴行者带领着朱八戒与另一位随从(有可能是沙和尚的前身),担负着保护位于右侧第46龛中的唐玄奘前往天竺取经的职责。

当然,要想证明带有"朱八戒"榜题的第47龛为元代作品,而榜题也不是后人改刻的,单凭上述纯考古学的分析还不能说服所有学者,因为与《西游记》有关的文献还大量存在着,它们的记载也不能被忽视。但是,以什么样的研究方法来对待这些《西游记》文献,则是证明"朱八戒"榜题为元代原刻还是后人改刻的关键。

三、现存《西游记》文献与飞来峰第47龛的关系

由于飞来峰第47龛本身没有纪年铭文题记,也没有发现与之有直接关系的文献资料,即直接介绍这所造像龛的开凿历史的文献资料,所有与之不存在直接对应关系的文献资料只能作为附属资料加以旁证。而第47龛既然是考古资料,就应以上述纯考古学的考察与分析为前提,再辅以间接关系的文献与实物资料。然而,《再分析》却反复强调最早可能出现朱八戒这个人物的文献资料是产生于元末明初的《西游记》杂剧[26],而"元代中期或早期的取经故事人物中可能还没有出现

---

[24] 劳伯敏:《关于飞来峰造像若干问题的探讨》,《文物》1986年第1期。
[25] 笔者在《杭州飞来峰"西游记图"与"白马驮经图"浮雕再探讨》一文误将这身人物所着的麻鞋写为着靴,特此改正。见《艺术史研究》2009年第11辑。
[26] 于硕在其《再分析》中指出:"常青先生考证朱八戒出现于元代是依据元代吴昌龄的杂剧《唐三藏西天取经》,认为在《唐三藏西天取经》中便有了沙和尚与朱八戒作为唐僧的随行人员。"实际上,在吴昌龄的"两套曲文中我们看不到有猪八戒、沙和尚、孙悟空形象出现。……但常先生恐将《西游记》杂剧与《唐三藏西天取经》混为一谈了。"参见谢继胜等编著:《江南藏传佛教艺术:杭州飞来峰石刻造像研究》,北京:中国藏学出版社,2014年,第468~469页。笔者很佩服于硕先生对《西游记》文献的熟悉,感谢他改正了我的这个错误。但无论如何,朱八戒这个人物形象还是有可能在元代末年产生的《西游记》杂剧中出现的,也就是在元代出现的,这点并不影响本文对飞来峰第47龛的讨论与得出的结论。

朱八戒"，并以此来确定磁州窑的两件瓷枕与飞来峰第47龛一定不是元代早、中期的作品。笔者前面已述，《再分析》对第47龛也是断代为先，然后推测它的"朱八戒"榜题有被后人改刻的可能，并以此断定这个榜题所属的人物一定不能对应于可能在元末明初出现的朱八戒与明代出现的猪八戒，在元代晚期以前只能作为唐僧的随从。他的这些结论的得出，无疑是考察了所有（或绝大多数）与第47龛没有直接对应关系的现存文献与纪年实物资料的结果。笔者以为，《再分析》所使用的所有历史文献与有绝对纪年或相对纪年的实物资料都只能作为旁证，而不能作为有直接关系的资料去强制性地决定第47龛的年代与题材。明确了这种我们应有的研究方法，再给飞来峰第47龛断代与考察它的"朱八戒"榜题是否是原刻，就不再那么困难了。下面，笔者想主要谈谈没有直接关系的历史文献对研究古代文物或考古实物资料究竟能起到多大的作用，我们是不是应该处处都应以文献记载为先，去考察一件古代文物的年代，并以此决定它的题材走向。

首先谈谈佛教考古中最基本的断代方法。给一件文物品断代，应根据它所拥有的纪年题记，可以得出绝对年代。当一件文物没有纪年题记或相对年代时，则可借鉴考古地层学，例如分析壁画与雕塑的叠压、打破关系，可得出相对年代。也可以与已知纪年材料或有相对年代的材料进行比较，从而得出这件实物的相对年代。这两个方法有时会疏于观察，但不易出大错。例如，《再分析》利用飞来峰第89龛坐佛的衣褶样式把第47龛定在了元代早期，但却忽视了别的无纪年的飞来峰藏式坐佛像也具有类似的衣褶特点。其实，最容易在断代上出错的，还是怎样灵活运用古代文献来考证文物。通读《再分析》，笔者认为此文得出的第47龛"朱八戒"榜题为后人改刻的结论与它的推论方法有关，即以现存文献资料与纪年实物资料为主要依据，而不是以纯考古学的考察为主要依据。

如果某件文物本身没有纪年，但在历史文献中却有相关或间接的记载，那么应该如果利用文献来判定这件文物的年代呢？例如，文献记载某个石窟群开凿于甲时代，如果我们做了分期排比之后，就不加分析地把排比所得最早的洞窟定为文献记载的甲时代，就很可能与实际情况不符合。这是因为文献记载的某个石窟群的洞窟不一定全都保存下来了，而现存的最早洞窟很有可能不是文献记载的对象，虽然它们同处于一个群体之中。利用文献资料去确定缺乏纪年材料的某石窟群中的一个群体或个体的创始年代，在20世纪80年代及以前的研究中时有所见，而且都将实际年代定得早一些。例如，宋代祝穆《方舆胜览》等历史文献记载，甘肃天水麦积山石窟创建于十六国时期的后秦国姚兴统治时期（394～416年）。在20世纪60年代，考古学者对麦积山作了初步分期，并根据文献记载，将最早一批洞窟定在十六国后秦或西秦时期（385～400年、409～431年），在80年代陆续发表了研究成果[27]。这个断代显然过早了，因为根据麦积山现存最早的北魏景明年间（500～503年）题记，把现存最早的一批洞窟定在北魏较为合理，而十六国创建的洞窟也许已由于部分山崖的崩塌不复存在了[28]。另外，对敦煌莫高窟现存最早三窟（第268、272、

---

[27] 参见 a. 阎文儒主编：《麦积山石窟》，兰州：甘肃人民出版社，1983年；b. 董玉祥：《麦积山石窟的分期》，《文物》1983年第6期。

[28] 对于麦积山早期洞窟年代的修订，参见 a. 黄文昆《麦积山的历史与石窟》，《文物》1989年第3期；b.〔日〕

275窟）时代的研究也出现过类似的问题[29]。在以后的研究中，过去因方法论问题而造成的断代失误已被逐渐修正了，显示了佛教考古学者们在运用历史文献研究实物遗存方面已走向成熟。

另外，石窟往往与木构寺院结合成统一的整体，但木构寺院的初创年代并不等于石窟的初创年代。因此，当我们看到文献中有关于某个寺院建筑的年代，而这个寺院又正好与保存至今的某处石窟遗存处于同一个地点并使用同一名称时，这个年代也不一定就能与现存的石窟寺相对应。例如，唐道宣《集神州三宝感通录》卷下记载的"晋初河州唐述谷寺"即为今甘肃永靖炳灵寺石窟所在地，寺"南有石门滨于河上，镌石文曰：'晋太始年（265～274年）之所立也'"。过去有学者据此确定炳灵寺石窟的创始年代为西晋[30]。但1962年的新发现，证实炳灵寺石窟最早实物为西秦时期所造[31]。

再举一例。慈善寺石窟是保存在陕西省麟游县的一处石窟寺，由三大窟与一些造像龛组成。唐道宣《广弘明集》卷17记载："（隋）仁寿二年（602年）六月五日夜，仁寿宫所慈善寺新佛堂内灵光映现，形如钵许，从前柱绕梁伏，众僧睹见。……仁寿二年六月八日，诸州送舍利沙门使还宫所，见旨相问慰劳讫，令九日赴慈善寺为庆光斋。僧众至寺，赞诵、旋绕、行香。"于是，有学者认为《广弘明集》所说的"慈善寺新佛堂"，应指完工不久的雕有主尊佛像的1号窟和窟前殿堂。《广弘明集》的记述说到在慈善寺举行庆光斋时，"僧众至寺，赞诵、旋绕、行香"。所谓"旋绕"，应是环绕佛像进行礼拜，而慈善寺1号窟主尊佛像周围，恰开凿有礼拜的通道，与《广弘明集》的记载相合。于是有学者就认为从造像风格和相关文献记载来看，慈善寺1号窟主尊佛像应完工于隋仁寿二年六月五日之前[32]。

但这与实际情况不符。首先，1982年，慈善寺石窟进行保护维修工程时，于窟前曾出土有唐代砖瓦，以及雕作精细的柱础，应是窟前殿堂的遗物[33]。《广弘明集》记载的慈善寺新佛堂及其前柱与梁伏，证明这座新佛堂是一座木构大殿而不是石凿的洞窟，因为1号窟内并没有前柱与梁伏。至于它是否就一定是完工不久的雕有主尊佛像的1号窟和窟前殿堂（要是也只能是窟前殿堂），则无任何证据。当年的慈善寺殿堂众多，而第1号窟就算是开凿于隋代，也定非主要的佛事活动场所。其次，假设第1号窟在仁寿二年已有，僧众的"旋绕"仪式是否一定是环绕第1号窟主尊佛

町田甲一：《论麦积山石窟的北魏佛》，《佛教艺术》1958年第35期。

[29] 樊锦诗、马世长、关友惠的《敦煌莫高窟北朝洞窟的分期》将莫高窟最早三窟定为北凉，见敦煌研究院：《中国石窟·敦煌莫高窟》（一），北京：文物出版社，2013年。宿白则将它们定在北魏太和年间，见宿白：《莫高窟现存早期洞窟的年代问题》，《中国石窟寺研究》，北京：文物出版社，1996年，第270～278页。

[30] 冯国瑞：《永靖发现西晋创始炳灵寺石窟》，《文物参考资料》1953年第1期。

[31] 甘肃省文物工作队：《调查炳灵寺石窟的新收获——第二次调查（1963年）简报》，《文物》1963年第10期。

[32] 见西北大学考古专业、日本赴陕西佛教遗迹考察团、麟游县博物馆编：《慈善寺与麟溪桥——佛教造像窟龛调查研究报告》，北京：科学出版社，2002年，第98、99、111、118、138、142、147页。

[33] 杨力民编著：《中国古代瓦当艺术》，上海：上海人民美术出版社，1986年。收录了其中的一块佛像瓦当。《慈善寺与麟溪桥》图版48发表了该遗址出土的佛像与莲花瓦当各一件。

像，也有疑问。在1号窟主佛周围开凿着通道，但佛座与后壁之间宽仅68厘米[34]。一人环绕尚且不便，更不用说那场盛大的佛事活动了。其实，如果了解中国佛寺发展史，就会知道这个"旋绕"当指绕塔或主殿佛坛礼拜[35]。中国早期佛寺多以木构佛塔为中心建筑，绕塔礼拜也是僧侣们修行或举行佛事活动的重要项目，北魏洛阳永宁寺塔即为代表作之一[36]。据文献记载，在隋代寺院中，佛塔仍然是主体建筑，如道宣《续高僧传》记载的隋代长安兴宁坊的清禅寺与江都长乐寺就是这样。宋敏求《长安志》记载的隋长安城建于开皇二年（582年）的灵感寺，1973年的考古发掘表明于寺院大门的后面有一座15米见方的佛塔遗址，塔基的后面是一座大殿，形成了这座寺院的两个中心建筑[37]。这些事例说明，隋代的慈善寺，很有可能也是以一座佛塔（或与一座主殿同）为其主要建筑的。由此可见，不能机械地以古代文献去比定现存实物[38]。

图13 飞来峰北宋天圣四年（1026年）第28号龛禅宗祖师像

---

[34] 这个数据引自西北大学考古专业：《慈善寺与麟溪桥》，北京：科学出版社，2002年，第8页。

[35] 参见萧默：《敦煌建筑研究》，北京：文物出版社，1989年，第40页。

[36] 中国社会科学院考古研究所：《北魏永宁寺塔基发掘简报》，《考古》1981年第3期。

[37] 中国社会科学院考古研究所西安唐城队：《唐长安青龙寺遗址》，《考古学报》1989年第2期。

[38] 上述研究例子曾用于笔者2003年发表的一篇讨论石窟考古断代方法的文章，不想十几年后此类问题仍在

图14　飞来峰北宋天圣四年（1026年）第28号龛第一身"太祖"像与第二身"六祖"像

我们再来看一个飞来峰石窟的例子。第28号龛雕造于玉乳洞北口的东、西两壁，主要展示六身坐姿僧装人物雕像（图13）。在东壁雕有僧装人物坐像四身与一身僧装人物立像，第五、六身僧装坐像与一身世俗供养人立像雕刻于西壁，与位于东壁的四身坐像相对。在东壁的四身坐像之中，自北向南，第一身坐像头部左侧原有一方题记曰："清信弟子杨从简舍财造太祖第一身，天圣四年（1026年）二月日立。"[39]第二身位于第一身的左侧，他的头部左侧原也有题记曰："清信女弟子马氏一娘舍净财造六祖像，天圣四年二月日立。"[40]（图14）而其他刻于东西两壁的僧人坐像或立像均没有题记，这应是很奇怪的现象吧，是否应怀疑这两则题记被后人改刻或附会呢？但所有学者在研究这六身坐像题材时从没有怀疑过这两则纪年题记的真伪，而是据此把这些造像断为北宋天

学术界出现，故再次拿出来作为例证。见拙文《浅谈石窟考古断代方法与样式研究——〈慈善寺与麟溪桥读后〉》，《考古与文物》2003年第5期。

[39] 该题记与下段所述题记现已不可识读，笔者于1991年调查时还可辨识。参见浙江省文物管理委员会编：《西湖石窟艺术》，杭州：浙江人民出版社，1957年，第11页。

[40] 参见浙江省文物考古研究所编：《西湖石窟》，杭州：浙江人民出版社，1986年，第92页。

圣四年作品，同时也据此把这六身坐像定为禅宗六位祖师，包括达摩、慧可（486～593年）、僧璨（？～606年）、道信（580～651年）、弘忍（602～675年）、慧能（638～713）[41]。2006年，笔者发表文章认为第一身坐像题记中的"太祖"其实是禅宗二祖慧可的谥号，这六身僧人坐像实际表现的是北宋禅宗寺院的祖师崇拜体系，即从上述的唐代禅宗六祖或七祖的系列中选择二人或一人，再加百丈怀海（749～814），并四位与供奉这些祖师像的某个寺院有关的祖师。这个新体系的开始时间，一般都依据北宋熙宁三年（1070年）僧人白云守端（1025～1072）的《祖堂纲纪序》所述，那时，大部分宋代禅寺已将其供奉的六位祖师像改为达摩、百丈怀海、本寺的开山祖师、首任住持及其后继者。在这个新系统中，达摩是作为禅宗的创建人，怀海则因其对禅寺仪轨作出的突出贡献而特加供奉[42]。但宋人在从唐代的禅宗六祖中选择谁进入这个新的崇拜体系却有一定的灵活性，一件南宋的资料显示位于飞来峰对面的灵隐寺祖师堂中选择的是达摩与慧可[43]。看到这种文献记载与实物的不同，我们是不是也应该怀疑飞来峰第28龛的两则纪年题记绝不可能刻于天圣四年？怀疑龛内第一、二身僧人坐像也绝不可能表现慧可与慧能？因为迄今为止还没有发现在那么早的时代里制作这种禅宗祖师像组合的任何文献记载与别的实物资料。接下来，我们是否应最后确定这两则纪年题记一定是在守端的记述在熙宁三年发表以后被后人改刻的呢？但笔者以为，飞来峰第28龛的纪年题记绝无被后人改刻的可能，相反，它们表明这个宋代禅宗崇拜的新体系至迟在1026年就已开始，而绝不是守端记述显示的1070年。同时，第28龛的纪年与铭刻题材还可以修正守端对这个新体系的著述，因为第28号龛的第一、二身像表现了慧可与慧能，显示了北宋僧人在选择祖师殿所供奉的前两位或前三位祖师时有一定的灵活性，而不必像守端记述的那样只选达摩与怀海。考古资料的这种证经补史的作用在此并不是孤例。

我们再回头看看学者们对飞来峰第47龛年代与题材的争议，是不是与上述研究之例十分相似呢？在早年的研究中，错误地将此龛断为北宋，发现那时的《西游记》里没有朱八戒这个人物，就断言"朱八戒"榜题一定是后人改刻的，原榜题应是"朱士行"。在近期的研究中，则把第47龛年代断在了元代早期，发现现存所有与《西游记》题材有关的历史文献与纪年实物资料里最早出现朱八戒形象只可能在元代晚期，于是就断定两件磁州窑瓷枕与飞来峰第47龛里的朱八戒形象绝不可能早于元代晚期，进而再次怀疑第47龛"朱八戒"榜题被后人改刻，从而怀疑原榜题的字应可能是"从人"。这种研究方法，实际上是把与第47龛没有直接关系的文献与实物资料当成了与该龛的直接从属关系，也没有考虑到现存的历史文献与纪年实物资料是否一定反映了当时社会上存在的所有文献与实物，更没有考虑到当年的一些《西游记》表演与艺术品反映的剧情与人物

---

[41] 近期的研究参见劳伯敏为飞来峰石刻所写的图版说明，刊于中国石窟雕塑全集编辑委员会编：《中国石窟雕塑全集10》，重庆：重庆出版社，2000年，第12页；高念华主编：《飞来峰造像》，北京：文物出版社，2002年，第89～95页；〔韩〕郑恩雨：《杭州飞来峰的佛教雕刻》，《美术史研究》1994年第8期。郑恩雨在文章中还认为，要确认这六位祖师像的身份是一件困难的事情。

[42] 白云守端：《祖堂纲纪序》，《续藏经》第120卷，第209页。

[43] 参见拙文：《杭州飞来峰第28号龛禅宗祖师像考述》，《艺术史研究》2006年第8辑。

形象是否一定都有文献记载并流传至今。

四、结　　语

综上所述，利用文献给文物资料断代的正确方法应该是：首先要利用现存纪年铭文题记材料，如果没有纪年铭文，就以其他地区的绝对纪年或相对纪年材料对比、确定现存实物遗存的时代，然后再以文献记载作为旁证。当我们的考古研究结论与现存文献资料与别的纪年实物资料所提供的时间不能相对应时，不应怀疑考古研究结论的正确性，因为现存的文献资料并非当时社会所能见到的所有文献资料，而现存的纪年实物资料也并非当时所有的纪年实物资料。考古资料的发现往往能证经补史，这点在中国佛教艺术史上有不少先例，在飞来峰造像中也有先例。

飞来峰第47龛本身没有纪年。在与同地点类似雕刻风格的造像进行比较以判断它的年代时，不仅要用有纪年的元代早期的第89龛，也要用无纪年的同样有类似风格技法的造像龛，还要考虑飞来峰的所有元代像龛并不都是在元代早期完成的，有元代晚期的造像记可以证明。同时，还要考虑第47龛在那处崖面与别的造像龛（包括纪年像龛）的相对位置，是处于显要位置，还是在次要位置，是否有在别的像龛占完显要位置后而插空补刻的可能性。只有这样周全地考虑问题，才能得出第47龛开凿年代的比较正确的结论。如果得出的第47龛年代结论与现存文献与纪年实物资料所显示的朱八戒形象最早只可能出现在元代晚期的结论不相符合，就去怀疑龛中榜题是原刻还是后人改刻，则是主观想法，不是以客观态度对待考古文物资料。对于第47龛中的"朱八戒"榜题，也应以纯考古学的实地考察为主导，即如果该榜题确被后人改刻，是否可以找到确凿的证据，如改刻后的字体如何，被改刻榜题所在的磨光幅面是否应向崖面内部更深入一些。这样的实地考察与分析，就能判断出一个榜题是否真是被后人改刻过，而不应以文献考察为主导去判断一个榜题是原刻还是改刻。

通过以纯考古学分析为主、以现存文献与别的拥有类似题材的实物资料为辅的研究方法，笔者得出如下结论。一是飞来峰第46、47龛共同表现"西游记图"，雕刻时代为元代，但不易判断在元朝的哪一个时期，因为均有刻于元代早、中、晚期的可能性[44]。二是现存第47龛榜题中的"朱八戒"三字为元代原刻，而榜题对应的龛内中间的人物正是表现朱八戒这个人物形象，也就是明代猪八戒的原型。那个有着丰胸大腹的佛教护卫形象，正与磁州窑出产的元代瓷枕上的猪八戒形象与明代的同类人物形象十分相似，但却无法对应于《西游记》中唐僧的其他弟子。同时，我们也不应该怀疑现存的两件绘有《西游记》图像与猪八戒人物的瓷枕的元代纪年。三是第47龛中的首要人物，即位于右起的第一身人物，应是位于第46龛的唐三藏玄奘法师的大弟子猴行者，他的大刀兵器与着装都继承着南宋猴行者的图像特征。

最后，笔者想要强调两点。现存文献与纪年实物资料绝不能作为研究飞来峰第47龛年代与题

---

[44] 赖天兵也认为第47龛年代为元，同样没有确定在元代的哪一期。见赖天兵：《关于飞来峰高僧取经浮雕几个问题的思考》，《杭州文博》2009年第1期。

材的首要证据，不能以此来怀疑龛内榜题的真伪。元末明初成书的《西游记》杂剧有迄今发现的文献记载的最早的朱八戒形象，不能代表在元代中期与早期就一定不可能出现朱八戒，更不能以此来确定第47龛与两件磁州窑瓷枕就一定不可能制作于元代早中期。相反，朱八戒完全有可能出现在元代早期或中期，也就是早于现存文献记载的元代晚期。假设第47龛开凿于元代晚期，也是迄今发现的年代最早的朱八戒人物形象，因为正如《再分析》所言，现存的《西游记》杂剧本子也有被明人修改的可能。所以，飞来峰第47龛是我们研究《西游记》里朱八戒（即以后的猪八戒）这个人物形象出现年代的有原始题记证明的现存最早的实物资料，可以起到证经补史的作用，对研究《西游记》的发展史有重大意义。

感谢河北省邯郸市峰峰矿区文保所张林堂先生、河北省文物研究所高建强先生、杭州佛学院赖天兵先生、广东省博物馆提供研究资料！

山西平顺金灯寺第 5 窟明代水陆浮雕辨识

谷东方

内容摘要： 本文在实地考察山西平顺金灯寺第 5 窟明代水陆浮雕的基础上，对窟内遗存完整的 69 铺雕刻进行编号，并绘制线图，依据《天地冥阳水陆仪文》，同时参照明代水陆卷轴画和壁画，对窟内水陆浮雕进行辨识，攻克了学界研究的难点，充实水陆图像范畴。认为该窟水陆浮雕由内至外依次表现了佛界、明王、天仙、地祇、冥界、人伦、孤魂、护法等内容，整体上内部神祇尊格高，越向外侧尊格愈低。

关键词： 金灯寺石窟　明代浮雕　水陆图像　水陆仪文

Identification of Water-and-land Reliefs Sculpture in Cave 5 of the Ming Dynasty in Jindeng Temple in Pingshun County, Shanxi Province

Gu Dongfang

Abstract: Based on the research into water-and-land scroll reliefs sculpture in Cave 5 of Jindeng Temple of the Ming Dynasty in Pingshun County, Shanxi Province, with the completely preserved 69 carvings numbered and outlined and according to a book titled "*Tiandi Mingyang Shuilu Yiwen*", the paper has identified water-and-land painting's relief sculpture in the cave, solved the difficult research problem with the academic circle and enlarged the range of the water-and-land paintings by referring to paintings and frescos. It shows that water-and-land paintings relief sculptures presents by turns the themes of Buddha, the Ming King, the Celestial Being, the Earth Immortal, Hell, human relations, lonely souls, laws protection etc. As a whole, the Buddhist in the inside respects higher personality, and the more outward they respect lower personality.

Key words: caves in Jindeng Temple, relief sculpture of the Ming Dynasty, water-and-land images, Shuilu Yiwen

作者：谷东方，河南省焦作市，454001，焦作师范高等专科学校美术学院。

金灯寺石窟群位于山西省平顺县杏城镇，共开凿14窟8龛[1]。第5窟又称水陆殿窟，应完工于明弘治十三年（1500年）[2]，坐北向南，窟室平面方形，宽1056厘米，进深880厘米，窟内正中设基坛。基坛前后和四壁遗存造像，其中后壁两侧和左右两侧壁下部浮雕水陆图像。

2005年笔者随同李静杰老师首次考察该窟[3]，2010年笔者与单位同事再次对该窟进行调查[4]。窟内镌刻的水陆浮雕图像令人瞩目，这种罕见的表现方式促使笔者努力辨识各铺水陆浮雕内容[5]。然而，因诸水陆图像均缺乏榜题，神祇选取和表现的随意性较大及工匠雕刻水平、漫漶风化等因素，为该窟水陆浮雕的识读带来很大难度。自首次考察该窟后，笔者即开始做搜集资料、撰写提纲、绘制线图等基础工作，至今方取得一些认识。本文在依据《天地冥阳水陆仪文》（以下简称《仪文》）记述[6]，同时参照中原北部地区明代的其他水陆画进行类比，力图最大限度地辨识该窟各铺水陆图像内容，试图攻克水陆浮雕这个难点，充实学界水陆图像研究的范畴。

第5窟内水陆浮雕分上下两层，共69铺。本文根据其表现内容的大致顺序进行编号，序号由后壁三佛的两端开始向外扩展并折向两侧壁，延至两侧壁前端。其中后壁两侧的上下层均为每侧3铺，共12铺。东壁上下层均为15铺，共30铺。西壁上层为14铺，下层13铺[7]，共27铺。图像雕刻方式为减地平级，大多宽56厘米，高90厘米，各铺间隔5～7厘米。为便于论述，本文依据各铺水陆浮雕的位置和次序[8]，以方位（东、西）+层（上、下）+数字（由内至外）的方式

---

[1] 金灯寺诸窟龛序号依照杨烈：《宝岩寺明代石窟》，《文物》1962年第12期。

[2] 窟内门两侧遗存创建该窟的石刻题记，西侧为："于弘治十年（1497年）十二月十一日起造，弘治十（漫漶）/吉旦，良辰圆满，开光庆赞（漫漶）/以记。"东侧为："此□寺僧净真（中略）创凿向堂，依石创此□佛、水陆。（中略）/弘治十有三年（1500年）岁在庚申冬十月吉旦立。"将两处题记对照可知，该窟于明弘治十年起造，十三年完工。

[3] 2005年7月，笔者与同学廖苾雅随同李静杰老师调查中原北方六省的部分石窟，其间于7月7日考察了金灯寺石窟。本文所有照片均为李静杰老师摄，在此谨致谢意！线图为笔者描绘。

[4] 参与2010年10月调查的同事为程峰、张全顺、罗俊、李春艳、段锦云、卢长青。

[5] 目前中原北部地区的水陆图像多为卷轴画或壁画，卷轴画在用时悬挂，平时收起，壁画多绘制于地面寺院或石窟的墙壁。以浮雕形式固定在石窟壁面者，仅见于金灯寺第5窟。卷轴画或壁画多用墨书榜题各铺祈请的神祇，便于使用者和观看者明确描绘内容，而该窟水陆浮雕却无榜题，难以直接认定各铺内容，因此辨识各铺神祇成为进一步研究该窟的基础。

[6] 普林斯顿大学藏本，含《天地冥阳水陆仪文》三卷、《天地冥阳水陆杂文》二卷和《图》一卷。《天地冥阳水陆杂文》卷下《献状式》篇首载："修设冥阳水陆道场/南瞻部洲/大明国山西太原府。"据此可知该本在明代时至少流传于山西地区。《佛教水陆画研究》中介绍《天地冥阳水陆仪文》目前在国内外至少有普林斯顿藏本、国家图书馆藏本、北师大藏本、中国人民大学藏本、北京大学藏本、日本私人图书馆藏本、湖南社科藏本等七个藏本，认为"就目前收集到的材料和各版本著录看，各大图书馆的仪文应该出自同一母本。其中普林斯顿本内容完整，是七个本子中最好的。"戴晓云：《佛教水陆画研究》，北京：中国社会科学出版社，2009年，第44页。

[7] 西壁内侧存在一条裂缝，山体中的水长期沿裂缝下渗，水中所含的钙逐渐填满了缝隙。裂缝处钙粉疏松，无法造像，工匠在雕凿图像时便隔过裂缝，致使西壁铺数较少，并且下层内端虽为一铺图像，却占两铺面积。

[8] 后壁东段和东壁均以"东"开端命名，后壁西段和西壁以"西"开端。数字序列以由内至外为次序命名，其中无"西下第5铺"，因"西下第4铺"占两铺面积，包含了"西下第5铺"。

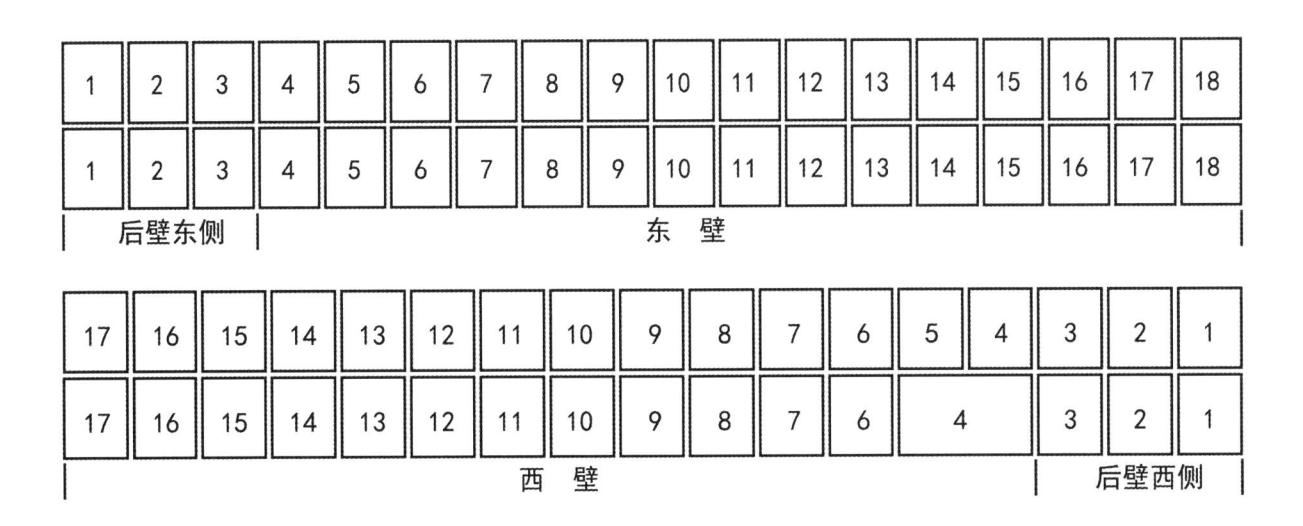

1	2	3	4	5	6	7	8	9	10	11	12	13	14	15	16	17	18
1	2	3	4	5	6	7	8	9	10	11	12	13	14	15	16	17	18

|后壁东侧| 东　壁 |

17	16	15	14	13	12	11	10	9	8	7	6	5	4	3	2	1
17	16	15	14	13	12	11	10	9	8	7	6	4		3	2	1

| 西　壁 |后壁西侧|

图 1　水陆浮雕编号示意图

编号（图 1），同时根据各铺的表现内容，按编号将同类图像合为一组进行考察。

1. 东上第 1、2、3 铺和西上第 1、2、3 铺（图 2～图 7）

两侧第 1 铺均可分为上下两段，上段各镌刻二佛陀结跏趺坐于云际，下段各表现四女子。两侧第 2、3 铺各为五女子。六铺共镌刻二十八身女子，均戴花冠，着宽袖长衫，饰璎珞，双手或捧物或合掌，赤足立于云中。

从女子的数量和装束推测，此二十八女子应象征二十八天。佛教的宇宙观将天分为三界二十八天[9]，欲界六天，其中又分地居二天和空居四天[10]；色界十八天，其中又分初禅三天、二禅三天、三禅三天和四禅九天[11]；无色界四天[12]。《仪文》卷中〈迎请天仙仪〉列举了色界四空天众、四禅九天、三禅三天、二禅三天、初禅三天、他化自在天主、化乐天主、兜率天主、夜摩天主、忉利天主、四大天王等名号，或详或略地描述二十八天主来赴法会。此六铺图像共二十八身女子，能对应者只有二十八天，每身代表一天主。

两侧第 1 铺上方四身佛陀的尊格尚不明确。

---

[9] 多部经典描述佛教诸天，内容大同小异。本文对三界二十八天的理解基本采用李静杰：《佛教美术研究》讲义，2007 年打印本，第 124 页。

[10] 欲界地居二天为四天王天、忉利天，空居四天为夜摩天、兜率天、化乐天、他化自在天。

[11] 色界初禅三天为梵众天、梵辅天、大梵天，二禅三天为少光天、无量光天、极光净天，三禅三天为少净天、无量净天、遍净天，四禅九天为无云天、福生天、广果天、无想天、无烦天、无热天、善现天、善见天、色究竟天。

[12] 无色界四天为空无边处天、识无边处天、无所有处天、非想非非想天。

图 2　东上第 1 铺图像和线图

图 3　东上第 2 铺图像和线图

图 4　东上第 3 铺图像和线图

图 5　西上第 1 铺图像和线图

图6　西上第2铺图像和线图

图7　西上第3铺图像和线图

图 8　东上第 4 铺图像和线图

2. 东上第 4、5 铺和西上第 4、5 铺（图 8～图 11）

四铺共表现十八身比丘或捧物或合掌立于云气前，东上第 4 铺和西上第 5 铺均为五身，东上第 5 铺和西上第 4 铺均为四身，其中西上第 5 铺右下角（以图像自身为基准确定左右方位，下同）比丘的身后随一虎。由四铺中比丘的样式、数量，尤其西上 5 铺中携虎者推测[13]，此十八比丘无疑为十八罗汉。

《仪文》卷上《邀请正位》中列举出十六罗汉姓名，并云："恭请五百尊者，一十六国大阿罗汉等众。"罗汉信仰始自唐玄奘译《大阿罗汉难提蜜多罗所说法住记》，称佛灭度后，十六罗汉传承和护持正法[14]。十六罗汉图像随之出现并流行开来，至迟在宋代，罗汉数量已演变为十八身[15]。《仪文》中十六罗汉描述和图像中的十八罗汉实例，实则指向同一罗汉群体。

---

[13] 携虎者为宾头卢尊者，曾收服一虎，俗称"伏虎罗汉"，为十八罗汉之一。马书田：《中国佛教诸神》，北京：团结出版社，1994 年，第 260 页。

[14]《大正藏》第四十九册，第 12～14 页。

[15] 实例见于山西长子崇庆寺三大士殿内遗存宋代十八罗汉彩塑，"我国现存的三处宋塑罗汉为山东长清县灵岩寺罗汉、江苏吴县保圣寺罗汉和山西长子县崇庆寺罗汉。前两寺罗汉塑造年代无考，原塑数额（十八或十六）亦不完整。惟崇庆寺罗汉既有确切年代可考，十八罗汉又完好无缺，虽然经后世妆峦，但宋风依旧，能够保存至今，诚属可贵。"柴泽俊、柴玉梅：《山西古代彩塑》，北京：文物出版社，2008 年，第 46 页。陕北宋金诸石窟中，罗汉是常见的素材，通常亦为十八身。

图9　东上第5铺图像和线图

图10　西上第4铺图像和线图

图 11　西上第 5 铺图像和线图

3. 东上第 6、7、8、9、10 铺和西上第 6、7、8、9、10 铺（图 12～图 21）

各铺均表现一身蓬发上扬，呈愤怒相，三面六臂，持物不同，骑乘各异者，共十身，其形象和数量无疑表明此十者为十大明王。

《仪文》卷上《邀请正位》依次称十大明王为："东北方文殊师利菩萨变现忿怒大威德焰发德迦明王。……东南方虚空藏菩萨变现忿怒大威德大笑明王。……南方地藏菩萨变现忿怒大威德无能胜明王。……西南方普贤菩萨变现忿怒大威德步掷明王。……西方观世音菩萨变现忿怒大威德马首明王。……西北方释迦牟尼佛变现忿怒大威德大力明王。……北方阿弥陀佛变现忿怒大威德甘露军吒利明王。……东方除盖障菩萨变现忿怒大威德不动尊明王。……上方金刚手菩萨变现忿怒大威德降三世明王。……下方弥勒菩萨变现忿怒大威德大轮明王。"现存水陆画中明王形象驳杂，不同经典对明王的外形描述不尽相同，造成粉本多样，明王图像不完全具备一致的特征，也为单个明王属性的确认带来极大困难。本节将该窟浮雕明王与其他水陆画中的明王图像进行比对，通过细节相似性尝试辨别诸明王的尊格属性。

《仪文》描述大力明王"坐乘大力之牛"，首都博物馆藏水陆画中大力明王亦为骑乘白牛的形象[16]。东上第 9 铺表现了骑牛的明王，牛的姿势与首博藏大力明王图轴中的白牛一致，据此推测

---

[16]《北京市文物精粹大系》编委会、北京市文物局编：《北京市文物精粹大系·佛造像》卷下，北京：北京出版社，2004 年，第 56 页。

东上第9铺应表现释迦牟尼佛变现的大力明王。

乘狮明王见于西上第6、8铺，宝宁寺水陆画中无能胜明王即骑狮[17]，无能胜明王为地藏菩萨变现。西上第6铺明王的右上手持锡杖，此外不见持锡杖者，据此推测右上第6铺可能为地藏菩萨变现的无能胜明王[18]。那么可进一步揣测西上第8铺中明王骑乘的狮形动物应为犼，该铺可能表现了观世音菩萨变现的马首明王[19]。

东上第10铺明王乘凤鸟，相同者还见于首博藏水陆画中的焰发德迦明王[20]，亦为乘凤的形象，据此揣测东上10铺可能表现了文殊菩萨变现的焰发德迦明王。

西上第9铺明王骑乘动物的形象与凤鸟相似，但其头顶生角，头颈处生卷曲的鬃毛，具备此特点者为麒麟。但其脚呈三趾状，似爪不像蹄，却又与东上第10铺中凤脚三前一后四趾的样式不同[21]。参照宝宁寺图轴中甘露军咤明王骑乘麒麟[22]，推测西上第9铺可能为阿弥陀佛变现的甘露军咤明王。

西上第10铺图像右侧漫漶，所骑乘的动物可辨口、鼻、爪和尾部，其特征显示该动物为龙。参照宝宁寺乘龙者为大笑明王[23]，推测该铺明王可能为虚空藏菩萨变现的大笑明王。

宝宁寺和首博藏水陆卷轴中降三世明王的下部均出现一猴[24]，以左肩扛明王右足。该窟东上第7铺明王的右足被一戴冠巾，着交领袍者，以左肩扛起。虽漫漶，亦可辨其冠形和交领袍的样式与宝宁寺扛足的猴子接近，加之其赤腿长脚，更强化了猴的特点，据此可知此者为一猴，那么可进一步推测该铺应为金刚手菩萨变现的降三世明王。

上文依据骑乘物推测了七铺明王的尊格，尚余东上第6、8铺和西上第7铺不明，普贤菩萨变现的步掷明王、除盖障菩萨变现的不动尊明王、弥勒菩萨变现的大轮明王亦缺乏比对，待有识之士论证。

---

[17] 山西省博物馆编：《宝宁寺明代水陆画》，北京：文物出版社，1988年，图28。

[18] 地藏菩萨所持的锡杖为其图像特征，不见于其他菩萨，据此可推知该明王尊格。

[19] 文殊菩萨的坐骑为狮，该明王为何不是文殊菩萨变现的焰发德迦明王？因该窟十大明王内无乘象者，乘象的普贤菩萨与骑狮的文殊菩萨成组表现，既无乘象的明王，那么骑狮者是焰发德迦明王的可能性也不大。另，首博藏水陆画中焰发德迦明王乘凤，与左上第10铺相合。观音菩萨的坐骑是犼，样式与狮非常接近，此明王即非文殊菩萨所变现，就只能是观音菩萨变现的马首明王。

[20]《北京市文物精粹大系》编委会、北京市文物局编：《北京市文物精粹大系·佛造像》卷下，北京：北京出版社，2004年，第55页。

[21] 牛羊等偶蹄类动物的脚呈较大两趾合为蹄，后部偏上还有较小的趾，或许刻工根据生活中牛羊蹄的样子表现，但表现拙劣，以至刻作三趾状。

[22] 山西省博物馆编：《宝宁寺明代水陆画》，北京：文物出版社，1988年，图30。

[23] 山西省博物馆编：《宝宁寺明代水陆画》，北京：文物出版社，1988年，图20。

[24] 宝宁寺水陆画中，该明王右足由猴扛起，一鬼卒抱左足。山西省博物馆编：《宝宁寺明代水陆画》，北京：文物出版社，1988年，图31。首博藏水陆画中，该明王骑白马，猴扛持右足，一女子扶持左足。《北京市文物精粹大系》编委会、北京市文物局编：《北京市文物精粹大系·佛造像》卷下，北京：北京出版社，2004年，第54页。

图 12　东上第 6 铺图像和线图

图 13　东上第 7 铺图像和线图

图 14　东上第 8 铺图像和线图

图 15　东上第 9 铺图像和线图

图 16　东上第 10 铺图像和线图

图 17　西上第 6 铺图像和线图

图 18　西上第 7 铺图像和线图

图 19　西上第 8 铺图像和线图

图 20　西上第 9 铺图像和线图

图 21　西上第 10 铺图像和线图

4. 东上第 11 铺和西上第 12 铺（图 22、图 23）

两铺布局相似，均分上下两段。上段均为二举幡的侍者处于云际，仅显露上半身。东上第 11 铺下段中部立一女子，高髻，着宽袖长衫，合掌，赤足立于莲花上。周围绕四身戴通天冠，着长袍，双手捧笏板的男子。西上第 12 铺下段立一女子和五男子，女子戴花冠，着长衫，男子均戴通天冠，着长袍，双手捧笏板。

西上第 12 铺下段神祇也可分作一男一女和四男子的组合，水陆神祇呈现一男一女对应表现者，见于日天和月天、梵天和帝释天、顺济龙王和安济夫人。日天和月天的图像内通常附乌、兔等日月象征物，与该铺形象相距较远，此男女应非日天和月天。

若此二者为梵天和帝释天，《仪文》卷中《迎请天仙仪》云："一心奉请云雷宝殿，化乐天宫，……三千界主大梵天、梵辅天、梵众天众。……一心奉请妙高峰畔，忉利为名，……善法堂中，帝释天众。"梵天和帝释天从属二十八天，至明代二者的相貌已演变为帝王相和后妃相，《仪文》将二者突出叙述，在水陆画中也常将梵天和帝释天对应绘制。假如该铺二者为梵天和帝释天，则男子是梵天，女子为帝释天。

若此二者为安济龙王和顺济夫人，《仪文》卷中《迎请天仙仪》云："一心奉请……海神持宝以临庭，龙女献珠而赴会，安济龙王、顺济夫人等众。"若是，其周围四男子可能为四方龙王或江河淮济四大龙神。

这两铺位置处于明王之后，诸天之前，显示神祇的尊格较高，据此判断第西上第 12 铺男女神祇为梵天和帝释天的可能性较大，比作安济龙王和顺济夫人的可能性较小。

若西上第 12 铺下段二者为梵天和帝释天，那么与之对应的东上第 11 铺下段正中女性神祇为后土圣母的可能性较大。《仪文》卷中《迎请天仙仪》云："一心奉请……尊超于五帝之前，位列于四溟之上，覆载神功，后土圣母。"称后土圣母的尊位在"五帝"和"四溟"之上。所谓"皇天后土"，但在《仪文》中不见"皇天"的叙述，后土圣母单独出现。这两铺主体神祇为表示天界的梵天、帝释天，与象征土地的后土圣母组合表现，天与地形成呼应。两铺下段周围者或许为梵天、帝释天和后土圣母的随从或眷属。

5. 东上第 12 铺（图 24）

右下方镌刻一附头光，赤足的菩萨，合掌而立。身后云际立四身着甲胄，各持矛、杵的武士。

在水陆诸神中，明确以四身成组的武士形象表现者，见于四大天王、北极四圣和旷野四将。该铺四将与四大天王的形象相去较远。北极四圣中含玄武，而玄武的相貌始终为披发仗剑，与该铺的四将无一类似，因此也不可能为北极四圣。那么此四者最大的可能为旷野四将。

《仪文》卷中称作"旷野大将"，从名称来看，应指一身，但在具体应用实践中，旷野大将经常表现为四身。如宝宁寺水陆画与河北蔚县故城寺释迦殿水陆壁画[25]，旷野四将均绘作四身武士，

---

[25] 宝宁寺绘四者，题"匡野四将神祇等众"。山西省博物馆编：《宝宁寺明代水陆画》，北京：文物出版社，1988年，图76。故城寺绘四者，题"旷野大将军等众"。河北省文物研究所、蔚县博物馆编：《故城寺壁画》，北京：科学出版社，2011年，第108页。两者所指应为同一组神祇，即《仪文》所称的"旷野大将"。两书内对旷野四将的介绍如出一辙，列出四将名称，并称四将率二十八部鬼神，守护佛法。

图 22　东上第 11 铺图像和线图

图 23　西上第 12 铺图像和线图

图24　东上第12铺图像和线图

据此揣测该铺四者的可能为旷野四将,即东方乐欲大将、南主檀帝大将、西方善见大将、北方散脂大将。

菩萨的尊格暂不明确。

6. 东上第13、18铺和西上第11、13铺（图25～图28）

四铺布局相似,均可分上下两段。各铺上段均表现三者立于云际,西上第13铺中间者戴冕冠,两侧者戴通天冠,均持笏板。东上第13铺三者漫漶,可辨为戴冕冠,持笏板的形象。东上第18铺和西上第11铺上段中部均为一戴冕冠,持笏板者,身后随二胁侍,一者举幡,一者举扇。东上和西上第13铺下段均表现七者,前方四者为戴通天冠,着长袍,捧笏板的男子。后方二者为戴小冠,捧如意的男子。还有一者为梳高髻的女子,其中东上者举扇,西上者持笏板。东上第18铺和西上第11铺下段各表现六男子,均戴通天冠,着长袍,捧笏板。

东上第18铺和西上第11铺下段六者装束相同,无疑属同类神祇。东上和西上第13铺下段的七者中,四捧笏板者和二持如意者应为同类神祇。持幡、扇的女子为侍女,不计入该类神祇。此四铺下段神祇两两成组,每组十二身,《仪文》中以十二身数量组合的神祇见于十二宫神和十二元辰。在大多数水陆画中,十二宫神的形象差异较大,十二元辰的样式接近。将此外形差别的特征代入四铺下段诸神祇样式进行比对,那么将东上第18铺和西上第11铺比对为十二元辰的可能较大,东上和西上第13铺可能为十二宫神。

《仪文》卷中《迎请天仙仪》云:"一心奉请星临八表,名镇四方,禀阳阴造,化之殊形,现种

山西平顺金灯寺第 5 窟明代水陆浮雕辨识　　195

图 25　东上第 13 铺图像和线图

图 26　东上第 18 铺图像和线图

图 27　西上第 11 铺图像和线图

图 28　西上第 13 铺图像和线图

类如然之异状，宝瓶、摩羯、人马、天蝎、天秤、双女、狮子、巨蟹、阴阳、金牛、白羊、双鱼、十二宫神等众。一心奉请占求善恶，卜问权衡，依无明老死之仪，准虎兔龙蛇之相，子丑寅卯、辰巳午未、申酉戌亥，十二元辰等众。"经文描述了两类神祇的作用和名称，十二宫神划分星空区域，十二元辰隐喻属相命运，二者在一定程度上反映了民间认为星辰、生肖对人们命运的影响。

《仪文》所请三身神祇成组且戴冠着袍者为天地水三官或上中下三元，但三官或三元大多呈戴通天冠的形象，戴冕冠者往往表示帝王，水陆画中的帝王通常为玉皇大帝或紫微大帝，安排在上方云际也符合其天帝的位置。《仪文》中未请此二者[26]，但因其在民间信仰繁盛，常被列在水陆诸神之内。结合下方的十二宫神和十二元辰推测，这四铺上段戴冕冠者之中，至少有一者为众星之君紫微大帝，此神祇在其他水陆图像亦有所表现[27]，形象与此接近。

7. 东上第14铺和西上第14铺（图29、图30）

两铺均可分上下两段。每铺上段表现二戴盔着甲的天将，下部隐于云际，显露上半身。东上第14铺左侧者仗剑，右侧者弹拨琵琶。西上第14铺左侧者右手持戟，左手托塔，右侧者右手握弯曲的条形物（蛇？），左手虚捏。东上第14铺下段立三者，正中者戴冕冠，着广袖长袍，双手捧笏板，其右侧为一双手展卷的官吏，后随一持扇的侍从。西上第14铺下段为二武士，均戴缨盔，着甲胄，披帔肩，持剑而立。

两铺上段四天将无疑为四大天王，《仪文》卷中《迎请天仙仪》云："一心奉请护持禅悦，乃号毗沙，伏罗义（叉）跪膝于阶前，摄鬼魅擎拳于足下，东方持国天王、南方增长天王、西方广目天王、北方多闻天王。"《仪文》所称的"乃号毗沙"指北方毗沙门天王，《仪文》将毗沙门天王与四天王割裂叙述。四天王居于须弥山，各护一方[28]，其中北方为多闻天王，又名毗沙门天王[29]，托塔为其传统造型[30]，西上第14铺左侧托塔者即为北方多闻天王。明代成书的《封神演义》《西游记》等志怪小说中，托塔者演变为托塔天王，并与四天王分割描述，北方天王则持伞，与东、南、西三身天王的执物组合成"风调雨顺"之含义。

---

[26]《仪文》虽未在"奉请"之列无紫微大帝，但在卷中《迎请天仙仪》前段提及"北极紫微大帝（第8页）"。在《天地冥阳水陆杂文》图卷《水陆牌像》"左六十位"图中也列了"北极紫微大帝"。

[27] 在宝宁寺卷轴画，河北昭化寺和故城寺壁画，以及笔者在山西高平南李佛堂寺考察所见的水陆壁画中，均表现紫微大帝，呈戴冕冠，着长袍，持笏板的帝王形象，可与此铺者进行类比。参见山西省博物馆编：《宝宁寺明代水陆画》，北京：文物出版社，1988年，图56；河北省古代建筑保护研究所：《昭化寺》，北京：文物出版社，2007年，第97页；河北省文物研究所、蔚县博物馆编：《故城寺壁画》，北京：科学出版社，2011年，第182页。

[28]（北宋）施护等译：《佛说顶生王因缘经》卷二载："须弥山王高出众山。此山东有大天王名曰持国。……复次须弥山南有大天王名曰增长。……复次须弥山西有大天王名曰广目。……复次须弥山北有大天王名曰多闻。"《大正藏》第三册，第395～398页。

[29]（北宋）董逌编：《广川画跋》卷五《武宗元画天王图》载："至于北方是名毗沙门，盖毗沙以多闻称义。"《四库全书·子部八·艺术类一》，清乾隆四十五年影印本，第11页。

[30]（北宋）董逌编：《广川画跋》卷六《北天王像后题辨》载："吴明仲以吴生画天王示余，因告之曰：昔余得内典，说四天王所执器，皆报应中出。北天毗沙国王也常兵斗不利，三逃于塔侧，方免其困。时愿力所全，得无违碍报，四乡则变相所成画者，得以据之。"《四库全书·子部八·艺术类一》，清乾隆四十五年影印本，第6页。

图 29　东上第 14 铺图像和线图

图 30　西上第 14 铺图像和线图

两铺下段共表现五身神祇，除一侍者外，尚余一戴冕冠者，一官吏，二武士。尤其双手展卷的官吏貌似判官，形象与冥界神祇接近，那么可进一步推测此四者可能为冥界的四身神祇。《仪文》卷中《命请冥殿十王仪》云："一心奉请如来亲诣，位号分明，一十八掌狱之都官，无央数群情之化主，琰（阎）魔殿侧，迦延等神。一心奉请铁围山内，狭道两旁，宝还菩萨之亲临，业集劳生之苦楚，恒加禁等四九诸王。一心奉请本愿经指，铁围山间，从琰（阎）魔至忉利天宫，设咒担永扶持正法，大恶毒等四八诸王。"《仪文》描述了辅助阎罗王的大臣名字，《慈悲道场忏法》卷四《出地狱品》叙述毗沙门天王后世为阎罗王，十八大臣转为十八地狱的狱主因缘[31]。第一狱主为迦延，与《仪文》称呼相同。第八、九狱主为铁迦然、恶生，与《仪文》名号差别不大，应指同一神祇。据此推测东上第14铺下段正中戴冕冠者为阎罗王，右侧判官相者应为迦延，西上第14铺下段二武士者可能为恒加禁王和大恶毒王。

两铺分别镌刻了天界和冥界神祇，将天界护法与冥界狱主、护持对应表现，隐含铁围山与须弥山相互呼应的意图，圆满了两界神祇是"如来亲诣……菩萨之亲临，从琰魔（冥界）至忉利天宫（天界），设咒担永扶持正法"之说。

8. 东上第15、16铺（图31、图32）

两铺均可分上下两段。第15铺下段表现八者，前方为三女子，均戴花冠，着长衫，挎岐帛，双手捧笏板。后随五持扇、仗剑的侍者和护卫，其中戴朝天幞头的侍者双手托一兔。上段云际镌刻二男子的上半身，前者戴冕冠，着长袍，双手捧笏板，后随一侍从。第16铺下段立六者，均戴通天冠，着长袍，双手捧笏板，其中一者佩方心曲领。六者身后随三侍卫，一者举斧、一者举鸟（龙？鹰？）头杖，一者举火轮。上段云际表现一男子的上半身，双手捧笏板。

这两铺布局相似，第15铺下段主要神祇为女性，第16铺下段为男性神祇。其中第15铺侍者捧兔的图像引人注目，与兔相关的水陆神祇见于十二元辰中的卯兔、二十八宿中的房日兔、表示月亮的玉兔。两铺诸神中，除第15铺捧托兔者外，再无捧托或身旁随行动物，换言之，不见与兔形成组合的十二生肖或二十八宿动物。据此判断该兔不可能为卯兔或房日兔，只能是表示月宫的玉兔。据此可进一步推测第15铺下段三身体量较大的女性神祇之一应为月耀太阴天子，捧兔侍者处于中间女神之后，此中间者为月耀的可能性较大。那么与之对应的第16铺下部中间佩方心曲领者可能为日耀太阳天子，虽不见捧持与兔相对的鸟形象征物，但可见表示太阳的火轮由一侍卫举持。

若第15铺下段正中女子为月耀太阴天子，其两侧各立一女子，或许为月耀天子的侍从，更或许为其他女性神祇。女性在水陆诸神中所占比例较少，《仪文》卷中《召请下界仪》云："一心奉

---

[31]（南朝·梁）诸师集撰：《慈悲道场忏法》卷四《出地狱品》云："阎罗大王昔为毗沙国王，与维陀始王共战，兵力不如，因立誓愿：'愿我后生为地狱主，治此罪人。'十八大臣及百万众皆悉同愿。毗沙王者今阎罗王是，十八大臣今十八狱主是。……彼诸大臣亦复如是十八狱王。一曰迦延，典泥犁狱；……八名铁迦然，典铁床狱；九名恶生，典嶬山狱。"《大正藏》第四十五册，第941页。文中称阎罗王就是毗沙门天王，叙述二者之间的联系。手下十八大臣为十八狱主，其中第一狱主为迦延，第八狱主铁迦然、第九狱主恶生应指恒加禁王和大恶毒王。

图 31　东上第 15 铺图像和线图

图 32　东上第 16 铺图像和线图

请……一切诃利帝母、五百鬼子、大罗刹女等众。"由字面来看，可分诃利帝母、鬼子母、罗刹女三类神祇，应用在明代水陆画的实例大体可见两种组合。第一种实例将诃利帝母和鬼子母组合，如宝宁寺水陆卷轴分别绘制二者，画面右上墨书神祇名称和悬挂位置，"左第四十三鬼子母罗刹诸神众"和"左第四十四阿（诃）利帝母大罗刹诸神众"，两幅位置相连[32]，组合表现。其中"左第四十三"上绘一巨鸟驮一童子，该图可视作鬼子母侍从的象征[33]。第二种实例是诃利帝母与鬼子母组合，罗刹众另行表现，如故城寺水陆壁画，两铺分别榜题"大罗乂（叉）罗刹女众"和"诃利帝母圣众"[34]。其中诃利帝母众后方的侍者中，一侍女抱童子，一鸟嘴生翅者背童子，显然鬼子母的特性被用于诃利帝母，二者合一。《仪文》亦将诃利帝母和鬼子母混合描述，卷中云："诃利持权，摄五百数之眷属，护国界边之众。""五百数"原指鬼子母眷属的五百鬼子，现为诃利帝母的眷属，显示诃利帝母和鬼子母特征混合的状况[35]。由此推测，第15铺下段两侧女性神祇可能为诃利帝母和鬼子母，或诃利帝母与罗刹女。

第16铺下段正中日耀太阳天子周围立五装束相同的男子，五者同组在水陆图像内见于五方上帝和五岳圣帝[36]，均呈戴冕冠着长袍的形象。参照第15铺的神祇组合形式，月耀太阴天子属天仙，诃利帝母、五百鬼子、罗刹女等均为下界神祇，呈现天仙与下界神祇组合表现。相应的第16铺日耀太阳天子属天仙，与之组合的五者为下界五岳圣帝的可能性较大。两铺下方诸神呈现了日月居中，环侍地祇的表现方式。

两铺上段神祇属性暂时不明。

---

[32] 山西省博物馆编：《宝宁寺明代水陆画》，北京：文物出版社，1985年，图84、85。榜题称诃利帝母和鬼子母均为罗刹，罗刹通常指代恶鬼的总称，这两幅内容可理解为"诃利帝母鬼众"和"鬼子母鬼众"两类鬼众。

[33] 繁峙岩山寺文殊殿东壁金代鬼子母经变中童子嬉戏的场面内，描绘了几身口唇呈鸟嘴状，背生双翅的鬼卒，供鬼王和鬼子母驱使。稷山青龙寺腰殿西壁元代水陆画中，鬼子母身后随二携童子的鬼卒，形象为蓬发长吻，无翅。明清水陆画中鬼子母身旁或身后携童子者的形象，大体分三种，一者呈鸟嘴生翅的鬼卒背负童子，一者为巨鸟扛子，一者为侍女抱子。经典内不见鬼卒形象的详细描述，前述金、元、明三例大致体现了鬼卒形象的演变。也有学者认为此类鬼卒表示夜叉，岩山寺东壁"将地狱十王的布局用于经变壁画中的鬼子母的表现，并且也将宋代以来绘画中地狱小鬼的形象替换了鬼子母的夜叉众。……之后，在明清（元代也见，但遗存不多）大量的水陆鬼子母中，画工便摹仿了这些原本为夜叉众的地狱小鬼"。李翎：《政治的隐喻：岩山寺金代鬼子母经变（上）》，《吐鲁番学研究》2015年第2期。

[34] 河北省文物研究所、蔚县博物馆编：《故城寺壁画》，北京：科学出版社，2011年，第106、112页。

[35] 诃利帝母和鬼子母本指一人，"诃利帝南鬼子母等，及五百神，常来拥护"。（北凉）昙无谶译：《金光明经》卷3，大正藏第十六册，第349页。早期译的《金光明经》语意含混。《翻译名义集》卷2依据经典予以辨讹，云："光明云：诃利帝南，此标梵语，鬼子母等，此显凉言。名虽有二，人祇是一，故律中明鬼子母。后总结云，时王舍人众，皆称为诃离帝母神。"（南宋）法云编：《翻译名义集》，《大正藏》第五十四册，第1078页。称诃利帝南是鬼子母的音译，"南"是凉州方言的尾音，律藏中明确为鬼子母，故均称诃离帝母。至明代显然将此分裂为二者，并体现在水陆图像中，如宝宁寺的"左第四十三鬼子母罗刹诸神众"和"左第四十四阿（诃）利帝母大罗刹诸神众"两轴画。

[36] 《仪文》称五方上帝为东方青帝、南方赤帝、西方白帝、北方黑帝、中方黄帝，称五岳圣帝为东岳天齐仁圣帝、南岳司天昭皇帝、西岳金天顺圣帝、北岳安天元圣帝、中岳中天崇圣帝。

9. 西上第 15、16 铺（图 33、图 34）

两铺均可分上下两段。第 15 铺上段表现四者，左侧者似一女子，前行后顾，后随一持笏板的男子。右侧为二戴通天冠，着长袍，双手捧笏板的男子。第 16 铺上段表现五者，一者漫漶，另四者均戴冠着袍，双手捧笏板。两铺下段神祇相貌类似，均戴道冠，着鹤氅，双手捧持如意、圭、扇等物，呈道士相，其中第 15 铺下段为七身，第 16 铺下段为五身。

两铺下段的神祇呈现道士相，表明其尊格为星君[37]。《仪文》卷中《迎请天仙仪》云："一心奉请群星拱伏，众曜咸臻，掌雄司巡历穹窿，握斗柄周游碧落，贪狼巨门星君，禄存文曲星君，廉贞武曲星君，破军关星君，北斗七元星君等众。"据此可知第 15 铺下段七者为北斗七元星君。第 16 铺下段星君为五身，由其数量推测，此五者为东斗五元星君。《仪文》详述了北斗七元星君的职能和名称，对其他星君仅称"东斗西斗，南辰北辰"。虽所述甚略，却也表明了其他星君的存在。在水陆画中亦可见其他星君的实例，如河北蔚县故城寺释迦殿东壁第二层北侧描绘了中斗三台星君和南斗六元星君，对应的西壁第二层北侧绘制了东斗五元星君、西斗四圣星君和北斗七星星君[38]，均呈道士模样。

两铺上段神祇属性暂不明确。

图 33 西上第 15 铺图像和线图

---

[37] 道家认为星君呈道士相，《太上助国救民总真秘要》称星君"皆道装，黄衣，乘黄云，白圭，顶中出玄气"。（北宋）元妙宗编集：《太上助国救民总真秘要》，《道藏》第三十二册，第 57 页。此类对星君相貌的认知影响广泛，至明代时已成为定式。

[38] 河北省文物研究所、蔚县博物馆编：《故城寺壁画》，北京：科学出版社，2011 年，第 60、62、190、192、193 页。

图 34　西上第 16 铺图像和线图

10. 东上第 17 铺和西上第 17 铺（图 35、图 36）

两铺均可分上下两段。东上第 17 铺下段较漫漶，可辨七者，着广袖长袍，双手捧笏板而立。其中二者面目漫漶难辨，可见下方中部为一戴花冠的女子，余四者为戴通天冠，颔生胡须的男子。上段可见七身，由头部可知一些为戴通天冠的男子，另一些为扎高髻的女子，均双手捧笏板，立于云际。

西上第 17 铺下段表现四者。左下者戴盔，身着甲胄，愤怒相，右手握剑，左手提人头。右下者的头部为高髻，女子相，背生双翼，腰部以下呈鱼形，遍体生鳞片，双手托一合掌的童子。上方两者较漫漶，可辨左侧者须发倒竖，左掌伸开，呈托举状。右侧者散发上扬，四手，上双手各举兵器交叉于头顶，下两手似乎合掌于胸。上段五者立作一排，左侧者散发上扬，额正中开眼，六臂，上两臂各托圆形物，中两手各持器物展于两侧，下两手合掌。余四者各持武器，其中第二、四者头顶生牛角。

东上第 17 铺下段男女和环绕的神祇，可考虑为顺济龙王、安济夫人以及四大龙王，个别形象颔两侧生虬须，亦与传统上龙王的相貌接近。但无论东南西北或江河淮济等龙王均四身成组，而该铺除男女神祇外，周围环绕五身，难以准确比定为龙王众，存疑。

西上第 17 铺诸神祇多呈异相。上段左侧者形似阿修罗，身后还随头生牛角者，可能表示畜生，尤其该铺右下方的神祇，上半身为女子，下身为鱼形，背生双翼，其形象不见于其他水陆画。由此推测，该铺可能表现了六道中的阿修罗道和畜生道，若是，即可进一步揣测东上第 17 铺或许表现了

图35 东上第17铺图像和线图

图36 西上第17铺图像和线图

六道中的天道和人道。两铺位于两壁末尾，安置六道众生题材[39]，象征因果报应，具备小结意义。

11. 东下第1铺和西下第1铺（图37、图38）

两铺图像相同，均表现一树，树冠外形呈博山炉状，由七朵小的圆形树冠组成，每朵树冠填补叶片形纹样，上方三朵的顶饰宝珠，整个树冠向周围发射波状光芒，两条飘带向两边飘荡。相同图像还见于前壁窟门内侧门楣上方的涅槃僧两侧。

北京真觉寺金刚宝座塔建造于明成化九年（1473年），基台上方建五座小塔，小塔塔座正中开龛造像，两侧浮雕菩萨和树。树的样式与该铺接近，树冠由八朵小树冠堆叠而成，树冠向上飘出波状光芒，飘带在树冠正下方弯作"U"形，从两侧下垂，树根部镌刻象牙、金锭、宝珠等物[40]。山西平遥双林寺千佛殿和菩萨殿遗存明代绘制的善财童子五十三参壁画，各参之间以树间隔开，其中几株树与该铺树的样式接近，四朵小树冠叠成树冠，飘带环绕四朵树冠后垂下。由此推知，两铺中类似博山炉的树为程式化表现，在明代较为流行。《仪文》中无此树描述，《华严经》提及了摩尼宝树[41]，形如山，上方和树身庄严摩尼宝，形状与这两铺树形接近。

12. 东下第2铺和西下第2铺（图39、图40）

两铺主要图像均为一附头光和身光的菩萨，结跏趺坐在仰莲座上，座下表现一动物，周围环绕云气。

西下第2铺的菩萨右手持锡杖，左肩以下漫漶，由所骑乘动物的尾部可知该动物为狮子。依据持锡杖及骑狮等特征推断，此者应为地藏菩萨。

东下第2铺的菩萨左手置于腹前，右手托举胸际，骑乘孔雀。左下角表现一比丘萎坐于地，左手抚右腕。目视前方孔雀左腿处盘绕的蛇，蛇口碰触比丘右足。右下角表现一比丘面向菩萨，跪坐合掌。

《仪文》中无相关此二比丘和孔雀坐骑的内容，应来自其他经典。唐不空译《佛母大孔雀明王经》卷上云"时有一苾刍（比丘）名曰莎底，出家未久新受近圆，学毗奈耶教，为众破薪，营澡浴事。有大黑蛇从朽木孔出，螫彼苾刍右足拇指，毒气遍身，闷绝于地，口中吐沫，两目翻上。尔时具寿阿难陀见彼苾刍，为毒所中，极受苦痛，疾往佛所，礼双足已，而白佛言，……具如上说，如来大悲，云何救护。尔时佛告阿难陀，我有摩诃摩瑜利佛母明王大陀罗尼，有大威力，能灭一切诸毒怖畏灾恼，摄受覆育一切有情，获得安乐。汝持我此佛母明王陀罗尼，为莎底苾刍而作救护。……佛告阿难陀，往昔之时，雪山南面，有金曜孔雀王于彼而住，每于晨朝，常读诵佛母大孔雀明王陀罗尼，昼必安隐，暮时读诵，夜必安隐（稳）"[42]。对照经文可知，左下角萎坐者

---

[39] "言六道者，所谓地狱、畜生、饿鬼、人、天、修罗。……此之六种经名为趣，亦名为道。所言趣者，盖乃对因，以名果也。因能向果，果为因趣，故名为趣。所言道者，从因名也，善恶两业，通人至果，名之为道。地狱等报，为道所诣，故名为道。"（隋）慧远撰：《大乘义章》卷8，《大正藏》第四十四册，第624页。

[40] 闫霞：《真觉寺金刚宝座塔五绝》，北京：光明日报出版社，2017年，第118页。

[41] "复见有一摩尼宝树，名毗卢遮那藏，其形无比，如妙高山。心王摩尼宝，最在其上，阿僧祇色相摩尼宝周遍庄严。"（唐）般若译：《大方广佛华严经》卷15，《大正藏》第十册，第728页。

[42]《大正藏》第十九册，第416～418页。

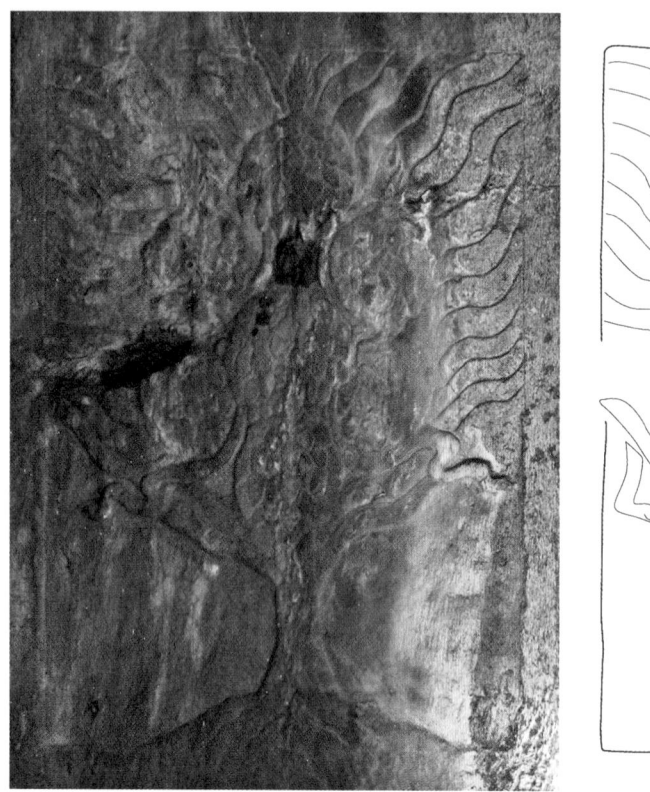

图 37　东下第 1 铺图像和线图

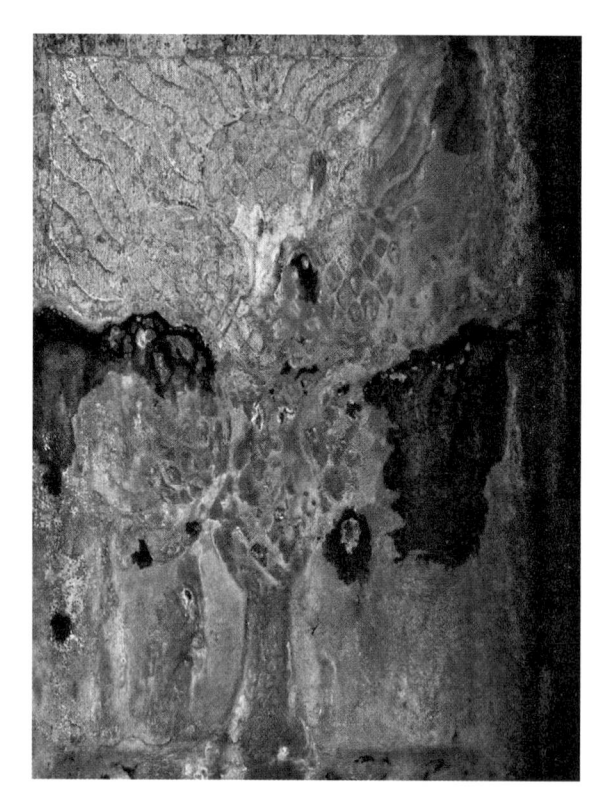

图 38　西下第 1 铺图像和线图

图 39　东下第 2 铺图像和线图

图 40　西下第 2 铺图像和线图

是被蛇咬的莎底比丘，右下角跪坐合掌者为阿难，菩萨即是孔雀明王。

此情节表现在该窟水陆画中，体现了水陆画题材的随意性，同时也说明了该窟水陆图像的规划者了解孔雀明王经，将"能灭一切诸毒"的孔雀明王图像纳入本窟水陆画体系之内[43]，与救济地狱亡灵的地藏菩萨对应表现，体现了现世救济与往世救济组合的观念。

13. 东下第3铺和西下第3铺（图41、图42）

均表现一菩萨二随从在云气中行走。

东下第3铺中的二随从为一僧和一戴高巾者，合掌随在菩萨身后。《仪文》卷中《命请冥殿十王仪》云："南无一心奉请现居阴界，摄化冥途。……释罪尊师大慈悲地藏王菩萨，道明慈造时时诱接于冥司，长者悲情日日提携于地府。唯愿不违本誓，怜悯有情。"据此推测菩萨应为地藏菩萨，僧人和戴高巾者应是道明和尚、闵公。该画面表现了地藏菩萨作为导引菩萨，身后跟随道明和尚、闵公，导引冥界诸灵前赴法会。

西下第3铺中二随从呈童子形，各捧持物品，立于菩萨两侧。《仪文》叙述前来赴会的菩萨分两类，八大菩萨和导引菩萨。该铺菩萨呈行走状，携二童子，其尊格应为导引菩萨。宝宁寺绘天藏菩萨携二举幡的侍女[44]，与该铺图像组成要素一致。《仪文》卷中《迎请天仙仪》云："南无一心奉请珠冠翡翠，璎珞花鬘，宝幢宝盖以随身，天乐天仙而从步，大圣天藏王菩萨摩诃萨。唯愿豁开云路，导引天仙。"结合《仪文》和宝宁寺图像推测，此菩萨应为天藏菩萨，二随从为"从步"的天仙。该画面表现了天藏菩萨作为导引菩萨，身跟随仙童，导引天界诸神前赴法会。

二铺图像成组对应，分别表现了天藏和地藏作为导引菩萨，导引天仙和冥界诸神灵前赴法会，四随从的相貌呈僧俗长幼状，在一定程度上能够比拟世间众人的身份类别。

14. 东下第4、5铺和西下第4铺（图43～图45）

三铺均可分上下两段。东下第4铺共表现八者处于云际。下段立四男子，均戴通天冠，着长袍，佩方心曲领，双手捧笏板。上部四者中，右侧者双手上举向前奔跑，发顶、双手呈树枝状。其后为一戴通天冠，着长袍，捧笏板的男子。再后随一执幡奔跑者。左侧立一拱手者，戴朝天幞头，着长袍。

东下第5铺亦为八者处于云际。下段五者，中部立二戴冕冠，着长袍，佩方心曲领，双手捧笏板的男子。后随二执扇的侍从。右侧立一戴裹巾，鬓发倒竖，捧持笏板者。上段三者，右侧二者为捧笏板一男一女，女子高髻，着长衫，男子戴冕冠，着长袍。后随一侍女，双手举飘带状物，可能是幡。

西下第4铺共表现七者处于云际。下段四者分两层，每层二身。下层二者均戴裹巾，须发飘扬，相貌奇特，着交领长袍，左侧者右手提瓶，左手上举，右侧者双手执扇。上层左侧者蓬发虬

---

[43] 首都博物馆藏水陆画中亦含孔雀明王图，表明孔雀明王纳入水陆神祇体系的现象并非金灯寺第5窟水陆浮雕所独有。《北京市文物精粹大系》编委会、北京市文物局编：《北京市文物精粹大系·佛造像》卷下，北京：北京出版社，2004年，第21页。

[44] 山西省博物馆编：《宝宁寺明代水陆画》，北京：文物出版社，1988年，图43。

图 41　东下第 3 铺图像和线图

图 42　西下第 3 铺图像和线图

图 43　东下第 4 铺图像和线图

图 44　东下第 5 铺图像和线图

图45　西下第4铺图像和线图

须，相貌怪异，左手握锤，右手较漫漶，似乎持一短棒。右侧者形象似女子，挎帔帛，双手合持圆形物于胸前。上段三者列为一排，左侧者兽头披发，着长衫，双手捧圆形物。中间者与右侧者披发，围树叶裙，双手捧禾苗。

明清壁画中常见风雨雷电等布雨四神，称风伯、雨师、雷公、电母，通常风伯抱风袋或执扇，雨师持瓶，雷公握锤和凿，电母双手张镜。与西下第4铺下段提瓶、执扇、握锤、持镜者一致，据此可知此四者为风伯、雨师、雷公和电母。

东下第4铺中双手呈树枝者，及西下第4铺捧禾苗者，显然其尊格均与植物相关。《仪文》卷中《召请下界仪》云："一心奉请主风、主雨、主电、主雷、主苗、主稼之神，主昼、主夜之众，主水、主火、主地、主空，主山林木植之君，掌社稷城隍之宰。"《仪文》将诸神合并叙述，成组体现，可判断画面所镌刻的内容应为此组神祇。与图像对照，能确认西下第4铺下段四者为主雨、主风、主雷、主电之神。上段右侧二捧禾苗者为主苗、主稼之神。东下第5铺上段一男一女可比定为主昼、主夜之神[45]。由东下第4铺下段四者的装束与数量推测，此四者应为主水、主火、主地、主空之君。上段发顶、双手呈树枝状者表示山林木植[46]，由此推断此四者应为山林和木植之君。东下第5铺下段中部二戴冕冠者应为"城隍、社稷之宰"，鬓发倒竖者形似判官，常随城隍身侧，可反证城隍、社稷的尊格。余二者为随从。

---

[45] 水陆图像中的日月，通常以男女形象表示，男子性阳为日，女子性阴为月。大多数水陆画将日月与星辰组合，或单独表现，称之为日宫天子、月宫天子。又因，日以昼出，月以夜现，该铺应借用了日月的神格化形象，镌刻一男一女以象征昼和夜之神。

[46] 故城寺水陆画绘一组与此"山林木植"接近的"山林石怪等众"，通过四者的头顶分别生出石、木、叶、花来表示其尊格属性。河北省文物研究所、蔚县博物馆编：《故城寺壁画》，北京：科学出版社，2011年，第144页。

图 46　东下第 6 铺图像和线图

该组神祇均与农耕时期人民的生活环境相关，水火地空和山林木植构成自然界，风雨雷电和昼夜更替是自然现象，城隍社稷为地方保护神。先民们将自然元素和环境人格化，并详尽地镌刻在壁面上，体现了民间对自然环境的重视。

15. 东下第 6 铺（图 46）

该铺左侧完全漫漶，仅右缘可辨四身人物，分上下两段。下段前者形体较大，颌下生须，戴展脚幞头，着广袖长袍，双手置于胸前，持物不明。后随一侍从，似乎为戴盔的武士，右肩扛长条形物。上段二者，右侧者戴朝天幞头，着交领长袍，一狗形动物奔跑在其脚前。左侧者双手持圆形物。

上段引犬者应为清源妙道真君[47]，《仪文》内虽无"清源妙道真君"之名，但此神在明代水陆画中常见，如河北石家庄毗卢寺后殿东壁和山西繁峙公主寺大雄宝殿西壁的水陆画都描绘了清源妙道真君，均为戴黑色幞头，着黄色长袍，御犬而立的形象，与该铺引犬者接近[48]。考虑到清源

---

[47]（宋）王铚编：《龙城录》（古今图书集成·神异典卷三）托唐柳宗元撰《清源妙道真君宝诰》中赞隋嘉州太守赵昱除水怪成神，称清源妙道真君。《三教源流搜神大全》卷三记述乡民立赵昱庙于灌江口，俗称灌口二郎，宋真宗追其圣号为清源妙道真君。《宋会要》《吴船录》等记述二郎为秦太守李冰次子，因协父治水而成神。明代成书的《西游记》《封神演义》《醒世恒言》小说均称杨戬为二郎神，在民间广泛流行。故此可假定赵昱、李冰次子、杨戬等三者统称二郎，即清源妙道真君。

[48] a. 康殿峰主编：《毗卢寺壁画》，石家庄：河北美术出版社，1998 年，第 66 页；b. 中国寺观壁画全集编辑委员会：《中国寺观壁画全集·3》，广州：广东教育出版社，2011 年，第 75 页。

妙道真君是与水相关的神祇，下段戴展脚幞头者或许为三元水府之一，其左侧漫漶处足够再表现另外两者。《仪文》卷中《召请下界仪》云："一心奉请……上元水府马当山灵江王、中元水府牛居山定江王、下元水府灵肃山镇江王，三元水府神众。"

16. 西下第6铺（图47）

可分上下两段。下段表现六女子立于云际，中部两身较大者为主要神祇，均面容丰满，戴花叶冠，着交领宽袖长袍，双手捧笏板。后随四侍女，两侧者举扇，后方者双手拢于袖内，相互交谈。上段可辨二者处于云际，右侧者蓬发，面目似牛，颌下生须，袒上身，挎帔帛，双手环抱一童子。左侧者散发飘荡，额前饰圆形，着宽袖交领短褐，左手置于胸前，右手上举握拳（或持物）。其下方似乎还镌刻一者，但细节漫漶难辨。

水陆法会请了一些女性神祇，其中下界类与该铺下段二神祇接近，《仪文》卷中《召请下界仪》云："一心奉请……大力鬼神、诃利帝母、五百鬼子、大罗刹女。"结合上段抱子者推测，下段二女性神祇之一为鬼子母，即"五百鬼子"，另者应为诃利帝母，二者通常成组表现在水陆图像中。由此可进一步推测，上段二者为罗刹女和大力鬼神的可能性较大。虽东上第15铺可能也表现了此类神祇，但重点是为了与同为女性神祇的太阴月耀天子形成组合，而该铺则完全按照《仪文》所述，镌刻了大力鬼神、诃利帝母、鬼子母、罗刹女来赴法会的情景。

图47　西下第6铺图像和线图

图48　东下第7铺图像和线图

17. 东下第7铺（图48）

右缘漫漶不明，余处可见八者分上中下三层。下层立三高髻，着长衫，分别持琵琶、笏板和圆形物的三女子。中层表现三男子，其中左侧二者戴幞头，着长袍，一者捧笏板，另者拱手。右侧者与上段二者处于云际，戴软帽，着长袍，左手持棍状物，右手捏指于胸前。上层二者为戴通天冠，着长袍，双手捧笏的男子。

此铺左下女子抱持琵琶的形象在该窟水陆图中仅此一例，水陆神祇中抱琵琶的女子仅见于金星。《仪文》中仅列其名，无形象描述，唐僧一行修述《梵天火罗九曜》载："（金星）形如女人，头戴首（西）冠，白练衣，弹弦。"[49]据此可知此女子无疑为金星，几乎所有水陆图像中的金星均为抱琵琶姿态，以示其"弹弦"。依据与之组合神祇的数量差别，分作五耀、七耀、九耀、十一耀等。该铺为九身[50]，可推断表现了九耀星君。《仪文》卷中《迎请天仙仪》云："一心奉请……金星太白真君，木星岁德真君，水星荣德真君，火星荧惑真君，土星镇德真君。……一心奉请……罗睺交初真君，计都交中真君，紫炁天一真君，月孛太一真君。"

18. 西下第7铺和东下第8铺（图49、图50）

虽西下第7铺中部较漫漶，但两铺布局和样式相同，为成组对应表现。两铺均镌刻七者，分

---

[49]《大正藏》第二十一册，第459页。

[50] 虽图中仅见八者，与九星君数目不符，但右下方漫漶处原应还有一者，否则布局完不整。

山西平顺金灯寺第 5 窟明代水陆浮雕辨识　　215

图 49　西下第 7 铺图像和线图

图 50　东下第 8 铺图像和线图

为上下两段。下段共表现十男子，每铺五身，均戴冕冠，着交领宽袖长袍，双手捧笏板而立。两铺上段共表现四者，为持幡的侍从。

两铺下方的十者相貌接近，装束相同，尊格应一致。据其形象、数量推测，应为冥殿十王。在水陆诸神中，十身成组者，也仅见于冥殿十王。《仪文》卷中《命请冥殿十王仪》云："所谓有十王地狱，即无间也，故教辅称琰魔罗界，则所谓阎罗大帝统王之境耳。……一心奉请……秦广大王。……初江大王。……宋帝大王。……五官大王。……阎罗大王。……变成大王。……泰山大王。……平等大王。……都市大王。……转轮大王。"据此可知冥殿十王的称号。明清十王图像大多将十者五五分列，对应表现，但宝宁寺水陆画中将地藏菩萨与四王绘制在一轴，另六王位于另一轴[51]，凸显地藏菩萨与十王的关系。民间通常将阎罗王认作冥界十王的代表，即"所谓阎罗大帝统王之境耳"。宝宁寺十王图像中，阎罗王戴冕冠，余者九王戴通天冠，显然出自突出阎罗王身份的构思。

19. 西下第 8 铺（图 51）

可分上下两段。下段表现四者，均戴通天冠，着交领宽袖长袍，佩方心曲领，双手捧笏板立于云际。上段云际中现两者，左侧者竖发，着短褐，挎帔帛，双手举持袋，袋口向下，呈倾倒状。右侧者戴曲脚幞头，着交领袍，双手抱筒状物。

上段举袋者应为风神，与西下第 4 铺以执扇者象征风神不同，该铺使用明清图像中常见的"袋"表示风，风神正举袋向外倾风。右侧者抱持的应为瓶或罐，向外飘出云或雨，与风神共同体现风吹云翻或风雨交加，总之为布雨情景。由此推测，下段四者或许为与布雨相关的龙神，就四者同组而言，或东西南北，或江河淮济，或坡池井泉等诸龙神。

图 51　西下第 8 铺图像和线图

---

[51] 山西省博物馆编：《宝宁寺明代水陆画》，北京：文物出版社，1988 年，图 135、138。

20. 东下第 9 铺、西下第 9、10、11 铺（图 52～图 55）

东下第 9 铺较为漫漶，正中剥蚀成坑。内容可分上下两段。下段可辨六男子，前方四者均面目狰狞，戴通天冠，着交领宽袖长袍，佩方心曲领，挎帔帛，或持笏板，或抱卷轴。后方左侧者仅露头肩，戴朝天幞头，鬓发倒竖，形似判官。右侧者面目难辨，袒上身，束带，双手捧物。上部云际立二者，右侧者双手上举，左侧者捧笏板。

西下第 9 铺可分上下两段。上段云际中立三者，正中立一戴通天冠，着交领长袍，双手捧笏板的男子。两侧各立一侍者，左侧者捧物品，右侧者举扇。下段立五男子，前方三者均戴通天冠，着交领广袖长袍，其中右侧者双手捧物，中间者佩方心曲领。后方随二持扇的侍从。

西下第 10 铺表现八者立于云际。下部六男子均戴展脚幞头，着圆领宽袍，腰束带，各自捧匣、持册、抱卷、执笔等。上部云中现二者，左侧马首者持叉，右侧牛首者握戟。

西下第 11 铺下部因雕刻石鼓，无图像。上部表现五男子立于云际，均戴通天冠，着交领广袖长袍，双手捧笏板。

此四铺的内容相互关联，西下第 10 铺上方二者无疑是在地狱中实施刑罚的牛头马面，据此推测该四铺组合表现了冥界神祇，他们或戴通天冠，或戴直脚幞头，显示其身份低于冥殿十王。四铺诸神祇呈现一、三、五、六、六身成组，就其数量可与《仪文》进行比对，推测出诸神属性。《仪文》卷中《命请冥殿十王仪》云："一心奉请幽冥主宰，善恶部官，定罪福以无差，逐业缘而有鉴，监斋使者，五道大神，十八典狱之王，百万牛头之众。……一心奉请威灵可畏，正直难欺，为阳道追摄之神，作阴司主典之使，三司六案，十八典狱，善恶簿官，监斋五道，金书掌记，警

图 52 东下第 9 铺图像和线图

图 53　西下第 9 铺图像和线图

图 54　西下第 10 铺图像和线图

图 55　西下第 11 铺图像和线图

巡都统。"据此推测，西下第 9 铺上段中间者为巡察的监斋使者，下段三者为三司。西下第 10 铺下方六者为六案判官，上方牛头马面表示"百万牛头之众"，其持物与《仪文》卷中《加持枉死城仪》中"牛头执戟，马面擎义（叉）"的描述一致。西下第 11 铺五者为五道大神。东下第 9 铺下段诸神可能表示十八典狱、善恶簿官、警巡都统等。

此四铺神祇为冥界的中下层吏属，从事"定罪福以无差，逐业缘而有鉴，……为阳道追摄之神，作阴司主典之使"之职，其职能足以使民众产生敬畏心理，故而在民间广泛流行，这里作为冥界信仰的重要组成部分，分四铺表现在壁面。

21. 东下第 10 铺（图 56）

可分上下两段。下段表现三者立于云端，分别呈道士、儒生、比丘形态。上段表现五者均着长袍，立于云际。由左至右第一者戴鸟形冠，合掌。第二者冠饰似鸡形，右手持斧，左手执物不明。第三者冠饰似马形，双手持锤。第四者披发，执物不明。第五者右手执扇，左手捏指。

《仪文》卷下《召请往古人伦仪》云："一心奉请……一切往古僧尼等众。……一切往古修真道士，炼行女冠等众。……一切往古儒流贤士等众。"对照可知，下段三者象征了一切往古儒、释、道三教诸灵，也是三教合流的实例。

上段五者的类似造型亦常见于水陆图像，如右玉宝宁寺壁画、稷山青龙寺壁画和首博藏水陆画，三处图像中五者的均头部为鸟兽形或披发，应与该铺五者的题材相同，表现了五瘟使者[52]。

---

[52] 山西稷山青龙寺水陆画中五瘟使者成组表现，上部墨书榜题"五瘟使者众"，其中马首者持勺，披发者携

图 56　东下第 10 铺图像和线图

《仪文》中无"五瘟使者"名称，《三教源流搜神大全》云："昔隋文帝开皇十一年六月，内有五力士，现于凌空三、五丈，于身披五色袍，各执一物。一人执杓子并罐子，一人执皮袋并剑，一人执扇，一人执锤，一人执火壶。……此是五方力士，在天上为五鬼，在地为五瘟，名曰五瘟。春瘟张元伯，夏瘟刘元达，秋瘟赵公明，冬瘟钟仕贵，总管中瘟史文业。"[53] 目前，有学者研究，五瘟使者已作为不可或缺的神祇，出现在大部分水陆图像中[54]。

袋，鸟首与虎首者持物不明，鸡首者执扇。中国寺观壁画全集编辑委员会编：《中国寺观壁画全集·2》，广州：广东教育出版社，2011年，第66页。山西右玉宝宁寺水陆画题"主病鬼王五瘟使者众"图像，五瘟使者中披发者持碗与桶，马首者捧火葫芦，鸟首者负葫芒持杖（剑？），鸡首者持锤、凿，虎首者持扇。山西省博物馆编：《宝宁寺明代水陆画》，北京：文物出版社，1988年，图147。首博藏水陆画题"阳间主病鬼王五瘟使者众"图像，五瘟使者相貌各异，蓄须，扎裹巾，着长袍的男子，分别持勺、扇、锤、葫芦等物。相应的虎首者与鸟首者见于同批题"阳间太岁五龙土公土母灶神像"图像，亦属"五龙"中的两者。《北京市文物精粹大系》编委会、北京市文物局编：《北京市文物精粹大系·佛造像》卷下，北京：北京出版社，2004年，第122、124页。这种现象大体反映了水陆图像在绘制或传播过程相互借鉴的状况。

[53]（清）叶德辉刊：《三教源流搜神大全》，宣统元年影印本，第四卷，第2页。刊者在后记中称："余按，本书为明人以元版画像《搜神广记》增益翻刻，即可以书中皇明年号证之。"可知五瘟使者的图像在元代已成形。

[54] 史宏蕾：《神祇众相——山西水陆寺观壁画中的艺术与科技价值》，北京：中国社会科学出版社，2013年，第269～273页。

22. 东下第 11 铺和西下第 13 铺（图 57、图 58）

两铺布局相似，均可分为上中下三段，各段以云气相隔。东下第 11 铺下段表现三者，右侧前行一捧方形物的老者，后随一合掌女童，再后随一捧宝珠的女子。中段表现五者，右侧前行一扶杖老者，后为一男子与一女子作交谈状，再后为一戴幞头的男子，最后随一抱孩子者。西下第 13 铺下段表现四者，左侧前行一双手持花枝的老者，后随一捧物的女子，再后随一老妪携一男童。中段为五或捧物，或合掌的女子，前三者高髻，着窄袖衫，后两者绾发。两铺上段云际均立一者，因体形较小，样式难辨。

《仪文》卷下《召请往古人伦仪》云："一心奉请……一切往古贤妇烈女等众。……一切往古老幼衰残等众。"将图像与《仪文》对照推测，两铺应共同表现了往古老幼衰残和贤妇烈女等众灵。由抱子者和携子者猜测，诸灵中或许包含往古孝子贤孙。

23. 东下第 12、13 铺和西下第 12 铺（图 59 ~ 图 61）

三铺均可分为上下两段，各段以云气间隔。

东下第 12 铺下段表现五者男子立于云际，均着交领广袖长袍，捧笏板，其中右侧者戴冕冠，余四者戴通天冠。上段云气中立三者，中间者戴朝天幞头，着长袍，双手夹持方形卷册。右侧者为高髻，着长衫，捧盒的女子。左侧者为头生双角，袒上身，双手举斧的鬼卒。

东下第 13 铺下段云气上立六者，可分左中右三列，每列两人。中间列为二高髻，着长衫的女子，上方者托捧包裹，下方者双手处剥蚀，可能捧笏板。左侧列为二戴展脚幞头，着圆领广袖袍，

图 57　东下第 11 铺图像和线图

图 58 西下第 13 铺图像和线图

捧笏板的男子。右侧列为二戴通天冠，着广袖长袍，捧笏板的男子。上段云际中立三者，中间者戴朝天幞头，着长袍，双手拢于袖内。两侧为高髻，着长衫的女子，左侧者合掌，右侧者捧笏板。

西下第 12 铺上段云气中的五者现上半身，中部三者均为戴缨盔，着甲胄，围披风，合掌的将士。左侧者蓬发，圆睛，额前饰圆珠，披兽皮，袒上身，右手按在云头，左手展于额前，呈瞭望状。右侧者戴垂脚幞头，着圆领袍，双手抱卷册于胸前。下段三者均立于地面，戴曲脚幞头，着交领宽袖长袍，中间者双手抱持如意，两侧者合掌。

《仪文》卷下《召请往古人伦仪》云："一心奉请……一切往古圣德明君等众。……一切古往后妃宫院夫人等众。……一切往古协讚群僚等众。……一切往古为国亡躯力士等众。"结合《仪文》，根据各铺人物形象、位置推测，东下第 12、13 铺下段表现了往古君王、后妃、大臣。两铺上段可能为护持诸灵前赴法会的判官、鬼卒和携供养品的侍者。西下第 12 铺上段中部三者应为往古为国亡躯的将士。左侧袒上身者可能表示"力士"之意，又可能是带领将士魂魄前赴法会的鬼卒。右侧者为抱卷册的冥界文吏。下段立于地面的三者耐人寻味，其装束不同于官员，类似民间的儒士，但鉴于东下第 10 铺下段已表现了儒释道立于云际，再加之该铺三者戴曲幞头、携如意、合掌、立于地面等因素，很难将其理解为儒士。就三者立于地面，不同于其他亡灵立于云际的姿态，揣测其或许表示功德主，儒士装束可能出自"万般皆下品，唯有读书高"的观念。

山西平顺金灯寺第 5 窟明代水陆浮雕辨识　223

图 59　东下第 12 铺图像和线图

图 60　东下第 13 铺图像和线图

图61　西下第12铺图像和线图

24. 东下第14、15铺（图62、图63）

东下第14铺可分为上下两段。上段云际表现一比丘左手持铃，右手上举，坐于桌案后，桌案上置法器。桌案两侧立二胁侍弥沙，双手握钹。右上方树下置桌案，案上置供品。案前表现四者，一者跪地合掌作乞求状，两侧的两者举拳作击打状，案旁一者在观望。下段表现四武士，均头扎裹巾或戴朝天幞头，内着甲胄，外披袍，双手持斧。

东下第15铺可分四组图像。左上表现一者，头发倒竖，环眼利齿，耳垂上悬环，袒上身，合掌，结跏趺坐于云际。中部表现五者，上方三者中，中间为一头扎裹巾，着甲披袍，双手按膝而坐的武士，两侧立二侍者，其中右侧者持伞。下方两者中，一者跪地合掌作乞求状。另者右手抓跪者的衣领，举左拳。右下表现一桥，桥上可辨一者，桥下河中漂一裸身散发者，桥头立二持幡者。左下表现一城门，门头为虎头状，门口设作虎口，门外立形态、相貌各异的三者。

从东下第15铺上方趺坐于云端者的相貌推断，此者为面然鬼王。《仪文》中并未描述其相貌，但在《天地冥阳水陆杂文》卷下后附的唐实叉难陀译《佛说救面然饿鬼陀罗尼神咒经》和唐不空译《佛说救拔焰口饿鬼陀罗尼经》中[55]，都将面然鬼王的形状作了类似的细致描述。如《佛说救

---

[55] 二经亦见于《大正藏》第二十一册，第464~465页。《佛说救面然焰口经》称面然鬼王为"面然"，《佛说救拔焰口饿鬼陀罗尼经》称面然鬼王为"焰口"。

图62 东下第14铺图像和线图

面然饿鬼陀罗尼神咒经》云："尔时阿难独居静处，一心计念。即于其夜三更已后，见一饿鬼，名曰面然。……阿难见此面然饿鬼身形羸瘦，枯焦极丑，面上火然（燃），其咽如针，头发蓬乱，毛爪长利，身如负重。"[56] 首博藏图《焦面鬼王紫府帝君众像》和宝宁寺图《起教大师面然鬼王众》、《孤魂》中的面然鬼王形象均与经文描述一致[57]，反映该形象在明代已成为面然鬼王的固定样式。诸图像中的面然鬼王的形态与此铺上方者类似，据此可确认该者为面然鬼王。

《仪文》卷下《召请往古人伦仪》云："南无一心奉请……兴教大士阿难尊者。……启教大士面然鬼王观世音菩萨[58]。"《佛说救面然饿鬼陀罗尼神咒经》叙述了面然鬼王夜见阿难，告知地狱饿鬼需求施食的情景，故《仪文》将面然鬼王与阿难并列，称阿难为兴教大士，面然鬼王为启教大士。在图像中也常将面然鬼王与阿难成组表现，如宝宁寺图"起教大师面然鬼王众"中，上层表现了阿难携二胁侍弥沙，下层为面然鬼王与胁侍小鬼。据此推测东下第14铺上段坐于桌后的比

---

[56]《大正藏》第二十一册，第465页。

[57]《北京市文物精粹大系》编委会、北京市文物局编：《北京市文物精粹大系·佛造像》卷下，北京：北京出版社，2004年，第94页。图中将面然鬼王称为焦面鬼王。山西省博物馆编：《宝宁寺明代水陆画》，北京：文物出版社，1988年，图146、149。

[58]《仪文》将面然鬼王和观世音菩萨的名字并置，显示二者一体。宝宁寺《孤魂》画面中，面然鬼王头上圆轮中坐着观音菩萨，明确了面然鬼王为观音菩萨的化身。

图 63　东下第 15 铺图像和线图

丘应为阿难，与东下第 15 铺的面然鬼王成组表现，手中持铃的样式应取自水陆仪轨。《仪文》卷上开篇即为《开铃取杵仪》，文中也多次描述"以此振铃，召请……"内容，推测水陆仪轨的主持者以"振铃"的仪式请诸神祇。阿难桌上置的法器中含两个圆形物，应为钵。《佛说救面然饿鬼陀罗尼神咒经》云："若欲作此施食法者，先取饮食，安置净盘器中，诵此陁罗尼咒，咒食七遍，于门内立展臂，户外置盘净地，弹指七下。"[59] 据此可知，水陆仪轨中的两个钵，一为饮具，一为食具。结合阿难右臂举起的姿态推测，该图像应表现了阿难施食。

东下第 15 铺下方表现虎头城、桥、河等图像，能与《仪文》进行比对。卷中《加持柱死城仪》云："三光不照，名呼黑暗之间；万苦长临，号曰幽冥之内。……牛头执戟，马面擎义（叉），全无慈愍之心，大有伤残之恨。"左下城门三者中，前者持绳，中者瞭望，后者跟随，虽与牛头马面形象不符，亦可表示拘索亡魂的地府鬼卒，虎头城无疑为黑暗幽冥的柱死城。卷中《加持铁树爱河仪》云："切以爱河浪滚滚，漂溺无穷，剑树嵯峨伤残重。积大善者于中不去，造极恶者决定难逊。镬汤滚滚，唯煎作恶之徒；宝盖摇摇，只接修行之者。"《加持金桥仪》云："盖闻红云缭绕，紫雾盘旋，七珍间饰栏杆，八宝攒成届道。……旌旗队队，幡盖行行，天男仙女以前迎，龙管凤箫而后从。"描述与右下图像接近，可知桥为金桥，水指爱河，为《仪文》叙述的简化图形，

---

[59]《大正藏》第二十一册，第 466 页。

表现了桥上幡迎积大善者，水中漂溺造极恶者。

东下第 14 铺下方四武士均举斧，类似仪仗，但其形象和装束显示四者并非天神或冥界的护法。《仪文》卷下《召请孤魂仪》云："一心奉请……军阵横亡苦死生灵，无主孤魂等众。"据此推测，此四武士可能表示军阵横亡孤魂。考虑到四者与阿难施食表现在同铺，同时应具有护持施食法会的意图。

东下第 14 铺中部右侧的击打场面，以及东下第 15 铺中部类似遭遇强盗的情景，均不见于《仪文》描述。参照故城寺表现了六者持刀争斗[60]，及昭华寺描绘了二者挽发争斗的场面[61]，推测东下第 14 铺可能表现了仇冤报恨者。参照永宁寺卷轴中匪首坐椅指挥，匪徒杀男抢女的画面[62]，与东下第 15 铺图像立意相同，据此推测该图像可能表现遇盗贼的场面。

25. 东下第 17 铺和西下第 14 铺（图 64、图 65）

东下第 17 铺可分四处场景。左上表现一菩萨合掌立于云际，前方一者合掌坐于地，形似观音救难图。右上表现树枝上吊挂一人。中部表现一牛拉车正在前奔，车轮下碾压一者。下方表现一奔跑的马，马蹄下踩踏两者。

西下第 14 铺可分三处场景。上方为一房屋，室内床上侧卧一身盖被子的女子，床前一女子正将一婴儿往盆内放，另两者立于屋侧。左下方表现一者投身井内，井边两者合掌观望。右下方表现一虎口中咬一人，一男子转身合掌回望。

《仪文》卷下《召请孤魂仪》云："一心总请……车碾马踏，……虎咬虫伤，……堕胎落孕，产难身亡，……自刑自缢，水溺身亡，……等众。"结合《仪文》可知，这两铺图像表现了车碾马踏、虎咬虫伤、堕胎落孕、自刑自缢、水溺身亡等苦死的生灵亡魂。东下第 17 铺左上场景体现了《仪文》卷下奉请面然鬼王时的描述，"普门示现，愿力洪深，救济饥虚，接引饿殍。运慈舟于苦海波中，引众生而俱登彼岸。"可知该图像为观音菩萨救济与诸受难场面合并表现。

26. 西下第 16 铺（图 66）

上方镌刻一体形较大者，蓬发上扬，环眼阔鼻，额饰骷髅，双耳悬环，袒上身，颈带骷髅圈，缠绕帔帛，四臂，下方双手合掌于胸前，左上手握杵，右上手持铃，腰围短裙，裸露双腿，结跏趺坐在圆形草垫上，垫上置三骷髅。下方表现一组散发的人群，姿态各异，似乎在抬一方形桌案。

由下方人物散发的特征推测，诸人为冥界亡魂。就上方神祇额饰骷髅、戴骷髅项圈、坐骷髅座等形象，表明此者必与死亡相关，与下方亡魂组合出现，显示亡魂受其所摄的状态。宝宁寺的孤魂卷轴与该图像类似[63]，由上方化现的观音菩萨可知此者为面然鬼王。该铺或许将面然鬼王镌

---

[60] 河北省文物研究所、蔚县博物馆编：《故城寺壁画》，北京：科学出版社，2011 年，第 252 页。榜题"冤孽刀伤杀害等众"。

[61] 河北省文物研究所编：《昭化寺》，北京：文物出版社，2007 年，第 262 页。榜题"严寒大暑客死他乡仇冤报恨病疾缠绵自缢六道四生有情众"，二争斗者应属"仇冤报恨"众。

[62] 山西省博物馆编：《宝宁寺明代水陆画》，北京：文物出版社，1988 年，图 168。榜题"兵戈盗贼诸孤魂众"。

[63] 山西省博物馆编：《宝宁寺明代水陆画》，北京：文物出版社，1988 年，图 149。绘面然鬼王居中趺坐于石座上，上方化现观音菩萨，下方为一组姿态各异的孤魂，围绕着一放置供品的方形供案。

图 64　东下第 17 铺图像和线图

图 65　西下第 14 铺图像和线图

图 66　西下第 16 铺图像和线图

刻为四臂，上方双手握持铃与杵的形象仅见于此，在其他水陆画中通常为阿难握持，体现"金铃振响，宝杵宣威"之意。该铺将面然鬼王的形象与阿难的执物结合表现，表达超度下方亡魂的主题，《仪文》卷下云："上来奉请面然鬼王观世音菩萨已降道场，次当召请者，即是十类五姓无主孤魂。"

27. 东下第 16 铺和西下第 15 铺（图 67、图 68）

两铺布局和内容相同，各表现二在云际中奔跑的男子，呈上下排列，均戴无脚幞头，幞头上饰飘带，身着甲胄，帔帛飘荡，单手或双手持条状物，在云际奔跑的男子。

《仪文》卷中《迎请天仙仪》云："一心奉请头缠红彩，足蹑云霞，腰挂霜刀，手擎符命，年直（值）、月直（值）、日直（值）、时直（值），四大持符使者。"据此可知，此四者无疑为四大持符使者，所持条状物为符命。四值使者常见于明清时期的寺观壁画中，作为沟通三界的信使进行描绘。

28. 东下第 18 铺和西下第 17 铺（图 69、图 70）

两铺镌刻二威严的护法，每铺一身，体型庞大，充满整个铺面。

西下第 17 铺者面相年轻，戴无脚幞头，缯带飘荡，身着甲胄，挎帔帛，合掌而立，两臂上横担一杵。其相貌、装束、姿态、持物等，均表明此者为明代常见的韦驮。韦驮作为佛教护法，在

图 67　东下第 16 铺图像和线图

图 68　西下第 15 铺图像和线图

山西平顺金灯寺第 5 窟明代水陆浮雕辨识

图 69　东下第 18 铺图像和线图

图 70　西下第 17 铺图像和线图

南赡部洲护持佛法为其职能[64]。

东下第18铺者耳悬环，戴盔着甲，挎鞞帛，合掌而立，身后随一虎，圆眼阔口，尾巴细长。由其驭虎和护法的身份推测，此者可能为赵公明。赵公明又称赵元帅，源自道教，其职能是管理三界、五方、九州[65]。

《仪文》未见韦驮和赵公明的描述，称法会的护持者为金刚[66]。在寺观水陆壁画中亦可见描绘武士相护法的实例，如河北怀安昭化寺大雄宝殿的北壁和两侧壁绘水陆诸神祇[67]，南壁门两侧各绘一着盔甲的护法，东侧者仗剑，西侧为双臂架杵的韦驮，具备护持法会的意图。与昭化寺二护法的作用相同，此两铺护法担负护持三界诸神祇和亡灵前赴法会的职责。

结　语

《仪文》记述了举办水陆法会时祈请的神祇诸灵，开篇《大雄氏水陆缘起》即云："夫水陆大斋者，乃不可思议功德之海也。……此斋供养法界诸佛、十方菩萨、缘觉声闻、明王八部、欲界无色、诸天之星曜云趋、岳渎灵坛、大地之龙神雨骤、修罗主伴、今古人伦、水陆空居、羽毛麟角、地狱则八寒八热、近边孤独、饿鬼则九品三阶、针咽炬口、阵亡饥殍、枉夭横终、无主无依、孤魂滞魄，如斯等众，类趣实繁，若细举之，则虽亿万而未备。"将几乎能想到的各类阶层、群体都囊括到了供养范围，反映出先民面对天灾人祸时的无奈，于是信徒希冀在水陆法会中获得精神解脱。不仅如此，《仪文》卷中《召请诸灵仪》在奉请"我等父母、累世家亲、久远先亡"的同时，还召请"法界父母、累世宗亲等众"。将孝道、祖先崇拜、宗族观念等统筹到法界之中，与中国传统思想合流，使得法会能在统治阶层和民间获得了广泛支持。

该窟大多数水陆图像能在《仪文》找到出处，也有个别神祇超出《仪文》范围，大概图像粉本另有来源，又或许出自石窟设计者的意图。画面由后壁中部开始向两侧展开，延伸到两侧壁南端，依次镌刻了佛界、明王、天仙、地祇、冥界、人伦、孤魂、护法等内容，整体呈现内部神祇尊格高，越向外侧尊格愈低的排序方式。鉴于两侧壁铺数不同，同类神祇并未完全对应表现，在小范围内显得杂乱。与绝大多数水陆图像相同，该窟将来源于佛教和道教的神祇混合表现，显示水陆法会注重民众诉求，忽略佛道之争的做法，亦是明代佛道融合的实证。目前遗存的诸水陆图像组合均不相同，呈现一处一图的现象，究其原因，固然受地域、粉本、画种、水平等因素限

---

[64] "西明寺上座道宣律师有感神之德，至乾封年中见有神现，自云：'弟子是韦将军，诸天之子，主领鬼神。如来欲入涅槃，敕弟子护持赡部遗法。'"（唐）慧立、彦悰著，孙毓棠、谢方点校：《大慈恩寺三藏法师传》卷十，北京：中华书局，2000年，第223页。

[65] "姓赵，讳公明，钟南人人也。……头戴铁冠，手执铁鞭，……跨虎。……元帅上奉天门之令，策役三界，巡察五方，提点九州，为直殿大将军，……飞虎金轮执法赵元帅。"（清）叶德辉刊：《三教搜神大全》卷三，第19、20页。

[66]《仪文》卷上《召请土地使者发牒仪》云："或现神通，或示猛卒，护持法会，严洁道场，演金言鬼魅消除，诵神咒邪魔远离。如来教藏有金刚秘迹大陀罗尼。"

[67] 河北省文物研究所编：《昭化寺》，北京：文物出版社，2007年，第266、268页。

制，更可能因图像设计者或制作者的意图存在差别所致，这种状况明显地反映在该窟水陆浮雕的表现上。

与大多数水陆画不同，该窟水陆图像缺乏榜题，难以明确各神祇尊格。本文虽尽力辨识，却依然存在一些似是而非之处，不免误识，失当之处，敬请方家指正。

犍陀罗佛教考古 190 年

廖彩羽

内容摘要： 犍陀罗佛教考古研究已有190年历史。1830～1848年，英军为了寻找古币和宝石而挖掘佛塔。1848～1885年，坎宁安到犍陀罗创建了印度考古局并带领展开一系列的官方发掘。1885～1902年，英印军队实力扩张，考察和发掘范围扩大至斯瓦特上下游和布奈尔地区。1902～1947年，马歇尔接任考古局局长后，犍陀罗地区开始有了系统的考古发掘和研究，在这期间，法国傅塞撰写了经典的《犍陀罗希腊佛教艺术》。1947年，巴基斯坦独立之后，犍陀罗地区主要由日本、意大利和巴基斯坦本地的考古学家负责考古挖掘，犍陀罗佛教艺术的研究也开始多面向发展。

关键词： 犍陀罗学术史　犍陀罗佛教考古　犍陀罗佛教艺术　犍陀罗艺术　犍陀罗

190 Years of Buddhist Archaeology in Gandhāra

Leow Chaiyee

Abstract: The Gandhāra Buddhist archaeological research begins with the British army in 1830 till 1848, for the purpose of searching the ancient coins and gems in the stupa. Upon the arrival of Cunningham, he established the Archaeological Survey of India and leaded the British army to begin a series of official excavations between 1848 and 1885. From 1885 till 1902, excavation activities had been expanded to the upper and lower parts of Swat river and the Buner area following by the victory of British troops in Malakand field force. After Marshall took over the position as the director general of the Archaeological Survey of India in 1902-1947, a systematic archaeological excavations and research were finally started. During this period of time, a well-known and highly cited book entitled *L'Art Gréco-Bouddhique du Gandhāra* from a French art historian Foucher was published. After the independence of Pakistan in 1947 until now, the archaeological excavations were mainly carried out by local archaeological and international groups such as Japan and Italy. Since then, the research of Gandhāran Buddhist art flourishes on various aspects.

作者：廖彩羽，北京市，100871，北京大学考古文博学院。

Key words: Gandhāran academic history, Gandhāran Buddhist archaeology, Gandhāran Buddhist Art, Gandhāran Art, Gandhāra

犍陀罗佛教考古研究至今有 190 年的历史。19 世纪英国开始在印度发展势力，发现了印度各地的历史痕迹如鹿野苑的佛教遗址。今天称为犍陀罗的区域隶属于英印军队的西北前线地区，考察印度西北边境的官员芒斯图尔特·埃尔芬斯通（Mountstuart Elphinstone）最先记载有关印度-杰赫勒姆河流域的马尼迦拉塔（Manikiyala Stūpa）[1]。亚历山大·坎宁安（Alexander Cunningham）以当地主要民族优素福扎伊人（Yusufzais）[2] 将这片土地命名为优素福扎伊[3]。19 世纪后半叶，建筑考古学家詹姆斯·弗格森（James Fergusson）以当地的古代名称，开始使用"犍陀罗"作为地名并沿用至今[4]，当地出土的雕塑也由詹姆斯·伯吉斯（James Burgess）改称犍陀罗雕塑[5]。

一、1830～1848 年：开塔寻古币宝石

英国在印度次大陆建立英国殖民统治区域，军事活动频繁，军队开始在如今的阿富汗、巴基斯坦和印度北部走动。出于对古钱币的兴趣，军官开始挖掘地面遗址。1830 年，文图拉（Ventura）和考特（A. Court）挖掘马尼迦拉塔（图 1）[6]，后来亚历山大·坎宁安考订马尼迦拉塔为玄奘在《大唐西域记》记载的"舍身北有窣堵坡"之处，佛前生为摩诃萨埵王子时舍身饲虎之地。[7] 马尼迦拉塔的发掘出土了钱币、舍利、雕塑、和铭文等[8]。1832 年，孟买军人亚力山大·伯恩斯（Alexander Burnes）和杰勒德（J. G. Gerard）考察印度边境，受到文图拉和考特的启发，杰勒德在阿富汗塔赫特沙挖掘雕塑，之后捐献给孟加拉亚洲协会[9]。在 1833～1834 年的考察，考

---

[1] The natives called it the Tope of Maunicyaula, and said it was built by the gods. Mountstuart Elphinstone, *An Account of the Kingdom of Caubul*, London, 1839, p.108.

[2] 帕坦人的一支。

[3] Alexander Cunningham, From Capt. A.Cunningham, Senior Commissioner, Tibetan Frontier, To John Lawrence, Esq. Resident, Lahore., *Journal of the Asiatic Society of Bengal*, Calcutta, 1848, Vol XVII, p.130.

[4] James Fergusson, *History of Indian and Eastern Architecture: Forming the Third Volume of the New Edition of the 'History of Architecture'*, London: John Murray, Albemarle Street, 1876. 其合集在 1910 年出版，提出"犍陀罗"塔和寺院概念用以区分阿富汗和印度西北边境的建筑。

[5] James Burgess, *The Ancient Monuments, Temples and Sculptures of India, Part I, The Earliest Monuments*, London, 1897, pp. 69-151.

[6] J. B. Ventura, Account of the Excavations of the Tope Manikyala, *Asiatick Researches* XVII, 1832, pp.600-606.

[7] 本生故事见《六度集经》卷一、《贤愚经》卷一、《菩萨本生鬘论》卷一和《菩萨投身饲饿虎起塔因缘经》。

[8] J. B. Ventura, opere citato.

[9] The Acting Secretaries, *The Journal of the Asiatic Society of Bengal*, 1839, Vol VIII, pp.528-529.

特记录塔克西拉和白沙瓦可见的遗迹和遗物，成为往后发掘的地点[10]，考特随后在夏巴兹格里（Shāhbāz-garhī）发现阿育王法敕[11]。

1833年，查尔斯·马森（Charles Masson）在喀布尔的贝格拉姆发掘出大量钱币[12]。1834～1837年，马森在东印度公司的赞助下展开阿富汗贾拉拉巴德和喀布尔一带的挖掘，发掘考证希腊-巴克特里亚（Graeco-Bactrian）和印度-斯基泰（Indo-Scythian）王朝曾扎根于此[13]。随钱币一同出土有比马兰舍利函[14]，其中的钱币、造像特征、和附有纪年的石函，至今仍然是学术

图1　马尼迦拉塔（采自荷兰皇家东南亚及加勒比研究所（KITLV）网上公开资源）

热门的研究对象[15]。1838～1839年，马森在巴米扬，贝格拉姆展开挖掘，然而战乱导致发掘活动被迫中止，截至1839年1月，马森共发掘出4000到6000不等的钱币[16]。佛像雕塑和穆斯林时期遗物并不受到重视，分别零散运输至加尔各答。

1839年，第一次英阿战争烽火燃起，英国军队在当地的活动受到限制，加上1856年的印度民族起义运动，政局动荡导致发掘活动暂停了约十年。1830～1848年，除了马尼迦拉塔，阿富汗东北部地区一直是发掘古文物的热点。

二、1848～1885年：印度考古局创办人坎宁安的领导

英阿战争令发掘活动的中心移至当时印度的西北部，即今巴基斯坦的西北部，发掘重点也从古钱币转移到雕塑。萨珀和迈纳公司（Sappers and Miners）加入发掘阵容，在人力资源上支持考特和其友人的挖掘活动。一名白沙瓦助理专员怀特金（L.White King）也在哈希德纳格尔（Hastnagar）的印度庙发现有纪年的佛像。当地信徒不允许怀特金带走佛像（图2），但可以割走

---

[10] M. A. Court, Memoir on a Map of Peshāwar, *Journal of the Asiatic Society*, 1836, pp.468-482.

[11] A. Court, Conjectures on the March of Alexander, *Journal of the Asiatic Society of Bengal*, 1836, Vol V, p.394.

[12] C. Masson, "Memoir on the Ancient Coins Found at Beghram, in the Kohistan of Kabul," *Journal of the Asiatic Society of Bengal*, 1834, Vol.III, pp.153-175.

[13] ibid., pp.156-157.

[14] 现收藏于大英博物馆。

[15] Joe Cribb, Dating the Bimaran Casket- its Conflicted Role in the Chronology of Gandharan Art, *Gandhāran Studies*, 2016, Vol. 10, pp.57-91.

[16] James Prinsep, Coins and relics from Bactria, *Journal of the Asiatic Society of Bengal*, Vol. VII, 1838, pp.1047-1048.

带有题记的基座[17]，如今基座保存在大英博物馆中，是重要的纪年参考，但这尊佛像却已失踪，只留有照片记录。贾玛尔格里（Jamālgarhī）寺院遗址和塔赫特巴希（Takht-i-Bāhi）遗址也陆续被发现并遭到官员和私人组织随意搜刮，收集雕塑、开塔找寻古币和舍利。1848年，坎宁安来到优素福扎伊，他记录里写道当地人告诉他早在约十年前，贾玛尔格里寺院遗址里的雕像已被一名萨希卜上校（Colonel Saheb）雇了12匹骆驼驮走[18]。

1849年，旁遮普正式成为英国殖民地，英国军官也名正言顺地长期入驻。1852年，拉姆斯登中尉（Lieutenants Lumsden）和斯托克斯（Stokes）在贾玛尔格里挖掘的雕像转手克莱夫贝利（Hon. E. Clive Bayley），后者带返伦敦，可惜收藏雕像的水晶宫殿在1866年失火，雕像不幸湮没，只留下图片[19]。1857年11月，东印度公司在印度政府法案1858法令下，转移控制权予英国皇室统治，成为英属印度殖民地。同年，法国汉学家儒莲（Stanislas Aignan Julien）出版法译本《大唐西域记》，学界开始提出利用《大唐西域记》找寻遗址的可行性，这也启发坎宁安以玄奘《大唐西域记》的记载，和此前儒莲翻译的《大慈恩寺三藏法师传》定点印度的佛教遗迹，开拓印度佛教考古事业。

19世纪60年代，贝柳医生（H. W. Bellew），服务于孟加拉医疗中心，是其中少数以文字记载马尔丹（Mardān）一带的遗迹。他的著作《优素福扎伊的报告》于1864年出版，主要记录塔赫特巴希和他亲自参与发掘的巴哈劳尔（Sahri Bahlol）遗址。1861年，在当时统治者坎宁（Lord Canning）政府的支持下，坎宁安提出有策划性地安排考古发掘并成立印度考古局[20]。

1863年，坎宁安争取到法案（X）条例的通过。法案（X）是为了维护遗址建筑的历史价值，保护遗址与防止其受到伤害所立下的官方法规[21]，然而这仍未有效阻止个人发掘行为。其中语言学家莱特纳博士（Dr. Gottlieb Wihelm Leitner），在1864年担任拉合尔政府学院的校长，曾雇用工人挖掘塔赫特巴希，

图2 已失踪的哈希德纳格尔佛像（采自 The Scythian Period fig.11）

---

[17] Vincent A.Smith, Græco-Roman influence on the Civilization of Ancient India, *Journal of the Asiatic Society of Bengal*, Vol. LVIII, Calcutta, 1889, p.144.

[18] Alexander Cunningham, *ASI Report for the Year 1872-1873*, Calcutta, 1875, Vol. V, p.46.

[19] E. C. Bayley, Note on some Sculptures found in the district of Peshawar, *Journal of the Bengal Asiatic Society*, 1852, Vol. XXI, pp.606-621.

[20] Sourindranath Roy, *The Story of Indian Archaeology 1784-1947*, pp.35-37.

[21] ibid., p.37.

收集斯瓦特等地区的希腊佛教雕塑，并编汇图录[22]，在1873年维也纳全球展览和1878年意大利佛罗伦萨全球展览展出。展览在欧洲引起关注，然而其图录带有误导性，图录以自身的名字命名（Dr. Leitner's Collections），并包括复制品，有鸠占鹊巢之嫌。伊丽莎白·埃林顿（Elizabeth Errington）认为在参考莱特纳的图录时必须更为谨慎，因其个人诚信问题将当时展出的雕像收藏品默认为自己的个人成果，但实际是旁遮普政府其他军官所发掘，其出土地资料不能作准[23]。

19世纪70年代开始，以萨珀和迈纳公司的资金赞助，坎宁安以督察的身份展开一系列的官方发掘和勘探。1871年，威尔彻中士（Sergeant Wilcher）发掘塔赫特巴希[24]；1872~1873年，克朗普顿中尉（Lieutenant A. Crompton）发掘贾玛尔格里[25]；1874年，斯基恩·格兰特（Skene Grant）负责哈尔盖（Kharkai）、萨瓦尔泰尔（Sāwaldher）一带遗址[26]。1875~1876年，哈斯利特（P. Haslett）和约翰斯通中尉（Lieutenant Johnstone）负责塔赫卡拉遗址，疑是现今白沙瓦伊斯兰学院和白沙瓦大学的校址[27]。同一时间，约翰斯通和威尔彻中士发掘记录白沙瓦和塔赫特巴希遗址[28]，克朗普顿中尉发掘沙琪基泰里（Shāh-jī-kī-Dherī）[29]。1881~1882年，坎宁安指派加里克（H. B. W. Garrick）到恰萨达（Charsadda/旧称Hashtnagar）地区勘探遗址，加里克后来负责犍陀罗各个遗址的摄影和绘图工作[30]。亨利·哈迪·科尔（Henry Hardy Cole）在1881年成为《Ancient Monument》的第一任管理者负责整理和收集考古资料，出版多本印度古建筑的报告并在1883年主持拉尼卡特（Ranigat）发掘[31]。此外，在科尔的报告中，第一次提到斯瓦特下游的寺院遗址桑浩[32]的遗址，其中桑浩发掘出约500件雕像[33]。

---

[22] G. W. Leitner, *A Descriptive Catalogue of Dr. Leitner's Collections partly exhibited at the Vienna Universal Exhibition of 1873*, and now shown at the Royal Albert Hall Gallery, London, 1874.

[23] Elizabeth Errington, *The Western Discovery of the Art of Gandhāra and the finds of Jamālgarhī*, pp.146-163；英国记者约翰·凯伊（John Keay）描写莱特纳诸多不佳的品行，有职业操守的问题。John Keay, *The Gilgit Game*, John Murray Publishers, London, 1979, pp.14-40.

[24] A. Cunningham, *ASI Report for the Year 1872-1873*, Calcutta, 1875, p.24.

[25] A. Crompton, *Jamālgarhī Excavation, 1873, See Errington 1987a*, Appendix 6, pp.443-450.

[26] S. Grant, *Kharkai and Sāwaldher, 1874, See Errington 1987a*, Appendix 5, pp.438-442; AGBG Vol.1, fig.67.

[27] Elizabeth Errington, Tahkāl: The Nineteeth-Century Record of Two Lost Gandhāra Sites, *Bulletin of the School of Oriental and African Studies*, 50(2), pp.301-324.

[28] ibid., pp.307-308.

[29] Elizabeth Errington, *The Western Discovery of the Art of Gandhāra and the finds of Jamālgarhī*, 1987, p.65.

[30] H. B. W. Garrick, *Report of A Tour Through Behar, Central India, Peshawar and Yusufzai 1881-1882*, Vol. XIX, Calcutta, 1885.

[31] H. H. Cole, *Memorandum on Ancient Monuments in Eusofzai, with a Description of the Explorations Undertaken from the 4th February to the 16th April 1883, and Suggestions for the Disposal of the Sculptures*, Simla: Government Central Branch Press, 1883.

[32] Sanghao地区包括Tangi、Nathu和Mian Khan。

[33] H. H. Cole, *Second Report Curator of Ancient Monuments India for the Year 1882-1883*, Calcutta, 1883, Appendix I.

1885年，坎宁安退休。1848至1885年期间，西北边境出土大量的雕像，分别收藏在白沙瓦博物馆和拉合尔博物馆，并有大量的雕像运往大英博物馆，更大一部分沦为私人收藏品，其中不乏出土地点不明的雕像。虽然考古活动活跃，但发掘者整体对佛教艺术的认知欠缺，如坎宁安误认夜叉为摩耶[34]，贝柳以为菩萨像和佛像属于印度教的神像，因为其额间白毫类似印度教徒的蒂卡（tika）[35]。

三、1885～1902年：英印实力扩张，考察发掘范围扩大

伯吉斯在坎宁安退休后走马上任，在任期间主要专注西印度的石窟寺研究。1897年，伯吉斯更注重印度的古代建筑历史，关于犍陀罗的寺院和雕塑涵盖在其著作《印度古建筑》。他以"犍陀罗雕塑"一词介绍印度西北边境所出土的造像、装饰等物以取代"希腊佛教""印度希腊""印度巴克特亚"等具有艺术根源争议性的名词。1899年，他撰写犍陀罗雕塑文章并总结自1884至1899年15年的犍陀罗艺术研究状况[36]，并于1901年翻译格伦威德尔（A. Grünwedel）德文著作 *Buddhist Art in India*。

伯吉斯于1889年退休，西北前线的考古活动也随之沉寂六年，陷入后继无人的窘境。19世纪的最后15年，西北边境政局动荡，考古活动以考察为主，其中有1888年，西北探险家马尔丹处长助理迪恩（H. A. Deane）在克什米尔斯迈德（Kashmir Smast）洞窟绘制平面图和笔记[37]。同年，农民发现锡克里遗址，迪恩在翌年5月展开调查和发掘，但其发掘笔记现已缺轶。锡克里的雕像现主要收藏于拉合尔博物馆和印度的昌迪加尔博物馆[38]。

1890～1895年，印度考古局陷入低潮期，直到1895年4月，英印军队在马拉根德扎营才重启考察活动。在这之前，发掘活动集中于马尔丹，优素福扎伊和白沙瓦三地，因英印军队的势力扩大而进一步往北扩展。1896年，卡迪（A. E. Caddy）发掘洛里安坦盖（Loriyān Tangāi），将大量的雕像（图3）运往加尔各答博物馆，其中包括有318纪年的佛立像，是少数犍陀罗珍贵的纪年参考[39]。1897年，在马拉根德之战中英印军队战胜马哈茂德部落，英印军队在布奈尔山谷曼加洛尔扎营，斯坦因来到军营里

图3 1896年卡迪拍摄洛里安坦盖出土的雕塑
（采自大英图书馆线上展览）

---

[34] A. Cunningham to John Lawrence, *Journal of Asiatic Society of Bengal*, Calcutta, 1848, Vol.XVII, p.104.

[35] H. W. Bellew, *General Report of Yusufzais*, Lahore, 1864, p.136.

[36] James Burgess, The Gandhara Sculptures, *Journal of Indian Arts and Industry*, No., 69, 1899, Vol. VIII, pp.73-92.

[37] H. A. Deane, Note on Udyāna and Gandhāra, *Journal of the Royal Asiatic Society,* London, 1896, pp.655-675.

[38] Dar, S., The Sikri sculptures: prolegomena on an exceptional, but unstudied, collection of Gandhāran art in the Lahore Museum, *Journal of the Institute of Silk Road Studies, Kamakura, Silk Road Art and Archaeology 6*, 2008, pp.19-43.

[39] James Burgess, opere citato: p.89.

展开 10 天的调查[40]。

1895～1897 年，法国印度学学者傅塞（Alfred Foucher）到犍陀罗考察。他所收集的资料和记录，迄今仍是重要的参考。傅塞其中一篇有关锡克里塔的文章[41]，是该塔出土后唯一现存记录，锡克里塔是目前犍陀罗佛教雕塑里仅有的一组完整的故事雕刻。傅塞结合实地考察的资料和考古报告，分别在 1905、1918、1922 和 1951 年出版两卷四册的著作《犍陀罗希腊佛教艺术》[42]，书中详细整理犍陀罗雕塑中出现的佛传故事题材和人物。此书是犍陀罗艺术研究最标志性的著作，傅塞因此被誉为"犍陀罗艺术研究之父"。此外，他还著有相关著作如《从巴克特里亚到塔克西拉》[43]和《佛的一生——根据文本和印度遗迹》[44]等书。

四、1902～1947 年：系统的考古发掘和研究

1902 年，约翰·马歇尔（John Marshall）成为印度考古局第三任局长。具有考古学背景的马歇尔开始运用地层学、系统的方式发掘遗址。马歇尔上任后开始和福格尔（Jean Philipe Vogel）发掘恰萨达[45]。随后，斯普纳（D. B. Spooner）在 1906～1907 年发掘巴哈劳尔，1907～1908 年发掘塔赫特巴希，1908～1909 年发掘沙琪基泰里，1909～1910 年发掘巴哈劳尔。1910～1911 年，哈格里夫斯（H. H. Hargreaves）继续沙琪基泰里的发掘；1911～1912 年，斯坦因发掘巴哈劳尔。

马歇尔在 1913 年开始发掘塔克西拉遗址，花了 21 年在塔克西拉发掘三座城址和周围的寺院遗址。马歇尔成立塔克西拉博物馆收藏出土文物，并出版相关的考古报告[46]。塔克西拉的其中一处寺院遗址法王寺疑是阿育王时期的塔寺，现存建筑可追溯至公元前一世纪。法王寺出土的铭文，清楚写着法王寺在呾叉始罗（Takshaśilā），确证塔克西拉为犍陀罗的古都[47]。

1914 年第一次世界大战爆发，调查资金大幅减少导致大部分考古项目暂停。在这之后，除了塔克西拉的发掘，还有 1920～1921 年，哈格里夫斯发掘贾玛尔格里；1926 年斯坦因到斯瓦特地

---

[40] M.A.Stein, Detailed Report on an archaeological tour with the Bunêr field force, *Indian Antiquary*, 1899, Vol. XXVIII, pp.14-28, 33-46, 58-64.

[41] Foucher, A., Les bas-reliefs du stūpa de Sikri (Gandhāra), *Journal Asiatique*, 1903, pp.185-330.

[42] Alfred Foucher, *L'art gréco-bouddhique du Gandhāra: Étude sur les origins de l'influence classique dans l'art Bouddhique de l'Inde et de l'Extréme-Orient*, Paris: Imprimerie Nationale, 2 Bde, I, 1905; II1, 1918; II2, 1922; II3, 1951.

[43] Foucher, A., *La vielle route de l'Inde de Bactres á Taxila, Mémoires de la Délégation Archéologique françai-seen Afghanistan II*, Paris, 1942-1947, 2 vol.

[44] Foucher, A., *La Vie du Bouddha, d'après les textes et les monuments de l'Inde*, Paris, 1949.

[45] Marshall. J & Vogel. J. Ph., Excavations at Charsadda in the Frontier Province, *Archaeological Survey of India*, Annual Report 1902-1903, 1904, pp.141-184.

[46] John Marshall, *Taxila: An Illustrated Account of Archaeological Excavations Carried out at Taxila under the orders of the Government of India between the Years 1913 and 1934*, Cambridge: Cambridge University Press, 1951.

[47] ibid., p.256.

区考察，1938 年巴杰（Evert Barger）和赖特（Philip Wright）在斯瓦特河下游巴里科德、阿姆卢科、贡巴德区域发掘，出土的雕塑现收藏于伦敦的维多利亚阿尔伯特博物馆[48]。

五、1947～2019 年：巴基斯坦独立后的考古发掘和研究

第二次世界大战期间发掘工作停止。巴基斯坦于 1947 年 8 月 14 日独立。随着逐步的建国制度，联邦政府开始建立各区的考古所和博物馆，并批准外国考古队伍如英国、德国、意大利、日本在巴基斯坦考察和工作。德国学者的工作集中在巴基斯坦北部的岩画，英国考古学家惠勒（Mortiner Wheeler）发掘恰萨达和巴拉希萨尔，意大利考古队专注斯瓦特地区从史前到伊斯兰时期的遗址，日本考古队则关心寺院遗址。

意大利考古队在巴基斯坦的工作时间最长。1956 年，领队朱塞佩·图奇（Giuseppe Tucci）带领意大利考古队（Italian Archaeological Mission of IsMEO，现称为 IsIAO：Istituto Med il par Extreme Oriente, Roma）入驻斯瓦特地区发掘佛教遗址：布特卡拉 1 号、赛杜谢里夫 I 和班尔，并发表相关的考古报告和研究成果，其中有多梅尼科·法琴纳（Domenico Faccenna）[49]、卡列里（P. Callieri），菲利真齐（Anna Filigenzi）、塔代伊（Maurizio Taddei）等人的著作[50]。

1959～1966 年，日本京都大学学术调查队水野清一和樋口隆康在克什米尔斯迈德[51]，马尔丹和斯瓦比平原进行考察，重点发掘查纳卡代里（Chanaka Dheri），塔雷里（Thareli）[52]，梅卡桑达（Mekha Sanda）[53]。1983 年，西川幸治开始在拉尼卡特进行发掘，至今已出版三册考古报告[54]。另一支日本队伍来自东京国立博物馆，则在 1992～1997 年在哈扎拉进行考察[55]。

巴基斯坦考古工作者主要发掘城址，也不乏在城址中发现佛教遗迹和遗物。1962 年巴基斯

---

[48] E. Barger and P. Wright, *Excavations in Swat and explorations in the Oxus-territories of Afghanistan*, Memoirs of the Archaeological Survey of India, 64, Government of India Press, Delhi and Calcutta, 1941.

[49] D. Faccenna, *Site of Butkara I, Reports On the Campaigns 1956-1958 in Swat*, Italy, 1962.

[50] Luca M. Olivieri, The IsIAO Italian Archaeological Mission in Pakistan: A Selected Bibliography (1956-2006), *East and West*, Vol.56, pp.301-318.

[51] Mizuno Seiichi, *Haibak and Kashmir Smast: Buddhist Cave Temples in Afghanistan and Pakistan*, Kyoto, 1962.

[52] Mizuno, Seiichi, 1969, and T. Higuchi, 1978, *Thareli: Buddhist Site in Pakistan*, Surveyed in 1963-1967, Kyoto, Dohosha.

[53] Mizuno, Seiichi, *Mekha Sanda: Buddhist Monastery in Pakistan*, Surveyed in 1962-1967, Kyoto, 1969.

[54] Nishikawa, K., Gandhara. *Preliminary report on the comprehensive survey of Buddhist sites in Gandhara 1983-1984*, Kyoto: 1986; Nishikawa, K., *Gandhara 2: preliminary report on the comprehensive survey of Buddhist sites in Gandhara 1986*, Kyoto: 1988; Nishikawa, K., Ranigat. *A Buddhist site in Gandhara*, Pakistan, surveyed 1983-1992, Kyoto: 1994.

[55] 東京国立博物館パキスタン調査隊編，パキスタン北西辺境州ハザーラ地方における考古学調査概報，Archaeological survey in Pakistan : a preliminary report of 1992 season in Hazara division, N.W.F.P.，東京，1993。

坦白沙瓦大学成立考古系所，1963年，达尼（A. H. Dani）发掘谢汗代里（Shaikhan Dheri）[56]；1968～1969年，发掘安丹代里（Andan Dheri）[57]、恰特帕特（Chatpat）[58]和丹科特（Damkot）[59]。1982年和1985年，白沙瓦大学阿卜杜勒·拉赫曼（Abdur Rahman）在斯瓦特发掘佛教遗址布特卡拉Ⅲ[60]，古尔·拉希姆·汗（Gul Rahim Khan）在2015年出版该遗址的雕像[61]。

1989～1990年纳齐尔·汗（Nazir Khan）和阿卜杜勒发掘斯瓦特的希奈夏古巴（Shnaisha Gumbat）[62]。21世纪初，巴基斯坦的发掘工作有2002年塔克西拉的吉纳瓦利代里（Jinan Wali Dheri）寺院遗址[63]，2013～2014年塔克西拉的巴达普尔塔寺遗址[64]，2007～2008年，纳西姆·汗（Nasim Khan）发掘阿齐兹代里（Aziz Dheri）城址[65]等。

六、现代有关犍陀罗的研究

目前有关于犍陀罗学术史的研究，埃林顿重点关注犍陀罗早期的考古笔记，1987年完成博士论文《犍陀罗艺术的西方发现和贾玛尔格里的研究》，后担任大英博物馆研究员一职，整理查尔斯·马森的手稿，复原原始信息。巴基斯坦独立后的考古工作，则有达尔《犍陀罗艺术研究50年（1947～1997）》[66]可供参考。

犍陀罗研究伊始就存在希腊佛教、希腊罗马佛教、印度希腊、罗马佛教艺术等命名上表现其艺术根源和特色的争议，19世纪至今仍未停歇，希腊影响说为主流主要以傅塞为主，而主张罗

---

[56] Dani, A.H., Shaikhan Dheri Excavation 1963-64: In Search of the Second City of Pushkalavati, *Ancient Pakistan*, Vol II, 1965, pp.17-214.

[57] Dani, A.H., Excavation at Andandheri (Section II), *Ancient Pakistan*, 1971, Vol.IV, pp.33-64, pls. 1-26.

[58] Dani, A.H., Excavation at Chaptat (Section III), *Ancient Pakistan*, 1971, Vol.IV, pp.65-102, pls. 31-65.

[59] Rahman,A., Excavation at Damkot, *Ancient Pakistan*, 1971, Vol.IV, pp.103-250.

[60] Rahman, A., Butkara III: A Preliminary Report, *Ancient Pakistan*, 1991, Vol. VII, pp.152-163.

[61] Gul Rahim Khan, *Sculptures From Butkara III (Swāt)*, Khyber Pakhtunkhwa, University of Peshawar, 2015.

[62] Rahman, A., Shnaisha Gumbat: First Preliminary Excavation Report, *Ancient Pakistan (Prof A.H.Dani Felicitation Volume)*, Vol. VIII, 1993, pp.1-124.

[63] Muhammad Ashraf Khan, Mahmood-Ul-Hassan, *New Discovery in Taxila Valley Archaeological Excavations at Buddhist Monastery of Jinan Wali Dheri,* 2008-2009, pp.86-97.

[64] M. Ashraf Khan, Ghani-ur-Rahman, Sadeed Arif, Arslan Butt and Maseeh Ullah, Excavation at Badalpur Monastery, District Haripur (Khyber Pakhtunkhwa), Pakistan: A Preliminary Report of Season 2013, *Journal of Asian Civilizations*, 2013, pp.65-80; M.Ashraf Khan, SadeedArif, Arslan Butt, Amjad Pervaiz, Muhammad Arif, Excavation at Badalpur Monastery, District Haripur (Khyber Pakhtunkhwa), Pakistan: A Preliminary Report of Season 2014, *Journal of Asian Civilizations*, 2014, pp.85-116.

[65] Nasim Khan, *The Sacred and the Secular, Investigating the Unique Stūpa and Settlement Site of Aziz Dheri, Peshawar, Valley, Khyber Pakhtunkhwa, Pakistan,* Vol.1, Vol.2, Vol.3, Field Campaign 2007/2008, Peshawar, 2010.

[66] Saifur Rahman Dar, Fifty Years of Research in Gandhāra Art (1947-1997), *Buddhism and Gandhāra Art*, New Delhi, 2004, pp.9-34.

马影响的代表学者有本杰明·罗兰（Benjamin Rowland）[67]，索珀（Alexander C. Soper）、塔代伊等人。希腊影响说和罗马影响说分别站在佛像起源早晚的立场论述，因此也有了佛像起源之争。除了犍陀罗，中印度秣菟罗也是佛教艺术兴盛之地，因此也有学者认为秣菟罗是比犍陀罗更早有佛造像的地方，其中支持秣菟罗起源的，有第一位提出此观点的维克托·戈卢贝夫（Victor Goloubew）（1924年）和1926年库马拉斯瓦米（A.K. Coomaraswamy）。

傅塞之后，第二位对雕塑排年的是因伐尔特（Harald Ingholt），于1957年出版 Gandhāran Art in Pakistan 一书，对当时的犍陀罗雕塑分类推迟了犍陀罗兴起的年代[68]，然而其粗糙的分类也被学界诟病。马歇尔在1960年出版《犍陀罗佛教艺术：早起流派的起源、发展和衰落》[69]，对各个遗址出土的雕塑进行整体的分段排年。马歇尔以自身在塔克西拉发掘21年的成果，认为雕塑的年代可以由其材质判定，第一阶段处于一二世纪的雕塑通常是石质，第二阶段在公元四五世纪则主要是灰泥。1967年，高田修《佛像的起源》对三位学者的排年进行比较，认为马歇尔的排年更有说服力[70]。

各个学者从自身的领域出发，偏重点不同，倾向于解决学术问题的手法迥异。如历史学家洛黑曾（Lohuizen-De Leeuw）、语言学家富斯曼（Gerard Fussman）主要探讨与犍陀罗佛教艺术关系密切的贵霜王朝年代，古钱币学家乔·克里布（Joe Cribb）整理犍陀罗编年史，邵瑞琪（Richard Salomon）、斯蒂芬·鲍姆斯（Stefan Baums）主要研究犍陀罗写本和铭文，对犍陀罗雕塑题材进行个案研究的李柱亨（Rhi Juhyung）（博士论文谈"舍卫城神变"）。此外，还有关注犍陀罗与新疆克孜尔图像研究的莫妮卡·青（Monica Zin）、李崇峰等人。撰写学术史是基础性的工作，通过收集与了解前人的研究和考古工作，有关犍陀罗的学术研究才能扎实开拓。

---

[67] B.Rowland, A Revised Chronology of Gandhāra Sculpture, *The Art Bulletin*, 1936, Vol.18, pp.387-400.

[68] Harald Ingholt, *Gandhāran Art in Pakistan*, New York, 1957, pp.26-41.

[69] John Marshall, *The Buddhist Art of Gandhara: The Story of the Early School, Its Birth, Growth and Decline*, Cambridge: Cambridge University Press, 1960.

[70]〔日〕高田修：《佛像的起源》，台北：华宇出版社，第267～275页。

云冈石窟21～30窟及5窟附窟差异性风化因素初步研究

卢继文　李　彬

内容摘要：云冈石窟开凿完成后历经1400多年，不少雕像不同程度地受到风化侵蚀，尤其是21～45窟和众多附属中小石窟佛龛，长期暴露在风吹日晒雨淋的环境中，自然损坏最为严重。2015年我们开始关注，并主要从21～30窟以及5窟东侧附窟这些小型窟龛的差异性风化现状调查研究入手，通过对比不同保存现状石窟之间的岩性、结构、水分布和光照等因素的差异，分析认为独特的岩性和构造造成水的差异分布是造成28-2窟、27-2窟和5-10窟保存相对较好的关键因素。

关键词：云冈石窟　差异性风化　影响因素　水的分布

A Preliminary Study on the Differential Weathering Factors in Caves 21-30 and Affiliated Caves of Cave 5 in Yungang Grottoes

Lu Jiwen　Li Bin

Abstract: Lots of statues in Yungang Grottoes have been eroded to varying degrees after more than 1,400 years of excavation, especially caves 21-45 and many small and medium-sized caves suffered the most serious natural damage, because they have been exposed to the wind, sun and rain for a long time. From 2015, we began to pay more attention to these small caves and started on the investigation of the comparison difference of the factors such as lithology, structure, water distribution and illumination etc. between different preservation caves.The key factors of 28-2, and 27-2 and 5-10 caves preserved relatively well, is due to the differential distribution of water caused by the unique distribution of lithologic and structural differences.

Key words: Yungang Grottoes, differential weathering, influence factors, distribution of water

---

作者：卢继文，山西省大同市，037007，云冈石窟研究院；
　　　李彬，辽宁省沈阳市，110002，辽宁有色勘察研究院有限责任公司。

一、前　言

云冈石窟位于山西省大同市城西 16 千米处武州（周）山北麓的断崖上，窟前有河水蜿蜒流过。现存主要洞窟 45 座，附属洞窟 209 座，石雕造像 59000 余尊，分布在东、中、西三个区域内。石窟开凿于北魏年间，代表了公元 5～6 世纪时中国杰出的佛教石窟艺术。其中的昙曜五窟，布局设计严谨统一，是中国佛教艺术第一个巅峰时期的经典杰作。

编号为 16～20 窟的昙曜五窟位于石窟西区的东侧，是开凿最早的石窟。五座石窟一字排开，平面均作马蹄形，穹隆顶。窟内各雕一尊大像，高度均在 13 米以上。这是中国石窟史上绝无仅有的洞窟组合，是平城时代的一种全新创造。在此，佛、帝合二为一，佛像就是帝王的化身，礼佛就是礼拜帝王。这种开窟造像的理念迎合了统治者的政治需求，也极大地推动了佛教及佛教艺术的发展。

中部窟区的第 5 窟至 13 窟及东区的第 1、2、3 窟是继昙曜五窟之后开凿的石窟，均开凿于云冈中期。这一时期的洞窟形制出现了新样式，造像组合也由简单转变为复杂，人物形象由糅合多种风格的造型逐渐向"中国式"转变，经历了太和年间大量民间力量入住的激活，石窟雕刻的风格发生了巨变，并最终完成了佛教艺术中国化的历史飞跃，形成石窟艺术的"平城模式"。

晚期石窟大多位于西区的西段（21～45 窟）、第 4、14、15 窟及第 5、6、11、12、13 窟外壁上的小窟龛，新出现了四壁三龛与四壁重龛式窟，题材内容简单，造像却不乏精品。"六镇起义"后，石窟的凿声远去。

云冈石窟随着开凿工程的推进，造像开始出现问题。因此，云冈石窟的维修保护从石窟开凿不久就已开始。然史书中对云冈石窟的记述资料十分匮乏，《大金西京重修武州山大石窟寺碑》的发现，正好弥补了唐迄金一段云冈兴修设置记述的空白。《金碑》中有"唐贞观十五年守臣重建"的记录，说明石窟已有重建工程，第 3 窟中的唐代造像或与此有关。第 13 窟南壁曾有题记，记述了辽天禧二年修建佛像的历史史实。《金碑》"辽重熙十八年母后重修。天庆十年赐大字额。咸熙（雍）五年禁山樵牧，又差守巡守。寿昌五年委转运使提点。清宁六年又委刘转运监修"，辽代在云冈石窟兴工修建，主要是云冈"十寺"工程，也包括局部石窟造像的重新包泥彩绘及空白石壁补刻。辽末十寺遭焚劫，现石窟遗留有梁孔与柱础坑就是明证。金代在保护方面也有贡献，"天会九年，元帅府以河道近寺，恐致侵啮，委烟火司差夫三千人改拨"河道，使原本流淌于窟前的河水向南迁移，有效防止河水倒灌石窟现象的发生。"皇统初，缁白命议……于是重修灵岩大阁九楹，门楼四所，香厨、客次之纲常住寺位凡三十六楹，轮奂一新"。清代屡有保护，顺治八年重修第 5、6 窟前的木构楼阁，之后曾数次对石佛古寺进行修整，洞窟中的泥塑彩绘都是这一时期完成的。

中华人民共和国成立以后，即着手对云冈石窟勘测调查，成立专门的文物保护机构负责云冈石窟的日常保护管理开放工作。1960 年国家文物局召开"云冈石窟保护会议"，从此拉开云冈石窟科学保护的序幕。1961 年国务院公布云冈石窟为全国第一批重点文物保护单位，随之公布了云冈石窟的保护范围，形成地上地下立体交叉的保护体系，为全面保护云冈石窟奠定的基础。

20世纪60年代初，文物保护工作者们就开始使用高分子化学材料对石窟危岩体进行抢救性加固试验并取得了较好的效果，之后在石窟保护工程中加以推广。1973～1976年，遵照周恩来总理"云冈石窟三年要修好"的指示，按照"抢险加固、排除险情、保持现状、保护文物"的原则，对一些主要洞窟进行了大规模的抢险加固工程，基本解决了石窟的稳定性问题，保证了石窟及游人的安全。通过近30年的实地调查与研究，于1990年召开"云冈石窟石雕风化治理规划"专家论证会。其目的是想采取科学有效的治理办法，从根本上解决云冈石窟的风化问题。

云冈石窟特殊的地质结构以及自然气候、地理环境等因素的影响，使得不少雕像不同程度地受到风化侵蚀，尤其是21～45窟和众多附属中小石窟佛龛，长期暴露在风吹日晒雨淋的环境中，自然损坏最为严重，2015年我们开始关注，并主要从21～30窟及5窟东侧附窟小型窟龛的差异性风化现状调查研究入手，探讨云冈石窟的差异性风化的主要影响因素。

二、第21～30窟及5窟东侧附窟保存现状

1. 21～30窟保存现状

21到30窟大小不一，保存28个中小型石窟窟龛，大多数的石雕风化严重，一些小型佛龛的雕刻已经很难辨认原有的形貌，仅27-2和28-2两个小型佛龛保存现状较好（图1），在风化严重的石窟周围，显得难能可贵。

图1 云冈石窟21～30窟保存现状概况

2. 第 5 窟东侧附窟保存现状

5 窟东侧 10 个小型石窟佛龛中，大多数的石雕风化严重，雕刻已经很难辨认原有的形貌。仅 5-10 一个小型佛龛保存现状较好（图 2），究竟存在有什么差异性的因素，减缓了风化速度，能够让其得以幸运保存下来，是我们关心和研究的重点。

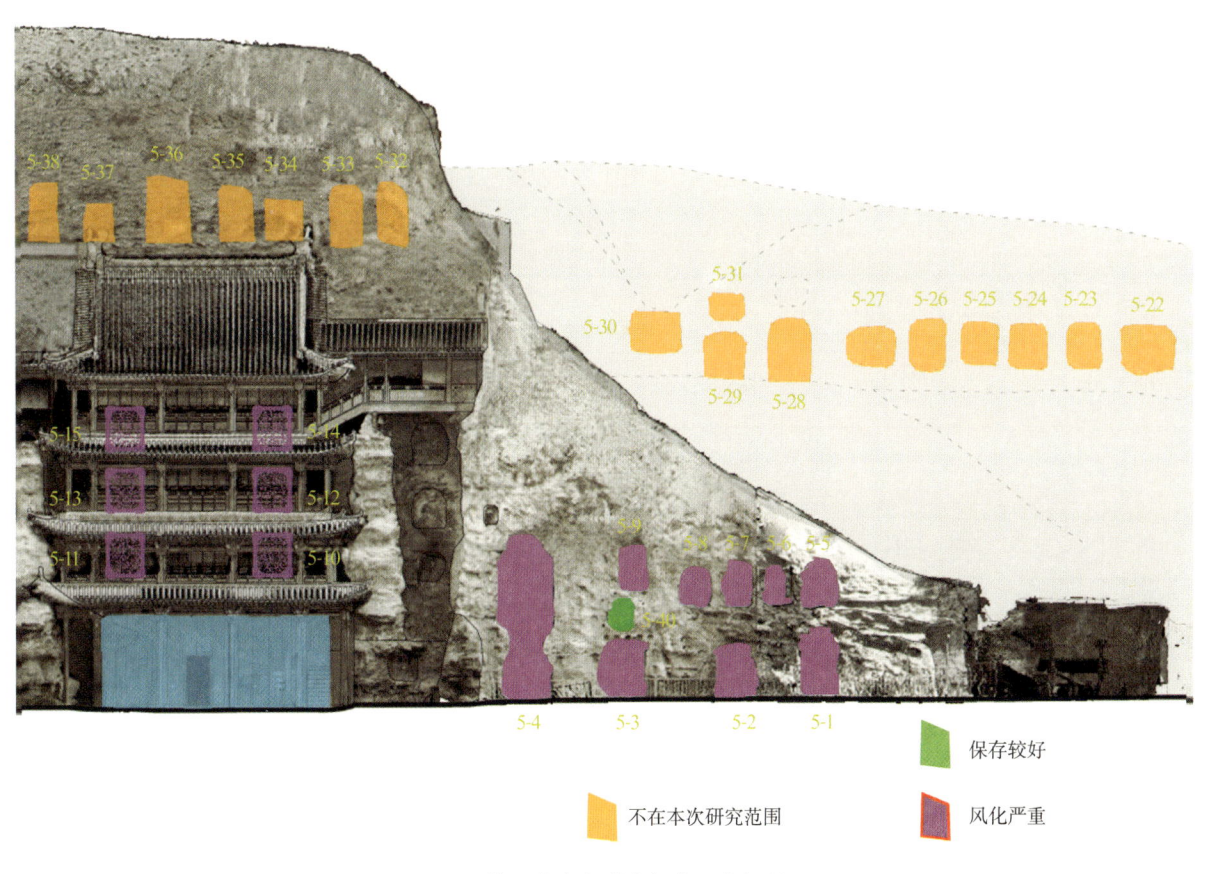

图 2　第 5 窟东侧附窟保存现状概况

三、云冈石窟的差异性风化因素探讨

1. 地层岩性的差异性

砂岩本身就是由颗粒物、杂基和胶结物组成。云冈石窟的砂岩较复杂（表 1），颗粒物由石英、长石和岩屑成分组成，填隙物成分更为复杂，由不同比例的黏土杂基、铁质、钙质和硅质胶结物组成。表 2 中岩石标本来自 B7 号钻孔的未风化的岩芯，位于核心区五华洞北侧。从石窟底板下的岩层到窟顶上部岩层，比较具有代表性，其中长石含量一般 10%～20%，变化相对不明显，石英含量 10%～65%，岩屑含量 15%～75%，且石英含量与岩屑和黏土杂基负相关，在石窟壁面差异性风化观察中，石英含量高的相对风化较弱，形成突起，而岩屑和黏土杂基含量高的相比最易风化，形成凹槽（图 3）。

表1 云冈石窟钻孔标本岩矿鉴定结果表

样品编号	主要颗粒成分			胶结物	结构
	石英	长石	岩屑		
B7-1			70%～75%	钙质胶结物5%～10%，黏土杂基10%～15%	粉细砂结构
B7-2			60%～65%	黏土矿物为主，铁质次之	泥状结构
B7-3	35%～40%	10%～15%	25%～30%	黏土杂基<5%，胶结物（少量铁质、少量硅质、钙质20%）	粗中粒状结构
B7-4	30%～35%	15～20%	35%	黏土杂基(少量)，胶结物（少量硅质、少量铁质、钙质15%~20%）	中粗粒砂状结构
B7-5	45%～50%	15%	25%～30%	黏土杂基<5%，胶结物（硅质<5%、少量铁质）	粗粒砂状结构
B7-6	55%～60%	10%～15%	25%	黏土杂基<5%，胶纺物（少量硅质、少量钙质）	粗粒砂状结构
B7-7	20%～25%	5%～10%	60%～65%	黏土杂基10%～15%，为主，铁质胶结物次之	细砂结构
B7-8	40%～45%	20%～25%	15%～20%	少量黏土杂基，胶结物（少量铁质、钙质20%～25%）	粗粒砂状结构
B7-9	45%～50%	15%～20%	25%～30%	黏土杂基<5%，胶结物（少量硅质、少量铁质、少量钙质，均<5%）	粗中粒砂状结构
B7-10	35%～40%	20%～25%	25%～30%	黏土杂基5%，胶结物（少量白云岩、少量铁质、少量钙质）	含砾粗中粒砂状结构
B7-11	40%～45%	20%～25%	25%～30%	黏土杂基<5%，胶结物（少量硅质、少量铁质、少量钙质	含砾粗粒砂状结构
B7-12	10%	5%	<45%～45%	黏土杂基5%，胶结物（铁质1%～5%、菱铁矿5%）	粉砂质细粒砂状结构

图3 第28窟北壁岩性和差异性风化分布图

在以往的研究中,闫宏彬等对不同矿物温度变化时产生的周边压力不同进行过研究[1]。黄继忠等对碳酸盐和长石水解、可溶盐再结晶对岩石产生的破坏作用进行过研究[2],本次不再做重复研究,主要探讨砂岩中岩屑颗粒物和黏土杂基组分的风化作用。2003年的岩矿鉴定结果显示,砂岩岩屑中富含黑云母、白云母和绿泥石等水敏性矿物,尤其是在中细砂岩中含有5%以上的黏土矿物,是典型的水敏性矿物,典型特征是遇水以后的膨胀性(表2)和颗粒运移。云冈石窟砂岩中的伊利石、高岭土遇到水膨胀系数都在40%以上,这是由于黏土矿物与水接触时,其表面的负电荷对水的吸附作用及交换性阳离子的水合作用,使黏土矿物的表面及结构层间形成一层水化膜,这种水化膜以氢键与黏土矿物相连。黏土矿物的水敏性使富含岩屑和黏土质的中细砂岩在水的作用下,最先风化崩解,形成凹槽。

表2 不同黏土矿物饱水膨胀率

黏土矿物	饱水膨胀率(%)	黏土矿物	饱水膨胀率(%)
钠蒙脱石	形成胶体	伊利石	47.5
钙蒙脱石	107	高岭土	42

在对28-2,27-2,5-10详细工程地质和水文地质调查中发现(图4、图5、图6),28-2,27-2窟主要雕刻在厚层粗砂岩层,其上下部为中细砂岩层理发育区,N28-1和N28-2两条中细砂岩在

图4 28-2工程地质水文地质特征图

图5 27-2工程地质水文地质特征图

---

[1] 闫宏彬、黄继忠、赵新春等:《温度的变化对云冈石窟保存的影响》,《山西大同大学学报》(自然科学版)2007年第3期。

[2] 黄继忠、袁道先、万力等:《水岩作用对云冈石窟石雕风化破坏的化学反应研究》,《敦煌研究》2010年第6期。

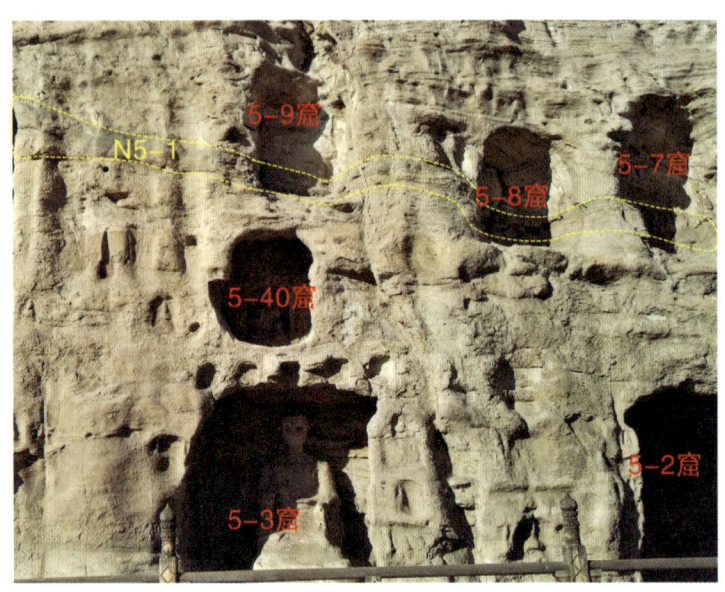

图 6　5-10 工程地质水文地质特征图

27 窟东西两壁上可以清晰观察到，顺层理的鳞片状风化强烈，形成条带凹槽。相比较含泥质中细砂岩，这两窟所在的长石石英砂岩抗风化能力较强。石英和黏土矿物在水作用下反应差异是造成差异性风化的内在因素。

2. 构造节理的差异分布

2003 年建设勘察设计研究总院在云冈石窟节理测量面积 4340 平方米，测得节理 588 条，每平方米节理数平均为 0.136 条。其中，41°～60° 方向 162 条，占 27.6%；81°～90° 方向 174 条，占 29.6%；290°～300° 方向 57 条，占 9.7%；350°～360° 方向 63 条，占 10.7%，其他方向上的节理不发育。节理优势方向是 41°～60° 和 81°～90°，即北东向剪切节理和东西向张节理（叠加卸荷）为区内最发育的节理。

21～30 窟区主要发育有东西向、北东向两组裂隙。裂隙之间相互切割，加上风化裂隙的作用，使窟区裂隙的发育与分布变得比较复杂，尤其是石窟开凿后，边坡岩体的平衡受到破坏，卸荷应力的作用又进一步加剧了东西向构造裂隙的开裂，使之延伸加长，裂隙宽度增大，对洞窟岩体的破坏性最大。东西向主要裂隙的两侧还分布有次一级的羽状、枝状、雁状等小裂隙，和北东、北西向裂隙交叉成网状，分布在窟内不同部位，形成以东西向卸荷裂隙为主的渗水通道。

而对于研究区内保存较好的 28-2、27-2 和 5-10 窟具有一个共同点，就是石窟后侧都有明显的贯通裂隙，一方面可能影响石窟的稳定性，但是从另一方面看，石窟后侧的贯通裂隙应该是石窟山体地下水的最佳排泄通道，阻止了水分继续向裂隙南侧的石窟运移，从而有利于石窟保持一个相对干燥的环境。

3. 岩体中水分的差异分布

在云冈石窟保护历史中，水害一直作为保护工作的重要研究对象，本次通过对云冈石窟 21～30 病害统计中（表 3），发现水分的差异分布是造成差异风化的关键因素。在不计算外立壁

表3 云冈石窟21～30窟表面风化状况统计表

编号	规格（米）	壁面	总面积（平方米）	严重风化面积（平方米）	严重风化发育区域	主要类型
21窟	宽8 深2.8 高8.5	北	102	102	全部	片状、鳞片状、粉状、孔洞沟槽状、盐害、风化裂隙
		西	30.9	15.47	中、下	片状、孔洞沟槽状
		东	30.9	4.2	下	片状、碎块状
		顶	26.88	26.88	全部	鳞片状
22窟	宽2.3 深1.5 高3.3	北	11.39	5.38	中	片状、鳞片状、孔洞沟槽状
		西、东、顶坍塌				
23窟	宽3.9 深2.6 高3.75	北	19.01	19.01	全部	鳞片状、粉状、盐害、风化裂隙、波纹状
		西	9.75	0.88	北	鳞片状、粉状
		东			崩塌	
		顶	11.15	2.73	北	片状、盐害
24窟	长2.95 深2.8 高3.4	北	13.04	13.04	全部	粉状、盐害、波纹状
		西	13.33	3.4	北	粉状、盐害、波纹状
		东	13.33	3.4	北	鳞片状、粉状、盐害
		顶	9.09	0.89	北	片状、鳞片状
25窟	长3.4 深2.75 高2.9	北	12.82	12.82	全部	粉状、盐害
		西	10.37	2.75	下	片状、粉状
		东	10.37	3.48	北	片状、鳞片状、粉状
		南	9.86	3.3	窟门	鳞片状、粉状
		顶	9.35	3.06	北	片状、鳞片状
26窟	长2.53 深2.35 高2.45	北	8.06	4.55	中、下	粉状
		西	6.91	2.35	下	鳞片状、粉状
		东	6.91	0.39	北	粉状
		南	6.2	1.98	窟门	片状、鳞片状、粉状
		顶	5.95	2.28	北	粉状
27窟	长4.4 深3.85 高4.95	北	30.49	15.25	上、中	鳞片状、粉状
		西	26.68	5.35	上、下	鳞片状、粉状
		东	26.68	1.79	上、下	片状、鳞片状、粉状
		南	3.24	2.11	下，窟门	鳞片状、粉状
		顶	16.94	12.71	北，西	片状、鳞片状、粉状
27-1窟	长1.2 深0.5 高1.8	北	2.17	2.17	全部	鳞片状、粉状
		西	0.9	0.9	全部	鳞片状、粉状
		东	0.9	0.9	全部	鳞片状、粉状
		顶	0.6	0.6	全部	片状

(续表)

编号	规格（米）	壁面	总面积（平方米）	严重风化面积（平方米）	严重风化发育区域	主要类型
27-2窟	长1.2 深1.2 高1.8	北	2.17	0.9	局部	鳞片状、粉状
		西	1.44	1.44	全部	鳞片状、粉状
		东	1.44	1.44	全部	鳞片状、粉状
		顶	2.16	2.16	全部	片状
28窟	长2.3 深2.5 高3.1	北	9.27	4.64	中、下	鳞片状、碎块状
		西	10.08	5.04	中、下	鳞片状、碎块状
		东	7.75	1.75	下	碎块状
		顶	5.75	5.75	全部	鳞片状
28-1窟	长1.2 深0.4 高1.8	北	2.16	2.16	全部	鳞片状、粉状
		西	0.72	0.72	全部	鳞片状、粉状
		东	0.72	0.72	全部	鳞片状、粉状
		顶	0.48	0.48	全部	片状
28-2窟	长1.95 深2.0 高2.3	北	4.49	0.8	局部	粉状、鳞片状
		西	4.6	2.5	南	粉状、鳞片状
		东	4.6	3.2	南	粉状、鳞片状
		顶	3.9	2.1	南	鳞片状
29窟	长4.15 深3.2 高4.6	北	24.82	15.77	上、下	片状、鳞片状、粉状、碎块状
		西	19.14	6.4	上、下	片状、鳞片状、粉状、盐害、碎块状
		东	19.14	8.64	上、下	片状、鳞片状
		南	8.37	4.54	上、窟门	片状、鳞片状
		顶	13.28	4.43	北	片状、鳞片状
30窟	长4 深3.4 高5.2	北	27.72	27.72	全部	粉状、孔洞沟槽状、鳞片状
		西	22.98	5.78	下	粉状、孔洞沟槽状、鳞片状
		东	22.98	22.98	全部	粉状、孔洞沟槽状、鳞片状
		顶	13.94	2.05	北	鳞片状
合计		北	250.6	207.2	82.7%	板状、粉状、鳞片状
		西	157.8	52.98	33.6%	粉状、孔洞沟槽状、鳞片状
		东	145.72	52.89	36.3%	粉状、孔洞沟槽状、鳞片状
		顶	101.62	55.57	54.7%	板状、片状、鳞片状
		合计	655.74	368.64	56.2%	

的情况下，21～30窟洞窟内面积约为655.74平方米，严重风化区域面积约为368.64平方米，严重风化区域面积已经超过一半，达56.2%。

其中北壁和顶壁风化最为严重，北壁82.7%壁面已严重风化，主要风化类型为板状、粉状和片状风化；其次为顶壁，54.7%壁面严重风化，主要风化类型为片状和鳞片状风化；东西两壁保存状态相对较好,西壁33.6%和东壁36.3%严重风化,主要风化类型为板状、粉状和孔洞沟槽状风化,主要位于壁面北侧和下部。

通过对风化病害的统计分析,风化与水害关系最为密切,有渗漏水的北壁和顶壁风化最为严重,与渗漏水较近的东西两壁北侧风化程度次之,而远离渗漏水的壁面南侧即使受到坍塌影响,也是石窟中保存较好的壁面位置。从风化病害类型上看,主要风化类型片状、鳞片状、空洞沟槽状病害与砂岩的干湿循环有关,盐害是更是水分的蒸发直接造成,都与水的差异分布有关。

顶板为N28-1含泥质中细砂岩与粗砂岩互层,东西向贯穿节理J28-1和J28-2在遇到该中细砂岩带,出现明显的间断和错位,使地下水在从上部地层向下渗流的过程中遇到阻隔,不能顺畅地向下运动,而沿中细砂岩水平运动,从而延长了地下水的渗流路径,并阻断向裂隙南侧的28-2、27-2石窟运移。

5-10窟具有相似的工程地质和水文地质环境(图6),石窟顶部为0.5～0.8米厚的中细粒泥质砂岩夹层N5-1,使从上向下运移的岩体水分受到阻断,同样在5-10窟内和北侧山体均发育有东西向贯通节理J5-1和J5-2,尤其是J5-2节理是山体内地下水最佳排泄通道,从而隔断5-10窟与山体的水分联系,有利于保持一个岩石含水率相对稳定环境,减缓了风化作用。

综上所述,28-2,27-2,5-10窟有几项共同特点:① 石窟上部为中细粒砂岩;② 下面有石窟空区;③ 石窟与山体之间有东西向贯通节理隔开。独特的岩性和裂隙分布,形成了相对稳定的水分分布特征,从而使这三个石窟得以幸运保留下来。

4. 日照的差异

云冈石窟位于北纬40.1°,一年当中最大太阳高度角73.2°,冬至日最小太阳高度角26.2°,所以在窟内接收光照最强的是底面,东西两壁次之,接受光照最弱的是北壁,夏季基本照射不到北壁,冬季在(高度 – 深度/2)以下能够照射到。石窟接受日照的范围主要受深度、高度和朝向的影响。

为了简化分析,仅考虑研究与28-2、27-2和5-10形制相似的小型窟,对比分析其高度,深度和朝向差异是否与风化差异有关。通过调查统计(表4),5窟附窟中5-10窟形制一致,相似,但仅有5-10窟保存较好,而处于相似深度、高度和朝向的5-9窟已经完全风化,28-2窟和27-2窟与周边相似形制石窟也具有同样的规律,说明单一的日照因素不是造成5-10窟差异性风化的主要原因。但是水分的差异会造成岩石表面温度在日照下的不同分布,干燥的岩石是热的不良导体,而含水量高的岩石是热的良导体,同时日照也会造成水分的快速蒸发,产生盐的结晶,产生更大的破坏。云冈石窟位于中国北方,无霜期100~156天,一年有一半以上时间会产生冻融作用,水的差异分布也会造成砂岩冻融程度。

表4 第5窟附窟及22～28小型窟洞窟宽度、高度、深度统计表

小型窟	宽度(米)	高度(米)	深度(米)	保存状态	小型窟	宽度(米)	高度(米)	深度(米)	保存状态
5-1窟	1.92	3.2	3.4	风化严重	24-1窟	1.6	2.4	1.3	风化严重
5-2窟	2.0	2.5	3.2	风化严重	24-2窟	0.6	0.9	0.7	风化严重
5-3窟	2.8	2.4		风化严重	25-1窟	0.9	1.5	1.1	风化严重
5-4窟	2.6	7.6	6.1	风化严重	25-2窟	1.5	2.2	1.3	风化严重
5-5窟	1.5	1	1.3	完全风化	26-1窟	0.8	1.5	0.9	风化严重

(续表)

小型窟	宽度（米）	高度（米）	深度（米）	保存状态	小型窟	宽度（米）	高度（米）	深度（米）	保存状态
5-6窟	0.9	1.2	1	完全风化	26-2窟	1.0	1.1	1	风化严重
5-7窟	1.1	1.3	0.8	完全风化	26-3窟	0.95	1.15		风化严重
5-8窟	1.1	1.5	0.9	完全风化	26-4窟	0.8	1.4	3	风化严重
5-9窟	1	1.5	0.8	完全风化	27-1窟	1	1.8	0.5	风化严重
5-10窟	1.2	1.5	0.92	保存较好	27-2窟	1.0	1.4	1.2	保存较好
22-1窟	1.85	1.8	1.3	风化严重	28-1窟	1.1	1.6	0.4	完全风化
22-2窟	1.0	1.5	0.7	风化严重	28-2窟	1.95	2.3	2	保存较好
23-1窟	2.1	2.4	1.5	风化严重					

5. 风蚀与降雨的差异

大同地区属大陆性季风半干旱气候，其特点是：四季分明，冬季晴冷，降水少；春季少雨，干旱，风多风大；夏季温暖，雨量集中；秋季清凉，"风多"是大同市的基本特征之一，主导风向一般为西、西北风。云冈地区年平均降雨量为423.8毫米，大部分集中在7、8月，本次仅以2015年9～12月气象数据为例，对不同风向的降雨量进行分别统计，主要考虑雨水冲刷对石窟壁面的影响。统计结果显示（表5），9～12月降雨累计118.24毫米，主要集中在9月，降雨时优势风向是北北东（0°～30°）、西南（121°～150°）和西北向，分别占到降雨量的14.7%、29.3%和13%。由于石窟朝向南和南偏东，90°～270°风向的降雨量，约占总降雨量的56.9%，都会冲刷石窟壁面，本次研究的5窟附窟和21～30窟大致都朝向南，稍偏东5°～10°，最易受到90°～180°风向时降雨冲刷，这可能是本次所研究石窟风化严重的影响因素之一，而局部朝向南偏西的壁面保存状态较好，如21窟东壁。但重点研究对象28-2窟、27-2窟和5-10窟与周边严重风化的石窟并没有明显风吹雨淋的差异，所以该单一因素可能不是引起研究石窟差异风化的主要原因。

表5 云冈石窟2015年9～12月不同风向累计降雨量统计表

风向	9月降雨量（毫米）	10月降雨量（毫米）	11月降雨量（毫米）	12月降雨量（毫米）	合计（毫米）	比例
0°～30°	11.64	0.54	5.04	0.12	17.34	14.7%
31°～60°	0.18	0	0.24	0	0.42	0.4%
61°～90°	0.66	0.06	0.36	0	1.08	0.9%
91°～120°	5.7	0.48	5.1	0.24	11.52	9.7%
121°～150°	17.22	4.14	12.6	0.72	34.68	29.3%
151°～180°	2.04	1.12	1.62	0.12	4.9	4.1%
181°～210°	2.46	0.18	1.02	0	3.66	3.1%
211°～240°	1.44	0.06	1.86	0.06	3.42	2.9%
241°～270°	4.14		4.92	0	9.06	7.7%
271°～300°	8.28		7.14	0	15.42	13.0%
301°～330°	5.28		5.7	0.18	11.16	9.4%
331°～360°	2.94		2.58	0.06	5.58	4.7%
合计	61.98	6.58	48.18	1.5	118.24	100.0%
91°～180°	24.96	5.74	19.32	1.08	51.1	43.2%
181°～270°	8.04	0.24	7.8	0.06	16.14	13.7%

四、总　　结

综合分析了地层岩性、构造节理、水文分布、日照和风蚀与降雨等因素，探讨了引起 21～30 窟和 5 窟附窟等中小型石窟差异性风化的主要因素，尤其是影响 28-2 窟、27-2 窟和 5-10 窟保存状态的关键因素进行了分析。形成以下基本结论：

（1）岩性差异是石窟风化差异的内在因素，中细粒含泥质砂岩在地下水作用下最容易风化，粗粒长石石英砂岩抗风化能力相对较强；

（2）水是石窟风化的关键外在因素；

（3）独特的岩性和节理分布，特别是上部中细粒含泥质砂岩相对隔水，后侧山体贯通性节理、下部石窟空区构成良好排泄通道，是造成 28-2 窟、27-2 窟和 5-10 窟保存相对较好的关键因素。

以上结论对云冈石窟水害治理具有重要研究意义和指导作用，如果能够深入地把握这种关系，并尝试性地改变洞窟风化因素，做好隔水、疏水功能，可能是主动地减缓风化一项有力措施。

龙门石窟日常保养维护再议

李心坚

内容摘要：日常保养维护，在文物保护工作中占有极为重要的地位，是预防性保护的内容之一。多年来，龙门石窟的日常保养维护工作从未间断。总结多年来的工作实践，本文论证了日常保养维护工作同保护工程之间的关系，并对今后日常保养维护工作的内容和方法进行了探讨。

关键词：龙门石窟　日常保养维护　保护工程技术

Reconsideration on Daily Maintenance of Longmen Grottoes

Li Xinjian

Abstract: Daily maintenance plays an important role in the cultural heritage conservation, which is one of the preventive protection contents. The work of daily maintenance on Longmen Grottoes has been carried out for many years. On the base of work practice, this paper demonstrated the relationship between daily maintenance and protective projects, discussed the content and methods of daily maintenance work in the future.

Key words: Longmen Grottoes, daily maintenance, protective engineering technology

关于文物古迹的日常保养维护工作，在不少文物相关法律法规和行业规则中进行了详细的解释和规定。比如《文物保护工程管理办法》第五条："文物保护工程分为：保养维护工程、抢险加固工程、修缮工程、保护性设施建设工程、迁移工程等。"在该条文中，对各项工程的内容作了具体解释，关于保养维护工程是这样说的："保养维护工程，系指针对文物的轻微损害所作的日常性、季节性的养护。"在该办法第十一条，又对保养维护工程的经费来源，实施程序作了规定："保养维护工程由文物使用单位列入每年的工作计划和经费预算，并报省、自治区、直辖市文物行政部门备案。"此外，关于保养维护在2015版《中国文物古迹保护准则》第四章第25条中是这样描述的："保养维护及监

作者：李心坚，河南省洛阳市，471023，龙门石窟研究院。

测：是文物古迹保护的基础。保养维护能及时消除影响文物古迹安全的隐患，并保证文物古迹的整洁。应制定并落实文物古迹保养制度。"在该条的阐释中对保养维护的工作范围、工作内容以及经费来源等也作了解释："保养维护是根据监测及时或定期消除可能引发文物古迹破坏隐患的措施。及时修补破损的瓦面，清除影响文物古迹安全的杂草植物、保证排水、消防系统的有效性，维护文物古迹及其环境的整洁等均属于保养维护的内容。作为日常工作，保养维护通常不需要委托专业机构编制专项设计，但应制定保养维护规程。说明保养维护的基本操作内容和要求，以免不当操作造成对文物古迹的破坏。"

由此可见，日常保养维护在文物保护工作中占有极为重要的地位，它可以有效延长文物加固维修的周期，是对文物进行预防性保护工作的内容之一。

龙门石窟自成立保护机构以来，对石窟的技术保护工作从未间断过。从20世纪70年代奉先寺大卢舍那像龛的抢险加固工程开始，龙门石窟先后进行了1971～1985年的抢险加固性工程；1986～1992年的综合治理工程[1]；2001～2009年的UNESCO龙门石窟保护修复工程；2004年的中意合作双窑洞窟的保护性修复工程；2011～2016年的擂鼓台、万佛洞至奉先寺段以及潜溪寺的综合治理工程；2019年正在实施的东山万佛沟区域的综合治理工程等。这些工程的实施基本解决了龙门石窟的稳定性问题，洞窟渗漏在一定时期内得到改善，取得了良好的保护效果。

在实施保护工程的同时，龙门石窟的日常保养维护工作也是始终坚持进行的基础性工作。关于此项工作，杨刚亮先生对工作的重要性和龙门石窟所做的日常维护工作的主要内容进行了论述[2]。刘景龙先生也发表过有关龙门石窟日常维护方面的观点[3]。本文将在两位先生观点的基础上，谈一点对龙门石窟日常保养维护工作的认识。

一、日常保养维护工作同保护工程的关系

近年来龙门石窟实施过或正在实施的保护工程，一般都旨在解决工程对象存在的危岩体崩塌、洞窟渗漏水病害等问题，而对洞窟内的文物进行的保养维护所做工作不多。可以说，保护工程更多关注的是宏观保护方面，而对细节的日常保养维护涉及甚少。如在《洛阳龙门石窟擂鼓台水害治理工程设计》方案中："工程设计内容：1.擂鼓台顶部水害治理工程……2.危岩体与滑坡治理工程……"[4]方案中对洞窟内文物本体的保护未做设计。在同时期进行的其他两个工程万佛洞至奉先寺段及潜溪寺保护方案设计中也未对文物本体保护做出设计，这同保护工程实施所要解决的问题有关，并非方案设计不到位所致。

保护工程一般持续时间在3个月至3年左右，在工程实施过程中除按照保护方案施工之外，

---

[1] 刘景龙：《龙门石窟保护》，北京：中国科学技术出版社，1993年，第128页。
[2] 杨刚亮：《龙门石窟的日常维护》，《中国文物报》2004年9月3日第8版。
[3] 刘景龙：《再谈龙门石窟的日常维护》，《中国文物报》2004年10月8日第8版。
[4]《洛阳龙门石窟擂鼓台水害治理工程设计》（内部资料），北京：中国文化遗产研究院，2009年，第7页。

还需对施工中发现的新问题及时同设计方沟通反馈，对方案提出修改意见。可以说，保护工程的实施过程是对保护方案中设计的施工内容落实的过程，同时也是对设计方案进行完善和补充的过程。在工程施工过程中，对施工技术方法和技术措施的研究也是必不可少的一部分。

龙门石窟的日常保养维护工作，现场部分的主要工作包括：立壁脱落岩体石块的粘接归位、防水工程定期修理和检修、生物病害的清除、维护已做过的保护工程成果、清理影响石窟石刻安全的杂草杂树等。以上这些工作的规模、难度尚不足以达到非进行保护工程而不能解决的地步，只需通过日常的保养维护便能有效治理文物存在的病害。这也是日常保养维护工作的重点所在。

从时间上来看，日常的保养维护工作是持续不断的，是贯穿石窟保护工作始终的工作。通过这些日常的保养维护工作，可以及时解决文物本体存在的各种病害，达到有效保护文物的目的，也可以对已经完成的保护工程进行日常的保养维护，使保护工程的效果能够维持更长的时间。在日常的保养维护工作中，一般采用的是经过验证的、成熟的技术手段和保护材料进行，因此不会因保护方法和材料的问题而对文物造成新的伤害。

综合以上两个类型的文物保护工作可以看出：文物保护工程是短期进行的、为解决文物或文物依存环境的某个或某些问题而进行的工程项目；而日常的保养维护是持续进行的，为及时解决文物本体存在的病害以及文物依存环境存在的问题而进行的日常性工作。文物保护工程和日常保养维护都是文物保护工作重要的组成部分，相辅相成，密不可分。

二、日常保养维护工作需进一步加强

龙门石窟多年来一直坚持进行日常保养维护工作，从未间断。通过多年的工作实践，笔者认为龙门石窟的日常保养维护工作应在以下几个方面进一步加强。

1. 主动参与，有计划地划片进行日常保养维护

龙门石窟的日常保养维护现场方面的工作一是被动实施，即通过每年至少四次的危石排查发现问题，对发现的问题采取措施进行保养维护。采取的保护方法主要为粘接归位结合锚杆加固。通过这种方式发现的问题都比较单一，一般以岩块掉块、松动居多。近年来通过这种方式进行过的有代表性的日常保养维护工作包括：六座塔区域的塔身脱落岩块粘接加固及周边区域日常维护、火烧洞窟门脱落岩块的粘接归位并锚杆加固（图1、图2）、奉先寺南被裂隙整体切割小龛的锚杆加固、宾阳南洞主佛手指粘接归位等。二是主动实施，指根据年度工作计划划片分步实施的日常保养维护工作。2000年以来，龙门石窟先后有计划地进行了多片区域的保养维护工作，包括西山老龙窝区域、普泰洞至唐字洞区域、奉先寺区域（图3）、路洞区域、极南洞区域、惠简洞区域、宾阳中洞以及东山的二莲花洞区域、四雁洞区域等。在按照计划进行的保养维护区域，所采取的保护措施除粘接归位及锚杆加固外，还进行了裂隙封缝、裂隙灌浆、渗漏水导流、雕刻品除尘、对小型坍塌窟龛进行保护性修复[5]等。无论以何种方式实施了保养维护工作的区域，都有效地减缓

---

[5] 陈建平、高东亮：《龙门石窟小型坍塌窟龛的修复》，《文物保护与考古科学》2008年第1期。

图1　火烧洞窟门脱落岩块锚杆加固 　　　　图2　火烧洞脱落岩块维护完工　　　图3　按计划进行的奉先寺日常保养
　　　　　　　　　　　　　　　　　　　　　　　　后效果　　　　　　　　　　　　　　维护现场

了该区域文物病害的发展速度，特别是对洞窟文物的掉块、洞窟坍塌病害的治理，起到了较好的保护效果。

自2011年至今，龙门石窟东西山渗漏水综合治理工程实施以来，由于保护中心人员数量的限制，不得不将工作重心更多地转移到工程项目的实施上来，造成对于日常保养维护现场方面的工作主要集中在通过每年的危石排查发现问题，从而解决问题的被动方式上来。按照计划划片主动实施的日常保养维护项目仅进行了一个区域，即万佛洞南至老龙窝北区域。对比两种实施日常保养维护工作的方式，明显可以发现，被动实施的保养维护工作，文物病害已经产生较为严重的后果，实施的保养维护实际上是不得已而采取的补救措施。而按照计划主动实施的保养维护工作，却能及时发现区域内文物存在的严重病害，并对这些病害进行针对性的治理，大幅减缓文物病害恶化速度，避免造成严重后果的可能性。主动实施的日常保养维护工作仍然是有效保护文物的重要方式，一定程度上，其实施效果不亚于实施的大型文物保护工程。因此，需要继续坚持有计划划片进行日常保养维护工作的传统，防患于未然，及时有效地保护好文物。

2. 立足实际，运用工程手段实施日常保养维护

近年来，龙门石窟所做的日常保养维护工作更多的是传统意义上的日常保养维护，主要集中在对文物本体及所在岩体的修复与保护。着眼区域洞窟的病害治理为目的而实施的日常保养维护较少。在实际工作中，经常可以发现有些洞窟存在需要及时治理的病害，但是通过基础的日常保养维护效果并不明显，无法较好地治理病害。通过实施保护工程可以达到保护文物的目的，但由于保护工程的实施需要经过一系列程序，从项目立项到实施所需时间较长，而在这段时间内，对洞窟文物的保护却不能停止。因此需要适当运用工程手段实施日常保养维护，防止病害进一步发展。龙门石窟于2006年进行了东山二莲花洞区域的日常保养维护。作为日常保养维护项目，我们在进行正常保养维护工作内容的基础上，通过对二莲花洞渗漏原因进行分析研究，对引起洞窟渗漏的裂隙采用保护工程惯用的压力灌浆堵漏方法进行了治理（图4）。经过多年的观测，保养维护

图4 二莲花洞维护现场之灌浆堵漏

后的二莲花洞洞窟渗漏水点和渗漏面积均减少了70%左右，病害治理达到了预期效果，避免了在实施大型保护工程项目之前文物病害的进一步发展。

3. 悉心研究，在日常保养维护中适度复原

在龙门石窟日常维护工作实践中，经过悉心研究，有原则有选择地对一些小型坍塌洞窟或已损毁的窟檐进行复原，是对日常维护工作的创新。经过多年的观察，经过复原的坍塌洞窟或窟檐，减少了雨水对窟内文物的直接冲刷，对文物的保护效果显著。复原实例（图5）有龙门西山1656窟根据历史遗迹恢复原有石板窟檐[6]；683窟窟顶坍塌部分的复原；1667窟、1898窟的复原[7]；东山二莲花北洞窟门正上方小型窟檐的添加等。这些复原首先是在对洞窟现存遗迹研究的基础上进行的，是有依据的复原；其次，这些复原是建立在对洞窟文物病害形成原因进行研究分析基础上进行的，是对病害的针对性防治；再次，这些复原是在小型洞窟上实施的，对石窟整体环境影响不大；最后，这些复原在一定程度上是可逆的，符合文物保护原则。鉴于以上原因，笔者认为，

---

[6] 范子龙：《龙门石窟窟檐遗迹调查与日常维护中的防风化保护》，《石窟寺研究（第2辑）》，北京：文物出版社，2011年，第351～355页。

[7] 李建厚：《龙门石窟小型露天窟龛的尝试性保护方法》，《洛阳考古》2013年第2期。

图5 小型洞窟复原后效果

通过深入研究小型洞窟的历史原貌、病害现状等，充分论证复原洞窟的利弊，如确有必要，可以采用现代技术手段和复原材料，适度复原部分坍塌小型洞窟是可以作为日常保养维护工作内容的一部分。

4. 精益求精，提高日常保养维护的质量

日常保养维护工作是一项需要长期坚持的工作，工作内容重复性很大。不断的重复会让人觉得枯燥，但也能使人在不断重复中得到提高。笔者从刚开始参与龙门石窟的日常保养维护工作开始，通过不断的实践，总结经验和教训，多年来对日常维护理论的理解和技术水平的提升是显而易见的。回头看看之前进行过的日常保养维护工作，还是能发现许多工作存在做得不到位、还可以再提升的地方。比如，在封缝工作中，由于胶泥颜色很难同雕刻品一致，造成在雕刻品上完成的封缝，即使已过去十余年的时间，仍能发现雕刻品身上突兀的封缝痕迹，极为影响雕刻品的观感（图6）。对于这种情况需要再继续优化封缝工艺，从源头上解决出现的问题。一是在和胶泥时根据情况调节颜料的添加比例，尽量使其色调同待封缝雕刻品一致；二是待封缝完成后，如果发现色调同雕刻品差距仍较大，可以对封缝区域采用环氧树脂材料加适量丙酮用颜料调色做旧处理，直至符合文物保护相关要求。同时，对已经造成影响的雕刻品逐一进行做旧处理，及早消除因保护工作而对文物造成的不适观感和对文物价值的影响。此外，在已经做过日常保养维护的区域中又发现新的问题。比如，西山南部区域，岩体属于徐庄组薄层泥质条带灰岩含鲕粒，岩层中的泥质条带部分极易受外部条件如风吹日晒雨淋而风化。该部分的泥质条带层有些在日常维护中已用胶泥做过封护处理，但仍有部分在进行日常维护时由于风化情况并不严重，所以未做处理。经过十多年的时间，对比做过封护和未做过封护的部分，发现已做封护区域保存尚完整，而未做封护区域泥质夹层风化严重，表面已低于临近灰岩部分约1~3毫米（图7）。因此，在做类似区域的日常维护时，尽可能将泥质夹层部分做封护处理，特别是其上有雕刻品的位置，一定要更加认真细致地做好。

图6 雕刻品面部封缝痕迹　　　　　　　　　　图7 岩体泥质夹层风化状况

总之,龙门石窟的日常保养维护工作虽取得了一定的成绩,但仍有改进与完善空间。在今后的工作中,还需要继续总结取得的经验和教训,不断提升日常保养维护的理论和技术水平,提高日常维护的质量和效率,为龙门石窟这一全人类共有的文化遗产得以良好保存尽心尽力。

龙门石窟香山寺蒋宋别墅修缮工艺研究

李建厚　赵燕

内容摘要：蒋宋别墅是一座近代古建筑，设计风格独特，筑造气派雄伟，布局结构严谨，回廊宽敞豪放，历经沧桑，神秘凝重，有较高的历史研究价值。针对蒋宋别墅长期存在梁椽糟朽和墙体开裂等问题，主要采取了勘测校正、挑顶落架、砖木置换、地基土锚杆灌浆加固和立柱碳纤维补强等修缮技术工艺措施，使其所蕴涵的历史文化信息及建筑艺术得以充分展示和保护。

关键词：蒋宋别墅　梁椽　修缮　工艺

Study on the Repairing Process of Jiang Song Villa in Xiangshansi Temple of Longmen Grottoes

Li Jianhou　Zhao Yan

Abstract: The Jiang Song Villa is a modern celebrity ancient building with unique design style, majestic architecture and strict layout structure. That corridor is spacious and unrestrained. It has been vicissitudinary, mysterious and dignified, with high historical research value. There have been problems such as the smashing of the beam and the cracking of the walls. In view of the repair and correction of the Jiang Song Villa, we conducted some measures, such as the repairing of the roof, the replacement of bricks and wood, foundation rock soil anchor grouting and column carbon fiber reinforcement. So the historical and cultural information and architectural art contained in it could be fully displayed and protected.

Key words: Jiang Song Villa, rafters, repair, process

龙门石窟香山寺位于龙门东山山腰，北邻白园，与龙门石窟西山窟区隔河相望。香山寺始建于北魏熙平元年（516年），唐天授元年（690年）武则天自称弥勒佛转世，对佛教竭力提倡，699

作者：李建厚、赵燕，河南省洛阳市，471023，龙门石窟研究院。

年（武周圣历二年）重新修建，由武则天正式命名为香山寺。武则天非常钟情于伊阙山水，常驾亲游，她很喜欢清幽雅致的香山寺，经常在香山寺中石楼坐朝，并留下"香山赋诗夺锦袍"的千古佳话。

清乾隆十五年（1750年）九月清高宗弘历到中岳封禅，至洛阳巡游龙门香山寺，感怀赋诗《香山寺二首》，开篇第一句即为称颂香山寺"龙门凡十寺，第一数香山"，这首诗被人们当时镌刻在石碑之上，并建御碑亭。1936年洛阳地方政府为蒋介石庆祝50寿辰，选择香山寺御碑亭南侧建了一栋两层小楼，称为蒋宋别墅，蒋介石和夫人宋美龄往复洛阳三次，在洛阳共待了36天，基本都住在香山寺蒋宋别墅，因此，龙门石窟香山寺和蒋宋别墅都有着极其深厚的文化内涵。

一、别墅风貌和历史价值

蒋宋别墅飞阁凌霄，古朴浑厚，苍松掩映，古韵清幽，是现今洛阳市不多的国民党时期遗存的一座二层青砖小楼古建筑，多年来一直保持着原建时的历史风貌（图1）。蒋宋别墅占地面积

图1　蒋宋别墅

650平方米，共有房间20多间，建筑面积816平方米，建筑风格中西结合，属于典型的半歇顶骑楼阁式建筑，设计独特，使用建材考究，外观气派雄伟，回廊宽敞豪放，卧室温暖隐蔽，布局结构严谨。其回廊是中式的，壁炉是西式的，使用了大量从美国进口的昂贵建材，如洋灰水泥、螺纹钢筋、烤瓷面砖等。蒋宋别墅回廊宽4米，长30米，会议室白墙柚木地板，简洁大方，肃穆宁静的气氛依然保持。一楼会客厅30平方米，墙上悬挂着孙中山先生的画像，侧面则是孙中山亲笔书写的"天下为公"的牌匾，高级沙发整齐摆放，厚厚的地毯一尘不染，一台美式旧电扇依然摆放在会客厅的一角。二楼是蒋介石夫妇生活的办公室、卧室和盥洗室。办公室深色的木质结构，优美而不张扬的装饰弧线，彰显着雅致气派，书柜上存放着《资治通鉴》等书籍，一张不大的办公桌上，小楷笔、墨、镇纸等放置整齐。卧室窗帘内楼为白纱，外楼为墨绿色，室内风格中西兼具，既有西方的留声机，又有中式的梳妆台，站在窗前，龙门西山千年窟龛尽收眼底，一种高雅豪放的意境油然而生。蒋宋别墅作为一座拥有80多年历史的近代古建筑，历经沧桑，有很重要的历史研究价值，弥足珍贵。但是现在面临砖木构件材质老化、墙柱结构不稳、屋顶椽檩糟朽塌陷漏雨等问题，亟待保护修缮。

二、存 在 问 题

据龙门石窟研究院科研人员实地勘察测量，蒋宋别墅主体结构竖向体系承重构件是砖墙和砖柱，水平体系承重构件为砖砌圆拱和混凝土板，木结构体系骨架主要是回廊屋顶主梁、立柱、梁枋和角梁以及飞檐等，地基为石砌条形墙基，建材主要是青砖、筒瓦、水泥和白灰，木料主要是白松木和红松木等。

（一）主要问题

1. 梁椽墙体产生裂缝

二楼回廊梁、椽与墙体之间的连接处出现不同程度的裂缝，支座处的承重墙体出现裂缝和粉化现象，梁椽不同程度的向外拔出，最大拔榫错位20毫米。

2. 横梁错位

经龙门石窟研究院技术人员检测，二楼回廊拐角处4根横梁错位变形10°～15°，必须予以校正。

3. 支撑砖柱存在裂缝

由于蒋宋别墅位于切山填土形成的平台上，回廊下部是夯土，经过70多年地基的不均匀沉降，一楼10根宽88厘米、高4.5米的四方支撑砖柱中，有4根出现了较大裂缝。二楼12根宽24厘米、高4.2米的四方砖柱中，有6根受牵引斜拉应力影响，也产生较多裂纹，直接影响到建筑物的稳定性。

4. 顶部木构糟朽破损

一楼、二楼回廊和顶部横梁、罗锅椽、直椽、望板、连檐等木质构件糟朽（图2），榫卯严重

图2 罗锅椽、直椽糟朽

开裂错位，多处脊瓦脱落，猫头滴水构件缺失或损坏，局部严重漏雨，呈现坍塌趋势。

（二）主要修缮内容

针对蒋宋别墅存在的主要问题，修缮内容主要包含以下五个方面：

（1）拆除并替换糟朽的椽檩等主要木质构件和破损瓦件，并进行防腐防渗处理；

（2）使用经纬仪精确校正已经变形错位的回廊主横梁和立柱等木构件；

（3）垂直锚杆增强砖柱四周地基基础，环氧树脂灌浆补强地基承载力，确保蒋宋别墅地基保持平稳状态；

（4）使用碳纤维、钢板、环氧树脂等材料加固已出现险情的承重横梁、支撑砖柱及墙体，确保蒋宋别墅主体结构安全稳定；

（5）使用新型液体卷材（SBS）对别墅顶部女儿墙进行防渗水综治。

三、修缮要求遵循的规范

蒋宋别墅历史文化价值较高，修缮工作一定要充分尊重历史，保存原来的建筑形制、建筑结构、建筑材料和工艺技术。根据《中华人民共和国文物保护法》及文化部《纪念建筑、古建筑、石窟寺修缮工程管理办法》中关于"不改变文物原状"的原则，结合蒋宋别墅特点，修缮工艺着重针对影响建筑结构稳定问题和损毁严重的木质构件进行替换维修加固，因此，一定要遵循"保护为主，抢救第一，合理利用，加强管理"的文物工作方针，尊重文物的历史艺术价值，遵循"可识别性""可去除性"和"兼容性"的文物修复三大基本准则，注重现代科技手段及材料的使

图3　现场分类整理瓦件和梁椽

用，通过修缮保护，使得建筑结构更加坚固，所内含的历史文化信息更长久地流传下去[1]。因此，修缮过程中一定要遵循《中华人民共和国文物保护法》《中华人民共和国文物保护法实施细则》《石窟寺、古建筑修缮管理办法》《古建筑木结构维护与加固技术规范（GB50165-1992）》《碳纤维片材加固混凝土结构技术规程（CECS146-2003）》等规范，同时必须制定严格的文明施工和安全规章制度，确保修缮过程高质量、高标准和安全无事故，编制详细的施工进度计划，确定修缮工序、具体工作内容、工作时间和衔接关系，为高质量完成修缮项目做好基础准备，另外要求建立工程质量自检日志，从材料购入到施工操作等工序环节，按照标准规范要求，严格把关。对确需变更的地方，按照古建工程变更申报程序，逐级上报主管部门。施工过程中，要认真做好隐蔽工程记录，加强工程动态控制，建立高效的现场管理办法，做到施工场地分工协作，齐头并进，布置规范，有序推进（图3）。

四、修缮工艺

根据蒋宋别墅修缮设计方案和施工原则，结合该建筑物存在的具体问题，采用挑顶落架传统修缮工艺，结合现代补强加固技术方法和新型加固材料的灵活运用，确保建筑物整体稳定性，具体施工工序如下：脚手架支搭→建立编号登记档案→逐层拆除屋面筒瓦、滴水，整齐分类放置→逐层拆除糟朽的木质构件并替换维修→回廊立柱加固（5毫米厚不锈钢板）→经纬仪校正回廊横梁并使用碳纤维布补强→环氧树脂灌浆加固墙体裂缝→木质梁椽构件制安固定→屋面瓦件归安→女儿墙防渗等。

---

[1] 罗哲文：《中国古代建筑》，北京：文物出版社，2001年，第39、40页。

（一）传统落架工艺

蒋宋别墅二楼回廊的瓦件和木构件需要落架分类整理，遵循传统落架修缮工艺，首先要求现场脚手架支搭过程中立杆不准与地面直接接触，横杆不准与建筑物直接相连或依托承重，其次要求使用传统木匠工具实测屋脊弧线和飞檐弧度等工艺参数，制作弧线模板，以便准确把控屋脊建筑特色和艺术风格[2]。遵循瓦件清理的传统分类方法，从别墅顶部女儿墙开始自左向右，按陇拆除，工人自上向下，一字排开，将不同尺寸的平瓦、筒瓦、猫头、滴水等瓦件分类拆除，由屋面传递到地面放置，编号归类除尘清理，以备使用。按照从上到下的顺序逐步拆除顶部飞椽、直椽、联檐、罗锅椽、土檩、横梁、角梁、角椽等木构件，使蒋宋别墅回廊需要修缮的木构件平稳落架（图4），并对其位置、尺寸、形状、间距进行分类拍照、记录、编号和登记，对能够再次使用的构件进行防蛀除尘打磨，使用桐油涂刷防腐防蛀处理。

图4　梁枋落架

（二）现代加固技术

运用金属锚杆和环氧树脂灌浆现代加固技术补强建筑物地基。首先针对蒋宋别墅一楼2、3、4、6号立柱地基进行四周垂直锚杆补强，分别置入双排24根防腐处理后的直径22毫米、长度2～4米的金属锚杆，确保地基平稳，防止地基夯土滑移，其次运用环氧树脂有机材料化学灌浆补强蒋宋别墅石砌条形墙基和周边地基岩土。在蒋宋别墅承重墙体出现裂缝的6～10米范围内的地面，

---

[2] 方东平：《木结构古建筑结构特性的计算研究》，《工程力学》2001年第6期。

选择合适位置，向基座方向布置双排扇形倾斜钻孔8个，钻杆直径38毫米，倾角30°～45°，钻孔深度4～10米（以打穿地基为止），以2～6兆帕压力连续梯度增压灌浆环氧树脂，确保环氧树脂浆体填充地基裂缝或孔隙，在地基内形成立体扇形保护带，提升地基岩土承载力，防止地基出现不均匀沉降问题。第三使用不锈钢板加固立柱和墙体。不锈钢板厚度5毫米，宽度60厘米，高度80厘米，采用贴面对穿的技术方法，加固补强一楼2、3、4、6号砖体立柱。第四通过粘贴新型加固材料碳纤维布的技术措施[3]，对二楼西面的2、3、4、5、7、9号混凝土立柱进行整体补强加固，提高立柱的抗剪切力。

（三）经纬仪校正梁柱

针对蒋宋别墅二楼回廊主横梁变形错位问题，龙门石窟研究院科研人员使用经纬仪定点定位逐一校正。现场对每一根屋顶主梁、立柱、梁枋和角梁以及飞檐等木构件统一标准单独校正，使向外略倾的梁架准确归位。据技术人员统计现场校正横梁39根，同时检查了全部梁柱梁枋垫木糟朽状况，并使用防腐处理过的榆木替换了21根梁枋的垫木[4]。对于糟朽严重的梁枋、立柱和角梁，已经不能继续加固使用，由于本体上没有任何花纹雕饰，经河南省古建院专家现场研究决定，使用与原木料相同的材质，按照原尺寸标准制作替换吊安，以增强蒋宋别墅整体木架构的抗剪切强度[5]，运用电脑取样调色技术配比无机颜料做旧修缮。

（四）调脊苫背饰瓦

蒋宋别墅屋脊上原初制安了5根横檩，由于长期掩埋于砖石中，经过数十年的风雨侵蚀，已经彻底腐烂糟朽，此次修缮时按照原尺寸材质标准，等量置换并进行防腐处理。经龙门石窟研究院科研人员现场检验确定，可再次利用的旧直椽36根、旧飞椽24根，需要制安新直椽323根、新飞椽29分类8根、新铺柳叶接口望板面积301平方米、新安置双联檐164米、瓦口模82米和角梁1根。这些木构件在现场技术人员的认真指导下，按照工艺顺序逐步固定到位（图5）。

按照古建筑修缮苫背传统工艺，在望板上均匀平摊2厘米厚的麻捣灰膏两遍，不得有空鼓和裂缝，待其固结后再分摊4厘米厚的麦秸泥，操作顺序自上而下，遵循落架前实测的屋脊弧线和飞檐弧度等工艺参数，压抹光平，使整个层顶的曲线与修缮前保持一致。遵循蒋宋别墅原设计瓦件间距标准参数和拆前制作好的脊屋弧线模板，调脊饰瓦。先按图纸位置拉线找好弧度，吻兽和脊筒内预置木质脊桩，紧密铺设平瓦，在平瓦陇上扣上筒瓦，筒瓦内填满炭黑与白灰均匀混合后的深灰色灰膏，确保平瓦、筒瓦牢固粘接屋顶，最后统一使用炭黑稀溶液做旧处理，使整体颜色保持一致。

---

[3] 高彦雷：《桥梁加固碳纤维布粘贴术研究》，《江西建材》2015年第4期。
[4] 马炳坚：《中国古建筑木作营造技术》，北京：科学出版社，1992年，第45～50页。
[5] 陈明达：《中国古代木结构建筑技术（南宋—明、清）》，北京：文物出版社，1990年，第30～40页。

图 5　木构件制安

五、结　　语

2012年历经数月上报审批、勘察设计、紧张修缮、竣工验收和专家评审，按照古建筑文物修缮工艺原则、技术规范和施工顺序，圆满完成了蒋宋别墅修缮设计要求的所有内容。龙门石窟研究院科研人员经过数年连续观察调研认为，遵循古建筑传统修缮工艺，运用金属锚杆、环氧树脂灌浆、不锈钢板和碳纤维布等现代新型加固材料，对蒋宋别墅的修缮加固技术方法科学实用，使这座近代历史遗存青砖小楼依然保持着神秘凝重风貌，所内涵的历史文化信息和中西结合建筑艺术风格得以更加完美展现。建议下一步工作中运用现代先进监测仪器，对蒋宋别墅的地基、墙柱和木构件等关键部位进行长期监测，以便检验修缮施工质量，为预防性保护提供科研基础资料。

新疆惠远老城遗址病害特征及成因分析

陆继财

内容摘要： 土遗址是我国重要的文化遗产资源，加强土遗址保护对于保留中华民族优秀文化遗产具有举足轻重的意义。常见的土遗址包括长城遗址、烽燧遗址以及古城遗址等。由于近些年极端气候现象频频出现，加速了各类土遗址消失进程。惠远老城遗址位于新疆霍城县，由老城北墙、老城东墙、瓮城以及钟鼓楼台基等组成。现场调查惠远老城遗址各类病害后发现，该遗址中裂隙病害较为发育，裂隙总数159条，其中墙体裂隙数量达到总数的94.97%。掏蚀和冲沟病害较为发育，共发育有掏蚀229处，其中墙体发育有218处，占总数95.2%；冲沟单沟最大沟深达2.5米，平均冲深0.73米，冲深大于0.3米的冲沟条数占总冲沟条数的76.8%。在此基础上，分析了各种病害的成因机制，并提出对应的治理措施：对裂隙和深度较小的冲沟主要进行裂隙注浆处理，掏蚀区采用回填和砌补的形式进行治理，为我国土遗址评估与保护提供重要指导与建议。

关键词： 惠远老城　土遗址　裂隙　冲沟　治理措施

Damage Characteristics and Protection Measures of Huiyuan Site in Xinjiang

Lu Jicai

Abstract: Soil site is an important cultural heritage resource of our country, and strengthening the protection of soil site is of great significance to preserving the outstanding cultural heritage of the Chinese nation. The common sites include the Great Wall site, the beacon site and the ruins of the ancient city. Due to the frequent occurrence of extreme weather in recent years, the process of the disappearance of various soil sites has been accelerated. The ruins of old town Huiyuan is located in Huocheng county of Xinxiang, which consists of north wall, east wall, barbican and bell drum tower etc. After field conservation of various issues in the old town of Huiyuan, the author found that cranny in the site was relatively developed. The crannies total 159, which reaches 94.97% of the total number of wall crannies.

作者：陆继财，新疆维吾尔自治区乌鲁木齐，830000，新疆维吾尔自治区博物馆。

The recesses and the gullies are relatively developed, and there are 229 recesses, among which 218 are developed in the wall, accounting for 95.2%. The maximum depth of the gully is 2.5m, the average depth is 0.73m, and the number of gullies with the depth greater than 0.3m account for 76.8% of the total number of gullies. On this basis, the corresponding treatment measures are proposed: Crannies and gullies with the smaller depth are mainly used in the treatment of fracture grouting. The areas of recess are governed by backfilling and the form of filler. These treatment measures provide important guidance and advice for the protection of soil sites.

Key words: Huiyuan site, earth site, cracks, gully, protection measures

　　土遗址作为中华民族伟大的文化遗产资源，在我国西北地区广泛分布。比较典型的土遗址有长城、古城以及烽燧等，近年来极端气候频频出现，导致现存土遗址病害大量发育，对于我国宝贵的文化资源形成严重的威胁。

　　目前，土遗址中常见的病害主要有裂隙、冲沟、掏蚀、坍塌以及生物病害等。由于各种病害之间存在一定联系和相关性，病害发生往往具有共发性、群发性以及多发性。文物保护工作者在病害研究中做了大量的工作，赵海英等[1]对于我国西北地区典型土遗址病害进行了归纳总结，认为风蚀作用、雨蚀作用以及易溶盐反复溶解结晶是上述病害形成的重要原因。孙满利等[2]对于干旱区土遗址病害进行了分类研究，主要根据病害成因、病害表现形式以及病害形成机理三个方面对土遗址病害进行分类，对于后期土遗址病害分析以及调查具有重要意义。基于病害分类，建立了土遗址中各类病害的评估体系[3]，基于逐次分析评估土遗址载体以及本体的病害，建立了基于地质灾害、表面风化和稳定性三个方面评估土遗址的评估体系，同时在土遗址表面风化中引入模糊数学进行评估，是此类分析中的一种新方法。上述研究中，对于土遗址病害的整体特征以及病害成因进行了分析，对于土遗址具体病害成因分析中，崔凯等[4]对于土遗址病害中的掏蚀病害进行了深入分析，发现掏蚀区土盐渍劣化和风湿损耗效应是掏蚀病害形成的重要原因，西北地区土遗址赋存区的集中降雨和强烈蒸发气候，提供了干湿交替与盐渍循环的过程，两种作用相互作用，加速

---

[1] 赵海英、李最雄、韩文峰等：《西北干旱区土遗址的主要病害及成因》，《岩石力学与工程学报》2003年第S2期。

[2] a.孙满利、李最雄、王旭东等：《干旱区土遗址病害的分类研究》，《工程地质学报》2007年第6期；b.孙满利、王旭东、李最雄：《西北地区土遗址病害》，《兰州大学学报》（自然科学版）2010年第6期。

[3] 孙满利：《土遗址病害的评估体系研究》，《文物保护与考古科学》2012年第3期。

[4] a.崔凯、谌文武、韩琳等：《干旱区土遗址掏蚀区土盐渍劣化与风蚀损耗效应》，《岩土工程学报》2011年第9期；b.崔凯、谌文武、王旭东等：《干旱区土遗址盐渍带风蚀损耗效应微观机制研究》，《岩土力学》2012年第4期；c.崔凯、崇显灿、谌文武：《河西走廊地区线性土遗址阴阳坡掏蚀区差异效应研究》，《工程地质学报》2017年第2期；d.崔凯、谌文武、匡静等：《干湿交替与盐渍双重作用下干旱和半干旱地区土遗址劣化效应》，《中南大学学报》（自然科学版）2012年第6期。

了土遗址病害的劣化程度。土遗址中的大型裂隙或者坍塌体，濒危程度极高，此时需要通过锚固措施进行加固，张景科等[5]基于木锚杆对土遗址中锚固作用后的锚固机理进行分析，获得木锚杆在土遗址锚固中的应力分布规律以及锚固总体性能。也有学者尝试了楠竹加筋锚杆在土遗址中的锚固机理[6]。锚固材料方面，张景科等[7]通过室内试验分析了 PS-(C+F) 浆液的龄期强度、龄期含水率、龄期波速等，发现此种浆液在锚固中形成的结石体能够满足文物保护工程的需要。

此外，对于潮湿区土遗址保护措施等也有学者进行研究，提出潮湿区土遗址保护主要解决防水问题，在控制水环境的基础上结合化学和物理等综合方法进行保护可取的较好的效果[8]。

前期研究中，对于干旱区土遗址以及潮湿区土遗址中各种病害进行了详细的定性分析，包括土遗址病害的分类体系以及评估体系，定性分析的基础上提出了土遗址中各种病害的不同成因机制。但对于具体的病害缺乏定量化分析研究，例如裂隙病害的数量、分布情况以及掏蚀病害的面积和深度的定量化统计等。由于风场和地震等外因均会对土遗址病害形成产生重要影响[9]，获得的定量化分析指标可与风向、风速以及地震传播等建立关系，从而为建立土遗址病害成因机制定量化研究奠定基础。

一、研究区概况

惠远老城遗址位于新疆维吾尔自治区霍城县，霍城县位于新疆维吾尔自治区伊犁哈萨克自治州的西部。霍城地处伊犁河谷的开阔地带，气候温和，四季分明，日照充足，全年日照时数2550～3000小时。年日照率为60%～66%。年平均气温8.2℃～9.4℃，极端最高气温40.1℃，极端最低气温 –42.6℃。年降水量140～460毫米，全年无霜期165天。大自然为霍城大地动植物的生存创造了良好的条件。该城址位于霍城县惠远乡，现该遗址仅存东墙和北墙，东墙长860米，北墙长840米，城墙为夯筑，墙高4～5米，宽3～5米，东墙外有马面5个，内墙有马面1个；北墙外马面4个，内墙遗存马面1个；马面为方形，长5.4米，宽5米，东墙南端有城门，外有瓮城（已于1988年被毁）。城墙系黄土板筑，夯土层厚度15厘米。东墙外护城壕尚存（已被辟为鱼塘），城内除一座台基外，其他建筑皆已被毁，现均为农田（图1）。因伊犁河水的冲刷及人为生产活动的影响，城墙在逐年缩短（图2、图3）。

---

[5] 张景科、谌文武、李最雄等：《土遗址加固中木锚杆锚固机理的现场试验研究》，《岩土工程学报》2013年第6期。

[6] 孙满利、李最雄、王旭东等：《南竹加筋复合锚杆加固土遗址研究》，《岩石力学与工程学报》2008年第2期。

[7] 张景科、谌文武、李最雄等：《土遗址锚固用 PS-(C+F) 浆液性能与结石体耐久性室内试验》，《岩土工程学报》2015年第10期。

[8] a.王旭东：《潮湿环境土遗址保护理念探索与保护技术展望》，《敦煌研究》2013年第1期；b.张虎元、李敏、王旭东等：《潮湿土遗址界定及病害分类研究》，《敦煌研究》2011年第6期。

[9] a.谌文武、苏娜、杨光：《风场对半湿润山脊土遗址掏蚀量的影响》，《岩土工程学报》2016年第2期；b.石玉成、王旭东、李舒等：《土遗址文物震害防御及抗震加固对策》，《地震工程学报》2013年第1期。

图1 遗址周边环境

图2 70年代的卫星图

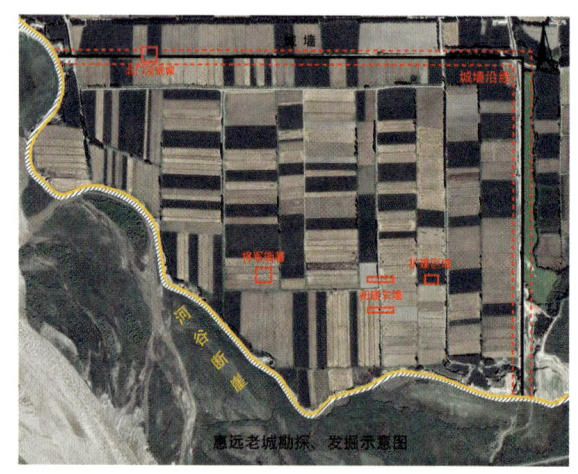

图3 2017年的卫星图

研究对象为惠远老城城墙体、瓮城、钟鼓楼台基，墙体4.7千米，瓮城1处，钟鼓楼台基1座，由风、雨、地震、洪水等外营力（自然因素）和人类活动的破坏，遗址出现开裂严重，夯土表面风化严重，局部有土蜂筑巢，底部掏蚀凹进严重，野草生长，冲沟大量发育、肆意挖掘等病害现象，遗址有随时消失的危险，具体情况见表1。

表1 惠远老城保存现状

建筑归属	遗址名称	保存现状
惠远老城	老城北墙	城墙保存状况较差，被洪水冲走约三分之二，现仅存墙体约840米，高4～5米，宽3～4米。夯层厚度15厘米。墙体表面风化严重，墙体经长期雨水冲刷，表面形成巨大沟槽，墙体底部掏蚀及人为取土严重，产生大量洞穴破坏了城墙的完整性，墙体顶部大量发育生物病害，且经冻融循环后，龟裂严重，墙体顶部形成约20厘米厚松软层
	老城东墙	城墙保存状况较差，被洪水冲走约三分之一，现仅存墙体约860米，高4～5米，宽3～4米。夯层厚度15厘米。东墙外侧原护城壕现被开发成鱼塘，对城墙产生严重威胁，墙体表面风化严重，墙体经长期雨水冲刷，表面形成巨大沟槽，墙体底部掏蚀及人为取土严重，破坏了城墙的完整性，墙体顶部大量发育生物病害，且经冻融循环后，龟裂严重，墙体顶部形成约20厘米厚松软层
	瓮城	城墙保存状况较差，现仅存墙体两段约15米，高4～5米，宽3～4米。夯层厚度15厘米。墙体表面风化严重，墙体底部掏蚀严重，且经冻融循环后，龟裂严重，墙体顶部形成约20厘米厚松软层
	钟鼓楼台基	钟鼓楼台基残存为立方体，东侧有人为凿出的大洞，墙体底部掏蚀严重，破坏了城墙的完整性，墙体顶部经冻融循环后，龟裂严重，墙体顶部形成约20厘米厚松软层

二、惠远老城遗址病害特征

1. 裂隙病害

裂隙主要有三种类型：第一是版筑缝裂隙，即在夯筑过程由建筑工艺形成的裂隙，明朝时期夯土多以版筑，一版的长度通常为3～5米之间，若建筑长度较大，则由多版衔接构筑，版与版之间自然形成裂隙（图4）；第二是由遗址应力重分布而产生的裂隙，如卸荷裂隙等；第三是构造裂隙，由于构造运动或地震作用而产生的裂隙，如节理等。

霍城县境内的惠远老城遗址共发育有裂隙159条，其中墙体发育有151条，占总数94.97%；瓮城发育有4条，占总数2.51%；钟鼓楼发育有4条，占总数2.51%（图5）。

图4 裂隙病害

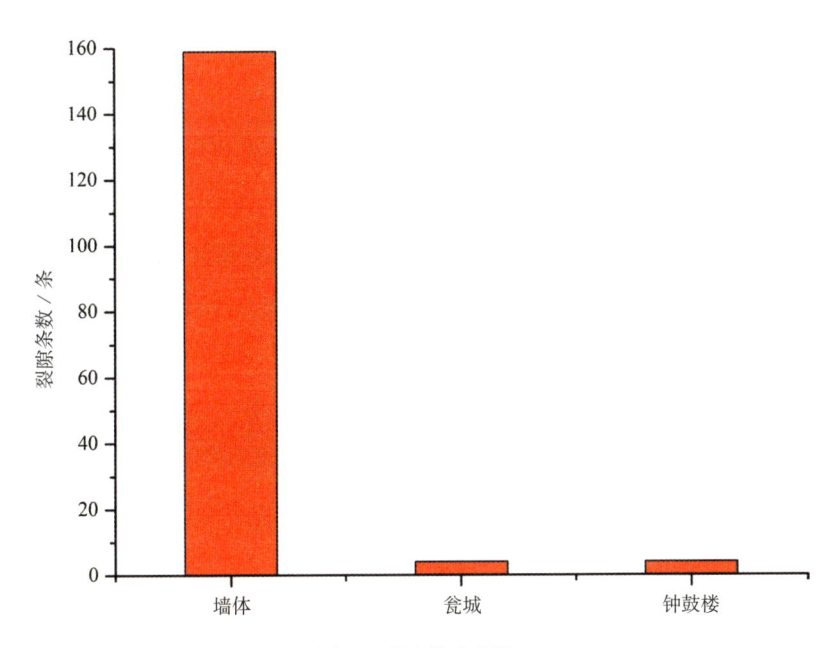

图5 裂隙分布规律

霍城县境内的惠远老城遗址裂隙发育呈现如下特征（图6）：共发育有159条各种类型的裂隙，大致呈现两组优势产状① 175°∠85°～90° ② 355°∠85°～90°，其中单条裂隙的最大可见迹长达4.67米，平均可见迹长2.24米，其中可见迹长大于1.5米的裂隙条数占裂隙总条数的76.7%；单条裂隙的最大张开度达14厘米，平均张开度为2.6厘米，其中张开度大于2厘米的裂隙条数占裂隙总条数的31.4%。

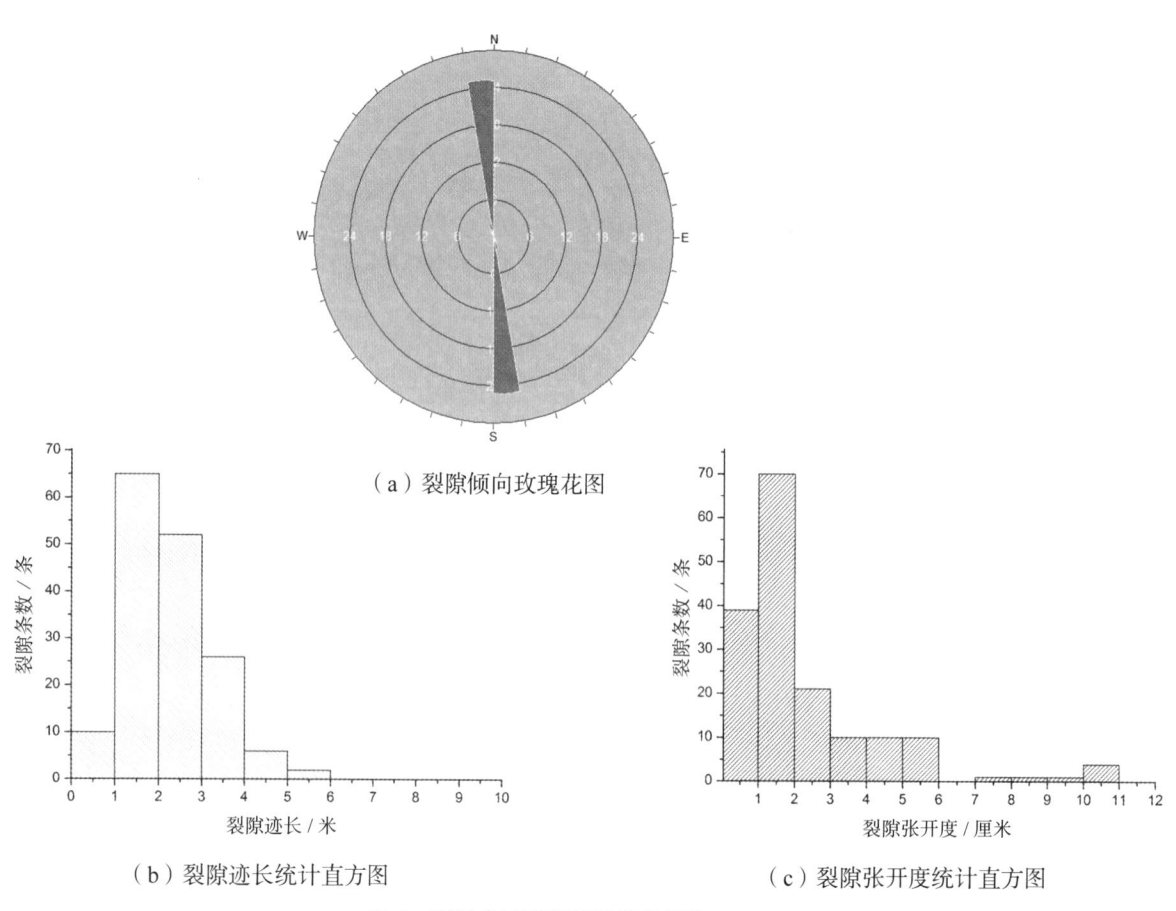

（a）裂隙倾向玫瑰花图

（b）裂隙迹长统计直方图

（c）裂隙张开度统计直方图

图6 惠远老城遗址裂隙发育规律

2. 掏蚀病害

统计结果显示，惠远老城遗址发育的掏蚀主要是由挟砂风对遗址土体的磨蚀作用形成的（图7）。

霍城县境内的惠远老城遗址共发育有掏蚀229处，其中墙体发育有218处，占总数95.2%；瓮城发育有7处，占总数3.1%；钟鼓楼发育有4处，占总数1.7%（图8）。

掏蚀发育程度呈现如下特征（图9），其中单处最大掏蚀深度达1.2米，平均掏蚀深度0.36米，掏蚀深度大于0.3米的掏蚀处数占总处数的47.6%；其中单处最大掏蚀面积达68.6平方米，平均掏蚀面积19.1平方米，掏蚀面积大于10平方米的掏蚀处数占总处数的64.6%。

3. 冲沟病害

霍城县境内的惠远老城遗址发育的冲沟按其特征可以分为两种类型，一种是沿薄弱部位——夯土墙体版筑缝为主，发展生成的冲沟，这种类型冲沟多具有冲深大、顶部开阔等特点；另一种是

图 7　基础掏蚀凹进

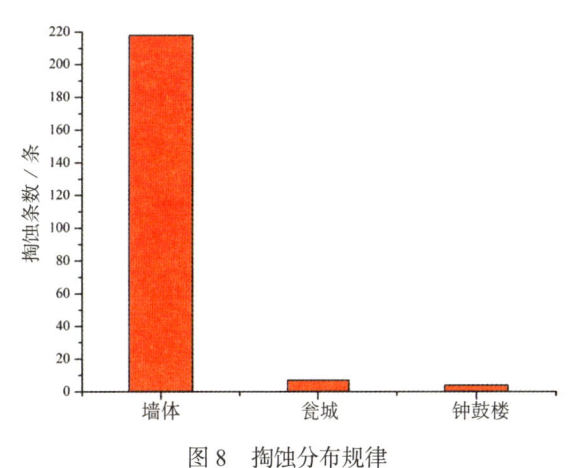

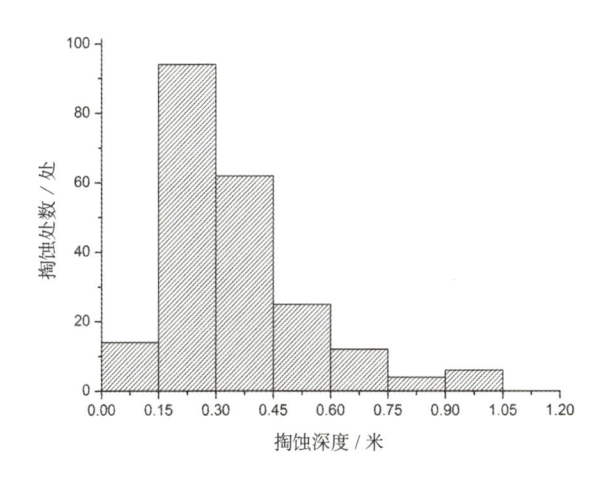

图 8　掏蚀分布规律

（a）掏蚀深度统计

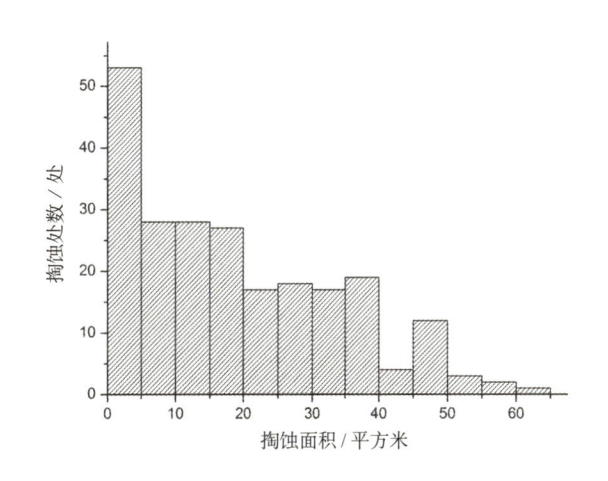

（b）掏蚀面积统计

图 9　惠远老城遗址掏蚀发育规律

沿墙体顶端低洼区汇水溢流后冲刷崖面形成的冲沟（图 10），这类冲沟通常规模小、冲深浅等特点。惠远老城遗址单体在本次调查结果中，显示的第一种类型的冲沟发育活跃程度大于第二种的发育活跃程度，在 194 条冲沟中，第一种类型的冲沟只有 103 条，而第二种类型的冲沟有 91 条，占到冲沟总数的 46.9%。

惠远老城遗址共发育有冲沟 194 条，其中墙体发育有 189 条，占总数 97.4%；瓮城发育有 2 条，占总数 1.1%；钟鼓楼发育有 3 条，占总数 1.5%。

冲沟发育程度呈现如下特征（图 11）：其中单沟最大沟深达 2.5 米，平均冲深 0.73 米，冲深大于 0.3 米的冲沟条数占总冲沟条数的 76.8%；其中单沟最大长度达 4.3 米，平均长度 1.95 米，单沟长度大于 2 米的冲沟条数占总冲沟条数的 41.7%；其中单沟沟头最大宽

图 10　冲沟发育

(a)冲沟最大冲深统计图

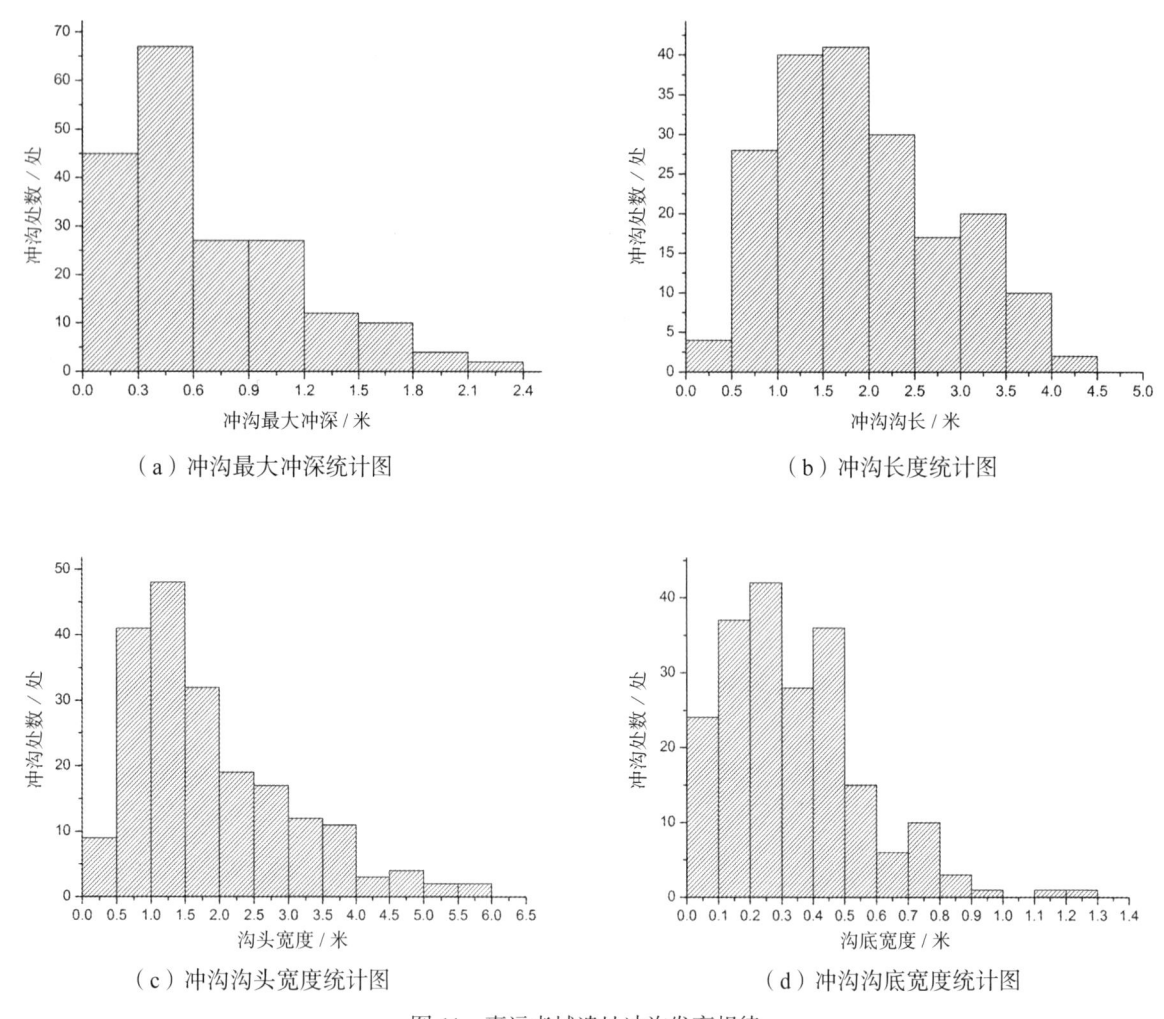

(b)冲沟长度统计图

(c)冲沟沟头宽度统计图

(d)冲沟沟底宽度统计图

图 11 惠远老城遗址冲沟发育规律

度达 7.1 米，平均沟头宽度 1.8 米，沟头宽度大于 0.5 米的冲沟条数占总冲沟条数的 95.4%；其中单沟沟底最大宽度达 1.4 米，平均沟底宽度 0.34 米，沟底宽度大于 0.3 米的冲沟条数占总冲沟条数的 46.9%。

通过上述定量分析，获得了惠远老城遗址不同病害的定量化指标。从图 5 和图 8 中可知，各类病害在墙体上的发育较为严重，墙体病害发育量约为鼓楼等病害发育量的 10 倍之多，表明墙体上更加有利于病害的生成。图 6 中可知，裂隙的迹长和裂隙张开度具有较好的对应关系，迹长越大，裂隙的张开度也越大，充分说明宽大裂隙的贯通性较好，对于土遗址的破坏作用较强。图 9 中可知，该土遗址中过深和过浅的掏蚀病害相对较少，而中等深度的掏蚀病害较为发育，该现象与现场调查结果一致。掏蚀面积变化相对较小，表明土遗址中的掏蚀病害发育较为规整，形成明显的掏蚀带，这与现场调查情况相吻合。图 10 中可知，冲沟病害的长度分布中，冲沟沟头宽度集中在 1～1.5 米之间，沟底宽度集中在 0.2～0.3 米之间，最大冲深 0.3～0.6 米之间，表明惠远老城遗址中冲沟的发育规模相对较小，无大型连续冲沟发育。

上述数据对于裂隙、掏蚀以及冲沟病害的机理分析中也具有重要作用，可基于统计数据对于各类病害的形成机制进行数值计算分析，获得不同病害的演化发展规律，可为土遗址保护提供建议。

三、惠远老城遗址病害成因机制分析

1. 裂隙病害成因机制及危害分析

对于裂隙病害，从其种类及分布特征方面进行了统计分析。遗址共发育裂隙159条，以东城墙裂隙最多，大多走向与墙体走向垂直，即优势产状为①175°＜85°～90°②355°＜85°～90°。根据裂隙产状和现场调查分析，惠远老城发育裂隙主要为版筑缝和卸荷变形裂缝。

统计结果表明墙体由于采用版筑法和分层夯实结合的施工工艺，每版夯筑长度为固定值，按版的长度分段夯筑，每段之间形成衔接缝。衔接缝在建成初期搭接紧凑无明显裂缝迹象。由于墙体每版之间衔接缝为墙体薄弱部位，自然成为墙体干湿交替、温差变化的伸缩缝，如此往复衔接部位土体逐渐疏松。伊犁地区降雨相对较多，雨水在墙顶汇集后沿裂缝入渗、侵蚀，进而使裂隙逐渐扩展，发展成为居一定延伸长度、一定张开度的裂隙——版筑缝。

还有因为各种因素导致的消失段处的断面部位，土遗址处于一侧临空状态，此时应力会发生重分布向临空面释放，引起土体变形而形成卸荷变形裂隙。

遗址上的各种裂隙的存在会对遗址的稳定性产生极大地影响。首先，裂隙为大气降水提供了良好的通道，由于雨水在裂隙内的流动，降低了裂隙的两壁土体的力学强度，易引起裂隙两壁土体沿裂隙错动或是坍塌。其次，遗址上的各种裂缝降低了遗址的整体稳定性，使遗址抵御地震，大风等动荷载的能力降低。最后，遗址上各种裂隙的交错组合发育，切割遗址形成危险块体，加快了遗址的破坏进程。

2. 掏蚀病害成因机制及危害分析

掏蚀病害沿墙基部位发育，墙体发育有218处，瓮城发育有7处，而钟鼓楼发育有4处。同样，由于墙体尺度较瓮城和钟鼓楼大，且墙体的两侧均可遭受到风蚀和雨蚀作用，而瓮城和钟鼓楼由于规模小且四周相接，内部墙体不容易受到风蚀和雨蚀作用的影响，仅有外侧墙体掏蚀破坏较为严重，墙体则在两侧同时遭受风蚀和雨蚀作用破坏，故掏蚀等病害量显著高于瓮城和钟鼓楼。

霍城县集中式降雨、强烈的蒸发作用和显著的毛细作用使墙体易溶盐迅速向遗址底部表面富集，富集的盐分则在昼夜温差和少量降雨—高速蒸发的气候特征影响下发生结晶吸水膨胀—失水收缩的反复过程，含有盐分土的骨架结构经历往复的扩展和缩紧过程，结构迅速破坏，土粒之间连接逐渐变得微弱，致使夯土强度急剧降低。

由于盐分主要在墙体底部聚集，其失水—吸水过程迅速导致遗址底部土体疏松无粘接，形成与上部土体抗风蚀能力的差异，在相同地区的风场条件下产生显著的差异风蚀损耗效应，在墙体迎风面底部形成向墙体内凹的空腔。随着该效应的继续作用，空腔的凹进深度不断增长，空腔上覆夯层的下部临空面出现，在夯层之间缺乏足够黏聚力和自身重力的影响下，形成外挑的单个危险块体，当其难以自持的情况下发生坠落破坏。其他夯层续而依次发生相同的过程，最终实现分层坠落，形成掏蚀凹进破坏。

由风力引起的遗址底部掏蚀将对遗址产生巨大危害，首先，由风力引起遗址底部的掏蚀在遗址底面形成巨大的临空面，遗址的夯层间粘结力小，在下部失去支撑且有临空面存在的情况下夯层是较为容易发生分层坠落破坏的；其次，在其遗址底部形成巨大临空区后，遗址的整体抗倾覆能力降低，使遗址的破坏加速。

3. 冲沟病害成因机制及危害分析

惠远老城遗址共发育有冲沟194条，其中墙体发育有189条，占总数97.4%；瓮城发育有2条，占总数1.1%；钟鼓楼发育有3条，占总数1.5%。

大多冲沟是在裂隙发育的基础上，后期雨水冲刷后形成，由于老城遗址墙体顶部相对较宽，降雨作用发生后，顶部会产生一定的汇水，顶部汇水会沿已有裂隙流至地面上，该过程中，水流会侵蚀裂隙两侧土体，不断冲刷裂隙使之不断拓宽和加深，最终形成冲沟。

此外，墙体顶部汇水后，在墙顶低洼处持续溢出直至该处被水冲刷后形成断口，此时墙顶汇集的雨水亦会通过该断口沿墙体向下淌，该过程中水流对于墙体冲刷后也能形成冲沟，该类冲沟为惠远老城遗址发育相对较少的病害。

遗址各单体上发育的冲沟多属沿版筑缝发育的，这类冲沟冲深大，降雨汇集后，易在沟道内形成急流，急流对遗址的破坏性最为巨大，沟道内短时间通过急流会对沟底和沟壁产生较大掏蚀能力，使冲沟规模不断扩大，加大了冲沟对遗址的危害。

四、结　　论

对新疆惠远老城遗址的病害情况详细调查的基础上，基于数理统计分析方法，对于遗址中存在的各类病害的发育规律进行了定量化统计分析，基于分析结果得出如下结论。

（1）惠远老城遗址发育的病害包括：裂隙、洞穴、生物破坏、掏蚀、冲沟、剥蚀和人为破坏等类型，其中裂隙、掏蚀和冲沟是其重要病害，几乎每处遗址体都发育不同程度不同类型的病害，亟待保护。定量化分析将成为土遗址病害机理分析等方面的重要途径之一，本研究中的定量化数据为后期定量化研究奠定了坚实基础。

（2）借鉴以往土遗址保护的成功经验，结合霍城境内遗址的特殊环境和现状，建议采取综合保护的方式，可采用锚固灌浆和砌筑支顶、冲沟整治、裂隙注浆和表面防风化加固等措施对遗址进行有效的保护。

（3）目前遗址病害严重，而且该破坏正在发展延续，建议尽快开展遗址的保护工程，以有效保存该珍贵的人类遗址。

征 稿 启 事

Contributions Wanted

《石窟寺研究》是我国在石窟寺考古、寺院遗址考古、佛教艺术及石窟保护科技领域的第一本全国性专业刊物，由中国古迹遗址保护协会石窟专业委员会和龙门石窟研究院合办，以以书代刊的形式出版，每年发行一辑。我们本着"百花齐放、百家争鸣"方针，以刊发研究石窟寺领域的最新学术成果为己任，为全国石窟单位、相关科研院所和高等院校、国内外专家学者的全面沟通与交流搭建良好平台，以期推动石窟寺学术研究工作，促进全国石窟文物保护事业的繁荣和发展。

现特向广大专家学者和学界精英征求佳作，望不吝赐稿。为保证编辑工作的顺利进行，将有关事项作如下说明。

一、稿件范围

石窟寺考古、寺院遗址考古、佛教艺术和石窟文物保护与科学技术。

二、来稿要求和注意事项

1. 来稿务必论点明确，文字精练，数据可靠。
2. 文章须包括（按顺序）：题目、作者姓名、作者单位及邮政编码、中文摘要、关键词（3～8个）、英文信息（题目、作者姓名、摘要和关键词）、正文、注释。
3. 中、英文摘要须用第三人称撰写，英文摘要应和中文摘要对应，并符合英语语法规范。
4. 正文排版请使用宋体、小四号字、单倍行距的格式；碑刻铭文及古献引文请使用仿宋、小四号字、单倍行距的格式，碑刻铭文及古献引文与前后段落之间请使用2倍行距。各个段落首行缩进2字符。
5. 分层标题应简短明确，题末不用标点符号。
6. 文章中提及帝王年号须加公元纪年，公元前的纪年使用（公元前xx年），公元后的纪年使用（xx年）。例如：甘露二年（公元前52年）、上元二年（675年）。
7. 文章图示、插图请插入正文中，并附说明文字。来稿时请提供原始图片，以便于出版的需要。另外，应提供图片出处，如涉及版权问题，请附上版权所有者授权使用的文件。
8. 文章注释请使用脚注来标注，使用"[小写阿拉伯数字]"表示。注释的格式如下：

① 期刊：注号、作者、篇名、刊名、出版年、卷次或期次、页码。

② 著作：注号、作者、书名、出版单位、出版年、页码。

③ 收录在论文集或著作中的文章：注号、作者、篇名、书名、卷次、出版单位、出版年、页码。

④ 外文文献所列项目及次序与中文文献相同，英文书名、杂志名请采用斜体。

例如：

[1] 刘建华：《河北曲阳八会寺隋代刻经龛》，《文物》1995年第5期，第77～86页。

[2] 陈垣：《中国佛教史籍概论》，北京：中华书局，1962年，第106页。

[3] 宿白：《平城实力的集聚和"云冈模式"的形成与发展》，《中国石窟寺研究》，北京：文物出版社，1996年，第143页。

[4] Garma C.C Chang, *The Buddhist Teaching of Hwa Yen Buddhism*, Pennsylvania State Press, 1974, P.43.

三、截稿日期

当年7月底。有意向投稿的作者请于当年5月底前将论文摘要及作者简介发给我们。投稿需通过Email提交电子文本。

四、寄赠书籍

《石窟寺研究》一经出版，即向作者寄赠书籍。文章单个作者的每人2本，多个作者的每人1本。

五、特别约定

《石窟寺研究》编辑部对来稿有权作技术性和文字性修改。

为适应我国信息化建设，扩大本刊及作者知识信息交流渠道，本刊已被《中国学术期刊网络出版总库》及CNKI系列数据库收录，其作者文章著作权使用费与本刊稿酬一次性给付。免费提供作者文章引用统计分析资料。如作者不同意文章被收录，请在来稿时向本刊声明，本刊将做适当处理。

如有不尽事宜，请随时与我们联系，并热诚欢迎您的建议和批评。

联系人：高俊苹　张元红

地址：河南省洛阳市龙门石窟研究院　邮编：471023

电话：0379-65980216

投稿邮箱：sksyjbjb@126.com

《石窟寺研究》编辑部